D1427247

FRONTENAC

DE LA MÊME AUTEURE

L'esclave, roman, Montréal, Libre Expression, 1999.

Micheline Bail

FRONTENAC

La tourmente

1689-1694

Catalogage avant publication de Bibliothèque et Archives nationales du Québec et Bibliothèque et Archives Canada

Bail, Micheline, 1946-

    Frontenac

    Sommaire: t. 1. La tourmente.

    ISBN 978-2-89647-054-9 (v. 1)

1. Frontenac, Louis de Buade, comte de, 1620-1698 - Romans, nouvelles, etc. 2. Canada - Histoire - Jusqu'à 1763 (Nouvelle-France) - Romans, nouvelles, etc. I. Titre. II. Titre: La tourmente.

PS8553.A348F76 2008   C843'.5   C2008-941614-7
PS9553.A348F76 2008

Les Éditions Hurtubise HMH bénéficient du soutien financier des institutions suivantes pour leurs activités d'édition:

- Conseil des Arts du Canada
- Gouvernement du Canada par l'entremise du Programme d'aide au développement de l'industrie de l'édition (PADIÉ)
- Société de développement des entreprises culturelles du Québec (SODEC)
- Programme de crédit d'impôt pour l'édition de livres du gouvernement du Québec

Illustration de la couverture: Sybiline
Maquette de la couverture: Geai Bleu Graphique
Mise en page: Folio infographie

Copyright © 2008, Éditions Hurtubise HMH ltée

Éditions Hurtubise HMH ltée
1815, avenue De Lorimier
Montréal (Québec) H2K 3W6

DISTRIBUTION EN FRANCE :
Librairie du Québec / DNM
30, rue Gay-Lussac
75005 Paris
www.librairieduquebec.fr

ISBN : 978-2-89647-054-9

Dépôt légal: 3e trimestre 2008
Bibliothèque et Archives nationales du Québec
Bibliothèque et Archives du Canada

Imprimé au Canada
www.hurtubisehmh.com

À toi, Blanche, qui n'as jamais cessé de lire avec passion toute ta vie, même vers la fin, quand tes yeux avaient commencé de t'abandonner. Tu ne liras jamais ce roman, parce que le temps ne t'en a pas été laissé, mais je sais que tu l'aurais aimé. Et que tu aurais été fière de ta fille.

Contexte historique

Lorsque le comte de Frontenac revient en Nouvelle-France à l'automne de 1689, le massacre de Lachine a déjà eu lieu, le 5 août précédent. Cet événement marqua le début d'une série d'attaques iroquoises qui se déroulèrent pendant près de douze ans contre la région de Montréal et les villages échelonnés le long du Saint-Laurent. Dans l'Ouest et du côté des Grands Lacs, de nombreux affrontements eurent également lieu entre les Iroquois et les tribus alliées des Français. C'est la signature de la Grande Paix de Montréal de 1701, dont Frontenac est un artisan majeur, qui mit fin à ces conflits.

L'attaque iroquoise contre Lachine était la conséquence directe de la guerre de la ligue d'Augsbourg qui venait d'éclater en Europe. Comme les Anglais de l'État de New York apprirent avant les Canadiens que la France et l'Angleterre venaient d'entrer en guerre, ils profitèrent de cet avantage pour armer leurs alliés iroquois et les inciter à frapper la Nouvelle-France. Les guerres franco-iroquoises qui se déclarèrent en 1689 et auxquelles se joignirent les Anglais, l'année suivante, furent déclenchées pour des motifs particuliers. Une féroce rivalité s'était développée entre la Nouvelle-France et les colonies anglaises de New York et du Massachusetts pour la maîtrise du commerce des fourrures de l'Ouest, le contrôle des pêcheries de l'Est et le besoin de nouveaux territoires. Les douze colonies anglaises, dont la population croissait à un rythme effréné, se trouvèrent rapidement trop à l'étroit. Autant de raisons qui les incitèrent à souhaiter la disparition de la Nouvelle-France.

En Europe, la guerre de la ligue d'Augsbourg dura neuf ans, de 1689 à 1697. Elle opposa la France de Louis XIV, alliée au Danemark et à l'Empire ottoman, à une grande coalition d'abord défensive. Celle-ci comptait principalement l'Angleterre, gouvernée par Guillaume III d'Orange, l'empereur d'Allemagne et plusieurs Électeurs, l'Espagne, les Provinces Unies, la Savoie et la Suède. Elle se plaçait dans le contexte de l'opposition entre les Bourbon et les Habsbourg, notamment pour le contrôle de l'Espagne.

Différentes raisons expliquent l'animosité qui se développa entre la France et l'Angleterre, entre autres le soutien apporté par Louis XIV au roi catholique d'Angleterre Jacques II, déposé et remplacé par le protestant Guillaume III d'Orange, ainsi que les visées impérialistes que le roi de France nourrissait à l'égard de différents États européens.

Les systèmes d'alliances

À la fin du XVIIe siècle, deux grands systèmes d'alliances structuraient la scène géopolitique du Nord-Est américain :

1. Réseau franco-amérindien

Un premier réseau, auquel vint se greffer la Nouvelle-France, était centré autour des Wyandots (Hurons-Pétuns) et des Outaouais, et regroupait la plupart des tribus des Grands Lacs et du Mississippi (Ojibwés, Poutéouatamis, Miamis, Illinois, Mascoutins, Renards, Kicapous, Nipissingues, Otchagras ou Puants, et Sakis). Le leadership au sein de cette vaste alliance amérindienne était exercé par les

Outaouais, les Poutéouatamis et les Ojibwés, en plus des Hurons-Wyandots qui, de par leur tradition diplomatique et le prestige de leur passé, jouaient le rôle de « gardiens du feu » de l'alliance à Michillimakinac.

Il existait aussi dans la colonie laurentienne des réserves amérindiennes à double vocation, militaire et évangélisatrice. On y accueillait dans la seconde moitié du XVIIe siècle des réfugiés hurons, abénaquis, nipissingues, et surtout, iroquois. Des motifs religieux, sociaux (volonté d'échapper au fléau de l'alcoolisme), politiques ou même économiques (pratique lucrative de la contrebande entre Montréal et Albany) justifiaient ces transferts. Ces réserves formèrent clairement pour la colonie une zone tampon contre les incursions ennemies, et les alliés christianisés furent de précieux auxiliaires militaires pour la Nouvelle-France, surtout entre 1684 et 1696, où ils prirent part à de nombreux raids contre les Cinq Nations. Sans leur appui, la Nouvelle-France aurait probablement péri.

Les Français bénéficiaient aussi de l'union de la Confédération abénaquise (Pentagouets, Abénaquis de l'Est, Micmacs et Pesmocodys). Leur activité militaire contre la Nouvelle-Angleterre, à l'époque de la guerre de la ligue d'Augsbourg et par la suite, constitua une aide considérable pour les Français d'Acadie.

Les Algonquins et les Montagnais étaient, quant à eux, les alliés des Français depuis le début du XVIIe siècle. La première de ces nations était cependant plus active dans la guerre contre les Iroquois et semblait plus attachée à l'alliance française.

2. Réseau anglo-amérindien

Le réseau diplomatique anglo-iroquois avait pour nom le *Covenant Chain* (la Chaîne du Covenant), et regroupait à la fois les douze colonies anglaises, les cinq nations iroquoises (Agniers, Onneiouts, Onontagués, Goyogouins, Tsonontouans) et des tribus de la vallée de la rivière Hudson (Mohicans, Andastes). Cette chaîne d'alliance fut scellée à Albany en 1677. Il s'agissait d'un traité d'amitié remontant aux premiers pactes conclus entre les colons hollandais et les Amérindiens de l'Hudson, dans la première moitié du XVIIe siècle. Quand les Anglais de New York se substituèrent aux Hollandais en 1664, la chaîne fut renouvelée pour inclure désormais les cinq nations iroquoises.

Ce sont les Iroquois qui bénéficièrent d'un statut dominant au sein de cette alliance, et parmi ceux-ci, les Agniers jouèrent un rôle privilégié, de par leur proximité avec New York. En plus des avantages économiques dont profitaient toutes les parties, les Cinq Nations formaient alors une précieuse barrière de défense entre les colonies anglaises et la Nouvelle-France. Les Iroquois affrontèrent longtemps les Français en lieu et place des Anglais et leur servirent de bouclier. L'alliance iroquoise constituait aussi pour les Anglais une excellente voie de pénétration dans la région des Grands Lacs, revendiquée par les Français. C'était leur seul espoir de s'allier aux nations de l'Ouest.

Caractéristiques de ce type d'alliance

La traite des fourrures constituait l'activité économique majeure pour les colons comme pour les autochtones. C'est sur cette base que se cristallisaient les traités d'amitié et les pactes militaires, car il n'y avait pas de paix sans commerce, et à plus forte raison, il n'existait pas d'alliance sans relations économiques. Ce qui explique la crainte permanente dans laquelle vivait la Nouvelle-France vers la fin du XVIIe siècle. Que ses alliés des Grands Lacs réussissent à commercer avec les Anglais d'Albany, et ce serait non seulement la perte d'associés économiques, mais aussi la désagrégation de leur alliance politique et militaire.

L'« esprit du don » des Amérindiens fondait ces relations nouvelles. Dans un contexte de rivalités et de méfiance, c'était par des échanges de biens et de personnes exprimés sur un mode de générosité mutuelle que se construisait la confiance réciproque entre partenaires. Une logique qui se traduisait par l'importance des présents que les Européens devaient offrir à leurs alliés. Cela pour signifier leur gratitude envers leurs hôtes amérindiens, les inciter à agir selon leurs intérêts, et surtout, les rendre débiteurs, afin qu'il relève de leur honneur de rembourser leurs dettes.

Forces et faiblesses

Pour la Nouvelle-France, ces alliances étaient la clé de la survivance en Amérique du Nord. Si le commerce des fourrures représentait l'âme de ce système, il formait aussi la base même de l'existence de la colonie laurentienne, qui dépendait directement des fournisseurs de fourrures pour sa survie. Aux profits économiques s'ajoutaient les avantages militaires, car les tribus des Grands Lacs, qui constituaient une force d'appoint névralgique, contribuèrent le plus à l'affaiblissement de la Confédération iroquoise. Les alliés apportaient aussi leur nombre et leur capacité à mener la guerre dans les bois, sans laquelle les Français n'auraient jamais réussi à mater les Iroquois.

Les avantages pour ces tribus étaient cependant bien réels : elles y voyaient un moyen d'accroître leurs intérêts économiques et militaires. En échange de leurs fourrures, les Amérindiens obtenaient toute la gamme des marchandises de traite européennes qu'ils ne savaient pas produire, objets de fer et produits textiles, notamment. Les armes à feu en particulier étaient fort convoitées, puisqu'elles leur servaient non seulement à la chasse, mais à la guerre contre des nations ennemies armées d'abord par les Hollandais et les Suédois, puis par les Anglais. Les Français représentaient aussi des alliés militaires potentiels contre les Iroquois et contre l'expansionnisme des Britanniques, qui se trouvaient à être, de par leur supériorité démographique, en rapport de compétition directe avec les premiers occupants du sol.

Ces réseaux d'alliances avaient aussi des failles et n'ont pas toujours fonctionné parfaitement. Les Amérindiens, comme les Français et les Anglais, ont souvent joué double jeu, selon leurs intérêts. Ces alliances devaient d'ailleurs être constamment réaffirmées par de nouvelles conférences.

Dans la coalition franco-amérindienne, les alliés des Grands Lacs constituaient cependant un maillon faible. La construction économique et militaire demeurait précaire et son efficacité laissait à désirer. Les différentes nations ne formaient pas un bloc uni et étaient tiraillées par des tensions qui dégénéraient souvent en heurts meurtriers. Plus grave encore, l'alliance était constamment menacée de rupture à cause de la fidélité chancelante des alliés. Car les Français, du moins à l'époque de Frontenac, avaient davantage besoin des autochtones que l'inverse. L'alliance anglo-iroquoise, de son côté, s'avérait particulièrement efficace à cause de la proximité des partenaires, de la relative unité de la Ligue iroquoise et de la qualité du marché d'Albany. Mais les colonies anglaises étaient vulnérables et dépendaient elles aussi très étroitement de leurs alliances avec les Indiens pour leur survie. Elles ont longtemps compté uniquement sur les Iroquois pour les défendre des Français. C'est grâce à ces systèmes de complicité que les Hollandais, les Français et les Anglais ont réussi à se maintenir en Amérique, du moins dans les débuts de la colonisation.

Approximation des forces en présence

Pour avoir une idée sommaire des forces en présence, mentionnons qu'en 1689, la Nouvelle-France comptait environ 14 000 habitants, alors que les colonies anglaises en comptaient plus de 200 000. Les forces canadiennes réunies, miliciens et réguliers confondus, oscillaient autour de 2 500 hommes, ce qui explique que Frontenac ait sans cesse réclamé au roi de nouvelles recrues. On pouvait y ajouter quelques centaines de guerriers autochtones christianisés. Les alliés des Grands Lacs devaient aussi aligner plusieurs centaines de guerriers, mais leur nombre n'a pas pu être évalué de façon certaine. Du côté des Iroquois, on croyait qu'ils pouvaient fournir de 2 000 à 2 500 guerriers, vers les mêmes années, un nombre qui diminua tragiquement jusqu'à la fin du siècle, à cause des affrontements constants avec les Français, leurs alliés christianisés et ceux des Grands Lacs. Comme les colonies anglaises étaient environ quinze fois plus populeuses que la Nouvelle-France, on pourrait supposer qu'elles pouvaient fournir autant de fois plus d'hommes.

Informations tirées du livre de Gilles Havard, *La Grande Paix de Montréal, les voies de la diplomatie franco-amérindienne.*

Principaux événements militaires

1609	Alliance de Champlain avec les Hurons et premier affrontement avec les Iroquois sur le lac Champlain.
1629	Reddition de Québec aux mains des frères Kirke.
1632	Par le traité de Saint-Germain-en-Laye, l'Angleterre rétrocède la Nouvelle-France à la France.
1648-1652	Destruction de la Huronnie par les Iroquois.
1660	Défaite de Dollard des Ormeaux aux mains des Iroquois au Long-Sault.
1665	Envoi du régiment de Carignan-Salières pour mater les Iroquois.
1682	Reprise des guerres iroquoises.
1687	Raid du gouverneur Brisay de Denonville au pays des Tsonontouans.
1689	Début de la guerre de la ligue d'Augsbourg en Europe.
1689	Massacre des habitants de Lachine.
1690	Organisation par Frontenac de raids contre des villages anglais : Pierre Le Moyne d'Iberville à Schenectady, François Hertel à Salmon Falls, René Robineau de Portneuf à Casco.
1690	Siège de Québec par Phips, repoussé par Louis de Buade, comte de Palluau et de Frontenac.
1693	Prise d'importants villages agniers par les Canadiens.
1694	Pierre Le Moyne d'Iberville s'empare des postes anglais de la baie d'Hudson et remet le fort Bourbon aux Français.

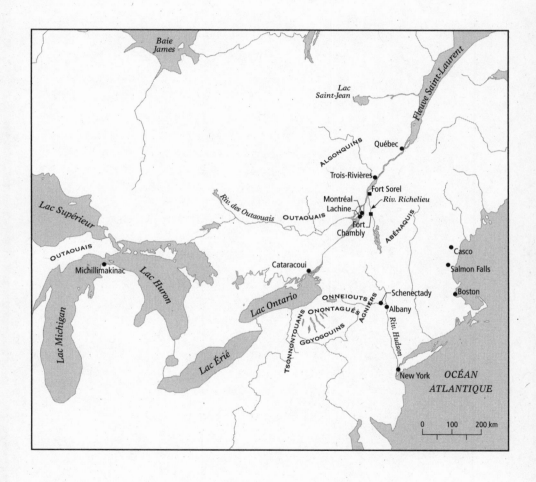

Carte du Nord-Est américain vers 1690

1

Versailles, mai 1689

— Monsieur, je vous renvoie au Canada, où je compte que vous me servirez aussi bien que vous l'avez fait ci-devant. Je ne vous en demande pas davantage.

Dans une économie de mots dont il avait le secret, Louis XIV conférait ainsi publiquement à Louis de Buade, comte de Palluau et de Frontenac, les titres de vice-roi et de gouverneur général de la Nouvelle-France. C'était la première fois que le grand monarque lui adressait la parole depuis son rappel et devant toute la cour, ce qui constituait un retentissant retour en grâce. Le comte de Frontenac balbutia des remerciements empressés d'une voix brisée par l'émotion et s'inclina bien bas devant son roi, plus remué qu'il ne l'aurait cru. Il ne put se défendre d'éprouver un élan de ferveur sacrée devant le demi-dieu qui lui faisait face, auréolé de tout l'éclat de sa royale maturité. Lorsque le vieux militaire se redressa, il constata que le roi avait déjà passé son chemin, entraîné par le tourbillon de courtisans qui le précédaient et le suivaient comme une ombre, pas à pas et avec une patente sujétion.

Depuis qu'on lui avait remis le billet du ministre Colbert de Seignelay l'enjoignant de se trouver sur le passage du roi lorsqu'il se rendrait à son carrosse, vers les onze heures ce matin-là, Louis de Buade ne tenait plus en place. *Sa Majesté a un message d'importance à vous transmettre. Arrangez-vous pour qu'Elle vous voie*, avait griffonné le ministre. Ces quelques mots avaient tourné dans sa tête pendant des heures. Cela était bien dans la manière de Louis XIV, s'était dit le comte. Il ne promettait pas de grâces, ne les faisait jamais attendre mais les accordait à l'improviste, comme un cadeau gratuit, sans avoir laissé à d'autres le temps de les espérer. Louis de Buade attendait pourtant cette nomination depuis des mois et rien, jusqu'à ce jour, n'avait transpiré des intentions du monarque. S'il avait perdu la gouvernance du Canada sept ans plus tôt, il ne s'était jamais désintéressé de cette colonie et s'était toujours tenu étroitement informé de ce qui s'y passait. Il nourrissait l'espoir d'y être un jour renvoyé. Une heureuse conjoncture qui venait de se produire sous ses yeux, autant par la volonté du souverain que sous l'instigation soutenue et besogneuse de ses fidèles amis et alliés. Frontenac se voyait à nouveau projeté au-devant de la scène, tiré de l'indifférence et de l'anonymat paralysants dans lesquels il se languissait, lui que la soif d'action travaillait encore sourdement.

Son trouble était tel qu'il prêta d'abord peu d'attention au caquetage des envieux qui se déclencha autour de lui, sitôt que le monarque eut mis le pied dans son carrosse. Versailles étant Versailles, quand un courtisan décrochait une distinction aussi convoitée, on ne se privait pas de le déchirer à belles dents.

— Notre vieux Frontenac, tout cousu de blessures et parfaitement ruiné, est bien heureux d'aller mourir en Canada plutôt que de crever de faim à Versailles, susurra une coquette de la plus belle eau, tout en faisant virevolter son parasol de plumes d'oie.

Le petit trait d'esprit suscita quelques rires plaisantins et fut suivi de pointes tout aussi acérées, décochées avec une joie maligne.

— En tout cas, ses amis l'ont bien dépêtré de sa femme, renchérit monsieur de Léry, un vieil aristocrate mal placé en cour et jouissant de peu d'appuis. Une rancœur jalouse lui déformait le visage.

Faisant mine de n'avoir rien entendu, Louis de Buade se racla la gorge tout en se dirigeant vers les jardins. Il avait l'élégance d'être discret devant moins chanceux que lui. Mais comme il s'éloignait, une raillerie lancée d'une voix sifflante le figea sur place.

— Qui se soucie encore de cette poignée de trafiquants et de sauvages qui gémissent sans cesse sur leur sort et nous coûtent dix fois ce qu'ils rapportent ?

Quelques regards d'approbation et des signes de tête entendus ponctuèrent ces propos. Puis une autre boutade lancée avec arrogance par un jeune officier fit sortir le comte de ses gonds.

— Ces Canadiens ne sont que des tire-au-flanc et des incapables qui n'ont jamais réussi à écraser une poignée de sauvages armés d'arcs et de flèches en dépit des nombreux bataillons expédiés à grands frais en Nouvelle-France pour leur porter secours !

Cette fois, la saillie était trop injuste et appelait une riposte musclée.

Louis de Buade fit volte-face et fonça au pas de charge sur le provocateur qui recula, désarçonné par l'air furibond du vieux gentilhomme.

— Comment ? éructa-t-il en s'approchant si près du visage du jeune militaire qu'il le fit loucher. Ce blanc-bec à dentelles à peine sorti de ses langes, ce petit soldat d'académie, empanaché et tout juste bon à la parade, prétend nous venir faire la leçon ? Sachez bien, petit sire, qu'il n'existe pas de combattant plus aguerri et courageux que le Canadien ! Et que cette poignée de sauvages armés d'arcs et de flèches dont vous parlez sont de féroces guerriers à l'intelligence stratégique terrifiante, qui se battent à un contre cinq, nous glissent entre les mains comme des anguilles et sont absolument impitoyables. Quant aux prétendus bataillons expédiés à grands frais que nous aurions reçus, ils n'ont jamais été que de petits contingents inaptes à faire la guerre à la canadienne et tout juste bons à se terrer peureusement derrière des palissades !

Le vieux comte avait ponctué son discours d'un index accusateur qu'il pointait de manière indignée devant les yeux intimidés du jeune homme. Puis il pivota sur lui-même avec une étonnante agilité pour son âge et chercha des yeux le factieux qui avait lancé l'accusation précédente. Ne le trouvant pas, il s'adressa à la ronde d'un ton olympien :

— Et pour répondre à cet autre pisse-vinaigre qui s'étonne que le roi s'occupe encore d'un pays qui coûte dix fois son rapport, je dirai ceci : le Canada sera un jour un immense empire qui s'étendra du golfe du Mexique à la baie d'Hudson, et la puissance qui en aura le contrôle en tirera gloire et richesses. Fasse le ciel que cette puissance soit encore la France !

« Il ne faudra pas tarder à remercier Seignelay, l'un des principaux artisans de mon renvoi au pays », se dit Frontenac, tout en jouant habilement de la canne pour se frayer un chemin à travers l'encombrant dédale de crinolines et d'habits de velours qui le cerclait. Il pensa à ce mot de « pays » qu'il venait d'utiliser et se prit d'attendrissement. C'était bien la première fois qu'il qualifiait ainsi le Canada.

Mais à tout prendre, la Nouvelle-France n'était-elle pas sa seconde patrie ?

Sept années durant, à Saint-Germain, Chambord, Marly, Versailles, Louis de Buade s'était plié aux dures exigences du métier de courtisan. Il avait été de plusieurs parties fines, réjouissances et spectacles destinés à divertir la cour et auxquels le roi se gardait de plus en plus de paraître, sous prétexte de travailler avec ses ministres dans l'appartement de madame de Maintenon. Il s'était pressé comme les autres aux levers et couchers du soleil fait roi, s'était posté aux bons endroits lors de ses départs et retours de chasse, à ses dîners et lors de ses entrées à Notre-Dame, dans des habits ruisselants de pierreries et tissés de fils d'or. Il s'était même trouvé souvent assez près du monarque lorsqu'il siégeait sur sa chaise percée, tout en dictant ses ordres à quelque ministre. Car Louis XIV n'aimait rien mieux que de savoir sa cour préoccupée uniquement de suivre d'heure en heure le moindre de ses agissements.

Mais Frontenac ne pouvait que déplorer la consternante politique d'abaissement de la noblesse que poursuivait le roi au profit d'une nouvelle élite de bourgeois, cumulant les titres et les biens matériels. Les vrais gentilshommes comme lui se voyaient de plus en plus écartés de l'administration de l'État et réduits, pour survivre, à quémander sans arrêt de nouvelles gratifications. Il n'avait d'ailleurs que du mépris pour cette noblesse de cour aux griffes limées, jadis puissante aristocratie guerrière, et qui se complaisait désormais à danser autour du roi un pitoyable ballet de soumission. Ce qu'il refusait de faire avec la dernière énergie, bien qu'il se comportât en apparence comme le plus accompli des courtisans. Son tempérament indépendant, moins docile et malléable que les ministres et le roi ne l'eussent souhaité, expliquait d'ailleurs en partie sa mauvaise fortune des dernières années et son rappel précipité du Canada. Mais il avait su attendre son heure dans les coulisses, tout en multipliant les démarches et les relations utiles. Vraisemblablement, et par la plus bienheureuse des providences, cette heure avait maintenant sonné.

Frontenac prit le siège qu'on venait de lui offrir. Plutôt que de le placer devant la petite desserte du fond, comme à l'accoutumée, son hôtesse lui avait réservé la place d'honneur en bout de table. La magnifique salle à manger des Bellefonds, aux murs tendus de soie pourpre et recouverts de toiles de maîtres, brillait de toutes ses bougies. Les portes avaient été ouvertes à deux battants et les invités se pressaient autour du héros du jour, dont on célébrait la soudaine rentrée en grâce. Louis s'anima. Il ne voulait pas bouder son plaisir, d'autant que ses hôtes s'étaient mis en frais pour lui ménager des agapes dignes d'un grand seigneur. Le vin aidant, il se mit à réciter des poèmes, à improviser des sonnets et des madrigaux* à la gloire du monarque, en hommage à la générosité de son hôtesse, à la beauté et au charme des dames qui l'entouraient. Les vieilles courtisanes fardées à l'excès comme les jouvencelles à la gorge palpitante, toutes étaient conquises et s'extasiaient de son habileté à tourner le compliment. Il en remit si bien qu'une jolie comtesse lui opposa, de sa voix flûtée :

— Mais enfin, monsieur de Frontenac, comment un homme tel que vous peut-il consentir à s'expatrier en Canada, dans ce pays du bout du monde, habité de rustres

---

* L'astérisque renvoie au glossaire. Voir p. 583.

et de gens de peu, quand vous avez ici la fine fleur de la civilisation ? Vous risquez de vous y ennuyer à mourir !

— Chère madame, lui rétorqua aussitôt Louis en roulant de grands yeux étonnés, c'est que vous ne connaissez pas les splendeurs que recèle ce paradis ! Savez-vous que le soleil ne se couche jamais sur toute l'étendue de ces terres qu'il faut des mois à parcourir d'une rive à l'autre ? Qu'elles forment un continent et mènent à la mer de Chine ? Ce pays est couvert d'un réseau de rivières et de lacs aux eaux si limpides qu'on y voit foisonner et bondir des milliers de poissons gros comme le bras. Les saumons, esturgeons, truites et brochets se pêchent par centaines entre Montréal et Tadoussac, et on voit également nager des quantités admirables de marsouins blancs. À Trois-Rivières, tenez, les Jésuites parlent d'un sauvage qui rapporte régulièrement de douze à quinze esturgeons de la hauteur d'un homme. Et l'anguille, madame ! Il y a tel individu qui en a pris plus de cinquante milliers pour sa part. Elles sont grosses et grandes, d'un fort bon goût et de beaucoup meilleures qu'ici.

Quelques dames pincèrent les lèvres, l'air dégoûté. « Les anguilles, vraiment ! » Louis avait oublié qu'elles ne faisaient pas partie de leur ordinaire et étaient réservées aux domestiques et aux petites gens. Aussi se hâta-t-il de poursuivre :

— Mais on trouve aussi force homards, huîtres, palourdes, moules et coques d'un goût exquis ! Quant aux forêts, elles regorgent de poules d'eau, de coqs d'Inde bien gras, de chevreuils, de caribous et d'orignaux hauts comme des chevaux. Les pigeons sauvages, qu'on appelle « tourtes » en Nouvelle-France, viennent par bancs si nombreux et forment des vols si denses qu'ils obstruent le ciel et masquent le soleil pendant des heures sur leur passage. Et j'ai croisé maintes fois des troupeaux entiers de wapitis nageant d'île en île, sur le parcours entre Montréal et le lac Ontario. Tenez, leur confia-t-il, embrassant du regard toute la tablée, si la chose vous intéresse, je vais vous narrer un petit voyage que je fis en canot il y a quelques années, et qui pourra vous édifier sur la beauté de ces parages.

Louis avait baissé la voix. On prêtait l'oreille en étirant le cou pour ne rien perdre de ses paroles.

— Nous voguions du lac Saint-Pierre vers Montréal par la grande rivière Saint-Laurent, et nous traversions des îles et des archipels si agréables à la vue et si propices à l'habitation des hommes qu'il semblait que la nature avait ramassé à dessein une partie des beautés de la terre pour les étaler devant nous. Les rivages, partie prairies partie bocages, paraissaient de loin comme autant de jardins de plaisance, car ils n'avaient de sauvage que les élans et les cerfs qu'on y voyait en grand nombre. C'est alors que nous surprîmes un orignal qui passait à la nage : il était bien plus grand que les plus gros mulets d'Auvergne et avait des forces et une agilité incroyables, et sur la terre et dans les eaux, où il nageait comme un poisson. Plus loin, nous découvrîmes les îles de Richelieu où les habitants en manque de venaison et de gibier n'avaient qu'à se transporter, et où il n'y fallait point d'autre monnaie que le plomb et la poudre. Ces îles sont au nombre de cent cinquante : certaines, en prairies, littéralement couvertes de pruniers dont le fruit rouge a fort bon goût ; d'autres, chargées de vignes sauvages grimpant sur les arbres et dont le fruit est très savoureux. On y trouvait aussi quantité de fruits sauvages comme fraises, framboises, merises, myrtilles, qu'on nomme « bleuets », ainsi que beaucoup d'autres, inconnus en Europe, comme ces espèces de petites pommes, et des poires aussi, qui ne mûrissent qu'à la gelée. Bref, un endroit qui surpassait en beauté tout ce qu'on peut trouver ici !

Louis fit une pause, conscient d'avoir un peu forcé le trait, et vida sa coupe. Un silence ému, quasi religieux et que nul n'osa troubler, s'installa. Le tableau qu'il leur dressait de cet éden du bout du monde frappait les imaginations. Les femmes se pâmaient et les hommes soupiraient d'envie à cette évocation. Fort encouragé par les mimiques attentives de ses interlocuteurs, il continua, en prenant un air plus sérieux :

— Mais cette majestueuse rivière Saint-Laurent est d'abord et avant tout un chemin d'accès privilégié menant à ces vastes terres inconnues déployées en amont de Montréal. Un arrière-pays impossible à atteindre sans contourner l'immense verrou naturel que constituent les rapides de Lachine, ainsi nommés parce qu'ils bloquent à leur façon la route de l'Orient. Cette barrière liquide infranchissable, longue de plusieurs lieues et dont les vagues peuvent être aussi hautes qu'en pleine mer, est à l'origine de la fondation de Montréal. C'est une merveille naturelle unique et Jacques Cartier lui-même, qui s'est heurté le premier à cette prodigieuse clôture d'eau, l'a baptisée « le grand sault Saint-Louis ».

Voyant que son auditoire en redemandait, Louis se lança dans une vibrante tirade sur l'avenir de ce pays de cocagne qu'il voyait se profiler à l'horizon.

— Songez donc que ce Nouveau Monde, d'une dimension hors de proportion avec les empires européens, à part celui des tsars auquel il pourrait se comparer, est d'une richesse inouïe, d'une diversité extraordinaire, d'une importance stratégique et militaire sans précédent. Si notre grand roi y consent, je planterai son étendard et porterai ses armoiries sur toute l'étendue de ce continent, j'étendrai son influence au-delà des Grands Lacs et jusqu'à la mer des Espagnols, par le fabuleux Mississippi et jusqu'aux confins mêmes du pays, vers ces mythiques contrées de l'Ouest menant à la mer Vermeille*. Nous rallierons et convertirons toutes les peuplades vivant sur ces terres, nous maîtriserons les grandes voies d'accès et, ce faisant, nous freinerons la progression des colonies anglaises* du littoral atlantique. Et cela, par une ambitieuse politique de découvertes et d'expansion territoriale. Cette colonie deviendra un gigantesque empire tout entier dédié à la gloire et à la puissance de notre roi et de notre pays. Voilà le destin que je pressens pour elle, et je puis vous assurer que les douze nations anglaises qui bordent la mer trembleront dans leur fondation quand elles sauront ce que nous leur réservons !

On écoutait toujours, de plus en plus charmé par la verve du vieux courtisan.

— Alors, ne croyez-vous pas, madame, reprit Louis de Buade d'un ton plus étale en s'adressant à la jolie femme qui l'avait interpellé plus tôt, qu'avec un pareil dessein je sois moins à risque de m'ennuyer que de manquer de temps ?

— Ces projets que vous prévoyez pour les colonies anglaises, monsieur de Frontenac, lui rétorqua aussitôt Bellefonds, piqué par la curiosité, est-il indiscret de vous demander en quoi ils consistent ?

Louis eut un mouvement de repli et se tassa sur sa chaise. Il s'était laissé griser malgré lui par le vin rouge, les regards admiratifs des femmes et l'attention inconditionnelle dont il faisait tout à coup l'objet. Il craignit de s'être ridiculisé par la passion et l'emportement qu'il avait mis dans son propos, et surtout, d'avoir trop parlé. Car il était périlleux, dans ce climat particulier de jalousie et de farouche compétition qui régnait à Versailles, d'ouvrir trop ostensiblement son jeu ou de révéler ses rêves, de peur que quelque ennemi s'acharne à vous en priver.

— Malheureusement oui, monseigneur, secret militaire, se borna-t-il à répondre. Mais... je puis vous assurer que vous serez le premier à en entendre parler, si la chance se met de la partie.

Louis était le débiteur de son hôte. Bellefonds l'avait aidé de bien des façons par le passé et avait usé de son influence auprès du roi pour le convaincre de geler ses dettes et de lui verser une pension annuelle de trois mille livres.

On leva le verre au succès de ces «mythiques régions lointaines aussi furieusement tentatrices que le chant des sirènes appelant Ulysse», selon l'expression employée par une des convives, et la conversation vira au badinage, plaisir suprême de la communication mondaine.

Quand, au petit matin, Louis regagna la chambrette qu'il partageait avec deux gentilshommes, il dut déployer des prodiges d'habileté pour atteindre son lit. Il avait bu plus que de coutume et pouvait à peine tenir debout. Il s'y laissa choir lourdement, non sans bousculer au passage son voisin de gauche qui se retourna contre le mur en maugréant.

Le sommeil fut long à venir. Les événements de la journée se bousculaient en désordre dans sa tête. Il suivait du regard le mince filet de lumière dispensé par l'unique fenêtre mettant crûment en évidence la tapisserie déchirée, piquée de moisissures. Ce logis rudimentaire était tout ce que ses moyens lui permettaient. On y gelait à longueur d'année et une forte odeur d'humidité montait de ses cloisons. Mais il ne s'en était jamais formalisé. À quoi bon ? N'étaient-ils pas des centaines, comme lui, à retrancher sur le logement, la table, la chandelle et le bois de chauffage pour s'entasser à Versailles, des caves aux combles, à seule fin de jouir du plus grand honneur qu'on puisse espérer sur cette terre, vivre auprès du roi ?

Louis émit un gloussement de satisfaction. Il se démarquait de ses coreligionnaires en ce qu'il n'avait jamais accepté le jeu que par pragmatisme et dans l'espoir de retrouver une fonction qui pût mieux convenir à sa dignité. Il était trop conscient de sa valeur et de sa haute naissance pour vouer au roi une véritable adoration. Il laissait les ploiements d'échine et les reptations aux La Rochefoucauld, Chevreuse et Villeroy de tout acabit.

Lassé de la pompe, des jeux et des artifices, trop vieux et trop estropié pour se lancer encore une fois sur les champs de bataille d'Europe au moment où la guerre était imminente, mais débordant encore de cette sève du conquérant qui avait marqué toute sa vie, Louis n'eut aucune difficulté à se persuader qu'il était l'homme dont le Canada avait besoin. Et il brûlait de servir encore. Son sort aurait été plus facile s'il avait été nommé en Bretagne ou en Flandre, mais quelle gloire serait la sienne s'il parvenait à relever le défi. Réchapper un pays cerné de toutes parts par ses ennemis et considéré comme perdu, voilà qui était de nature à mobiliser un Frontenac, avec à la clé une marge de manœuvre que ne possédait aucun gouverneur de province !

Louis s'étira paresseusement, puis se prit à masser son bras droit dans l'espoir d'apprivoiser sa douleur. La nuit surtout et par temps humide, le membre à demi paralysé le faisait abominablement souffrir. La fatigue commençait néanmoins à le gagner. Il se tourna machinalement sur le côté, les jambes remontées vers le torse, puis se laissa bientôt couler tout rond dans un univers trouble et agité, traversé de rêves de puissance et d'utopies conquérantes.

— Pour ce qui est de votre projet, monsieur de Callières, Sa Majesté s'est enfin résolue, pour terminer une guerre si dommageable à la colonie, d'attaquer la Nouvelle-York. Nous avons donc ordonné au sieur Bégon de préparer des munitions en conséquence, d'armer deux navires à Rochefort et de les placer sous le commandement du sieur de la Cassinière, qui prendra cependant tous ses ordres de messire de Frontenac, précisa Seignelay en se redressant sur son siège.

Le ministre de la Marine promena sur ses interlocuteurs des yeux las, aux paupières tombantes. Rassuré par un silence qu'il interpréta comme un acquiescement, il se plongea dans la lecture du mémoire qu'il tenait en main, en prononçant chaque mot avec une lenteur calculée et obséquieuse, comme s'il s'agissait d'un texte sacré.

Louis décroisa une jambe et fit repasser l'autre en sens inverse. L'impatience le gagnait et un mal de tête lui vrillait les tempes. Il payait chèrement les abus de la veille...

Hector de Callières, gouverneur de Montréal, écoutait à ses côtés sans sourciller. Il avait fait expressément le voyage depuis le Canada pour présenter au roi la version définitive de ce projet de prise de la Nouvelle-York, auquel il tenait farouchement. Or, il semblait que le roi n'était pas prêt à faire les concessions qui auraient pu rendre l'entreprise réalisable.

Si Callières était déçu, il n'en laissa pourtant rien paraître. Seul le long regard de connivence qu'il jeta à Frontenac pouvait prêter à interprétation. Ce dernier occupait à sa droite un lourd fauteuil de chêne au dossier orné de scènes de chasse – le mobilier d'argent de Versailles avait été vendu pour renflouer les coffres de l'État – et semblait bouillir intérieurement. Son visage demeurait fermé et impénétrable, mais sa gestuelle le trahissait. Il changeait de position sans arrêt, signe chez lui d'une grande contrariété.

Comme les tractations engagées par Louis XIV pour l'achat de l'État de la Nouvelle-York avaient échoué, le roi avait décidé de l'annexer par la force. Une éventualité susceptible de régler les problèmes du Canada et que Frontenac et Callières caressaient de leurs vœux, à la condition toutefois qu'on leur apporte un secours tangible. Or, il n'en était rien ! Le monarque ne prévoyait aucun nouveau soldat et les bâtiments qu'il leur cédait seraient de peu d'utilité. *L'Embuscade* n'était qu'une frégate légère d'à peine soixante canons, et *Le Fourgon*, une petite flûte tout juste bonne à transporter le matériel. Les mille cinq cents hommes de l'armée de terre devaient être recrutés en Canada même, alors que ses unités étaient en partie décimées par les escarmouches incessantes avec l'ennemi. Pour prendre la Nouvelle-York, Frontenac et Callières ne pourraient donc compter ni sur des troupes fraîches ni sur une flotte de bons navires de guerre, ce qui s'avérait essentiel pour transporter si loin de Montréal l'artillerie et les vivres. Dans pareil contexte, l'entreprise devenait téméraire, pour ne pas dire carrément impossible.

Le souverain prodiguait pourtant une foule de conseils sur la façon de cerner et d'attaquer la Nouvelle-York, Albany* et Boston. Une fois ces villes conquises, il suggérait d'y laisser des garnisons, de désarmer les Anglais et les Hollandais*, d'évincer les suspects, d'emprisonner les officiers et les principaux notables, et de déporter vers les colonies sœurs les habitants refusant de prêter allégeance. Des considérations sur la façon de gérer une ville conquise qui n'étaient pas nouvelles pour un militaire de la trempe de Frontenac, qui avait assiégé Orbitello, Rosès et Candie, et avait servi pendant plus d'un demi-siècle sur les champs de bataille d'Europe.

Mais le refus du roi de leur fournir une aide plus substantielle n'étonnait ni Callières ni Frontenac, et démontrait à quel point la cour de France était ignorante de la réalité de l'Amérique. Car comment pouvait-on croire possible d'assiéger et de conserver des places fortes comme la Nouvelle-York et Boston avec d'aussi maigres ressources ?

L'insistance de Frontenac à réclamer de nouvelles recrues pour intensifier la lutte contre l'Iroquois n'avait guère été mieux reçue. La veille au soir, Seignelay lui avait débité la sempiternelle rengaine : « Étant donné la conjoncture et la menace que les pays limitrophes font peser sur la France, vous comprendrez que le roi soit dans l'impossibilité de détourner vers le Canada la moindre fourniture navale ou militaire. Vous devrez faire avec les seules ressources dont ce pays dispose actuellement. »

Étrangement, les coffres s'avéraient vides et les unités de combat toujours décimées chaque fois qu'il était question d'aider la Nouvelle-France. Ah ! Il était bien révolu le temps du régiment de Carignan-Salières, ce bataillon de mille cinq cents hommes armés de pied en cap envoyés vingt-cinq ans plus tôt pour défendre la colonie contre les incursions iroquoises. Et cette obstination du ministre à répéter que le Canada coûtait trop cher à la couronne...

La vérité, croyait Louis, c'est que la Nouvelle-France était passée de mode. Il y avait beau temps que le sort de la colonie, ce surgeon gracile et toujours à la veille de périr, n'intéressait plus le roi. D'autant que le castor, principale richesse du Canada, entrait en si grande quantité depuis quelques années qu'il commençait à engorger les marchés européens.

L'attention de Louis fut attirée un moment par l'immense tableau suspendu au mur, derrière la tête de Seignelay. Représentait-il la conquête navale de Messine ou celle d'Agosta ? Il n'aurait su le dire, mais il s'agissait certainement d'une victoire en Méditerranée. Le halo lumineux entourant le vaisseau victorieux faisait au ministre une large auréole chaque fois que, relevant la tête, il s'adressait à ses interlocuteurs. On aurait dit la couronne d'un empereur romain ou l'auréole d'un saint.

Seignelay fit une pause et considéra Frontenac d'un air satisfait. Il se fendit d'un pâle sourire, le premier depuis le début de cet entretien.

Louis fut frappé par les cernes profonds qui rongeaient les joues du ministre. On le disait enclin à abuser des praticiens de toutes sortes qui pullulaient à Versailles. Nul doute, pensa-t-il, que son teint cireux, sa main tremblant à tenir la plume et sa gestuelle empreinte de lenteur étaient le fait des saignées et purgations trop fréquentes que lui prescrivaient ses médecins. Il en connaissait assez sur ces charlatans-là pour les fuir comme la peste et, Dieu merci, à soixante-huit ans bien sonnés, il avait encore bon pied bon œil. Distrait un moment par ces considérations, Louis se ressaisit et dit :

— Croyez bien que nous sommes reconnaissants à Sa Majesté de l'aide inestimable qu'Elle apporte à ce projet, et assurez-La que nous ferons tout ce qui est en notre pouvoir pour le réaliser. Remerciez-La, aussi, de l'intérêt soutenu qu'Elle porte au Canada. Ce...

Une quinte de toux déchira la poitrine de Seignelay. Après avoir repris son souffle, ce dernier s'essuya la bouche d'un mouchoir de dentelles.

— Rappelez-vous, monsieur, ce principe général auquel Sa Majesté tient plus que tout, dit-il. Alors que vous porterez la guerre chez les Anglais, vous devrez poursuivre les négociations de paix avec les Iroquois comme l'a fait votre prédécesseur, monsieur de Denonville, mais en prenant garde de ne rien faire qui leur fasse comprendre que vous la désirez. Vous ne devrez point paraître craindre la continuation de la guerre, sans quoi les Iroquois prendront avantage de cette faiblesse. Dans l'état où est la colonie, il est d'une extrême importance pour sa conservation de parvenir bientôt à conclure un traité avec ces sauvages et de finir cette guerre, dans laquelle il se trouve qu'il y a beaucoup à perdre et rien à gagner.

Seignelay resservait à Louis des arguments qu'il avait lui-même soufflés au ministre, bien des semaines auparavant, ce qui ne semblait pas le gêner.

Plus l'exercice traînait en longueur et plus Louis s'impatientait. Le mémoire du roi ne comptait pas moins de trente pages, et il se désespérait à l'idée que Seignelay voulût leur en faire une lecture intégrale. Il aurait pourtant amplement l'occasion de s'y mettre une fois à Rochefort. Car il n'eut aucune difficulté à se représenter le temps qu'il faudrait pour préparer et armer les navires, les bourrer de vivres et de munitions, recruter les hommes et régler les nombreux problèmes administratifs avant de pouvoir prendre la mer. Comme il ne fallait pas moins de huit à douze semaines dans des conditions favorables pour traverser l'Atlantique, le moindre retard s'avérerait lourd de conséquences. Qu'il y ait le plus petit décalage dans la préparation de l'expédition, que des vents contraires se mettent de la partie ou que la navigation soit plus difficile que prévu, et ils arriveraient trop tard en Canada pour songer à entreprendre quoi que ce soit contre les colonies du Sud.

Louis poussa un soupir de résignation. L'idée d'être bloqué sur place de longues semaines ne lui souriait guère. Et il savait par expérience que l'efficacité et la diligence n'étaient pas le propre du ministère de la Marine. Il se voyait déjà pourtant sur le pont du navire mouillant en rade de Québec, saluant la foule nombreuse accourue à sa rencontre et scandant des « Vive le comte de Frontenac ! » sur fond de tirs de canon, de battements de tambour et de *Te Deum*.

Mais une toux plus retentissante que la première fit à nouveau ployer Seignelay sous la douleur. Louis se leva d'un bond, impressionné par le visage de supplicié du ministre.

— Un médecin, monseigneur. Il vous faut un médecin sans délai, fit calmement Callières en se levant à son tour.

Il s'avança vers le ministre en lui offrant son bras.

— Non, laissez, laissez. Je connais trop bien la nature du mal qui me ronge pour croire encore au miracle. Rasseyez-vous, messires, et terminons cette affaire. Je crois, souffla-t-il, entre deux respirations qui tenaient du râle, que vous aurez amplement le temps de méditer ce mémoire sur votre chemin de retour. Tenez, monsieur de Frontenac – il lui tendit le document avec raideur –, ayez soin de vous en inspirer, tout en conservant assez de marge de manœuvre pour faire face à l'imprévu. Et tenez-moi régulièrement au courant de l'avancement de cette affaire. Que la chance vous accompagne.

Le pauvre homme salua ses vis-à-vis d'un mouvement sec et se retira, le dos voûté et le souffle court. On entendit longuement décroître dans le corridor sa respiration douloureuse et saccadée. Louis et Callières échangèrent un regard lourd de sous-entendus : ni l'un ni l'autre ne s'attendait à le revoir jamais... sinon dans l'autre monde.

2

Montréal, automne 1689

Une pluie drue et froide battait encore ce jour-là, comme la veille et l'avant-veille, avec une intensité et une régularité désespérantes. Tout ce tragique automne, elle avait sévi sans discontinuer, jour après jour, achevant de démoraliser une population déjà profondément éprouvée. Montréal baignait dans un frimas humide et poisseux, et de ses rues transformées en bourbiers où s'enlisaient hommes et bêtes montaient de tenaces odeurs de marécage. Mais depuis l'aube et en dépit du mauvais temps, des habitants surgis de partout s'étaient résolument attroupés aux carrefours en s'abritant tant bien que mal sous un porche ou la bâche d'un étal. Le nouveau gouverneur avait donné à entendre qu'il prendrait un bain de foule dès le point du jour. La nouvelle avait couru les rues comme une traînée de poudre.

Un lointain coup de tonnerre déchira le ciel en amenant des torrents de pluie et fut suivi d'un long et retentissant roulement de tambour. On vit alors s'avancer au débouché d'une rue un imposant détachement de militaires, fusils en bandoulière et épées au fourreau. La populace les accueillit avec un déluge de vivats. Se moquant de la pluie qui giclait sur leur redingote et mouillait les plumes des chapeaux, les soldats paradaient fièrement.

Louis de Buade et Hector de Callières ouvraient la marche. Le premier était de petite taille et trottait d'un pas nerveux, ce qui offrait un contraste saisissant avec le second, un homme grand, dont la démarche plus hésitante était entravée par une forte corpulence. Les tambours et les fifres rythmaient les cris de la foule qui s'ébrouait.

Puis ce fut la bousculade. Les habitants se précipitèrent en désordre au-devant des arrivants. La confusion fut telle que les soldats durent refouler vigoureusement les gens pour protéger les officiers.

— Allez, faites place, reculez, reculez...

Plus ému qu'il ne l'aurait cru par la chaleur de l'accueil, Louis s'occupait à caresser des têtes et à distribuer des paroles d'encouragement. Il avait délibérément choisi de parcourir Montréal à pied. Il n'entendait souffrir aucun intermédiaire entre la population et lui et, pour que l'exercice fût efficace, il avait entrepris d'arpenter méthodiquement chaque artère étroite et encombrée de la petite agglomération. Il voulait prendre le pouls des mécontents et donner la parole à tous, du plus important jusqu'au plus humble. Car il fallait que les Canadiens sachent, avec tambour et trompette, qu'il avait enfin repris place à la tête du pays et que les événements changeraient désormais de cours.

— Vive le gouverneur! Vive le haut et puissant seigneur de Frontenac!

La foule scandait ses acclamations à tue-tête et les gens couraient dans la boue en se bousculant pour suivre le cortège. Comme Louis se repaissait de ces marques d'authentique ferveur! Cela mettait un tel baume sur ses vieilles blessures d'orgueil qu'il en oublia du coup sa fatigue et ses douleurs rhumatismales.

«Vive notre sauveur!» martelait-on autour de lui. Louis sentit son pouls s'accélérer. Il ne fallait pas être fin clerc pour décoder le sens de cet émouvant appel au secours de la part de gens qui vivaient depuis des semaines dans la terreur constante d'être pris par les Iroquois, abattus sur-le-champ ou mis à mort sous la torture.

C'était d'ailleurs avec un mélange de surprise et de colère que Frontenac avait appris, à l'île Percée et de la bouche des récollets venus au-devant de son bateau, la catastrophe qui venait de s'abattre sur la Nouvelle-France. Le 5 août précédent, mille cinq cents guerriers s'étaient jetés dès l'aube sur Lachine endormie, avaient tiré de leur lit et attaqué à coups de casse-tête et de hachés des habitants hébétés, qui avaient été massacrés sans pitié. Les hommes avaient été charcutés, cependant qu'on éventrait les femmes et qu'on embrochait les enfants. Quelques survivants avaient été amenés prisonniers. En se repliant sur la rive nord du lac Saint-François, les Iroquois avaient d'ailleurs brûlé vifs ceux qui étaient incapables de marcher jusqu'aux campements ennemis. Leurs cris d'épouvante et leurs gémissements inhumains, portés et amplifiés par le vent, s'étaient fait entendre jusqu'au lever du jour. Depuis lors, les attaques-surprises se succédaient à un rythme affolant et faisaient chaque jour de nouvelles victimes.

— D'après ce que j'ai pu savoir, le découragement s'est emparé de la population et certains parlent déjà de plier bagage et de rentrer en France, lui avait glissé Callières à l'oreille, la veille au soir.

Louis serrait des mains, jetait une parole d'encouragement par ci et répétait, comme un leitmotiv, de vigoureux «Nous vengerons nos morts» ou «Nos ennemis vont voir de quel bois se chauffe un de Buade» par là, tout en marchant d'un pas énergique. Il ressentait malgré lui une affection paternelle pour ce petit peuple combatif et fier qui, hier encore, jouissait d'une situation stable. N'avait-il pas laissé la colonie en paix quand il l'avait quittée bien à regret, sept années plus tôt ? À l'époque, ce pays si prospère était encore à l'abri des incursions iroquoises et vivait tranquillement de fourrures, d'agriculture et de pêche. Les Cinq Nations étaient tenues en respect par l'habile politique d'apaisement et de négociation qu'il avait assidûment menée pendant dix ans. Alors qu'aujourd'hui... Rien que d'y penser, il sentait la rage et le dépit l'envahir.

Mais qu'avaient fait ses successeurs pour précipiter le pays dans de pareilles affres ? s'interrogeait-il en vain. Denonville aurait certes des comptes à rendre. Louis le tenait responsable du malheur actuel et entendait bien le lui dire avant son départ imminent pour la métropole.

« Aurais-je pu empêcher cela si j'étais arrivé plus tôt ? » se demandait encore le vieux comte, tout en s'approchant d'un groupe de femmes qui se mirent à parler toutes en même temps des malheurs des uns et des autres, dans une cacophonie assourdissante. L'une d'elles l'avait même saisi par l'uniforme et le retenait captif.

Louis se dégagea et pressa le pas, mal à l'aise devant ce débordement d'émotions contre lequel il ne pouvait rien, du moins dans l'instant, dût-il être le Messie en personne. Mais il fallait agir et il agirait. La petite enquête qu'il avait d'ailleurs fait mener la veille auprès d'officiers proches de Denonville et de Vaudreuil avait porté fruits. Il détenait assez d'informations pour comprendre la défiance de la population à l'égard du gouverneur sortant et du commandant des troupes. L'absence de riposte des soldats et des miliciens devant la barbarie de l'attaque iroquoise l'expliquait largement, croyait-il. Certaines personnes accusaient en effet les autorités militaires d'avoir péché par incompétence ou par lâcheté, ce fameux 5 août.

On racontait que Pierre Rigaud de Vaudreuil, qui avait remplacé Callières comme gouverneur de Montréal pendant son voyage en France, aurait commis de graves erreurs les jours précédant le massacre. Il aurait relâché la vigilance au point de permettre aux habitants de dormir dans leur maison et de se rendre à leurs champs sans escorte, contrairement aux règles de prudence les plus élémentaires. Et à l'inverse, le jour fatidique, Vaudreuil se serait terré peureusement avec ses troupes à l'intérieur, alors qu'à l'extérieur, les habitants tombaient comme des mouches. Il aurait même interdit à quiconque de poursuivre l'ennemi retran-ché en amont sur le Saint-Laurent, alors que les trois quarts des Iroquois étaient déjà saouls morts après avoir bu tout l'alcool de traite entreposé dans les maisons de Lachine. Vaudreuil aurait facilement pu abattre des dizaines de guerriers et libérer les prisonniers s'il avait été plus auda-cieux et moins bêtement soumis aux ordres.

Autant de témoignages qui ne faisaient qu'attiser la rage qui couvait déjà dans l'esprit de Frontenac. Et le comble, c'est qu'on lui avait appris le matin même que Denonville avait donné l'ordre de faire raser le fort Cataracoui. Une décision déjà prise par le roi avant son départ de Versailles, semblait-il, mais dont on s'était bien gardé de lui faire part. Outré par ce qu'il considérait comme une terrible erreur stratégique, il venait d'ordonner à ses gardes de se préparer à lancer une expédition de sauvetage. Il fallait faire diligence pour empêcher la destruction de ce fort qu'il chérissait comme la prunelle de ses yeux.

Aux abords de la place du marché, la foule se fit plus bigarrée. Des Indiens, aux visages peints et aux costumes chamarrés, déambulaient en se mêlant aux curieux.

Un homme se jeta subitement devant Frontenac en exhibant avec fierté ses mains mutilées. Il avait été fait prisonnier lors du massacre, argua-t-il, traîné en pays iro-quois et longuement tourmenté. Il avait pu échapper à ses tortionnaires à la faveur de la nuit et regagner Montréal. Deux doigts manquaient à sa main droite et l'index de sa main gauche avait été cruellement brûlé. Et lorsque, d'un geste théâtral, il enleva son bonnet, des cris d'horreur fusèrent autour de lui. Le « scalpé vivant », dont le crâne nu et violacé était encore couvert de plaies purulentes, s'avérait d'une laideur repoussante. Nullement décontenancé, l'homme ébaucha un sourire et remit précautionneusement son couvre-chef. C'était un coureur des bois endurci, qui avait assez fréquenté les Indiens pour s'estimer chanceux d'être encore en vie.

— Monseigneur, fit-il avec vivacité à l'intention de Frontenac, prenez garde ! J'ai surpris des conversations où il était question d'une alliance entre Iroquois, Mohicans* et Anglais, afin d'envahir l'île de Montréal dès le printemps prochain. Ils descendraient ensuite aux Trois-Rivières, puis attaqueraient Québec par terre pendant qu'une flotte anglaise l'assiégerait par mer. Méfiez-vous, ils sont enragés comme des loups affamés. Et ils sont des centaines, embusqués partout le long du Saint-Laurent et de l'Outaouais.

— Merci, mon ami, vous êtes un brave, lui rétorqua Louis en lui enserrant chaleureusement les épaules.

Puis il s'éloigna, troublé malgré lui par cette révélation à laquelle il accordait cependant peu de foi. Même si une attaque anglaise et iroquoise par terre et par mer était toujours à craindre et risquait de placer la colonie dans une situation périlleuse. « Voilà pourquoi il faut agir vite et tuer la vipère dans l'œuf », se dit-il encore, conforté dans la politique qu'il était en train d'esquisser mentalement.

— Mais il n'y a pas que de mauvaises nouvelles, monseigneur, fit Callières en se penchant à l'oreille de Frontenac.

La respiration du gouverneur de Montréal était courte et saccadée. Il peinait visiblement à l'effort. Son impressionnante corpulence le forçait d'habitude à se déplacer à dos de cheval, mais comme le comte de Frontenac avait choisi de marcher, il s'était vu obligé d'en faire autant.

— Il ne faut pas oublier, poursuivit-il, que les Outaouais* ont réussi le tour de force de descendre jusqu'ici avec huit cent mille livres de fourrures, malgré les barrages iroquois dressés tout le long des voies d'eau. La foire des fourrures a battu son plein pendant deux semaines et ce fut une véritable bénédiction pour la population. Les pelleteries étaient bloquées à Michillimakinac* et à la baie Verte* depuis si longtemps que les marchands, les petits commerçants, les voyageurs et tout un chacun commençaient à crier famine.

Louis se contenta de hocher la tête en signe d'approbation. Rue Saint-Joseph, des militaires et des sauvages extrayaient des charrettes de lourdes poches qu'ils transportaient à l'intérieur d'un abri rudimentaire. Une fine bruine avait remplacé la pluie, mais le ciel n'en demeurait pas moins bas et obstrué.

— Ce sont les Iroquois chrétiens du Sault-Saint-Louis, lui fit remarquer Callières, que Denonville a donné l'ordre de déménager à l'intérieur des murs de Montréal avec leurs biens et leurs provisions de maïs. Ils ont été si harcelés par leurs frères des Cinq Nations* qu'ils ont imploré la protection du gouverneur. Il est en train de leur faire construire un fort et en attendant, il les loge comme il le peut.

Louis fit une grimace. Il désapprouvait l'opération.

— Pourquoi diable Denonville n'a-t-il pas plutôt envoyé sur place une garnison de cent cinquante à deux cents hommes pour les protéger au lieu d'entreprendre un tel branle-bas? C'est de la bêtise, dans la situation actuelle, de faire exécuter un tel travail par des soldats et des miliciens déjà surmenés par les continuelles escarmouches!

Le gouverneur de Montréal ne répliqua pas. Frontenac avait en partie raison, mais il ne pouvait désavouer le gouverneur sortant, qu'il considérait comme un bon administrateur et un stratège militaire accompli. Callières respectait Denonville et regrettait son rappel précipité.

La visite de la ville s'éternisait. Tout en serrant encore quelques mains, et sous la rumeur des acclamations, le petit groupe finit par atteindre la place Royale. Sur une estrade, face au fleuve, s'élevaient trois longs poteaux noircis alignés côte à côte. Louis se tourna vers son acolyte, l'air interrogateur.

— C'est ici que trois Iroquois ont été brûlés vifs par les Indiens de la mission de la Montagne, il y a quelques jours. Trois frères d'un grand courage, à ce qu'il paraît. J'ai appris la nouvelle avec étonnement. Il semblerait que leur capture ait été le résultat d'une bataille menée par deux de nos meilleurs officiers, les sieurs de Manthet et du Lhut, accompagnés de vingt-six hommes. Ceux-ci ont été interceptés sur le lac des Deux Montagnes par une brigade de Tsonontouans*. Les nôtres se sont placés dos au soleil couchant et ont attendu sans broncher. Les Iroquois ont tiré les premiers. Comme le soleil leur tapait dans les yeux, ils ont raté leur cible. Nos combattants ont alors vidé leurs armes et dix-neuf Iroquois ont été envoyés par le fond. Les trois survivants ont été ramenés et mis au poteau, à la joie de tous.

Louis était abasourdi. Jamais une telle chose n'aurait été possible sous son administration.

— Mais quel exemple de barbarie donnons-nous à la population? Les méthodes de mise à mort des sauvages ne sont guère civilisées et nous n'aurions jamais dû les cautionner !

— Écoutez, monseigneur, fit Callières dans un profond soupir. Ce sont les Indiens de la Montagne qui ont décidé de les «mettre à la chaudière», pour m'accorder à leur expression. Mais la population aurait insisté pour que l'opération se déroule au vu et au su de tous. Après ce que les gens d'ici ont vécu et vivent encore chaque jour par la faute des Iroquois, monsieur de Denonville aurait eu mauvaise grâce de leur refuser cette consolation. Cette victoire et la vengeance que nous en avons tirée ont relevé l'espoir de nos habitants, découragés par tant de défaites successives. Et cela aura pour mérite de faire réfléchir l'ennemi. Que voulez-vous, les temps sont durs...

Louis ressentait une grande lassitude. Et il était transi de froid. Son costume dégoulinant lui collait au corps et son bras droit était à nouveau douloureux. Il décida de mettre un terme à son opération de séduction et se tourna vers un officier de sa garde :

— Faites-nous venir une voiture. Nous rentrons au château de monsieur de Callières.

Lachine dévastée offrait un spectacle de pure désolation. Des cinquante-quatre maisons qui composaient la petite bourgade, près d'une quarantaine avaient été rasées par les flammes. L'église saccagée, les bâtiments éventrés, les carcasses d'habitations ouvertes à la pluie et aux vents, les champs calcinés sur trois lieues jusqu'aux portes de Montréal, tout témoignait du drame récent.

Louis parcourait à cheval les lieux du sinistre et ne décolérait pas. Il devait faire face à tellement d'embûches et de difficultés depuis le matin qu'il doutait de pouvoir mener ses affaires avec la célérité voulue. Et cette maudite pluie, moitié eau moitié neige, qui tombait encore à plein ciel. Il lui semblait que depuis qu'il avait remis les pieds en Nouvelle-France, deux semaines plus tôt, le mauvais temps n'avait cessé de sévir avec une constance et une violence étonnantes.

Quand Frontenac franchit la porte de Fort Rolland, une petite construction militaire adossée au fleuve et située à l'extrémité ouest de l'île de Montréal, à trois lieues de la ville, il fut surpris de la trouver si bondée. Le fortin, conçu pour abriter une garnison d'une cinquantaine d'hommes, servait de refuge aux survivants de Lachine. Un brouhaha indicible y régnait. Des soldats, des civils et des Indiens s'y bousculaient, vaquant à leurs affaires dans le tumulte des cris d'enfants, des grognements de chiens et de porcs laissés en liberté dans un périmètre restreint. L'arrivée du nouveau gouverneur, suivi de quelques cavaliers et d'un contingent de mousquetaires*, produisit un effet de surprise. On l'entoura dès qu'il mit pied à terre. Le commandant se précipita à sa rencontre, pour s'entendre aussitôt ordonner d'une voix déterminée :

— Monsieur, j'ai besoin de tout milicien et civil capable de tenir un outil ! Nous avons cent canots de maître à construire que nous devons remplir de vivres, d'équipements et de munitions en quantité suffisante pour ravitailler Fort Cataracoui.

— Je ferai de mon mieux pour répondre à vos attentes, monsieur le gouverneur, fit le jeune officier, bien que nous n'ayons que peu de bras disponibles. Les Iroquois nous ont tué ou enlevé beaucoup d'hommes valides et nous hébergeons ici les quelques familles qui ont réussi à échapper au carnage.

Les enfants, fascinés par les chevaux qui s'ébrouaient en piétinant sur place, ne les lâchaient pas des yeux. Des femmes au regard triste et résigné donnaient le sein aux plus petits, pendant que d'autres s'occupaient des grands. Les quelques hommes échoués là avaient la mine basse. Louis aurait voulu secouer ces malheureux, effacer de leur mémoire les douloureux souvenirs qui devaient tant les hanter. Il ne put que leur répéter ce qu'il martelait à satiété depuis la veille, au point d'en avoir la voix rauque :

— Nous viserons et frapperons désormais l'ennemi droit au cœur ! Je vous promets la paix et la prospérité. Suivez mes ordres et faites-moi confiance. Un de Buade ne se rend jamais !

Il réussissait, une fois encore, le petit miracle d'allumer au fond de ces cœurs meurtris une étincelle d'espérance. Ébranlé par ce pouvoir nouveau qu'il exerçait sur les consciences, Louis s'empressa de remonter en selle. Il se reconnaissait si peu dans ce rôle de sauveur. Car enfin, qui était-il pour oser promettre la paix et la prospérité à une colonie qui s'en allait à vau-l'eau, lui dont les intérêts personnels avaient si souvent primé sur ceux des quelques milliers d'habitants qui peuplaient cette colonie ? Mais la situation précaire du Canada, auquel il se découvrait tout à coup plus attaché qu'il ne l'aurait cru, révélait plus clairement les enjeux. L'approche de la mort transformait peut-être aussi sa perception de la réalité...

« Que m'importe l'enchaînure de tout cela, se dit-il encore en éperonnant vigoureusement sa monture. L'essentiel, c'est de ne céder un pouce ni aux Iroquois ni aux Anglais, tout en trouvant le moyen de faire mieux que mes prédécesseurs. Et je détiens pour cela des cartes maîtresses ! »

D'un geste, Louis entraîna ses troupes près de la grève et leur fit monter un campement sommaire. Il s'occupa ensuite de mettre en branle son projet de sauvetage de Fort Cataracoui en distribuant les responsabilités, les équipements et les tâches. Tous les canots d'écorce devaient être construits et bourrés de marchandises en soixante-douze heures. Le transport allait s'avérer difficile cependant, à cause des chemins quasi impraticables et du peu de charrettes disponibles. Mais il réquisitionnerait, que pouvait-il faire d'autre ? Déjà qu'il avait dû se battre avec le gouverneur sortant et l'intendant Champigny pour obtenir les trois cents hommes dont il avait besoin.

— Mais c'est de la folie ! s'était emporté Denonville, lorsque Frontenac l'avait rejoint dans un fort qu'il travaillait à réparer. Vous ne pouvez pas mettre en danger la vie de tant d'habitants, dans une saison si avancée et avec les Iroquois qui contrôlent les rivières ! Nous avons besoin ici de tous les hommes disponibles pour protéger la population !

— Envoyer un pareil détachement jusqu'à Cataracoui va nous coûter un prix fou. Et en pure perte ! Nous n'avons plus les moyens de maintenir une garnison si éloignée et impossible à ravitailler, avait renchéri l'intendant Champigny.

Frontenac n'avait rien voulu entendre. Sans tenir compte de leur résistance, il avait ordonné la levée du corps expéditionnaire. Mais les volontaires étaient rares et rechignaient à partir.

— Je vois à quel point on manque de discipline. Comptez sur moi pour y mettre bon ordre, avait-il lancé à un Denonville irrité, qui s'était contenté d'élever les bras en l'air en signe d'impuissance.

« Qui peut blâmer les hommes ? pensait ce dernier. Ils ont travaillé jour et nuit pour ériger les forts et les palissades autour de Montréal. Et ils s'acharnent depuis des semaines à terminer la construction du fort devant abriter les Indiens du Sault-Saint-Louis. Quand les Iroquois n'attaquent pas du côté de Châteauguay, ils surgissent en force à Chambly,

Sorel, quand ce n'est dans les parages de Bécancour. Avec des troupes sans cesse renouvelées, alors que nous manquons de soldats de métier, de miliciens expérimentés, de munitions, et que tout le monde est épuisé. Et voilà que Frontenac leur demande de quitter Montréal pour se lancer, au péril de leur vie, sur des rivières parsemées d'Iroquois ! »

Denonville se prit à espérer que ses ordres aient été exécutés à la lettre et que Fort Cataracoui ne soit déjà plus qu'une ruine fumante.

Après trois jours d'une activité fébrile menée par des hommes épuisés de devoir faire toujours plus vite, l'essentiel des tâches était terminé. Les canots, lourdement chargés de marchandises et de munitions, s'alignaient depuis le matin en amont des rapides de Lachine, dans l'attente du signal de départ. Plusieurs Indiens christianisés* s'étaient portés volontaires et se mêlaient aux Français.

Mais Frontenac s'occupait à régler une autre affaire de dernière minute.

Retiré dans une tente de fortune et entouré d'un groupe de sauvages empanachés, tous iroquois, il assistait patiemment aux palabres engagées depuis l'aube. Sa stratégie consistait à profiter de l'envoi de sa brigade de canots à Fort Cataracoui pour dépêcher une délégation à Onontagué, siège de la Confédération iroquoise. Il ferait ainsi d'une pierre deux coups : prévenir la destruction du fort Cataracoui et entamer des démarches de paix avec les Iroquois.

Comme il y avait peu d'émissaires crédibles pour porter le message aux Cinq Cantons, le gouverneur dut se rabattre sur un Iroquois du nom de Nez Coupé. L'homme en avait perdu le bout lors d'une bataille et masquait sa cicatrice avec un anneau de cuivre passé à sa racine, duquel pendaient des perles et des plumes. Il était hostile aux Français et se montrait arrogant vis-à-vis d'Oureouaré, choisi par le gouverneur pour conduire les négociations de paix. Frontenac dut se faire violence pour ne pas le renvoyer.

Oureouaré était un *sachem**, un chef considérable de la tribu des Goyogouins*. Il avait été fait prisonnier deux ans plus tôt par les Français et expédié *manu militari* sur les galères de Louis XIV. Il avait eu la chance de survivre à cet enfer, avec une poignée d'autres, et avait été ramené au Canada par Frontenac. Des survivants que ce dernier utiliserait comme monnaie d'échange en temps propice.

Le *sachem* avait préparé avec minutie son message et les cadeaux à livrer à ses frères. Après avoir bien instruit Nez Coupé, Oureouaré ajouta :

— Remets-leur également ces colliers qui portent mes paroles.

Oureouaré remit à l'émissaire les *wampums*, ces longs assemblages de perles pourpres et blanches enfilées avec art sur des lanières de cuir. Ces porcelaines donnaient crédibilité aux paroles et servaient de caution à l'entente, une façon de faire imposée par les sauvages et à laquelle les Français ne dérogeaient jamais. Il lui indiqua aussi une dizaine de ballots renfermant les présents à remettre aux principaux chefs.

Nez Coupé s'était engagé à porter ces paroles et il le ferait. Il prit les *wampums* avec précaution, jeta un œil sur les ballots de marchandises et se contenta de hocher plusieurs fois la tête en signe d'acquiescement.

Soulagé de la tournure que prenait l'affaire, Frontenac accompagna la députation iroquoise jusqu'aux canots et présida au chargement. Il ordonna ensuite le départ.

Les canotiers se mirent à réciter fiévreusement le *Notre Père*. Puis, le long convoi s'ébranla lentement sous une neige mouillée qui tombait serrée, encombrant un ciel bas de novembre. Un à un, les lourds canots de maîtres quittaient la rive et prenaient le large en disparaissant bientôt dans un halo vaporeux. Ils devaient remonter le Saint-Laurent jusqu'au fort Cataracoui, situé à la tête du lac Ontario. Une fois sur place, les hommes de Frontenac avaient pour mission de relayer la garnison du commandant Valrennes. La délégation de Nez Coupé bifurquerait pour sa part vers le sud jusqu'à la rivière Genesee, menant tout droit à Onontagué, la capitale iroquoise.

« Pourvu qu'ils atteignent le fort avant qu'on l'ait fait sauter », se dit Louis, tout en secouant ses habits couverts de boue. Il n'avait rien avalé depuis la veille et avait à peine dormi quelques heures. Il se surprit à rêver d'un repas fin et d'un lit douillet. L'interminable traversée de l'Atlantique, l'arrivée en catastrophe à Québec et le voyage précipité à Montréal, sous une pluie glaciale et dans des barques qui prenaient l'eau, ne lui avaient laissé aucun répit. Et cette affligeante équipée dans le but de réaliser une mission quasi impossible l'avait vidé de ses énergies.

Le repli vers Montréal s'effectua sous une neige grêleuse poussée en rafales par des vents violents. La végétation, noircie par le feu tout le long du chemin de Lachine, se recouvrait peu à peu de grappes blanches d'où surgissaient de maigres tiges tordues et calcinées. Louis était enroulé dans un long caban et chevauchait à plein étrier, pressé de se mettre à l'abri. Oureouaré galopait à ses côtés, la redingote déboutonnée, insensible au froid qui cinglait. Tout enivré du plaisir de courir sur le dos de ce bel « orignal français », comme les Indiens nommaient le cheval, il était porté par un intense sentiment d'exaltation.

Les cavaliers longèrent le fleuve sombre et agité qui refoulait durement ses vagues contre la grève avant d'atteindre la maison du gouverneur de Montréal, située au bout d'une pointe de terre formée de la rencontre du Saint-Laurent et de la petite rivière Saint-Pierre. La grande résidence seigneuriale – qu'on appelait « le château à Callières » et dont une aile était encore en construction – s'élevait, solide et rassurante, flanquée de quatre tourelles et entourée d'une longue palissade de bois. Callières avait tenu à faire monter les murs à l'endroit où le fondateur de Montréal, Paul Chomedey de Maisonneuve, avait fait ériger sa première habitation, une quarantaine d'années plus tôt.

Hector de Callières reçut le vieux comte avec chaleur et multiplia les ordres pour lui permettre de se restaurer. Louis se retira dans la pièce haute et claire qui lui était réservée, à l'étage. De sa fenêtre, on voyait courir la longue clôture de pieux entourant la ville d'où émergeaient des clochers et quelques toits de maisons. Dans le ciel agité virevoltaient des farandoles de flocons.

Louis admira un long moment la blancheur en furie.

— Je préfère mille fois la neige à la pluie, murmura-t-il en se tournant vers le majordome, qui déposait sur la commode une bassine remplie d'eau chaude.

Une fine fragrance de bergamote s'en exhalait. Le domestique voulut l'aider à enlever ses vêtements, mais Louis le repoussa d'un geste ferme.

— Non, laissez. Bougre de Dieu, je ne suis pas encore impotent !

Son bras droit, raide et ankylosé, compliquait cependant l'opération et rendait chaque mouvement douloureux. Il s'y prit à trois fois pour ôter sa chemise. De sa main valide, il se frotta énergiquement le visage, le cou et les avant-bras, puis se contenta de s'asperger rapidement le torse et le haut des cuisses. Aidé du domestique, dont il se résigna à accepter le secours, Louis enfila une chemise propre, des bas de soie et des hauts-de-chausse de serge gris souris, un long justau-corps bleu aux parements rouge et or et des bottes fraîche-ment cirées. Il retira sa perruque défraîchie et en mit prestement une autre. Il fit ensuite enserrer son bras malade dans une étroite gaine de cuir arrangée en bandoulière. Se saisissant d'un flacon posé sur la table, il demanda qu'on l'en asperge. L'odeur trop piquante le fit éternuer. Il congé-dia enfin son valet. Il se sentait ragaillardi.

« Foin de ces inquiétudes ! Il fallait quelqu'un pour donner le coup de barre et je l'ai donné ! »

Louis s'approcha à nouveau de la large fenêtre et s'y accouda. La neige tombait en bourrasques, à présent, s'agglutinait aux interstices, comblait les vides, masquait les formes et arrondissait les angles. Le décor, ocre et fauve quelques heures plus tôt, changeait de palette et se parait de toutes les nuances du blanc, passant de l'opalin à l'ar-genté, du nacré au lacté. Le doux linceul d'albâtre reposait l'œil, apaisait l'âme. Louis se détendit. Il aimait la neige. D'aussi loin qu'il se souvienne, il avait accueilli les premières bordées avec une joie enfantine. C'était d'ailleurs ici, bien des années plus tôt, qu'il avait connu sa première vraie tempête de neige. Il l'avait regardée déferler une partie de la nuit, incapable de s'arracher au spectacle et fasciné par la féerie qui s'étalait sous ses yeux. Il s'étira et respira pro-fondément. La douleur à son bras droit s'était atténuée, mais la fatigue gagnait tout son corps.

Les événements s'étaient bousculés avec une telle rapidité depuis son départ de France qu'il en était encore abasourdi. Car rien ne s'était déroulé comme prévu. Les bateaux avaient quitté La Rochelle avec trois semaines de retard, et les vents les avaient tellement ralentis qu'ils n'avaient atteint le Cap-Breton qu'à la fin de septembre. Puis la nouvelle du saccage de Lachine les avait atterrés. Plus question désormais de tenter une quelconque sortie contre les Anglais, quand l'ennemi iroquois assiégeait le pays.

On vint lui annoncer que la table était dressée. Louis s'arracha à ses ruminations et quitta sa chambre d'un pas décidé. Les voix et les rires des convives montaient jusqu'à lui. Mis en joie par la perspective d'un repas en bonne compagnie, il s'engagea prestement dans l'escalier. Dans la salle à manger l'attendait Callières, entouré de quelques officiers, d'Oureouaré et de Charles de Monseignat, le secrétaire de Frontenac. La table était couverte de victuailles et de pichets de vin. Poule au pot, rôti de chevreuil et pâté d'anguilles dégageaient un agréable fumet.

Frontenac et Callières attaquèrent les plats avec un égal appétit. Le festin allait bon train. Le ton montait et les regards s'égayaient lorsqu'une rumeur de bruits de sabots vint couvrir les conversations. On courut à la fenêtre.

— C'est le commandant Valrennes qui s'amène avec ses hommes, articula un officier, la bouche pleine. Et n'est-ce pas Saint-Pierre de Repentigny qui s'avance à ses côtés?

Louis frémit. Il se leva d'un bond, décontenancé. Voilà bien ce qu'il craignait. Des militaires pénétrèrent dans la pièce, les uns à la suite des autres, l'air penaud, le casque de fourrure à la main. La neige qui dégoulinait de leur manteau et de leurs mocassins laissait en fondant sur le parquet de larges traces mouillées. Un silence gêné s'installa, que le commandant rompit aussitôt.

— Monseigneur, je reviens de chez monsieur de Denonville qui m'a enjoint de venir vous délivrer ce message. J'ai
dû obéir aux ordres portés par monsieur de Repentigny et
faire raser le fort Cataracoui.

Le sieur de Valrennes, qui venait de prononcer ces
paroles, avait mauvaise mine. Les yeux injectés de sang et
le visage fiévreux, il tenait à peine debout. Il revenait du fort
Cataracoui, d'où il n'avait pas été relayé depuis des mois.
Sa garnison et lui avaient survécu tant bien que mal, isolés
au bout du monde et entourés d'Iroquois hostiles qui les
empêchaient de se ravitailler.

Frontenac lui faisait face, dans une rigidité toute militaire. La fixité et la brillance de son regard trahissaient
seules la tempête qui montait en lui. Valrennes connaissait l'attachement de Frontenac pour son fort et se sentait malheureux de lui porter une telle nouvelle. Aussi
s'empressa-t-il d'ajouter :

— Le gouverneur Denonville m'a laissé toute liberté de
reculer ou d'avancer mon départ, monseigneur. Or, ma
garnison était réduite à une quarantaine d'hommes, tous
malades du scorbut. Nos vivres étaient à ce point raréfiés que
nous n'avons mangé que des racines et du castor salé pendant
des mois. Pour empêcher que le fort ne tombe entre les
mains des Iroquois ou des Anglais, poursuivit-il en posant
un regard plus soutenu sur Frontenac qui venait de serrer
les dents et de froncer les sourcils, j'ai dû, comme me le
recommandait monsieur de Denonville, faire miner les
bastions, les murailles, les tours et chacun des bâtiments. J'ai
préalablement fait dégringoler les canons de fer dans le fleuve
et fait couler les trois barques en abandonnant les ancres par
le fond. Quant aux canons de fonte, ils ont été transportés
et cachés au lac Saint-François. Après m'être retiré avec mes
hommes, j'ai entendu une violente déflagration.

— Êtes-vous retourné sur les lieux pour constater les dégâts ? questionna Louis, d'une voix blanche.

— Non, monseigneur, nous craignions trop d'être rejoints par nos ennemis. J'ignore l'étendue des dommages, mais je ne peux que supposer qu'ils sont importants.

— Se peut-il que les pertes ne soient que partielles et que certains murs soient restés debout ?

— Avec la technique que j'ai utilisée, sur les conseils de monsieur de Denonville, j'aurais tendance à vous dire non. Quoiqu'on ne sache jamais, monseigneur. J'ai étayé les murailles avec des bois goudronnés auxquels j'ai fait mettre le feu. J'ignore, par contre, si tout a flambé. C'est toujours un pari...

— Il est donc possible qu'une partie du fort soit restée intacte ?

— Tout est possible, monseigneur, répondit encore Valrennes, qui se mit à implorer un miracle pour que sa mèche ait fait long feu.

— Avez-vous des pertes à signaler ?

Frontenac avait repris un ton plus détaché.

— Oui, monseigneur. J'ai malheureusement perdu six hommes sur un contingent de quarante-cinq. Ils se sont... noyés... et nous n'avons malheureusement... rien pu faire... pour les rescaper. Mes hommes ont bêtement chaviré dans des rapides, à quelques lieues seulement de Montréal. De bons nageurs se sont jetés à leur rescousse, mais le courant était si violent qu'il a été... impossible... de les sauver.

Valrennes avait baissé les yeux et sa voix s'était brisée sur ces dernières paroles. Frontenac adoucit le ton pour continuer :

— Avez-vous croisé le détachement que j'ai envoyé dans l'espoir d'annuler les ordres de monsieur de Denonville ?

— Nous les avons rencontrés à quelques lieues de Lachine et la majorité d'entre eux ont rebroussé chemin. Seuls quelques canots ont continué vers Onontagué.

— Où sont-ils à présent?

— Ils nous suivaient de près. Le commandant devrait arriver sous peu. Le reste du contingent doit attendre vos ordres à Lachine, monseigneur.

L'officier Saint-Pierre de Repentigny, qui avait été chargé de porter à Valrennes l'ordre de démolition, s'avança à son tour et s'inclina devant Frontenac. C'était un homme fortement charpenté, plus grand que les autres d'une tête et dont le visage était aussi ridé qu'une blague à tabac. Il avait quitté Montréal sans escorte à la fin de septembre et voyagé de nuit en suivant un parcours à travers bois pour tromper l'ennemi.

— Monseigneur, fit-il d'une voix résolue, je désapprouvais cette décision et je l'ai fait sentir dès l'abord à monsieur de Denonville. Je ne puis comprendre qu'un gouverneur qui vit dans ce pays et le connaît depuis quatre ans n'ait pas compris l'importance de maintenir un tel poste. L'expérience nous a pourtant fait voir les avantages qu'on pouvait en tirer pour conserver le commerce avec nos alliés qui, autrement, se seraient donnés aux Anglais il y a belle lurette. Comment n'a-t-il pas vu que la démolition du fort nous ruinerait de réputation?

Repentigny était indigné. Le sang lui montait aux joues et intensifiait le cuivré de son teint, qui virait au brique. Il continua, en portant encore plus haut le ton:

— Le simple fait que les Iroquois en aient exigé la destruction aurait dû empêcher le gouverneur de céder devant eux, ne serait-ce que pour ne pas augmenter la fierté de ces barbares et leur faire un aveu aussi évident de notre faiblesse!

Frontenac ponctuait ces propos de petits hochements de tête affirmatifs. Il finit par laisser échapper une espèce de rugissement douloureux, comme un long sanglot surgi des tréfonds de son âme. Il avait croisé les bras et incliné la tête. Y succéda un pesant silence qu'on se garda bien de rompre ; le vieux lion paraissait blessé. Il contenait difficilement une colère qu'il se promit de ne laisser éclater qu'en temps propice. Il finit par articuler, d'une voix bourrue :

— En ce qui vous concerne, messieurs, je vois que vous avez obéi aux ordres avec fermeté et diligence. Vous avez fait votre devoir de soldat et personne ne vous en tiendra rigueur. Maintenant, rompez.

Frontenac arpentait la pièce de travail de Callières comme un prisonnier sa cellule. Il fulminait. S'il avait eu le gouverneur sortant devant lui, il lui aurait craché son fait au visage, mais Denonville avait quitté Montréal en catastrophe, la veille au soir. Comme la saison de navigation tirait à sa fin, il se hâtait vers Québec afin d'attraper le dernier bateau pour La Rochelle. Le roi le rappelait d'urgence à ses côtés pour l'aider à tenir tête à la vaste coalition qui se formait contre lui. L'Angleterre venait de prendre la tête de la ligue d'Augsbourg et de déclarer la guerre à la France. Son nouveau roi protestant, Guillaume d'Orange*, se présentait comme l'ennemi juré de Louis XIV et des papistes. Triste perspective, dont la Nouvelle-France risquait de souffrir cruellement...

Louis savait à quel point le roi était las des affaires du Canada et assez tenté de l'abandonner à son sort, en cet automne de misère. Il devait tenir compte de cela et de tant d'autres choses encore. La percée massive des Iroquois et leurs incursions répétées appelaient une défense énergique du territoire. Il jouait depuis le matin avec différentes hypothèses pour à la fois protéger le pays, calmer les Iroquois en les amenant à la paix, et trouver le moyen de faire payer aux Anglais leur témérité. La quadrature du cercle, en quelque sorte. Mais le dépit et la rage d'avoir perdu Fort Cataracoui l'agitaient encore et lui brouillaient l'esprit. Il n'avait pas fermé l'œil de la nuit, bourrelé de colère, d'impuissance et de doute. Un doute fâcheux et incommodant, bien peu compatible avec sa nature aventurière et auquel il cédait trop souvent à son goût, ces derniers temps.

— La fatigue et l'âge se conjuguant peut-être, trouva-t-il pour toute explication, en frappant du poing un rebord de fenêtre.

Cette nuit-là, appréhendant la difficulté de ce qui l'attendait, Louis avait été à deux doigts de tout abandonner, tant la tâche lui paraissait au-dessus de ses forces. Eut-il été plus avisé de refuser cette commission que Louis XIV avait fini par lui octroyer sous la pression de ses nombreux amis et protecteurs ? Une responsabilité qu'il avait lui-même sollicitée instamment, mois après mois, se présentant comme le plus apte à comprendre à fond les enjeux, les particularités du pays et la mentalité des sauvages. Il avait pourtant fini par s'apaiser avec les premières lueurs de l'aube. Un matin gris et pesant le surprit, courbaturé et bougon. Dès qu'il ouvrit l'œil, la colère reprit ses droits. Il se jura d'intercepter Denonville avant qu'il ne s'embarque pour la métropole. Il avait d'ailleurs des dépêches à lui confier pour le ministre de la Marine, le marquis de Seignelay. Comme les bateaux ne pourraient quitter le port sans son aval, il foncerait sur Québec dès qu'il aurait réglé avec Callières quelques affaires pressantes.

Cet après-midi-là, Louis passait en revue les troupes des Compagnies franches de la Marine pour leur assigner leurs quartiers d'hiver. Les hommes des différents contingents étaient réunis dans la cour du château de Callières.

On dénombrait huit cents soldats de Sa Majesté dans la région de Montréal et cinq à six cents en garnison, immobilisés dans différents postes. Pour un malheureux total de mille quatre cents hommes! Un nombre dérisoire, quand on savait que les Iroquois avaient déployé mille cinq cents guerriers à Lachine et qu'ils en disposaient encore de plus du double. Sans parler des forces que les Anglais pourraient bientôt jeter dans la bataille, avec une population quinze fois plus nombreuse que celle de la Nouvelle-France.

— Mais c'est une pitié! s'indigna Frontenac à l'intention de Callières, qui se contenta d'opiner.

Les soldats étaient alignés au garde-à-vous sous une neige fondante, malingres et dépenaillés, les cheveux dégoulinants sous leur chapeau disparate. Un ramassis de gueux issus des couches les plus défavorisées de la paysannerie française qu'on avait dû menacer pour les forcer à s'embarquer et qui maniaient mieux la fourche que le fusil. C'étaient des soldats de misère, en mauvaise condition physique et à peine capables de travailler aux fortifications, de garder le fort ou de remplacer les miliciens dans les champs.

« Que peut-on décemment espérer de pareils loqueteux, se répétait Louis, désabusé. La France ne nous a jamais envoyé que ces rebuts, dont aucune armée digne de ce nom ne voudrait dans ses rangs. »

Il reprit cependant espoir quand il vit s'avancer la cohorte des capitaines de milice. Des notables hautement respectés dans leur collectivité et choisis pour leur autorité et leur talent de chef.

« Ma milice », avait-il aussitôt pensé, avec fierté. Car c'était lui qui l'avait mise sur pied, dix-sept ans plus tôt. Elle regroupait tous les hommes de seize à soixante ans en état de porter les armes, ce qui représentait environ le quart de la population. Mais les guerres constantes et les épidémies les avaient dangereusement décimés. Trop d'hommes, là aussi, manquaient à l'appel. Croyant pourtant reconnaître quelques vieux combattants de la première heure, Louis les salua avec chaleur. Puis il s'adressa aux réguliers comme aux miliciens, en leur tenant un langage simple et honnête qui, espérait-il, leur irait droit au cœur.

— Enfants de ce pays, improvisa-t-il, j'ai besoin de vous. J'ai besoin de vous pour combattre les vrais responsables des massacres que nous subissons depuis Lachine. Les chiens iroquois ont cruellement mordu la main charitable que nous leur tendions, mais la meute ne s'est pas déchaînée de son plein gré. Elle a été poussée par d'insidieux maîtres. Car ce sont nos voisins du Sud qui les arment et les excitent secrètement contre nous ! Les Anglais de la Nouvelle-York, d'Albany et de Boston – il scandait ces noms avec une rage contrôlée –, jaloux de notre commerce et de nos territoires, nous combattent sournoisement par Iroquois interposés ! Ils se terrent peureusement pendant que d'autres meurent à leur place !

Le brouhaha des cris de joie et de colère mêlés s'intensifia au point qu'il dut forcer la voix pour se faire entendre.

— Je vous promets, continua-t-il, que l'Anglais paiera à son tour, et qu'un jour prochain nous irons débusquer ces lâches et porter la torche de la guerre jusque dans leurs chaumières !

L'agitation s'amplifia. Les gens d'ici savaient depuis longtemps à quoi s'en tenir quant aux colonies anglaises et brûlaient d'envie de se mesurer à elles. Ce défi qu'il leur lançait ranimait chez eux le goût de se battre à mort pour conserver ce coin de terre conquis à l'arraché.

Lorsque la foule se fut enfin calmée, il recommanda à ses hommes de rester vigilants et de continuer à protéger la population avec courage et discipline.

— Nous combattrons à la canadienne, lança-t-il en guise de conclusion, et nos ennemis verront de quel bois on se chauffe en Nouvelle-France !

— Nous avons quantité d'officiers de valeur qui pourront commander de telles unités, argua Callières en réponse à la proposition de Frontenac.

Le gouverneur de Montréal était calmement assis devant un Louis agité qui parcourait son bureau de long en large comme un automate. Selon son habitude, Callières restait placide et mesuré. Son apparente impassibilité en imposait. C'était un homme solide et fort, mais d'une consternante obésité. Il promenait une panse de chanoine surmontée d'un torse court, et soutenue par de longues jambes gonflées et variqueuses. La redingote de bonne facture qu'il portait ce jour-là cédait aux entournures et s'étirait démesurément aux boutonnières. Le gouverneur de Montréal avait beau faire, il paraissait toujours étriqué. Une exubérance des chairs qui détonnait, surtout chez un militaire. « Comment prétendre discipliner des hommes quand on n'arrive pas à discipliner son propre appétit ? » pensait Frontenac, réprobateur. Surtout qu'il était l'exacte contrepartie de son vis-à-vis. Petit de taille, brun de peau et de poil et tout en nerfs, à soixante-huit ans passés, il était encore droit et sec comme un échalas. Et il portait toujours beau.

Une disparité physique qui n'empêchait en rien, néanmoins, la convergence des esprits. Car Frontenac et Callières avaient tout pour s'entendre : même origine noble, même passé militaire, bonne expérience du pays, conception commune sur la façon de mener la guerre en Canada, et aussi prêts l'un que l'autre à se faire hacher menu plutôt que de céder un pouce à l'ennemi.

L'idée de Frontenac de mettre sur pied des unités de combat pratiquant une guerre d'embuscade à la façon indienne, tout en intégrant les principes de l'art militaire classique, correspondait aux conclusions auxquelles Callières était lui-même arrivé. L'expérience de deux campagnes malheureuses en pays iroquois lui avait donné à réfléchir. On ne pouvait plus mener la guerre ici comme on la menait sur les champs de bataille européens. Le territoire avait une dimension hors de proportions avec ce qui existait outre-mer, et l'hiver rigoureux posait des problèmes de logistique connus des seuls pays froids d'Europe, comme la Scandinavie ou l'empire des tsars.

Mais c'étaient surtout les techniques de l'art militaire européen qui devenaient carrément obsolètes. Les masses compactes d'unités de mousquetaires appuyées de piquiers s'avançant en terrain découvert vers celles de l'ennemi, dans le lustre des uniformes chamarrés de couleurs vives et des armes brillant au soleil, étaient proprement impensables. Il n'y avait ici ni routes, ni artillerie de campagne, ni cavalerie à envoyer au-devant des envahisseurs pour freiner leur avance. Callières avait compris que l'essentiel de ses connaissances et de son expérience de la guerre ne lui servirait à rien s'il ne concevait une façon de faire mieux adaptée au pays. Or, les officiers canadiens Hertel de la Fresnière et Pierre Le Moyne d'Iberville appliquaient déjà avec succès de nouvelles stratégies de guerre d'incursion, basées sur l'embuscade.

— Nous allons organiser de petites troupes d'élite légères et rapides, à l'indienne, qui débusqueront et repousseront l'Iroquois. Je veux qu'elles soient composées d'officiers de métier, enchaîna Louis, l'œil brillant, de miliciens canadiens et de quelques soldats français parmi les plus dégourdis. Et, bien sûr, de nos indispensables Indiens christianisés. Bien que nos Iroquois soient plus réticents à affronter leurs compatriotes que les Anglais, n'est-ce pas?

— Cela me paraît de moins en moins vrai, monseigneur. Surtout depuis les événements de Lachine. Les Iroquois des Cinq Cantons leur ont tué ou brûlé tellement de guerriers qu'ils semblent prêts à se battre à mort désormais.

— Ces partis de guerre doivent être mis sur pied rapidement, Callières. Je compte sur vous pour réaliser cela et je vous laisse carte blanche. Quant au plan dont je vous ai parlé succinctement tout à l'heure, je vous en ferai part plus en détail dès que j'aurai convoqué mon état-major. Nous n'avons pas réussi à attaquer la Nouvelle-York et Albany, mais je vous jure que les Anglais ne perdent rien pour attendre!

Louis se tourna vers la fenêtre et se croisa les bras sur le torse en fixant longuement le fleuve. Ce jour-là, des rafales de vent brassaient en tous sens les eaux grises et charriaient à toute vitesse les masses de nuages accumulées au-dessus d'elles, ce qui laissait présager des conditions de navigation difficiles. Le retour à Québec allait encore s'avérer pénible. Louis réprima son impatience. Il en avait assez de ces longues et houleuses équipées navales qui le laissaient frigorifié et las, et aspirait au confort et à la stabilité de la terre ferme. Il attendait d'ailleurs fébrilement le bateau plat qui devait le ramener à Québec et dont le calfatage, opération consistant à en étanchéiser la coque avec de l'étoupe et du goudron, s'éternisait.

Mais le souvenir de Fort Cataracoui s'imposa à lui avec une telle force qu'il s'y abandonna avec délice. Il le revit tel qu'il l'avait laissé, sept ans plus tôt. Il le reconstruirait. Envers et contre tous ! Il avait d'ailleurs chargé un de ses meilleurs officiers, d'Ailleboust de Manthet, de conduire dès le petit printemps une expédition d'une centaine d'hommes déterminés pour constater l'étendue des dégâts.

Callières allongea les bras et fit craquer ses jointures. Lui aussi était ailleurs. Il repensait au projet de prise de la Nouvelle-York qui avait si lamentablement échoué, faute de volonté royale. Une entreprise élaborée jusque dans le moindre détail et qui lui tenait à cœur. N'étant pas lui non plus du genre à capituler facilement, il s'était remis à sa table de travail et avait conçu un deuxième, puis un troisième projet de conquête. Un jour prochain, il en était certain, la conjoncture serait à nouveau favorable. En attendant, le plan que Frontenac avait en vue pourrait leur permettre d'atteindre une partie de leurs objectifs. Ce qui restait à voir...

3

Québec, automne 1689

C'était une frileuse matinée de fin novembre. Un vent fort et persistant faisait alterner depuis le matin les longs bancs de nuages gris et les embellies lumineuses. Louis parcourait d'un pas énergique la terrasse du château Saint-Louis perchée au-dessus de la falaise de granit dominant la ville. Elle était jonchée de feuilles mortes tombées à foison et formant un épais tapis rouille qui craquait sous le pas. Le vieux comte s'arrêta et jeta un œil distrait sur la petite agglomération blottie en contrebas, entre le Cap-aux-Diamants et le fleuve Saint-Laurent. Au large mouillaient des bâtiments venus de France et des Antilles, prêts à lever l'ancre.

Mais ce matin-là, Frontenac n'avait pas l'âme à la contemplation. Détournant le regard de l'horizon et scandant ses pas de grands coups de canne rageurs, il bifurqua sur la cour fortifiée et se dirigea vers les appartements du gouverneur sortant. Occupé à régler des détails de dernière minute, le marquis de Denonville s'apprêtait à s'embarquer pour la France avec sa famille. Des charrettes et des serviteurs chargés de ballots, de meubles et de coffres dévalaient la côte en direction du port. L'attroupement des curieux, massés près des charrettes et des militaires en manœuvre, ajoutait à la confusion générale.

« À croire que Denonville a réquisitionné jusqu'au dernier tombereau, se dit Louis en s'approchant de la porte d'entrée. Pour quelqu'un qui se targue de repartir aussi pauvre qu'à son arrivée, il y a de quoi s'étonner. À moins que ce que l'on raconte sur sa femme ne soit vrai ? »

De mauvaises langues prétendaient en effet que madame de Denonville aurait fait le commerce de marchandises de traite pour en verser le bénéfice aux pauvres, mais qu'elle aurait gardé pour elle une partie des profits.

La cohue s'intensifiait et Louis de Buade s'impatienta de ce que l'on ne vînt pas immédiatement à sa rencontre. Il intima l'ordre à ses gardes de l'annoncer. On le fit attendre un court instant dans l'antichambre avant de l'introduire.

— Veuillez me suivre, Votre Seigneurie.

Un valet de pied se faufila à travers un dédale d'objets hétéroclites posés à même le sol, dans le désordre du déménagement, puis s'effaça devant le comte en tenant ouverte la porte qui menait à une vaste pièce. Un homme de haute stature s'y tenait. Denonville tourna son visage osseux et long vers le comte et s'inclina brièvement. Les mains effilées et nerveuses laissaient paraître des ongles rongés ras.

— Je vous remercie d'avoir pris le temps de venir en personne me saluer avant mon départ. J'en suis flatté, monseigneur.

— N'en soyez point aise, monsieur. Vous me bénirez moins après cet entretien, fit le comte, d'un ton fiel et miel.

Denonville vit briller dans les yeux de jais du nouveau gouverneur une rancune profonde et pugnace. Il réprima un soupir d'impatience à l'idée d'un nouvel affrontement, mais s'y résigna et croisa les bras haut sur le torse, dans un geste instinctif de défense.

— Le fort Cataracoui est une perte totale, attaqua Louis d'entrée de jeu. Vous pouvez vous féliciter, monsieur, d'avoir réussi à jeter à bas le travail de toute une vie ! Cet ouvrage, placé à la limite des territoires de chasse iroquois, nous permettait de contrôler leurs faits et gestes et de les empêcher de traiter avec nos Indiens alliés. Il servait aussi à ces derniers de zone de repli et de centre d'approvisionnement. Vous auriez dû comprendre, si vous aviez eu le moindre entendement de la mentalité sauvage, que l'insistance des Iroquois à en exiger la destruction démontrait à quel point il était une épine à leur pied. Sans parler de la perte de prestige auprès de nos alliés indiens. Vous savez pourtant à quel point ils sont prompts à pactiser avec nos ennemis au moindre signe de faiblesse de notre part. Vous n'avez rien compris et rien vu venir, et je vous tiens personnellement responsable de la situation actuelle. Votre politique à courte vue a précipité les malheurs de la colonie !

— Vous êtes injuste, monsieur, et votre parti pris vous aveugle, répondit aussitôt le marquis, d'une voix grave.

Il se mit à marcher de long en large, les mains dans le dos et le torse droit, comme quelqu'un qui n'a rien à se reprocher.

— Je n'ai obéi qu'à des impératifs militaires dans toute cette affaire, et vous savez aussi bien que moi que ces forts éloignés ne sont rien de mieux, en temps de guerre, que des prisons ou des tombeaux. Une centaine de soldats, dont quelques-uns de nos meilleurs éléments, sont morts de faim à Fort Cataracoui l'hiver dernier parce qu'un gros parti d'Iroquois les a assiégés pendant des mois. Nous n'avons pas pu les ravitailler à temps. Quelques semaines plus tard, Fort Niagara subissait le même sort tragique, mais cette fois, c'est cent quatre-vingts hommes qui y perdaient la vie ! Et la garnison du commandant Valrennes a failli y passer aussi. Vous croyez peut-être que nous avons les moyens, décimés comme nous le sommes, de perdre une vie de plus pour conserver des structures inutiles et même nuisibles ?

Denonville scrutait Frontenac avec insistance de ses gros yeux myopes. Son interlocuteur demeurait de marbre, tout en soutenant fermement son regard. Le gouverneur sortant continua, sur un ton où pointait la colère.

— Pour ce qui est du rôle prétendument stratégique joué par Fort Cataracoui, je n'y ai jamais cru. L'intendant Champigny non plus. L'existence de ce fort n'a empêché ni les marchands anglais ni les Iroquois de traiter directement avec les Outaouais. Il les gênait si peu qu'ils l'ont toujours contourné. Vous savez avec quel acharnement je me suis opposé récemment à votre projet d'expédier là-bas tant d'hommes et dans une saison si avancée, alors que nous en avons un si grand besoin pour protéger nos terres et nos habitants. Le sort de votre foutu fortin et les énormes profits que vous en avez toujours tirés semblent vous intéresser bien davantage que celui de vos subordonnés, à la fin !

Louis frappa le sol de sa canne. Le coup l'atteignait en plein cœur et ramenait les accusations injustes qui avaient tant sali sa réputation. Certes, du temps où le fort Cataracoui était en activité, il avait pratiqué la traite des fourrures sur une vaste échelle et en avait tiré d'intéressants profits. Mais il ne voyait pas comment il aurait pu se maintenir ni soutenir la coûteuse diplomatie que les alliances indiennes le forçaient à mener avec les maigres deniers versés par le roi. Il entra dans une rage froide qu'il tenta de contrôler en atténuant l'éclat de sa voix.

— Si vous n'aviez pas trahi si bassement les Iroquois en emprisonnant leurs chefs et en les envoyant aux galères, nous ne serions pas obligés aujourd'hui de faire face à un affrontement aussi majeur. Jamais ils ne se sont permis une telle escalade de violence sous mon administration, justement parce que j'ai toujours su les tenir en respect et bien négocier, une aptitude dont vous semblez parfaitement dépourvu. La cour l'a compris et vous a rappelé avant qu'il ne soit trop tard.

Le marquis de Denonville baissa la tête. Il tira le bas de son pourpoint et s'approcha de la fenêtre, dont l'entablement lui arrivait à la poitrine. Il garda le silence un long moment, visiblement défait. Cette accusation ne l'étonnait pourtant pas de la part d'un intrigant qui médisait contre lui depuis son arrivée en Nouvelle-France, et sûrement depuis des mois, dans les coulisses de Versailles. Il était plutôt mal placé d'ailleurs, ce brigand de Frontenac, pour lui rebattre les oreilles de ses reproches. Qu'avait-il fait d'autre, pendant sa première administration, que de s'enrichir honteusement au détriment de l'intérêt de la colonie en s'accaparant la part du lion dans le commerce des fourrures, par une politique de pots-de-vin, de rançons et de protection ? Les gens d'ici voyaient son retour d'un mauvais œil, à part les quelques marchands et officiers que Frontenac avait toujours favorisés et qui flairaient à nouveau la bonne affaire. Et d'ailleurs, lui, qu'avait-il à se reprocher ? Il n'avait fait que son devoir de commandant, deux ans plus tôt, en faisant quelques prisonniers iroquois lors d'une campagne militaire punitive menée contre leurs villages. La majorité de ceux qui avaient été appréhendés n'étaient que des espions à la solde des Cinq Nations. Sa seule erreur avait peut-être été d'obéir trop aveuglément au roi et d'expédier certains de ces prisonniers aux galères de Marseille plutôt que de les garder ici.

Mais que répondre devant pareille accusation ? Valait-il seulement la peine de s'en justifier ? Il savait bien que le roi n'avait pas condamné son administration et que son rappel n'avait rien à voir avec les récents événements du Canada. La terrible guerre qui s'annonçait en Europe avait incité le roi à le ramener à ses côtés. C'était une faveur accordée en considération de services rendus depuis plus de trente ans en qualité de colonel et de brigadier des armées du roi. Point à la ligne ! Mais la cabale montée contre lui par certains marchands et militaires du clan Frontenac commençait à l'affecter sérieusement. Sa santé déjà chancelante s'en trouvait à nouveau menacée.

Denonville se tourna tout de même vers son vieil interlocuteur et reprit, sans grande conviction toutefois, persuadé de prêcher dans le désert :

— Si les Iroquois ont fondu sur Lachine, c'est qu'ils ont appris des Anglais, plusieurs mois avant nous, que l'Angleterre allait entrer en guerre avec la France. C'est pourquoi ils ont lâché toute leur puissance contre nous. Le gouverneur de la Nouvelle-York leur avait promis des vivres, des munitions et un asile pour les femmes et les enfants. Et ce n'est pas, ne vous en déplaise, grâce à votre prétendue habileté de négociateur qu'ils ne nous ont pas attaqués plus tôt, mais bien parce qu'ils avaient d'autres ennemis à soumettre. Une fois les Andastes* et les Mohicans assimilés ou anéantis, il ne leur restait plus qu'à se tourner contre nous. Ce qu'ils font depuis le 5 août dernier. Ils rêvent maintenant de nous bouter à la mer pour mieux nous remplacer comme seul intermédiaire entre les tribus à fourrures de l'Ouest et les Anglais. Ne commettez pas encore une fois l'erreur de les sous-estimer. Ce sont des ennemis intelligents, dangereux et absolument impitoyables.

Louis étouffa un rire dédaigneux.

Que croyait-il donc, ce négociateur de pacotille, ce stratège de salon, qu'il connaissait mieux que lui ces peuples indigènes? Et qu'il se serait niaisement laissé berner par de fausses promesses de paix tout au long de ces dix années de négociations avec les Cinq Nations, quand ses ennemis poursuivaient un plan précis en vue de rayer la Nouvelle-France de la carte?

— Balivernes, que tout cela! rétorqua Louis en se cabrant avec indignation.

On eût dit que son étroite silhouette vibrait au rythme de sa colère. Il enchaîna, en ponctuant son propos de vigoureux coups de canne.

— C'est prêter bien peu d'intelligence stratégique aux Iroquois! Bouter les Français à la mer! Vous croyez vraiment qu'ils sont assez naïfs pour penser qu'une fois la Nouvelle-France démantelée, les Anglais vont les laisser occuper tout l'espace et contrôler le commerce avec le reste du continent? Les Iroquois ne sont pas dupes et s'ils le sont, je saurai, moi, leur faire comprendre qu'ils ont tout intérêt à nous ménager!

Un coup de vent inopportun fit battre la fenêtre qui donnait sur le jardin. En tentant de la refermer, le marquis dut lutter avec les verrous rouillés et les pentures déformées par l'usure. En désespoir de cause, il glissa une chaise pour retenir le battant.

— Vous me laissez une habitation en aussi piteux état que le pays, ironisa Louis.

Son vis-à-vis lui jeta un regard agacé.

— J'ai peine à quitter cette terre sans avoir réussi à la mettre en sûreté, finit par laisser échapper Denonville d'une voix étranglée, livrant malgré lui le fond de sa pensée.

Il avait croisé les mains et courbé la tête vers l'avant, comme quelqu'un qui s'avoue vaincu.

Et c'était bien ce qui le tourmentait depuis des semaines, au point de se faire du mauvais sang à ressasser jour et nuit le pour et le contre de ses dernières décisions. Mais qu'aurait-il pu faire de plus, quand le roi ne lui avait jamais envoyé que des garnisons symboliques de deux ou trois cents hommes, composées de soldats trop peu entraînés pour faire la guerre ? Comment aurait-il pu mieux protéger cet immense territoire parsemé d'habitations tellement éloignées les unes des autres qu'il aurait fallu construire une forteresse à toutes les dix lieues pour venir à bout de les défendre ?

— Ce massacre à Lachine aurait pu être évité, s'entêta-t-il pourtant à poursuivre, si les habitants des côtes avaient été moins têtus et plus prompts à se réfugier dans les forts, comme j'en avais donné l'ordre. Je crains bien qu'il faille encore quelques têtes cassées pour convertir nos Canadiens à la prudence.

Louis observait Denonville avec défiance. Il était persuadé que sous la mince couche de détermination qui frisait parfois l'entêtement se cachait un être timoré. L'homme semblait beaucoup trop craindre le risque pour assumer pleinement les responsabilités qu'exigeaient ses fonctions. Surtout dans un pays tel que le Canada. Il lui manquait cette énergie conquérante et cette capacité de passer à l'action. Quelqu'un d'aussi tourmenté n'était pas de l'étoffe dont on fait les chefs.

Une jeune femme se profila soudain dans l'embrasure d'une porte.

— Père, on vous demande. Mère voudrait que vous l'aidiez à départager les derniers objets à laisser aux domestiques.

La voix était chaude et douce. La mignonne portait une robe qui la moulait de telle sorte qu'elle laissait deviner des formes rebondies et vigoureuses. Le teint mat, rehaussé par une tignasse d'un noir flamboyant remontée en chignon, tranchait agréablement sur la blancheur du col. La beauté et la fraîcheur de la jeune fille piquèrent l'intérêt de Louis. Il s'imagina caressant les chairs soyeuses celées sous les lourdes jupes...

— Mademoiselle votre fille? Comment avez-vous pu nous cacher une telle beauté?

La jouvencelle rougit jusqu'aux oreilles et se retira avec le sourire, tout en lui jetant un regard de vierge effarouchée. Louis dut se faire violence pour s'arracher à l'agréable apparition et se remettre dans les pensées courroucées qui l'avaient mené jusque-là. Son interlocuteur était demeuré silencieux. Le désarroi qui se peignait sur le visage du marquis était néanmoins touchant.

« Il est vrai que la tâche de mener cette colonie n'est pas de tout repos », se dit enfin Louis, en s'apitoyant aussitôt sur son propre sort. Car c'était sur ses épaules à lui que reposerait désormais cette lourde responsabilité. Aussi prêta-t-il mieux l'oreille quand son vis-à-vis enchaîna :

— Vous savez comme moi que, plus encore que l'Iroquois, c'est l'Anglais de la Nouvelle-York et de Boston qui est l'ennemi à abattre. Quand nos voisins du Sud seront à genoux, les Iroquois, soutenus et armés par eux, seront moins arrogants et finiront par déposer les armes. Comme il est regrettable que l'entreprise de conquête de la Nouvelle-York que vous deviez commander ait si tristement échoué! Ce projet, je l'ai élaboré dans le détail, avec monsieur de Callières. Si la Nouvelle-York et Albany étaient tombées entre nos mains, notre situation s'en serait trouvée bien différente.

Louis ne put qu'opiner. Il était le premier à le regretter amèrement. Mais il avait maintenant d'autres plans en tête... qu'il se garda bien de partager avec Denonville. Ce dernier se mit à faire les cent pas. Puis il continua sur un ton prophétique :

— Il n'y aura jamais de place en Amérique pour deux colonies qui ne subsistent que par les fourrures. Les Anglais sont jaloux de notre commerce et de notre alliance avec les tribus de l'Ouest et rêvent de nous remplacer. Si jamais ils nous écrasent, vous verrez le peu de cas qu'ils feront des Iroquois, qu'ils ne courtisent que pour s'en servir comme bouclier humain en attendant de s'emparer de leurs terres. C'est une lutte à mort que nous menons. J'en ai assez débattu avec le dernier gouverneur en titre de la Nouvelle-York, sir Thomas Dongan. Méfiez-vous de lui, il est intelligent, ambitieux et tortueux, et ne rêve que de lancer une double attaque contre nous. Une pareille équipée, menée par terre et par mer, nous ruinerait en une année. Que voulez-vous, la population anglaise croît plus vite que son territoire et, acculée comme elle est le long de la côte, elle ne pourra prospérer qu'en nous délogeant... Vous m'excuserez, mais j'ai encore des affaires pressantes à régler avant de m'embarquer. Considérez ce que je viens de vous dire comme le testament politique d'un gouverneur qui éprouvera toujours beaucoup d'attachement pour cette colonie.

Le marquis s'inclina très bas devant Frontenac, tout en esquissant un sourire de convenance.

— Je vous souhaite meilleure chance que moi... si tant est que la chance puisse changer quelque chose à la terrible situation actuelle.

Et Jacques Brisay de Denonville se retira, laissant Louis seul face à lui-même et rongé par l'envie. Car n'était-il pas aussi méritant que cet homme qu'on ramenait en France pour le couvrir d'honneurs et de gratifications? N'avait-il pas une aussi imposante feuille de route? Un demi-siècle durant, Louis avait guerroyé sur tous les champs de bataille d'Europe, au point d'y laisser son bras droit et sa santé, que diable! Quand on lui avait enfin accordé la commission de maréchal des camps et armées du roi, il comptait déjà vingt et une années de service actif. N'était-ce pas suffisant pour que le roi lui octroie quelque sinécure lui permettant de couler enfin des jours tranquilles à l'abri des tracasseries ?

Mais comme l'amertume n'avait jamais longtemps prise sur lui, il se secoua énergiquement et se tira de sa morosité. L'ambition et la bravade l'aiguillonnaient encore. Il aimait se battre. Par atavisme, pour l'odeur de la poudre, mais surtout pour exister, s'affirmer, triompher. « Je sortirai ce pays de son marasme et l'on verra bien, à Versailles, de quoi est capable un de Buade ! »

Frontenac quitta si précipitamment la pièce que ses gardes, postés devant la porte, eurent quelque difficulté à lui emboîter le pas.

Un large pinceau de soleil balaya la table de travail de Louis et l'obligea à retraiter momentanément vers le petit secrétaire de bois de rose, adossé au mur nord. La lumière trop intense lui donnait mal aux yeux. Québec scintillait en contrebas, transpercée d'éclats lumineux. Les petites maisons de la ville basse se tassaient les unes contre les autres, coquettement coiffées de toits à deux versants recouverts de bardeaux.

Le cabinet de travail était situé au rez-de-chaussée du château Saint-Louis et communiquait avec une salle plus exiguë où Louis avait installé Charles de Monseignat, son secrétaire particulier. Le jeune officier était entré en fonction quand il avait complètement perdu l'usage de sa main droite. Une violente crise d'arthrite avait achevé ce que sa blessure de guerre avait amorcé. Il ne pouvait plus tenir la plume, lui qui avait toujours aimé écrire. Mais qu'y pouvait-il? Il s'était résigné à embaucher un secrétaire qu'il avait dû payer à même une cassette personnelle déjà fort alourdie. Un salaire à rajouter à ceux de l'aumônier, des cuisinières, de ses valets de pied et de ses quatre gardes personnels. Pour économiser, il avait élu domicile à l'étage supérieur, dans une enfilade de trois pièces à peine habitables donnant sur le manège militaire. On y gelait l'hiver et, l'été venu, l'appartement se transformait en fournaise. Les murs étaient lézardés et les fenêtres tellement délabrées que, les jours de grand vent, l'air du fleuve y pénétrait en bourrasques.

Ce matin-là, il s'était levé au point du jour et avait longuement marché dans le jardin délavé par les intempéries. Il dormait peu. L'insomnie le tyrannisait. Il préférait bouger plutôt que de se tourner et retourner sur son lit en attendant l'aube. La marche lui convenait et le gardait alerte. Parfois, il poussait du côté de l'Hôtel-Dieu ou du couvent des Ursulines, quand il n'arpentait pas le long chemin bordé de grands arbres menant à la ville basse. Il perpétuait ses habitudes de marcheur solitaire, à la différence que son poste de vice-roi l'obligeait maintenant à être accompagné lorsqu'il s'aventurait hors de chez lui. Il confinait alors ses gardes à la plus stricte discrétion. Leur présence, même silencieuse, l'importunait.

Ces moments privilégiés où le soleil chasse lentement la nuit étaient mis à profit pour de fertiles ruminations, dont il testait rapidement le réalisme en les soumettant à son conseil de guerre. Combien de stratégies n'avait-il pas concoctées et mûries pendant ces longues randonnées matinales? Façonné par l'action, son esprit n'arrivait à se mettre pleinement en branle que dans le mouvement. Il était en effet viscéralement incapable de rester longtemps immobile, comme si le corps devait sans cesse s'activer pour permettre au cerveau de donner sa pleine mesure.

Louis était revenu de cette longue macération revigoré, alerte et plein d'une énergie nouvelle. Il avait ensuite avalé un déjeuner frugal, composé d'une soupe au lait de chèvre et de ces petits fromages ronds et minces fabriqués à l'île d'Orléans et qu'il affectionnait particulièrement. Le tout copieusement arrosé de vin muscat.

Denonville avait pris le bateau depuis deux semaines à peine que Louis avait déjà installé ses pénates et planté son décor. Les quelques meubles, rideaux et tapis, laissés en place par les occupants précédents et souvent en piteux état, avaient été évalués sous toutes leurs coutures avant d'être retenus ou écartés.

— Ils n'ont rien laissé d'utilisable, les chacals! Regardez-moi ces antiquailles tout juste bonnes à mettre au rebut, avait-il jeté le premier jour à Monseignat, en pointant l'empilement de vieux objets entassés dans la cour.

Les vingt-deux caisses contenant ses effets personnels et de nombreux objets de décoration, les meubles de bois précieux ramenés de France, tout avait été déchargé avec précaution et placé dans les différentes pièces du château, selon un ordre précis et après une foule de recommandations tatillonnes. Un jeune engagé avait été vertement tancé pour avoir failli échapper un miroir bombé cerclé d'argent, une pièce à laquelle Louis tenait comme à la prunelle de ses yeux.

— Portez plus d'attention à ce que vous faites, triste maladroit! s'était-il écrié en se lançant prestement à la rescousse du malheureux pour empêcher la précieuse pièce d'orfèvrerie d'atterrir sur le tapis élimé de la salle à manger.

Des domestiques supplémentaires avaient été recrutés et Louis avait mis en branle sa vieille demeure sur un train

digne de n'importe quel gouverneur de province. Il entendait d'ailleurs mener à nouveau une vie sociale active,
recevoir à table, donner des fêtes, des bals et des représentations théâtrales. Il n'était pas venu s'enterrer dans un coin
perdu peuplé de «paysans mal dégrossis et de sauvages»,
comme certaines mauvaises langues l'avaient laissé entendre
à Versailles, mais réintégrer plutôt une colonie pleine d'effervescence où les occasions de divertissement étaient nombreuses. La ville de Québec était en cette fin de siècle un
endroit agréable et vivant où l'on pouvait trouver une bonne
compagnie, si on se donnait la peine de la rechercher.

Le château Saint-Louis avait une singulière beauté, qui
ne tenait pas tant à la nature des matériaux plutôt modestes
dont il était fait qu'au site spectaculaire sur lequel il avait
été érigé. On l'avait construit sur le Cap-aux-Diamants, une
imposante falaise de granit et de basalte surplombant la
basse-ville et offrant une vue plongeante sur le petit port et
sur l'immense Saint-Laurent. Par temps clair, l'œil ne se
rassasiait jamais de couvrir si grand ni de courir si loin au
large, bien au-delà de l'île d'Orléans et jusqu'à l'encolure
du golfe, annonçant déjà la mer.

Louis connaissait le vieux bâtiment pour l'avoir arpenté
des dizaines de fois et il l'avait retrouvé avec un mélange de
tristesse et de nostalgie, clairement teinté d'irritation. Il lui
semblait qu'on l'avait délibérément laissé à l'abandon.
Édifié par Champlain, rénové par Montmagny et les gouverneurs précédents, il avait mal résisté au temps. Il craquait
et prenait l'eau de toutes parts comme un vieux rafiot travaillé par le vent et le gel. Les lambris de plâtre des murs
et des plafonds tombaient en morceaux, les lattes de chêne
des planchers étaient disjointes et à certains endroits carrément pourries. Le grand escalier s'avérait quasi impraticable. Son secrétaire l'avait emprunté récemment et avait

failli y laisser la vie : la balustrade avait cédé et le malheureux Monseignat était resté accroché dans le vide, comme une carpe à l'hameçon. Mais le pire, c'était la toiture, qui avait perdu par endroits son étanchéité, surtout du côté des versants sud, plus exposés au soleil et aux intempéries, de sorte que lors des grandes pluies, il pleuvait aussi à l'intérieur. Pour conserver un semblant de décorum dans la salle à manger où il recevrait à table deux fois la semaine, Louis avait commencé à faire construire un système de faux plafonds servant à détourner l'eau vers l'extérieur.

C'est une honte d'abriter un gouverneur général dans une pareille masure, avait-il récemment écrit d'une plume indignée à son ami le duc de Lude, grand maître de l'artillerie, *cela fait insulte au roi, que je représente. Même l'intendant est mieux logé que moi dans cette ancienne brasserie construite par monsieur Jean Talon et convertie en palais de l'intendance ! Est-ce normal qu'un intendant ait le pas sur un gouverneur ?*

Les espoirs que nourrissait Louis de redonner un peu de la splendeur passée au vieux château étaient peu réalistes. La main-d'œuvre coûtait cher en Nouvelle-France et ses réserves étaient à sec. Aussi avait-il commencé par reprendre contact avec Aubert de La Chesnaye et quelques autres marchands de la place Royale, afin de faire libérer assez de crédit pour mettre en branle les travaux les plus urgents. Et s'il représentait clairement au roi l'état de délabrement dans lequel se trouvait sa demeure, peut-être parviendrait-il à l'infléchir favorablement ? Il savait combien il fallait être insistant et se montrer patient avec Louis XIV, le souverain s'avérant prodigue de conseils mais étrangement dur d'oreille quand on sollicitait ses deniers.

Lorsqu'il repensait à la faveur accordée à Denonville, une pointe d'amertume jalouse le traversait encore. Il est vrai que ce dernier était issu d'une famille de noblesse plus riche et en meilleure posture que la sienne à la cour et que, pour avancer dans le métier de courtisan, il fallait faire preuve d'une allégeance plus inconditionnelle que celle dont il avait témoigné jusqu'ici. Mais Louis XIV ne lui avait quand même pas cédé cette commission de gouverneur et de vice-roi du Canada discrètement, comme une aumône. Il la lui avait offerte ostensiblement, telle une décoration.

Une responsabilité d'ailleurs convoitée par plusieurs personnages éminents qui auraient donné cher pour être à sa place. Lors de sa première nomination en Canada, le gendre de madame de Sévigné, le comte de Grignan, était au nombre des aspirants au fauteuil vice-royal. Le dépit qu'avait éprouvé la marquise à la nouvelle de la nomination de Frontenac avait été assez éloquent. Elle avait écrit le jour même à sa fille : *Ayez une vue du Canada comme d'un bien qui n'est plus à portée ; monsieur de Frontenac en est le possesseur.* En bonne mère, elle avait cependant ajouté, pour la consoler : *Il eut d'ailleurs été bien triste pour vous d'aller habiter un pays si lointain, avec des gens qu'on serait fâché de connaître en celui-ci.*

— Quel déferlement. Mais ma foi, c'est le déluge !

La pluie avait repris, entrecoupée de neige fondue. Ce timide début de décembre traînait des relents d'arrière-saison. Louis détourna le regard de la large fenêtre perlée d'eau et se replongea dans son travail. Il attendait Jean Bochart de Champigny en début d'après-midi. Comme il disposait encore d'un certain temps, il en profita pour expédier les choses courantes. Il repoussa d'un geste impatient la lettre ouverte abandonnée sur sa table. Elle datait du 27 novembre et portait la signature de Callières.

— Encore un nouveau désastre, avait-il soupiré plus tôt en prenant connaissance de son contenu.

Décidément, sa seconde administration commençait sous de tristes auspices. Le gouverneur de Montréal lui apprenait que cent cinquante Iroquois avaient traversé le fleuve au sud de la ville et étaient parvenus à La Chesnaye, puis à l'île Jésus. Ils avaient brûlé toutes les maisons jusqu'au pied des forts et abattu une quarantaine d'habitants. L'attaque s'était produite sous une neige déferlante, et les quelques miliciens et soldats lancés à la poursuite des assaillants avaient été forcés de rebrousser chemin.

«Nos unités spéciales de combat seront mieux équipées pour repousser de tels assauts», se consola-t-il, tout en reprenant la lettre d'un mouvement brusque. Il la tournait et la retournait entre ses doigts, le regard perdu. Il se souvenait d'avoir esquissé à Versailles quelques mois plus tôt, devant un groupe de militaires, sa conception de la guerre à la canadienne. Pour son plus grand malheur... On l'avait reçu avec un tollé de protestations scandalisées, on avait crié à l'hérésie et au sacrilège, et il avait dû battre prudemment en retraite. Il en ressentait encore la piqûre d'humiliation. Il ébaucha pourtant un sourire malicieux.

— L'avenir nous dira bien qui avait raison.

Il se leva et marcha à travers la pièce. De furieuses douleurs lui vrillaient les os de la colonne, un mal qu'il imputait à l'air trop chargé d'humidité et de miasmes. Qu'il se languissait donc des froids secs et rigoureux de l'hiver, bien mieux faits pour sa complexion que ces poisseuses humeurs d'automne! S'avisant que les bûches mouraient lentement dans l'âtre, il protesta, à l'intention de son valet de chambre:

— Duchouquet, que diable, vous voulez que j'attrape la crève? Bourrez-moi ce feu de troncs de chêne et d'érable. Il fait un froid de loup dans cette tanière.

Un homme bedonnant, au pas court et saccadé, fit bientôt irruption dans la pièce, les bras chargés de fagots et de rondins empilés jusqu'aux yeux. Il s'empressa d'entasser le menu bois et les branchages au centre, puis plaça les parements en pyramide sur le dessus, de façon à permettre au feu de mieux prendre. Le soufflet, activé en hâte, produisit bientôt une flamme qui surgit et s'enhardit en mordant rageusement au combustible. Louis s'en approcha pour réchauffer son bras engourdi, qu'il se mit à masser de sa main valide d'un mouvement lent et circulaire. Un geste qu'il faisait sans s'en rendre compte des dizaines de fois par jour. Il se laissa traverser longtemps par la chaleur apaisante.

Il mettait peu d'espoir dans sa rencontre avec l'intendant. Champigny s'était opposé avec trop de vivacité à sa tentative de récupération du fort Cataracoui pour qu'il ne lui en tienne pas rigueur. Il n'avait d'ailleurs jamais fait qu'un avec Denonville, dont il avait appuyé toutes les décisions. Et lui aussi avait sa part de responsabilité dans la tragédie actuelle. « Dire que je devrai à nouveau partager l'autorité avec cet homme et le conseil souverain*! » Louis n'arrivait pas à s'y résigner. Ses origines sociales et son long passé militaire en faisaient pourtant quelqu'un de tout désigné pour exercer sans réserve le pouvoir.

Ce gouvernement bicéphale est une aberration, un ferment de discorde et une source inépuisable de conflits, avait-il écrit au comte de Crécy.

Et il savait de quoi il parlait! Lors de son précédent mandat et pendant dix ans, Louis avait combattu avec opiniâtreté l'autorité de l'intendant Duchesneau et de sa clique du conseil. Rien que d'y penser, l'amertume et le dépit lui nouaient la gorge.

— Et c'est l'intendant qui tient les cordons de la bourse ! radota-t-il malgré lui en se laissant encore aller à penser tout haut.

Il avait oublié Duchouquet. L'homme ne parut pas entendre et continua placidement à balayer les copeaux épars sur le parquet. Il connaissait assez son maître pour savoir qu'il soliloquait souvent à voix haute et que l'âge n'avait rien arrangé à la chose.

Car si Champigny n'avait pas un mot à dire ou si peu dans l'élaboration des politiques militaires, qui étaient du ressort exclusif du gouverneur général, leur exécution, par contre, relevait de sa responsabilité. Comme l'intendant devait habiller, nourrir et payer les troupes, leur fournir armes, munitions, gîte et hôpital, et que le montant alloué aux dépenses militaires fixé par le ministre de la Marine était immuable, le succès des opérations militaires dépendrait de la façon dont ces sommes seraient utilisées. Louis se sentait à nouveau prisonnier d'une structure lourde et figée contre laquelle il ne pouvait que se buter, encore et encore.

— Mais qu'est-ce qu'il fait, l'animal ? Les cloches viennent de sonner les deux heures et il ne se montre toujours pas ! Les petits gratte-papiers besogneux comme lui sont pourtant plus ponctuels, à l'accoutumée.

Louis se mit à marcher d'une fenêtre à l'autre ; l'attente le rendait nerveux. Il s'étira le cou et finit par distinguer un groupe qui s'approchait d'un pas rapide, en pataugeant jusqu'à la cheville dans une mare de boue. Il reconnut les archers de la Marine à leur casaque cintrée d'une bandoulière de velours bleu, ornée d'ancres et d'insignes royaux. Ils ouvraient le pas à l'intendant, un homme petit et délicat à la démarche un peu chaloupée, qui portait par-dessus ses habits un long manteau de pluie.

— Tiens, tiens, je rêve ou quoi? Depuis quand un intendant se déplace-t-il avec quatre archers? ronchonna-t-il, désagréablement surpris. Mais c'est qu'il se prend pour le gouverneur!

Cette question avait pourtant été tranchée bien des années plus tôt: quatre gardes pour le premier fonctionnaire de l'État, et deux pour le second. Il soupira. Impossible de soulever ce problème maintenant, il attendrait un moment plus propice.

Il reçut néanmoins Jean Bochart de Champigny avec tous les égards dus à son rang. Il s'inquiéta de l'humidité qui avait pu l'indisposer, de la boue qui avait souillé ses habits, et s'empressa de lui faire servir un vin chaud.

— Venez vous sécher dans mon cabinet, près d'un bon feu.

Il le poussa gentiment vers un fauteuil placé devant l'âtre.

Il fit ensuite venir son secrétaire et lui signifia de répondre d'urgence à la lettre de Callières. Le jeune militaire, un homme long et effilé au visage ouvert, s'inclina d'un bref coup de tête. Après avoir salué l'intendant avec déférence, Monseignat quitta la pièce d'un pas feutré en tentant de refermer discrètement la porte. Mais comme le cadre avait travaillé sous l'effet de l'humidité et du gel, il dut s'y reprendre à trois fois.

Champigny était étonné de la chaleur de l'accueil et presque enclin à croire ses appréhensions exagérées. Ils parlèrent à bâtons rompus de choses et d'autres, puis le comte s'informa fort obligeamment de madame de Champigny et de leur petite famille. Il s'intéressa aux détails de leur vie, à leurs amis, leurs divertissements, tout en commentant les réponses de l'intendant avec humour, d'un ton agréable et mondain. Frontenac savait indéniablement plaire. «On n'est pas impunément courtisan de carrière », se dit Champigny. Mais l'aisance tout aristocratique de Frontenac était une arme dont celui-ci jouait habilement et Champigny tomba sous le charme...

Puis Louis asséna sans transition à son hôte la triste nouvelle du double saccage de La Chesnaye et de l'île Jésus. Jean Bochart en fut ébranlé. Il avait travaillé autant que Denonville pour organiser la défense de la région montréalaise et cette nouvelle défaite le dépitait.

— L'heure est grave, commenta le gouverneur, car toute la région comprise entre Lachine et Trois-Rivières est susceptible de tomber sous la hache iroquoise. Nous maîtriserons mieux la situation, cependant, quand nos troupes spéciales entreront en action.

Champigny écoutait avec attention et observait le comte d'un œil vif, auquel rien ne semblait échapper.

— Pour ce qui est de l'aspect défensif, nous avons continué dans le sens de ce qui a déjà été entrepris jusqu'ici : érection de nouvelles palissades autour de Montréal et des Trois-Rivières, construction de forts, de redoutes* et de réduits* équipés de canons partout où cela est possible, obligation pour les civils comme pour les militaires d'y dormir, jusqu'à nouvel ordre.

L'intendant opinait légèrement de la tête devant une énumération de mesures qui relevaient du bon sens et que Denonville avait déjà commencé à mettre en place. Mais un élément soulevé par le comte le chicotait. Il le questionna aussitôt.

— Vous parlez, monseigneur, de « troupes spéciales ». Si vous permettez, de quoi s'agit-il ?

— Nous allons frapper l'ennemi comme il nous frappe. Je veux qu'une quinzaine de patrouilles formées de miliciens de chez nous, d'Indiens alliés et de quelques officiers se

mettent à sillonner les campagnes pour repousser l'assaillant. Les tactiques militaires développées par Hertel de
La Fresnière et Pierre Le Moyne d'Iberville vont nous
servir à protéger nos populations et à rendre coup sur coup.
Du moins, à court terme, car sur une plus longue période,
j'ai d'autres projets pour amener les Cinq Cantons à la
paix.

Champigny sourcilla. Il était plutôt méfiant envers ce
type d'innovation.

— Et j'imagine que vous allez compter sur les miliciens
canadiens pour former le gros de ces troupes ? questionna-
t-il.

— Bien évidemment, répondit le gouverneur, tout en se
déplaçant vers sa table de travail contre laquelle il s'appuya,
pour continuer d'une voix qu'il voulut convaincante. Nous
ne pouvons pas nous passer de nos miliciens. Ce sont les
seuls capables de mener une guerre à l'indienne, qui exige
des hommes connaissant bien le pays et habitués aux distances et aux rigueurs du climat.

Tout cela était vrai et Champigny ne le savait que trop.
Il déplorait pourtant l'usage abusif que l'on faisait de ces
derniers, arrachés à tout moment à leurs terres et envoyés
au carnage à la moindre occasion.

— Nous sommes en train de saigner le pays de ses colons,
répliqua l'intendant. Vous savez bien qu'il faut dix-huit ans
à un bon habitant pour défricher sa terre et fonder une
famille. Alors qu'un soldat français est une denrée moins
précieuse qu'on peut remplacer plus vite et à moindre coût.

Louis ne répondit pas à cet argument qu'il connaissait
bien, mais dont il ne pouvait pas tenir compte.

— Jusqu'ici, continua Champigny, nos Canadiens
se sont toujours prêtés sans rechigner à toutes les missions qu'on leur a confiées, mais j'ai ouï dire que certains

commençaient à se plaindre d'être victimes d'une injustice.

Louis se rembrunit.

— Si nous ne voulons pas être obligés de plier bagages et de rentrer en France à toutes jambes, nous devrons nous battre avec les moyens du bord. Or, il se trouve que les hommes d'ici sont encore les seuls capables de nous tirer d'affaire. Et puis, avons-nous le choix ? Où sont donc ces troupes françaises aptes à mener une telle guerre ? Sa Majesté ne peut disposer d'aucune nouvelle recrue, on nous l'a seriné sur tous les tons, à monsieur de Callières et à moi.

Puis il ajouta, en atténuant un peu le mordant de sa voix pour ne pas s'aliéner l'intendant :

— Nous allons améliorer le sort de nos miliciens. J'entends que nous fournissions désormais à chacun l'habillement et l'équipement. Et je veux qu'on leur distribue un nouveau fusil.

— Comme vous y allez, monseigneur ! Que je sache, mon budget n'a pas été augmenté et je ne vois pas comment je pourrais faire face à de telles dépenses... enfin...

— Vous trouverez bien le moyen d'y arriver, trancha Louis en balayant l'air de la main, comme si l'argument n'avait aucune importance. Et puisque ces hommes ne sont pas payés quand ils sont mobilisés, cela nous fournira un moyen relativement économique de leur témoigner notre reconnaissance.

Champigny était surpris et irrité de voir avec quelle désinvolture Frontenac pouvait décider de lui faire engager de nouvelles dépenses, alors qu'il arrivait difficilement à joindre les deux bouts. Il parlait sans sourciller de fournir à chaque milicien un manteau, un pantalon, une paire de mitasses*, une couverture, des mocassins, un couteau et deux chemises. Et le fusil en prime ! Pourquoi ne pas leur verser une solde, tant qu'à y être ? Autant dire que son budget serait grevé pour les cinq prochaines années, se dit-il.

Mais ayant une idée bien arrêtée sur la question et refusant de se laisser démonter par des considérations terre-à-terre, Frontenac poursuivait sa démonstration. Puis il en vint à la politique de pacification qu'il avait amorcée auprès des Cinq Cantons.

— Les Iroquois que j'ai ramenés personnellement des galères feront merveille auprès des Cinq Nations, se vanta-t-il. Oureouaré, le grand chef goyogouin, nous est tout acquis. Nous réussirons à les convaincre de signer la paix. Nous effacerons les erreurs de nos prédécesseurs et rétablirons la confiance.

Champigny se redressa sur son siège, visiblement agacé. Frontenac parlait comme si c'était à son initiative que les Iroquois avaient été retirés des galères, alors que cela s'était fait sur l'ordre de Denonville. Et en parlant des prétendues « erreurs de ses prédécesseurs », le vieux comte faisait encore allusion à la fiction mensongère qu'il colportait sur la façon dont ces Iroquois avaient été faits prisonniers. Quant aux talents de négociateur d'Oureouaré, l'intendant demandait à voir... Il n'était pas loin de considérer l'individu comme un imposteur qui n'avait rien de l'ascendant que lui prêtait le gouverneur. Et pour tout dire, il ne croyait pas une minute à ces tentatives de paix dans lesquelles Frontenac plaçait tant d'espoir.

Mais ce dernier enchaînait déjà, sur un ton impérieux :
— Quant aux Anglais, je leur réserve un chien de ma chienne.

Le gouverneur s'était rapproché de la fenêtre, qu'une pluie grêleuse cinglait bruyamment. Il se frottait le menton de sa main valide, comme quelqu'un qui mijote un coup fumant.

Champigny avait baissé les yeux pour les porter sur le tapis délavé, usé à la trame. Il était sous le choc et commençait à s'alarmer. Il s'inquiétait surtout de sa capacité à composer avec un personnage aussi autoritaire et si peu enclin à tenir compte des contingences propres à sa fonction. Il prenait la mesure des divergences qui risquaient de l'opposer au gouverneur et de les jeter inévitablement l'un contre l'autre.

Frontenac se retourna et se dirigea vers la porte, qu'il ouvrit d'un geste sec.

— Monseignat, convoquez mon état-major pour jeudi après-midi. Quant à vous, monsieur l'intendant, fit-il en se tournant vers lui, je compte bien que vous y serez. Nous reprendrons tout cela en détail et discuterons à fond des enjeux.

Il fit raccompagner Champigny par son secrétaire.

Une fois seul, Louis se saisit du tisonnier et fouilla nerveusement les braises, d'où jaillirent de longs éclats jaunâtres. Il était perdu dans ses pensées. Dehors, la pluie n'avait cessé de battre et les carreaux glacés s'étaient recouverts d'une buée diaphane. La nuit, précoce en cette saison, commençait à tomber. On distinguait encore confusément au loin la forme d'un clocher et, à peine perceptible, la masse sombre du long bâtiment des Ursulines. Une strophe lui remonta aux lèvres et il la murmura lentement, pour en savourer chaque syllabe.

— *Tous nos arbres sont dépouillés*
Nos promenoirs sont tous mouillés
L'émail de notre beau parterre
A perdu ses vives couleurs
La gelée a tué les fleurs.
L'air est malade d'un caterre
Et l'œil du Ciel noyé de pleurs
Ne sait plus regarder la terre.

4

Québec, automne 1690

On gratta à sa porte. Impatient, Louis répondit d'une voix contrariée :

— Quoi, encore ?

Charles de Monseignat pénétra dans la pièce et lui tendit une enveloppe scellée par un cachet de cire rouge sang portant à l'endos les trois pattes de griffon et la couronne, au blason des Frontenac.

— Monseigneur, j'ai une lettre pour vous qui provient de madame.

— Donnez, donnez.

Il s'en saisit avec vivacité. Ses noms et titres étaient élégamment moulés d'une écriture fine et nerveuse qui courait librement sur toute la surface. Il porta l'enveloppe à ses narines. Une fragrance délicate et légèrement acidulée s'en dégageait encore.

Son parfum...

Cette odeur entêtante qui imprégnait tout ce que portait Anne de la Grange-Trianon, Louis l'aurait reconnue entre mille. Elle était devenue indissociable de la femme même. Chaque pli d'Anne le ramenait dans le passé et l'image de la jeune fille d'alors s'imposait à lui avec une netteté surprenante.

À seize ans, elle possédait un charme et un esprit si éclatants qu'il s'en était épris au point de vouloir l'épouser sur-le-champ ou se donner la mort. Le père, un riche bourgeois de Paris, conseiller du roi et maître de comptes, lui avait d'abord accordé la main de sa fille, puis avait fini par se raviser. Louis de Buade, comte de Palluau et de Frontenac, avait dû lui paraître trop pauvre, malgré sa haute noblesse, pour convenir à un parti prometteur autour duquel se bousculaient les soupirants.

Mais la belle Anne avait résolument tenu tête à son père et lui avait jeté au visage, alors qu'il la menaçait du couvent : « Mon père, vous avez donné ma main et m'avez commandé d'aimer cet homme, je m'y suis engagée ; je n'en aurai point d'autre ! »

En fille rouée, elle avait fini par se faire « enlever » sous le toit de son père pour se faire conduire à l'église Saint-Pierre-aux-Bœufs, une petite chapelle réputée pour bénir les unions qui se faisaient sans le consentement des parents et où toute la famille Frontenac l'attendait à bras ouverts. Fou de colère à l'annonce du mariage de son unique fille, le père l'avait déshéritée. « Je n'ai que cinquante ans, lui avait-il dit, je me remarierai et j'aurai douze enfants ; tu n'auras que le bien de ta mère. Je t'ôterai tout ce que tu pouvais espérer de moi. »

Depuis lors, bien de l'eau avait coulé sous les ponts... Leur couple avait rapidement chaviré, et Louis s'était retrouvé seul.

Mais Anne lui manquait toujours. Un besoin d'elle qui le tyrannisait parfois, surtout la nuit, pendant ses périodes d'insomnie. Ce qui ne cessait de l'étonner, après tant d'années.

Louis soupira d'impuissance en haussant les épaules, puis glissa la lettre dans sa poche en s'avisant qu'on l'attendait.

Il se leva de sa chaise en réprimant une grimace de douleur. Il avait oublié ses genoux, qui l'incommodaient dès qu'il restait trop longtemps immobile. Mais il refusait d'abdiquer devant son corps vieillissant. Il le mènerait sur le même train jusqu'à la fin, dût-il la précipiter.

Il eut un sourire amer au souvenir d'une boutade du grand Bossuet qu'il avait jadis fréquenté chez son beau-frère, le seigneur de Montmort. À quelque jeune flatteur qui vantait les mérites et la sagesse du grand âge, l'homme d'église aurait répondu : « Il est peut-être vrai que la vie date des cheveux blancs mais... employez, employez, si m'en croyez... tant que vous pourrez... le temps des cheveux noirs. »

La pièce s'était assombrie à l'approche du crépuscule, mais comme la lumière naturelle lui semblait encore menaçante, Perrine tira lentement les rideaux de velours jusqu'à plonger la chambre dans une totale obscurité.

— Enfin, laissez un peu entrer le jour, ma mie.

La femme sourit au vieux comte et se mit à allumer les chandelles une à une, avec une application de collégienne. Du fond de son lit où il était étendu, inondé de parfums et négligemment vêtu d'une robe de damas, Louis pouvait suivre des yeux l'onctueux mouvement de hanches de la servante, qui se penchait avec sensualité au-dessus de chaque mèche pour bien y faire mordre la flamme. Elle alluma ensuite la petite lampe à bec de corbeau suspendue près du lit de son maître et se tourna enfin vers lui, satisfaite.

— Êtes-vous certaine d'avoir bouché la moindre fissure capable de révéler au monde extérieur nos coupables amours de mortels ? se moqua-t-il gentiment, tout en l'attirant à lui.

La femme se laissa faire et se mit à rire, d'un rire argentin de jeune fille.

Perrine, née Lotier dit Rolland, fille de serrurier et cinquième d'une famille de huit enfants, était servante au château depuis bientôt douze ans. Deux fois mariée et autant de fois veuve en moins de cinq ans, elle n'avait jamais enfanté et avait décidé de ne plus convoler. Ce n'était plus tout à fait une jeunesse et ses traits n'avaient pas cette régularité qu'on appelle la beauté, mais son corps était sain et bien proportionné et il avait la rondeur accueillante des paysannes. Les premières approches, qui remontaient bien à une dizaine d'années, avaient été laborieuses. Perrine était pudique et timide et avait repoussé les ardeurs de son maître avec des cris scandalisés chaque fois qu'il avait glissé une main fiévreuse dans son corsage ou tenté de fourrager sous ses jupes. Puis, peu à peu, à force de gentillesses, de compliments bien tournés et de petites faveurs, elle s'était montrée plus réceptive.

Elle avait fini par faire taire les remords découlant de cette liaison adultère avec un homme de vingt-cinq ans son aîné et marié, de surcroît, devant l'Église. «Après tout, s'était-elle dit, point bête, il n'y a pas de mal à donner un peu de tendresse à un homme seul, abandonné de sa femme dont on dit qu'elle est une galante qui le cocufie dans tous les salons de Paris. Et tant qu'à pécher, un gouverneur ne vaut-il pas mieux qu'un ramoneur?» Mais, en femme délurée, elle s'était arrangée pour contrôler le jeu et ne se donner qu'avec parcimonie, à ses conditions et à son rythme à elle, de façon à maintenir son vieil amant en perpétuel état de manque. Comme Frontenac était un homme à femmes qui ne cessait de jouer le joli cœur, de conter fleurette et de faire des ronds de jambe dès que se pointait un jupon, en particulier les soirs où il avait des invités,

Perrine, qui servait à table, lui avait fait payer ses infidélités verbales et ses jeux de prunelles par de petites bouderies et des jours de pain sec, où elle se prétendait trop fatiguée pour se rendre à ses appartements.

Depuis le retour du comte à Québec, le jeu de séduction avait repris de plus belle. Perrine devait user d'une extrême prudence pour se rendre chez Frontenac, car il n'était pas question qu'on les surprenne ensemble. Monseigneur de Saint-Vallier et ses curés l'auraient déchirée à belles dents, l'auraient forcée à quitter son poste et excommuniée. Il fallait donc constamment jouer de ruse, ce qui, par contre, ajoutait un indéniable piquant à l'aventure...

— Là, étendez-vous près de moi, fit Louis dans un souffle, tout en délaçant avec lenteur le corsage de sa maîtresse. Et enlevez vite ces oripeaux qui me cachent vos splendides tétons. Voilà qui est mieux, ajouta-t-il en dégageant les seins qui pommaient lourdement sous leur poids.

Deux superbes sphères de chair laiteuse apparurent sous la lumière dansante de la flamme.

L'abondante poitrine de Perrine était auréolée de bourgeons rosés qui gonflaient et durcissaient déjà. Frontenac s'empara des seins offerts et les comprima tendrement entre ses joues et sa main valide, fasciné par le débordement soyeux et chaud des chairs tendres, dont la texture fine et lisse appelait l'ivresse. Il y farfouilla en chien fou, de la tête et de la langue, léchant et mordillant avidement le moindre centimètre de surface chagrinée. Les mamelons érigés de Perrine pointaient effrontément. Il les stimula d'une main experte tout en accentuant ses manœuvres. Perrine poussa de petits cris haletants en s'abandonnant à la caresse. Les yeux mi-clos, le haut du corps dénudé jusqu'à la taille et les jambes empêtrées dans ses larges jupons, elle psalmodia d'une voix éteinte, comme chaque fois qu'il la prenait :

«Non! monsieur... non, c'est mal... il ne faut pas... Ah! que c'est bon! Ah! encore... non!», se laissant pourtant affoler par le plaisir, mille fois plus fort que les interdits et les menaces de damnation éternelle. Elle s'arrangerait bien, après coup, avec sa conscience. Quand son partenaire intensifia ses caresses, elle se mit à gémir un peu plus fort et lorsqu'il releva ses jupes et farfouilla entre ses jambes où elle guida de la main son sexe, elle se cambra et se colla plus étroitement à lui. Elle refusait de se dénuder complètement, persuadée de moins pécher si elle ne dévoilait pas le bas de son corps, et interdisait sa bouche à son amant, incommodée par son haleine trop chargée d'ail et de viandes épicées.

Louis se saisit de l'abondante croupe pour l'aiguillonner en récitant des mots fiévreux et délirants où il n'était question que de «langueurs mouillées du puits d'amour» et de «fesses rebondies plus tentatrices que le chant des sirènes appelant Ulysse». Puis, chevauchant Perrine, il donna un coup de rein et la pénétra profondément pour ralentir aussitôt le rythme et calmer le jeu tant son souffle se faisait court et rapides les battements de son cœur.

— Quelle douceur, ma colombe, dans cet antre béni des dieux, fit-il en accentuant lentement son mouvement de va-et-vient tout en continuant à réciter, au bord du plaisir: «Baise m'encor, rebaise-moi et baise... Donne-m'en un de tes plus savoureux... et t'en revaudrai quatre plus chauds que braise...» en oubliant l'auteur de ce vers grivois qui nourrissait si bien son exaltation.

Puis, empruntant cette fois à Ronsard, il enchaîna:

— Le temps s'en va, le temps s'en va, ma dame... las! le temps, non, mais nous nous en allons, et tôt... Ah! oui... oui... serons étendus sous la lame et des amours... desquels nous parlons... Ahhhh! continuez à pousser ainsi ma mignonne, que vous êtes paillarde et douée pour l'amour, ma polissonne... que votre caverne est suave et accueillante...

Il dut faire une nouvelle pause qu'il ne put garder plus longtemps, car une intense vague de jouissance déferlait en lui.

— Quand serons morts... n'en sera plus nouvelle... pour... ce... Ahhh!!!... Aimez-moi... cependant qu'êtes belle... put-il seulement balbutier dans un dernier hoquet de plaisir en s'effondrant lourdement sur Perrine, qui l'entoura aussitôt de ses bras et le berça doucement tel un enfant, tout en caressant longuement ses rares cheveux épars.

Louis rejeta ses couvertures avec impatience. Il avait chaud et n'arrivait pas à dormir depuis que Perrine s'était retirée.

« Et dire qu'il fut un temps où le plaisir amoureux me plongeait dans un long et pesant sommeil. Voilà ce que c'est que de vieillir », se dit-il, morose.

Il gratta sur l'amadou une allumette et communiqua le feu à la chandelle dont la flamme répandit bientôt une douce lumière mouvante. Il se recoucha, les bras sous la tête, et parcourut des yeux les quelques objets qui l'entouraient : une crédence en chêne de style Louis XIII, héritée de sa mère ; son pupitre de bois de cerisier sur lequel brillait un chandelier d'étain spiralé, un cadeau de sa sœur préférée, Henriette-Marie ; un petit meuble bibliothèque contenant les quelques livres dont il ne se départait jamais et qui avaient traversé avec lui les océans ; des tapis, des chandeliers, divers objets décoratifs, et ces deux petits miroirs au cadre d'argent ouvragé que son épouse, Anne, lui avait offerts au début de leur mariage. C'était là toute sa fortune ou du moins, ce à quoi il tenait le plus. Le reste, tout le reste des objets qu'il avait accumulés au fil de ses nombreuses vies était entreposé chez ses sœurs ou chez ses nièces, au cas où le roi le rappellerait en France.

En attendant, il croupissait dans un édifice qui menaçait ruines. Dans ce château qui n'avait du château que le nom.

«Je ne suis qu'un don Quichotte vieillissant et solitaire qui règne sur un royaume en sursis dans un faux palace de gravats et de décombres...» se dit-il avec dépit.

Il se versa une coupe d'un vin tiré d'une carafe que Perrine tenait toujours pleine, à portée de main. L'alcool lui procurait parfois quelques heures d'un sommeil léger mais fécond. Il ramena le regard sur ces deux petits miroirs au cadre d'argent placés en vis-à-vis, de chaque côté de la fenêtre. Anne les avait fait fabriquer sur mesure par un des meilleurs orfèvres de Paris. Elle avait dessiné elle-même les entrelacs de grappes de raisins et de fruits qu'elle voulait voir reproduits dans l'argent et avait exigé des miroirs bombés, parce que cela faisait plus joli. En lui offrant ce cadeau, elle avait dit qu'il représentait leurs deux destinées séparées et originales, mais qui se renforceraient désormais en se servant mutuellement de modèle.

L'amertume l'envahissait peu à peu. Il avait rapidement fait un gâchis de leur vie commune. Trop fantasque, trop habitué à prendre ses libertés et à faire les quatre cents coups, Louis avait braqué Anne contre lui dès les premiers mois. Elle était si jeune et si entière. Elle l'avait d'abord aimé sans retenue, à cœur perdu, avec l'ingénuité et la ferveur de la jeunesse, mais en exigeant en retour la même fidélité et le même engagement.

Il était bel homme et plaisait aux dames, un privilège dont il aimait abuser et duquel il n'entendait pas être dépouillé par le mariage. Il avait donc commencé à s'absenter, à découcher, à mentir pour cacher ses liaisons à sa jeune femme qu'il découvrait tout à coup soupçonneuse, jalouse et malheureuse. S'il n'avait eu que des passades sans importance, Anne aurait peut-être passé l'éponge et pardonné. Mais il avait commis la bêtise irrémédiable de s'amouracher de mademoiselle de Mortemart, connue plus tard sous le nom de madame de Montespan, que Louis XIV entourait d'attentions jalouses.

— Mais fallait-il être assez sot pour s'intéresser à cette ambitieuse, sans cœur ni conscience, qui m'a discrédité auprès du roi dès qu'elle a compris que notre liaison risquait de la perdre ! s'entendit-il protester avec vigueur. Mais n'y ai-je pas trouvé mon compte ? se reprocha-t-il aussitôt, dans un sursaut de lucidité.

Il se redressa sur sa couche et se prit à sourire, puis à rire à pleine gorge au souvenir de la chanson qu'il avait composée pour se vanter de son triomphe libertin. Quoi ! Ravir au roi de France la plus aimée de ses maîtresses était un succès d'alcôve peu banal ! Il se mit à chanter tout bas les paroles dont il n'avait rien oublié, plus de trente ans plus tard :

— Je suis ravi que le Roi, notre Sire
Aime la Montespan !
Moi, Frontenac, je m'en crève de rire,
Sachant ce qui lui pend !
Et je dirai, sans être des plus lestes,
Tu n'as que mes restes,
Ô roi !
Tu n'as que mes restes !

Pour comble de malheur, il avait laissé tomber un jour en tirant son mouchoir une lettre d'amour destinée à la Montespan, qu'un courtisan ravi de lui nuire s'était empressé de porter au roi. C'est ainsi que le monarque avait appris qui braconnait sur ses terres et tirait impunément son gibier. D'autres couplets fort piquants avaient couru sous le manteau, mais Frontenac avait bientôt découvert que Louis XIV n'aimait pas être chansonné et qu'il souffrait encore moins la concurrence au pays du Tendre*. Car c'est en 1672 que le roi l'avait éloigné en le nommant pour la première fois gouverneur général de la Nouvelle-France. La favorite, à l'apogée de sa puissance, avait probablement multiplié les instances pour que Frontenac soit envoyé outre-mer, afin de prouver à son amant son amour et sa fidélité. C'était du moins ce que Louis s'était dit pendant ces longues années d'exil où il s'était langui de sa femme, qu'il aimait toujours, et de cette France, qu'il tenait alors pour le centre du monde civilisé.

La faute, publiquement affichée, avait tellement blessé l'orgueil et l'honneur de sa belle Anne qu'elle avait préféré quitter son époux et vivre seule avec leur jeune fils, François-Louis.

Louis reprit la lettre d'Anne et la parcourut à nouveau. Puis il la porta à ses narines. L'odeur, bien qu'atténuée, était toujours la même. Un mélange subtil de tilleul, de chèvrefeuille et de romarin qu'un parfumeur de renom avait préparé pour elle seule et dont elle s'inondait quotidiennement depuis plus de trente ans. L'espace d'une vie... Trente années durant lesquelles Anne, bien que séparée de lui, s'était montrée sa plus sûre alliée et l'ambassadrice la plus douée pour pousser auprès de la cour ses affaires et celles de la Nouvelle-France. Sa correspondance assidue en témoignait.

«Dieu merci! une vie ne se résume pas au total de nos bêtises. On doit bien pouvoir l'évaluer autrement.»

Louis tira sur lui ses couvertures et s'y blottit, tout en se disant qu'un petit séjour de méditation au cloître des Récollets lui serait salutaire. Satisfait de sa résolution, il ferma les yeux puis succomba au sommeil, à l'exact moment où le soleil amorçait à l'horizon sa longue course ascendante.

— Après tout, tonnait Frontenac, c'est bien avec les mousquets, la poudre et le plomb des Anglais que les Iroquois nous attaquent! Ce sont bien leurs couteaux, leurs haches et leurs casse-tête qui servent à nous scalper et à nous massacrer! Et ne sont-ce pas leurs officiers qui les poussent contre nous? Nous les harcèlerons désormais de telle sorte qu'ils seront plus occupés à se défendre qu'à nous venir attaquer!

Emporté par sa véhémence, le gouverneur général arpentait la pièce de long en large en faisant virevolter au passage la pointe des beaux fleurdelisés bleu et blanc, cérémonieusement alignés devant les fenêtres.

Étaient réunis autour de la longue table Le Neuf de la Vallières, capitaine des gardes, une dizaine d'officiers supérieurs des Compagnies franches de la Marine, dont Boisberthelot de Beaucours, Claude de Villeneuve, l'ingénieur du roi, l'intendant Champigny – le seul officier de plume toléré dans cet aréopage d'officiers d'épée, comme il se plaisait à dire en se moquant – Hertel de Rouville, Pierre Le Moyne d'Iberville et François Perrot, major de Québec. Monseignat, placé à la droite de l'intendant, consignait tout.

La grande salle du château servant aux rencontres extraordinaires et aux réceptions de toutes sortes s'était transformée pour l'occasion en officine d'état-major. La pièce s'animait du cliquetis des armes et du chatoiement bleu royal et écarlate des uniformes. Les officiers échangeaient bruyamment entre eux dans la plus complète cacophonie, puis faisaient subitement silence chaque fois que la voix tonitruante de Frontenac s'élevait, péremptoire.

— Le fléau anglais est en train de s'abattre sur toutes nos frontières, continuait-il, des rivages de l'Acadie et de Terre-Neuve jusqu'à la baie d'Hudson, des Grands Lacs jusqu'aux confins du pays des Iroquois. Il n'est qu'à voir ce qui se passe en Acadie, où nos voisins du Sud se comportent déjà en conquérants. Ils envoient leurs pirates bloquer le golfe, cependant que les puritains* du Massachusetts grugent pied à pied le territoire de nos alliés abénaquis*. Quant aux Iroquois, les Anglais de la Nouvelle-York les tiennent désormais pour des sujets britanniques. Ils noyautent leurs conseils de guerre et orientent leur diplomatie en les poussant contre nous. Ils autorisent désormais les marchands d'Albany à trafiquer dans la région des Grands Lacs comme s'ils y étaient chez eux. Ils ont exigé et obtenu la destruction des forts Niagara et Cataracoui, et ils poussent les Iroquois à saper à la base nos alliances avec les nations outaouaises et algonquines !

Le portrait sombre mais percutant que leur brossait le vieux routier, avec un sens de la mise en scène qui lui était particulier, galvanisa les esprits.

— Une seule frontière tient encore, poursuivit-il, et c'est celle de la baie d'Hudson. Et ce miracle, nous le devons à monsieur Pierre Le Moyne d'Iberville, ajouta-t-il en s'inclinant avec reconnaissance devant ce dernier, qui lui rendit sa politesse avec le sourire.

— Par ailleurs, vous devez savoir que nous avons raté de peu une expédition ambitieuse organisée par monsieur de Callières et appuyée par le roi, et qui visait à prendre la Nouvelle-York, Albany et Boston, leur jeta-t-il, sans transition.

Chacun tendit l'oreille, car l'entreprise était restée secrète jusqu'à ce jour. Seul Champigny en avait eu vent par l'entremise de Denonville, qui la soutenait de toutes ses forces. Pierre d'Iberville écoutait avec grand intérêt. Il avait entendu parler du projet en France où il attendait de nouvelles directives du roi avant de revenir au pays. Le gouverneur esquissa en peu de mots les grandes lignes de l'expédition, puis exposa les raisons de son échec. Une rumeur de désappointement parcourut la salle. Pierre d'Iberville, enflammé à l'idée d'une attaque encore possible, prit la parole avec fougue.

— Mais qu'est-ce qui nous empêche de reprendre une partie du projet, monseigneur ? On pourrait fort bien monter une expédition au cœur de janvier, sur les glaces, et aller prendre par surprise la Nouvelle-York ou Albany.

L'idée sembla susciter l'intérêt. Iberville continua, emporté par l'enthousiasme :

— Albany n'a qu'une enceinte de pieux non terrassée et un petit fort à quatre bastions, où il n'y a que cent cinquante troupiers et trois cents habitants. La Nouvelle-York contient à peine plus de soldats, répartis en huit compagnies, moitié infanterie moitié cavalerie. La capitale n'est point fermée et son fort ne renferme que quelques canons.

Si Pierre d'Iberville croyait l'expédition faisable, c'est qu'elle l'était peut-être. Tout paraissait possible à cet aventurier au destin hors du commun. Il revenait de France auréolé de gloire et nimbé du prestige d'avoir réussi à arracher à nouveau aux Anglais, dans des conditions extrêmes et quasi inhumaines, quelques forts importants de la baie d'Hudson. Grâce à cette audacieuse équipée, la

Nouvelle-France étendait sa frontière du nord-ouest jusqu'à la baie de James et récupérait le fructueux commerce des fourrures du nord. Elle retrouvait aussi la vaste étendue d'eau qui mènerait peut-être un jour au mythique passage de la mer de l'Ouest. Réalisation peu banale et que plusieurs commençaient à lui envier, à commencer par Frontenac, qui reprit l'initiative.

— L'idée d'entreprendre des expéditions au cœur de l'hiver va dans le sens de ce que j'ai déjà arrêté avec monsieur de Callières. Mais oublions la Nouvelle-York et Albany pour le moment. Nous ne devons pas exposer nos hommes inutilement, nous sommes trop peu nombreux. Il nous faut des cibles faciles et peu risquées, comme des villes de frontières isolées et mal défendues. Mais pour ce faire, j'ai besoin d'hommes déterminés et aguerris !

Frontenac promena un regard résolu sur les jeunes visages qui l'entouraient. Il avait la partie belle cependant, car tous ses officiers partageaient un même enthousiasme vengeur et trépignaient d'impatience à l'idée de rendre enfin la monnaie de leur pièce à leurs entreprenants voisins du Sud.

— Il faut relever l'honneur des troupes françaises, leur redonner confiance et leur insuffler de l'espoir. Et partant, rassurer nos alliés indiens dont l'allégeance est vacillante depuis le massacre de Lachine, martelait-il avec énergie.

On discuta longuement des villes à cibler, pour finir par s'entendre sur trois garnisons secondaires situées dans les États de la Nouvelle-York, du Massachusetts et du Maine. Tous se portèrent volontaires pour lever des hommes et constituer trois bataillons prêts à tout. Dès la mi-janvier, et à quelques semaines d'intervalle, ils partiraient de Québec, des Trois-Rivières et de Montréal, et ne s'arrêteraient qu'avec la destruction totale de leurs cibles.

— Ces patrouilles de choc frapperont à la manière et selon les techniques de guerre élaborées par le sieur de Rouville, fit Louis en s'arrêtant avec un sourire appuyé devant cet officier. Légèreté et rapidité, attaque-surprise et repli, le tout dans l'ordre et la plus stricte discipline. N'est-ce pas, mon commandant? C'est désormais ainsi que nous combattrons et je vous jure que l'ennemi mordra la poussière!

Rouville hocha la tête avec modestie. Iberville avait pourtant développé et mis à l'épreuve autant que de Rouville ces techniques de combat, surtout à la baie d'Hudson, et il s'étonnait du fait que Frontenac n'en fît pas mention. Mais il ne tiqua point et se contenta de relancer le vieux gouverneur.

— Et les Iroquois, monseigneur, qu'entrevoyez-vous à court terme pour les réduire?

Il brûlait aussi d'en découdre avec ses « frères » des Cinq Nations, qu'il connaissait bien pour avoir longtemps vécu parmi eux en prisonnier, puis en fils adoptif.

Frontenac restait planté debout, à l'extrémité opposée de la table, le torse bombé et le poing gauche appuyé sur la hanche, comme pour bien marquer sa détermination.

— Je n'envisage pas pour l'instant de lancer nos forces contre eux. Nous demeurerons sur la défensive et nous les repousserons avec les équipes légères que le gouverneur de Montréal est en train d'organiser. Mais j'ai d'autres vues pour eux que...

— Nous ne serons jamais à l'abri de leurs insultes tant que nous ne mettrons pas toutes nos énergies à les détruire, le coupa Iberville. Ne faudrait-il pas lancer une partie importante de nos troupes contre eux, pour leur enfoncer leur arrogance dans la gorge et les mettre définitivement au pas?

Frontenac lui jeta un regard où brillait un mélange d'ironie et d'exaspération.

— J'ai pour eux d'autres projets, monsieur d'Iberville, vous dis-je. Et nos forces sont trop réduites pour nous permettre de lutter sur deux fronts.

Frontenac s'était remis à marcher de long en large, la main gauche collée au dos et l'autre ballante, abandonnée au mouvement du corps. Les sourcils froncés et le teint empourpré, il poursuivait sa pensée en se tournant régulièrement vers Iberville, qui ne le lâchait plus des yeux.

— J'ai détaché à Onontagué une ambassade formée d'ex-galériens iroquois ramenés de Marseille, continua-t-il, en réponse à son fougueux officier. Je veux inciter les Cinq Nations à venir signer la paix à Cataracoui, le printemps prochain. Les Iroquois et leurs territoires ont toujours appartenu au roi de France et je ferai tout pour les détacher des Anglais et les faire rentrer dans notre giron. Mais il faut revenir à ma politique d'alliances et les gagner avec les armes de la diplomatie et de l'amitié. Je n'aurai de cesse que je les convainque de signer avec nous et nos alliés indiens une paix totale et durable. Qu'ont d'ailleurs donné de si profitable les belles campagnes de mes prédécesseurs ? En envahissant massivement quelques territoires iroquois, La Barre et Denonville n'ont réussi qu'à brûler des villages et des récoltes, sans jamais capturer un seul Iroquois ni réussir à les faire plier. Vos incursions à la baie d'Hudson n'ont rien arrangé non plus d'une situation déjà tendue, monsieur d'Iberville, et ont sans doute contribué au déclenchement de l'actuelle guerre ouverte entre la France et l'Angleterre. Mais puisque nous en subissons les contrecoups, il me semble qu'il est dans notre intérêt de concentrer nos énergies à neutraliser plutôt l'Anglais, le péril fondamental, que l'Iroquois, qui ne constitue que le danger immédiat et apparent !

Pierre d'Iberville tressaillit. Le reproche que lui adressait Frontenac était non seulement immérité mais profondément injuste.

— Permettez-moi de m'inscrire en faux contre vos dernières paroles, monsieur le gouverneur !

Les deux hommes se fusillèrent du regard.

— Si nos victoires à la baie d'Hudson ont pu servir de détonateur, cette guerre était de toute façon inévitable. La lutte sans merci entre la France et l'Angleterre pour la suprématie en Europe, sur les mers et dans les colonies, a pesé infiniment plus lourd dans la balance.

Frontenac affichait une moue dubitative tout en lissant sa moustache. Il n'en suivait pas moins les propos de Pierre d'Iberville avec beaucoup d'intérêt.

— Et vous ne pouvez pas me reprocher d'avoir chassé les Anglais d'une position leur permettant de contrôler le commerce des plus belles fourrures du pays ! Les liens qu'ils avaient déjà établis avec les Outaouais risquaient d'ailleurs de faire basculer ces derniers dans leur camp.

Louis crut prudent de calmer le jeu par des paroles apaisantes.

— Certes, certes, monsieur d'Iberville, et je ne vous reproche rien, bien au contraire. Je viens justement de rappeler les détails de vos exploits dans une lettre à Seignelay, en soulignant à quel point nous vous étions redevables. Je lui ai narré par le menu les prises considérables et fort extraordinaires que vous y avez faites, dans des conditions à peine imaginables. Non, croyez-moi, nous sommes fiers de vous et vous êtes, de l'avis de tous, l'un de nos meilleurs éléments.

S'ensuivit un concert d'éloges et de félicitations. Certains officiers se levèrent pour entourer Pierre Le Moyne et lui faire l'accolade.

Louis profita de l'intermède pour faire un signe de la main à Claude de Villeneuve, ingénieur du roi. L'homme déposa sur la table un document que le gouverneur l'aida à étaler sur toute sa longueur. Il s'agissait d'une carte dessinée à l'échelle et dressant le portrait détaillé de la région allant du sud de Montréal jusqu'à la baie de la Nouvelle-York. Villeneuve entreprit ensuite une étude serrée des différents parcours susceptibles de mener les patrouilles droit sur leur cible.

Iberville avait l'intuition que sa trop bonne fortune commençait à irriter le gouverneur. N'avait-il pas l'appui du ministre Seignelay et ne jouissait-il pas des bonnes grâces du roi, qui l'avait reçu en audience privée et félicité publiquement, lui dont la famille de roturiers venait à peine d'être anoblie ? Autant de raisons de susciter l'envie d'un homme en fin de parcours et probablement convaincu que la vie ne lui avait jamais pleinement rendu justice.

« Le vieux bouc se fourvoie pourtant, n'en pensait pas moins le militaire, en serrant l'épée enfoncée dans son fourreau. Les Iroquois s'amusent à le rouler dans la farine avec de fausses négociations et ne feront qu'une bouchée de ses propositions de paix. »

Champigny, de son côté, rongeait son frein. Il ne pouvait que constater avec aigreur l'ascendant que Frontenac exerçait sur les officiers. Hormis l'opposition vite bâillonnée de Le Moyne, tous semblaient prêts à endosser ses politiques. L'intendant se dissociait pourtant des projets de Frontenac. Il croyait préférable de jeter plutôt le gros de leurs forces contre les Iroquois. Et en admettant qu'il soit plus stratégique d'attaquer les Anglais d'abord, il fallait viser droit au cœur et détruire la Nouvelle-York ou Albany, et non des garnisons sans importance.

Il se prit à regretter l'absence du gouverneur de Montréal, qui aurait sûrement abondé dans son sens. Il se leva pour se dégourdir les jambes en se promettant de faire entreprendre la construction de dizaines de bateaux plats pour se rendre en pays iroquois, si les circonstances les forçaient à aller surprendre l'ennemi plus vite que prévu. Histoire de parer à toute éventualité...

L'exposé de l'ingénieur du roi ayant pris fin, Louis fournit à ses hommes quelques informations logistiques, répondit à leurs questions et prit congé d'eux. Il était satisfait de la tournure des événements et persuadé que tout était sur la bonne voie. «Les Anglais n'ont qu'à bien se tenir», se promit-il, tout à fait revigoré.

5

Québec, hiver 1690

Après un automne détestable, l'hiver s'était manifesté brusquement par d'abondantes chutes de neige ininterrompues tout le long des fêtes de Noël. Ce matin-là, un ciel dégagé éclairait un paysage glacé où régnait un froid sidéral.

Enroulé dans une robe de castor le recouvrant jusqu'aux pieds, Louis était confortablement installé sur un siège couronné d'un large oreiller de fourrure. Il tambourinait du poing contre le rebord du traîneau tout en multipliant les injonctions à l'endroit de son cocher. Le froid était si coupant que ses moustaches, figées dans la glace, étaient raides comme des pinceaux.

— Plus vite, plus vite, Bailly ! Et fouette cocher ! scandait-il de l'intérieur de sa carriole.

Le vieil homme leva les yeux au ciel en signe d'impatience. Il avait les pommettes rougies, les cils et les poils du nez comiquement frangés de givre.

Frontenac était dans une forme admirable. Ses rhumatismes l'avaient miraculeusement quitté, ce qui lui donnait l'impression d'avoir retrouvé la fougue de ses vingt ans. Charles de Monseignat, assis à ses côtés, la tête émergeant à peine d'un amas de fourrures, clignait des yeux. La réverbération du soleil sur la surface des cristaux produisait une lumière si intense qu'il avait peine à fixer l'horizon.

La petite carriole du gouverneur s'était métamorphosée depuis sa restauration. C'était une espèce de carrosse bas coupé par le milieu et posé sur deux patins ferrés, auquel était ajouté un devant plus relevé servant à protéger ses occupants des éclaboussures. Louis l'avait fait repeindre dans des couleurs flamboyantes et barder de ses armoiries. Aussi n'avait-il pas laissé passer un seul jour depuis les dernières bordées sans lancer son équipage à fine épouvante sur des routes étroites et sinueuses pour la seule griserie de filer toujours plus vite. C'était au point où les gens se ruaient dans les bancs de neige dès que se pointait à l'horizon l'équipage échevelé du gouverneur. Car rien n'annonçait le galop silencieux des chevaux sur la neige, hormis cet espèce d'appel de voix continuel et monotone lancé par le cocher et emporté par le vent.

Le vieux Bailly poussa un grognement de désapprobation. Au contact de l'air glacial, son expiration prenait la forme d'une longue buée blanche.

«Mais pourquoi, bondiou de bondiou, monseigneur s'entête-t-il à nous échauffer ainsi?» se disait le cocher, impatienté.

Les deux bêtes, attelées l'une devant l'autre, galopaient allègrement, la queue coupée. C'était la seule façon qu'on avait trouvée dans ce pays d'empêcher le cheval de devant d'éborgner de sa queue celui de derrière. La monture de tête avançait au gré de ses humeurs, sortant de l'ornière et y revenant lorsqu'elle était tirée un peu fort par celle de derrière.

— Mais je ne peux pas, monseigneur, cria-t-il à Frontenac qui le harcelait encore, si un autre traîneau vient en sens opposé, ça va être la catastrophe!

Et l'inévitable se produisit...

Un attelage surgi du haut de la côte Saint-Louis bloquait la route. Le cocher mit toutes ses énergies à retenir un équipage qui, lancé fort avant, ne put ralentir suffisamment pour éviter la collision. Les chevaux se cabrèrent dès qu'ils se trouvèrent trop près les uns des autres, ce qui provoqua une telle embardée que les carrioles s'en trouvèrent complètement déroutées. La deuxième voiture se renversa dans la neige et deux hommes, aussi rouges de colère que de froid, en émergèrent bientôt. Louis reconnut la mince silhouette efflanquée de l'intendant Champigny et la car-rure de géant du procureur général du conseil souverain, Ruette d'Auteuil. À voir leur mine furibonde, il éclata d'un rire si spontané et si insolent qu'il couvrit aussitôt les piaffements et les hennissements surexcités des chevaux.

— Ha! elle est bien bonne! fit Champigny, fou de rage. Vous menez ce train d'enfer sans égard pour autrui. Vous êtes un danger public, monseigneur!

Il se retint de prendre Frontenac par le col et de l'étouffer, sans autre forme de procès. Les yeux exorbités, l'intendant avait forcé sa voix d'étrange façon en insistant lourdement sur le «monseigneur». Mais plus l'homme qui lui faisait face se troublait et s'empourprait, plus Louis riait, emporté par un incontrôlable accès d'hilarité.

Champigny haussa les épaules et finit par lui tourner le dos, non sans le maudire intérieurement. Puis il s'occupa à régler le problème. Bailly, confondu en excuses, et Monseignat, embarrassé, volaient déjà au secours de l'autre cocher. On redressa la carriole qui, heureusement, était indemne, et on remit les chevaux dans la bonne voie. Et ce rire, toujours, immense, vibrant et tonitruant, qui roulait et ne semblait plus pouvoir s'arrêter...

L'intermède mit Frontenac en gaieté. Il était d'humeur tonique et se sentait plein d'énergie. Sa carriole reprit enfin la route. Le cocher déposa Charles de Monseignat au château et continua jusqu'au séminaire situé dans la haute-ville et où l'évêque attendait le gouverneur. Les deux hommes avaient quelques questions délicates à régler.

Monseigneur de Saint-Vallier, évêque de Québec, opinait légèrement du bonnet. Il croisa la jambe en lissant sa soutane des deux mains avec une application tatillonne. Un jeune prêtre fluet déposa sur la table attenante une bouteille d'alcool de prune.

L'évêque et le gouverneur se faisaient face, assis du bout des fesses sur des chaises fort inconfortables. Le dénuement de la pièce dans laquelle ils se trouvaient était saisissant. L'ameublement se résumait à une table basse, trois chaises bancales, un tapis défraîchi et des fenêtres masquées par des rideaux de velours passé. Les deux autres salles réservées à l'évêque étaient aussi chichement parées. Cette sobriété rappela à Louis celle de son prédécesseur, monseigneur de Laval, avec lequel il avait si souvent croisé le fer par le passé. Si le nouvel évêque de Québec prêchait la pauvreté et la frugalité, il s'imposait à lui-même des règles d'austérité qui forçaient l'admiration. Il n'y avait jamais que la liqueur de prune pour trouver grâce à ses yeux, prétendument parce que cela le fortifiait. Un caprice que Louis partageait de tout cœur avec le prélat, qui venait d'ailleurs de lui en servir un généreux trait.

— Je sais, monsieur de Frontenac, que vous avez déjà fait voter un édit interdisant à tout habitant de vendre de l'eau-de-vie aux sauvages en échange de leurs possessions. Et que le roi interdit à ses sujets de transporter de l'alcool dans leurs villages dans le but de les enivrer. Mais en dépit de ces interdictions, des dizaines de jeunes hommes courent encore impunément les bois avec des barils remplis de rhum! Vous savez comme moi quelles atrocités commettent nos sauvages en état d'ébriété: le père se livrant à tous les excès sur sa fille, tranchant le nez de sa femme, laissant ses fils se frapper à mort, la mère jetant son bébé dans les braises! Toutes ces horreurs dans le seul but de permettre à quelques individus sans scrupule de s'enrichir. Il faudrait bannir définitivement ce commerce immoral, lui martela encore une fois Saint-Vallier dès que Louis eut ouvert la bouche.

Le ton de voix de Son Éminence avait monté d'un cran, pendant que ses joues creuses s'empourpraient. Il revenait toujours à cette question. C'était sa marotte, son idée fixe, sa préoccupation de tous les instants. Sous des dehors amènes, le nouvel évêque cachait un zèle si intempestif qu'il se faisait des ennemis partout où il passait. Aussi Louis s'était-il résolu à procéder avec prudence. Plus question désormais de se mettre le clergé à dos, sous peine de sévères remontrances de la cour, voire d'un rappel cinglant. Il garda donc bonne figure, se croisa lentement les mains devant lui et rétorqua finement, d'une voix onctueuse:

— Vous l'avez dit vous-même, monseigneur, il ne s'agit que d'un petit nombre de fauteurs de troubles à cause desquels il serait injuste de punir l'ensemble d'une population. Le roi permet toujours ce trafic pour empêcher que le commerce des fourrures ne passe aux mains des Anglais, à la condition expresse que cela ne soit pas fait dans le but de saouler les Indiens pour les détrousser ou pour obtenir leurs fourrures à bas prix. Et nous veillons à cela, monsieur l'intendant et moi. Les récalcitrants qui se livrent à de tels excès sont châtiés sans pitié. Nous en avons justement fait mettre un aux fers la semaine dernière, et deux autres coureurs des bois auront bientôt à répondre de leurs actes. Ils risquent la potence. Vous devez savoir cependant que Sa Majesté ne tolérera pas que les ecclésiastiques continuent à troubler la conscience des gens de ce pays en leur refusant l'absolution ou en les menaçant d'excommunication parce qu'ils transportent de l'alcool dans les pays d'en haut. À l'intérieur des limites établies, cela est toujours légal, jusqu'à preuve du contraire. Je crois d'ailleurs que le roi vous a abondamment écrit à ce sujet.

L'évêque dodelinait de la tête, sans paraître autrement convaincu.

— De fait, continua Louis, heureux de pouvoir mettre l'évêque dans son tort, j'en profite pour vous dire deux mots d'un curé qui fait actuellement grand bruit à Montréal. Par un excès de zèle que je m'explique mal, il mènerait une espèce d'inquisition pire que celle d'Espagne en menaçant d'excommunication tous ceux qui passent dans son champ de mire : les voyageurs et les marchands de fourrures dûment autorisés, les mères de famille qui ont le malheur de danser quelque innocent menuet à une fête entre voisins – chose si rare et, ma foi, plutôt encourageante par les malheureux temps de guerre que nous vivons –, les femmes et les filles qui osent arborer des vêtements plus légers les jours de fête ou qui ont la coquetterie de porter une fon-tange*, cette jolie coiffure qui nous vient de Paris et qui me semble une mode plutôt seyante. Et j'en passe !

L'évêque frétilla sur son siège. Il s'éclaircit la gorge avant de lancer, d'une voix contenue :

— Nous savons de qui vous voulez parler et nous avons averti notre frère de modérer un zèle qui, soit dit en passant, n'est animé que par un désir légitime de sauver des âmes de la perdition. Les mœurs, dans cette partie retirée du pays, sont plus relâchées, plus débridées et souvent plus scandaleuses qu'aux Trois-Rivières ou à Québec. Le jeu, la danse, l'adultère, l'impiété, l'alcoolisme ne sont que quelques maux que nos prêtres de Montréal tentent de réformer. Quant à l'immodestie des femmes qui se présentent devant les sacrements en grand décolleté ou avec des tissus transparents qui dévoilent des nudités d'épaules et de gorges qui n'ont pas leur place dans un lieu saint, et qui n'ont de toute façon aucune raison d'être chez une chrétienne, nous continuerons à l'interdire avec vigueur, comme nous interdisons aux hommes de se présenter à l'église en tenue débraillée, de mal se comporter ou de troubler le recueillement de nos ouailles. Le luxe des habits est aussi un des principaux désordres qui se remarquent ici chez les filles et les femmes, fit l'évêque en soupirant et en secouant la tête de droite et de gauche, la mine scandalisée.

Il trempa enfin ses lèvres dans la coupe qu'il tenait en main et dégusta longuement la fine liqueur ambrée. Puis, il épongea méticuleusement sa bouche avec le coin de son mouchoir.

Louis eut un sourire. Il avait récemment trouvé dans des papiers laissés par Denonville une mise en garde rédigée par monseigneur de Laval, quelques années plus tôt. Il s'adressait au gouverneur et à son épouse afin de les inciter à donner le bon exemple au peuple. L'évêque leur recommandait de n'accepter d'invitations qu'à l'heure du dîner pour éviter les suites fâcheuses des assemblées de nuit, et à la condition que les menus soient frugaux et qu'il n'y ait ni bal ni danse. Et si danse il y avait quand même, il leur fallait veiller à ce qu'elle ne se fasse qu'entre personnes du même sexe. Laval poursuivait avec une sortie enflammée contre le faste des habits que portaient les femmes, contre les coiffures dont elles surmontaient leur chevelure découverte et pleine d'affiquets, de frisures immodestes, expressément défendues dans les épîtres de saint Pierre et de saint Paul, ainsi que par tous les Pères et Docteurs de l'Église. Il citait même en exemple une certaine Prétextate, dame de grande condition et connue de Saint-Jérôme, qui eut les mains desséchées et mourut précipitée aux enfers pour avoir frisé et habillé mondainement sa nièce, à la demande de son mari.

Louis s'était beaucoup amusé de l'audace et de la naïveté du vieux Laval et s'était demandé comment Denonville, qui était tout sauf un sot, avait bien pu accueillir la chose.

Mais il se garda bien de révéler à son interlocuteur les raisons du sourire que ce dernier semblait étonné de lui voir aux lèvres. L'évêque savait trop bien, d'ailleurs, à qui il avait affaire. Il n'ignorait pas que Frontenac avait été par le passé l'un des pires ennemis du clergé canadien et que, bien que le roi lui eût quelque peu limé les crocs, il pouvait encore mordre. Il connaissait tout du style de vie condamnable qu'il menait, de son esprit libertin féru d'idées anticléricales, de sa nature de courtisan corrompu par Versailles et épris de mondanités. Mais comme il était encore, hélas! le gouverneur, cela suffisait à rendre l'évêque circonspect.

Saint-Vallier ramena pourtant la conversation sur la question de l'eau-de-vie.

— Je me suis laissé dire, monseigneur, que les gens de Nouvelle-Angleterre, qui sont pourtant des infidèles, auraient complètement interdit la vente du brandy aux sauvages. Interdit, par force de loi. Sous peine de lourdes amendes et du fouet sur la place publique.

— Allons donc, Votre Éminence. Vous savez très bien que cela n'a rien changé et que tout le monde contourne allègrement la loi. Parce que les Anglais ne peuvent pas se permettre plus que nous de ne pas satisfaire les Indiens à ce chapitre. Les marchands anglais et hollandais vont même jusqu'à rajouter du laudanum dans leur cochonnerie de rhum pour les rendre plus vite inconscients.

— Ce qui est peut-être une bonne chose, à tout prendre, fit Saint-Vallier, songeur. Plus vite nos naturels sont inconscients et moins ils ont de chances de commettre leurs infamies, ne vous semble-t-il pas, monseigneur ?

Louis commençait à s'énerver. Cette question avait été débattue à satiété et le roi l'avait réglée une fois pour toutes. En ce qui le concernait, il n'avait d'ailleurs jamais vu de différences entre un Français, un Anglais ou un Indien ivre. L'alcool pris en trop grande quantité produisait les mêmes effets sur tous. Ce qu'il savait cependant, c'est que l'ancien secrétaire d'État Jean-Baptiste Colbert*, soucieux de mousser l'industrie des boissons fortes, avait néanmoins exigé qu'on échange de l'alcool contre des fourrures. Et qu'une cruche de rhum valait cent livres de fourrures, ce qui signifiait que deux barils d'eau-de-vie rapportaient plus que quatre canots entiers chargés à ras bord de marchandises durables. Mais aussi qu'on limitait les quantités d'alcool offertes aux Indiens. À titre gracieux, il ne servait que de préliminaire, pour bien disposer les sauvages avant la traite. Tout le monde y trouvait son compte : le roi, les commerçants, les officiers des postes, les marchands métropolitains, les coureurs des bois, la population, et lui le premier. De même que les Sulpiciens d'ailleurs, dont il venait d'apprendre que certains auraient expédié des fourrures en France sous un nom d'emprunt et pour leur profit personnel. Ce qui ne l'avait étonné qu'à moitié, puisqu'il avait toujours soutenu, sans pouvoir le prouver, que les jésuites des missions en faisaient autant pour financer leurs bonnes œuvres. Dans pareil contexte, pourquoi se serait-il senti coupable d'une situation sur laquelle il n'avait aucune prise, et qui dépendait d'une conjoncture politique et économique qui variait selon les guerres et les intérêts des nations ?

— Votre Éminence, je ne suis pas venu ici pour parler de cela, mais bien pour aborder avec vous le sujet des cures fixes.

Saint-Vallier eut une légère crispation du visage. Il commençait à en avoir plus qu'assez de cette question, à propos de laquelle il n'entendait d'ailleurs pas céder d'un pouce. Ce problème était récurrent et le roi insistait dans ses dépêches pour qu'on le réglât enfin. Le prélat avança le tronc vers son interlocuteur, comme s'il s'apprêtait à lui livrer un secret d'État, et lui murmura à l'oreille :

— Nous manquons cruellement de prêtres dans ce pays. Savez-vous que nous n'en avons que deux cent soixante pour répondre aux besoins d'une population cinquante fois plus nombreuse et dispersée sur un territoire impossible à couvrir ? Nos pauvres curés se tuent à la tâche à voyager été comme hiver en canot ou en raquettes pour dire les messes et donner les sacrements. Le tiers des séculiers qu'on nous envoie de France se découragent en dedans d'un an et reprennent le bateau. Et malheureusement, les trois quarts des habitants n'assistent à la messe que trois ou quatre fois par année. Et on nous parle de cures fixes !

— Mais, monseigneur, vous avez un séminaire. Pourquoi diable ne faites-vous pas davantage de prêtres ? rétorqua Louis en se lissant la moustache.

— Ne parlez pas du diable devant moi ! Il fait bien assez de ravages par les temps qui courent, celui-là, plaisanta Saint-Vallier en remplissant sa coupe à nouveau.

L'évêque préférait de beaucoup cette liqueur à celle qu'on lui avait livrée précédemment et se promit d'en faire provision au cas où elle viendrait à manquer.

Frontenac trempa les lèvres dans le verre qu'on lui avait servi. L'évêque avait au moins cela de bon, son alcool de prune était exquis !

— Plus sérieusement, reprit aussitôt Saint-Vallier, bien que nous fassions des efforts considérables pour attirer les jeunes du pays vers la prêtrise, il y a beaucoup d'appelés et peu d'élus. Il faut que les candidats soient exempts de difformité physique et suffisamment dévots, qu'ils aient au moins dix ans révolus pour pouvoir manier la plume d'oie, et que leurs parents consentent à se séparer d'une main-d'œuvre qui, à cet âge, peut rendre de précieux services. Quand on connaît la cherté de cette denrée rare. En admettant que toutes ces conditions soient réunies, il faut encore que l'enfant s'adapte au régime de vie du séminaire et tolère d'être séparé très tôt de ses parents. Même en formant gratuitement les candidats pauvres, je vous dirais que sur deux cents étudiants, plus de cent quarante vont abandonner dans les deux premières années. Supposons qu'on arrive à faire suffisamment de prêtres, les paroisses sont encore trop peu peuplées et les habitants trop pauvres pour subvenir aux besoins d'un curé à demeure. Et l'on voudrait des cures fixes !

Saint-Vallier leva les bras et le regard vers le ciel, l'air d'implorer.

Louis savait bien que l'évêque s'opposait aux cures fixes parce qu'il craignait, comme monseigneur Laval avant lui, de perdre le contrôle de ses effectifs. Le rêve du vieux prélat, repris par Saint-Vallier, était de créer une sorte de corporation de prêtres amovibles, révocables et destituables à son gré, prêtés aux différentes paroisses et relevant directement de son autorité. Alors qu'avec les cures fixes, le curé serait rétribué par les fidèles, dépendrait moins de l'évêque et risquerait d'échapper à sa gouverne. C'est pourquoi il objecta :

— Je loue les valeureux efforts consentis par le clergé pour augmenter le nombre de prêtres, mais je pense qu'il va falloir faire davantage et vite, car Sa Majesté menace de se lasser de verser bon an mal an plus de huit mille livres pour l'entretien des curés, ce qui représente presque la moitié du budget de l'Église de ce pays. Des cures fixes doivent être établies dans chaque paroisse afin que, les services spirituels étant dispensés régulièrement, les dîmes puissent enfin être prélevées. Si mon concours peut être utile à faire avancer cette affaire, j'en serais fort heureux. Mais je crois que monsieur l'intendant vous en a déjà touché mot...

— Oui, en effet, fit Saint-Vallier, avec ce petit air matois qui semblait signifier qu'il n'en ferait qu'à sa tête.

Champigny avait fait plus que lui en «toucher mot», il l'avait littéralement submergé de chiffres et de menaces imminentes de suppressions de fonds s'il ne créait pas rapidement au moins douze cures fixes. C'était d'ailleurs à l'intendant plus qu'au gouverneur que revenait la tâche de trouver une solution à cet épineux problème. Quant à ce que Louis en pensait réellement, c'était une tout autre histoire...

À l'instar de certains, dont feu Jean-Baptiste Colbert, il n'était pas loin de considérer cette cohorte de prêtres et d'ecclésiastiques comme des parasites qui consommaient le quart des richesses de la nation sans rien produire en retour. Le célibat des prêtres, moines et nonnes, lui semblait un geste déloyal, voire subversif. Car non seulement ces privilégiés échappaient au travail productif nécessaire au bien commun, mais ils privaient en plus la nation d'une progéniture qui aurait pu être utile à son rayonnement.

— Mais à propos, monsieur le gouverneur général, lui lança Saint-Vallier avec un sourire énigmatique, nous n'avons pas encore eu l'honneur de vous voir siéger au conseil souverain depuis votre retour. Votre absence risque d'en paralyser le fonctionnement et je...

Louis le coupa avec humeur en se levant de sa chaise.

— Vous savez bien que je réintégrerai le conseil quand les affaires du roi le commanderont, et surtout, dès qu'on aura usé du protocole approprié pour m'y recevoir.

Le ton était tranchant et Saint-Vallier demeura un moment sans voix. Louis en profita pour se retirer, après s'être incliné brièvement et avec raideur. Il évita cependant de baiser l'anneau pastoral que lui tendait machinalement l'évêque.

Champigny marchait de long en large dans les couloirs du palais de l'intendance et se tenait la tête à deux mains. Il avait besoin de bouger pour ne pas éclater sous la pression de la rage impuissante qui l'étouffait.

— Le diable emporte ce vieux faquin blanchi, cette merde enrubannée ! venait-il de lâcher à un procureur général d'abord surpris, puis ravi par la verdeur du trait.

Joseph Ruette d'Auteuil n'avait pu retenir un franc rire de gorge qui avait roulé bruyamment dans l'étroit corridor et qui le vengeait un peu des humiliations subies depuis des semaines aux mains d'un Frontenac triomphant et au faîte de son arrogance.

L'intendant était peut-être, de tous ceux qui avaient craint le retour de Frontenac, celui qui avait le plus à s'en mordre les pouces. Pendant toute l'administration précédente, Champigny et Denonville avaient travaillé de concert et s'étaient entendus comme larrons en foire, au grand soulagement de la cour, qui ne pouvait plus supporter l'écho tapageur des chicanes portées à son attention tout au long des dix années de l'administration Frontenac. Car tout avait été sujet à querelle et le gouverneur avait réussi le tour de force de s'attirer à la fois l'inimitié de l'évêque et de presque tout le clergé, de l'intendant Duchesneau et de la plupart des membres du conseil souverain, au point de forcer le roi, excédé d'avoir à gérer de perpétuels conflits, à exiger son rappel.

Frontenac étant maintenant de retour, tracasseries et querelles de préséance reprenaient de plus belle. Champigny, à qui le roi avait expressément recommandé d'user de souplesse dans ses relations avec le nouveau gouverneur, n'en pouvait plus. Il rendait les armes.

Faites ce que vous pourrez. Moi, je ne veux plus en entendre parler. Je m'en lave les mains, avait fait porter Champigny comme message à d'Auteuil, une fois sa colère tombée.

La plaisanterie avait trop duré. Frontenac boudait le conseil souverain. Ses lettres patentes avaient dûment été enregistrées et trois mois plus tard, il refusait toujours de le présider, sous prétexte qu'on ne l'avait pas invité à y siéger dans les formes. Avec pour résultat que le travail du conseil s'en trouvait ralenti, sans que cela ait semblé le moins du monde l'émouvoir. Champigny avait pourtant incité le procureur général à y aller avec des gants blancs, mais aucune des démarches entreprises jusqu'à ce jour n'avait donné de résultats.

D'Auteuil s'était d'abord présenté aux appartements du château, quelques jours après l'arrivée du gouverneur, et l'avait formellement invité, au nom de l'intendant et du conseil, à venir siéger. Frontenac, bourru, avait répondu qu'on pouvait se passer de lui et qu'il n'y viendrait que lorsque le service du roi le requerrait. Après consultation, les conseillers, qui s'étaient assez frottés par le passé au comte pour connaître son goût démesuré pour la pompe et la magnificence, avaient décidé d'y retourner pour s'enquérir du type de cérémonie souhaité.

— Mais vous m'étonnez, messieurs, leur avait servi Frontenac comme réponse. Il me semble que vous devriez être plus au fait du protocole. C'est à vous de m'en proposer la forme. Revenez m'en faire part et je prendrai cela en considération.

Le premier conseiller, Louis Rouer de Villeray, avait été chargé de soumettre une nouvelle proposition qui avait été balayée d'un revers de main.

— Vous devriez consulter monseigneur de Saint-Vallier ou quelque autre personne versée dans ce genre de choses. Informez-vous de la façon dont le Parlement de Paris a reçu Louis XIV quand il a tenu son premier lit de justice, avait répondu le gouverneur avec componction.

Villeray en avait eu les jambes sciées. Mais c'est qu'il se prenait pour le roi lui-même ! On s'était tout de même hâté de consulter l'évêque qui, flairant le guêpier, avait plaidé l'ignorance. Il était hors de question qu'il fournisse au gouverneur la moindre occasion de reprendre ses menées belliqueuses contre le clergé. Après un nouveau débat, Villeray avait été délégué pour présenter des propositions plus élaborées auxquelles Frontenac avait paru sensible. Il avait néanmoins objecté :

— Vous me parlez de ma première visite au conseil, fort bien, mais qu'avez-vous prévu lors des séances ultérieures ?

Et les conseillers avaient dû refaire leurs devoirs pour accoucher enfin d'un cérémonial qui tenait à ceci : quatre conseillers étaient prêts à aller au-devant de Frontenac pour l'escorter, avec les honneurs dus à son rang, jusqu'au palais de l'intendant ; les fois suivantes, un huissier irait le chercher chez lui pour l'accompagner jusqu'au pied de l'escalier du palais, où deux délégués le conduiraient ensuite à son fauteuil.

— Si Votre Seigneurie n'approuve pas cette offre, nous sommes prêts à nous conformer à vos désirs.

— Intéressant, intéressant, avait fait le comte pour toute réponse en se tenant le menton d'un air concentré, comme si la chose nécessitait une intense réflexion. Après quoi il avait repris :

— Je demande à voir le registre, monsieur de Villeray, pour m'assurer que tout cela y a bien été consigné.

Et le malheureux avait dû descendre et remonter la côte Saint-Louis pour présenter un registre dans lequel tout avait été méticuleusement noté par le greffier. Après l'avoir examiné dans le détail, Frontenac s'était enfin montré satisfait.

Mais lorsque les quatre instigateurs s'étaient présentés chez lui le lundi matin suivant pour l'accompagner à la séance hebdomadaire, il leur avait répondu :

— Je suis enchanté de voir que vous avez conservé toute la considération que vous devez à ma fonction ainsi qu'à ma personne, mais je tiens à vous assurer que si vous m'aviez consenti des marques d'honneur démesurées, je les aurais refusées, pour ne pas compromettre la dignité du conseil dont je suis moi-même la tête dirigeante.

Ses interlocuteurs avaient failli s'étouffer devant une telle manifestation d'hypocrisie courtisane. Puis Frontenac avait susurré qu'il serait heureux de venir siéger « peut-être après Pâques, ou à tout le moins dans une couple de mois ». Et c'est à la nouvelle du piètre résultat de cette dernière délégation que Champigny avait lancé sa boutade incendiaire.

« Il doit savourer sa victoire à l'heure qu'il est, se dit l'intendant. Il s'amuse à nous humilier pour se venger probablement du fait que la plupart des membres de l'actuel conseil ont été témoins de son rappel, et y ont même pris une part active. »

Ce qu'il pouvait détester cette petite noblesse de comtes, de barons et de marquis, tombés de leur piédestal et convertis en courtisans, mais qui avaient néanmoins conservé leur arrogance et leur prééminence sociale ! Frontenac était un pur produit de cette vieille mentalité aristocratique et élitiste qui s'appuyait sur le clientélisme* et les relations familiales.

Bien que Champigny fût membre d'un clan de gens de justice enrichis et alliés, par mariages, aux grandes familles de la noblesse de robe*, il n'avait pas l'étoffe d'un courtisan. Quant à son élévation, on ne pouvait l'imputer qu'à ses compétences et à un travail acharné. Le roi ne l'avait jamais distingué que par son mérite et non pour des titres de noblesse à quatorze quartiers*.

Champigny haussa les épaules et se promit de narrer dans sa prochaine lettre au ministre tous les épisodes de cette bouffonnerie d'un burlesque achevé, histoire de bien discréditer l'homme et de faire voir à la cour qu'il n'avait rien perdu de ses vieilles habitudes. Il encouragerait d'ailleurs les membres du conseil à en faire autant.

Ce jour-là, l'animation était grande à Onontagué, la capitale iroquoise. Quatre-vingts grands chefs issus des Cinq Nations s'étaient réunis pour le conseil fédéral convoqué à la demande de Nez Coupé, le porteur des propositions de Frontenac. Malgré le froid de loup qui sévissait sur le pays, la longue maison du conseil dégageait une chaleur confortable, produite autant par les foyers en activité que par le nombre imposant de délégués rassemblés. Assis sur les banquettes de couchage ou à même le sol, ces derniers fumaient leur pipe en échangeant bruyamment. La mère de clan et quelques femmes se tenaient debout aux extrémités de la longue maison. Directement concernées par les questions de guerre et de paix, elles avaient voix au chapitre par l'intermédiaire de leur conseil. Les victoires répétées des Iroquois depuis le massacre de Lachine avaient fait croire à certains que la Nouvelle-France était aux abois et sur le point de se rendre. Mais la nouvelle du retour du comte de Frontenac inquiétait. On savait le vieux militaire particulièrement pugnace et vindicatif quand il le fallait. Aussi était-ce avec un mélange de curiosité et de circonspection que l'on attendait les propositions de son délégué.

Quand il fut temps pour lui de s'exprimer, Nez Coupé se leva, se campa solidement sur ses jambes et prit la parole :

— Oureouaré, le grand capitaine goyogouin sorti vivant des galères et ramené à Québec par le comte de Frontenac, a un message à vous transmettre par ma bouche, déclara-t-il.

Des exclamations de joie ponctuèrent ces propos. On se réjouissait de savoir Oureouaré toujours en vie et bien portant, surtout du côté de la délégation dont il était issu.

— Pour donner crédibilité à ses paroles, voici ce qu'il vous remet.

Et l'homme exhiba sept magnifiques *wampums* tramés de perles noires et blanches et les offrit aux principaux chefs. Les porcelaines circulèrent de main en main, afin que chacun puisse les soupeser et les admirer. Après qu'on les eut suspendues sur la corde dressée au centre de la cabane, le silence se fit à nouveau.

— Par ces colliers, continua Nez Coupé, Oureouaré vous demande d'écouter avec le cœur les paroles du comte de Frontenac, Onontio*, qui est revenu à la tête du pays. Le grand capitaine des Français est aujourd'hui son ami, et il vous assure que ce dernier éprouve encore un reste de tendresse à l'égard de votre nation.

Quelques murmures d'incrédulité s'élevèrent parmi l'assistance. Les délégués n'étaient pas dupes des tractations entamées par le comte de Frontenac. Après tous les villages brûlés et détruits, les morts et les prisonniers faits chez les Français depuis des mois, ils ne pouvaient que s'étonner des sentiments d'affection qu'Onontio disait ressentir à leur égard. Mais ils attendaient ce que le gouverneur général avait à leur proposer et étaient curieux de voir leurs frères des autres cantons s'exprimer sur la question.

— Voilà qui est bien dit ! fit un chef pour encourager l'orateur à continuer. L'homme avait grande allure et semblait exercer de l'ascendant sur son entourage.

— Onontio n'en veut pas à ses enfants iroquois, reprit l'émissaire, malgré ce qu'ils ont fait et font encore subir chaque jour aux Français, parce qu'ils ont été poussés contre eux par la fourberie des Anglais. Onontio vous propose de fumer le calumet et d'allumer le feu des bonnes affaires à Fort Cataracoui, au prochain temps des fruits mûrs. Enterrez la hache de guerre, vous exhorte-t-il, aplanissez les chemins et venez planter avec lui l'arbre de paix. Pour montrer sa bonne volonté, il vous remet trois prisonniers ramenés des galères, et il vous promet de vous rendre les neuf autres à Fort Cataracoui. Mais si vous continuez la guerre, il jure qu'il n'hésitera pas à brandir à nouveau le glaive et le feu. Il a ramené avec lui beaucoup de guerriers armés jusqu'aux dents, qui n'attendent qu'un geste de lui pour fondre sur vos villages. Il vous conseille de vous rendre à ses désirs si vous souhaitez voir vos fils et vos petits-fils prospérer en paix sur vos terres.

Après une pause de courte durée où il put observer qu'on l'écoutait avec attention, le délégué reprit la parole :

— Oureouaré ajoute, pour sa part, que le roi des Français qui vit au-delà des mers est plus puissant que jamais et dispose de milliers de guerriers, de forteresses flottantes et d'armes capables de vous anéantir tous. Il dit avoir vu sa grandeur de ses propres yeux et en avoir tremblé. Pour conserver votre pays et continuer à y vivre encore long-temps, il vous implore d'accepter cette paix. Il dit aussi qu'il reviendra parmi vous si vous l'envoyez chercher. Voilà son message.

Nez Coupé fit ensuite déballer les nombreux cadeaux offerts par Frontenac : couvertures, capots de laine, habits militaires, haches, verroteries et perles de porcelaine s'éta-lèrent sur les nattes des chefs. On soupesa, on commenta, on fit circuler des présents qui seraient redistribués selon un rituel propre à chaque tribu. Puis les trois prisonniers ramenés des galères furent officiellement remis à leurs représentants. Les hommes s'avancèrent en dansant leur danse de retrouvailles, lente et rythmée par les tambours. À la suite de quoi un orateur exprima leur grande satisfac-tion de les revoir enfin parmi eux.

Un Agnier* réclama alors la parole. C'était un homme dont le visage était peint en noir, couleur de guerre. Il agissait à titre d'émissaire de Pieter Schuyler, le maire d'Albany, qui n'avait pas pu se déplacer à temps pour assister au conseil. Il présenta à son tour quelques *wampums* et attaqua aussitôt, sur un ton plein de morgue :

— La menace que brandit Onontio de nous détruire est étrange pour qui a les yeux bien ouverts. Le soleil qui m'éclaire me fait pourtant voir des guerriers français morts de peur et trop peu nombreux pour nous affronter. Fermez vos oreilles aux paroles trompeuses d'Onontio, qui ne parle de paix que le couteau sur la gorge. Frappons les Français pendant qu'ils sont à genoux, comme nous le recommande notre frère Schuyler, qui nous interdit d'aller parler de paix à Fort Cataracoui. Le sol y est d'ailleurs toujours imprégné du sang de nos braves. Ne signons aucune entente avec l'ennemi juré de notre peuple et de nos frères anglais. Les armes françaises se briseront sur notre chaîne d'alliance*, le Grand Esprit nous l'a confirmé par des signes. Des bruits étranges et peu communs se sont fait entendre dans le ciel et une pluie de crânes est tombée en présage à la destruction des Français !

Et l'orateur de lancer sa hache en l'air pour signifier qu'il fallait continuer la guerre à outrance avec le Canada, ce qui déclencha un délire d'approbations tonitruantes. Le clan favorable aux Anglais était nombreux et violemment opposé à toute tentative de rapprochement avec la Nouvelle-France.

Ces dernières paroles inquiétèrent tellement Pierre Millet, un jésuite français exerçant son ministère chez les Iroquois, qu'il ne put s'empêcher de se lancer à son tour dans la mêlée. Le missionnaire assistait au conseil sous le nom d'Otasseté, un grand chef onneiout* décédé depuis longtemps et comptant parmi les fondateurs de la Ligue iroquoise. La tradition voulait qu'on puisse « relever l'arbre tombé » en adoptant quelqu'un et en lui conférant l'identité du défunt. Le religieux se trouvait ainsi investi de tous les pouvoirs du chef décédé, y compris celui de délibérer dans les conseils et de représenter les intérêts de la nation onneioute. C'est une mère de clan, Suzanne Guantagrandi, qui lui avait ainsi sauvé la vie. On avait accusé à tort Millet d'avoir joué un rôle actif dans l'envoi aux galères d'une poignée d'Iroquois, quelques années plus tôt. N'eût été son adoption, il aurait fini sur le bûcher.

Otasseté reprit les propos de l'ambassadeur anglais et les tourna en dérision.

— Où est donc tombée cette pluie de crânes annonçant la défaite des Français? se moqua-t-il. Je ne l'ai point vue tomber, et pourtant, j'ai la vue du faucon. Mon frère dort-il debout ou prend-il ses songes pour la réalité? continua-t-il, goguenard, en fixant l'Agnier, figé dans un sourire glacial. Et vous, fiers *sachems*, qui vous prétendez seuls maîtres de vos vies, poursuivit le jésuite avec provocation en se tournant de droite et de gauche, comment pouvez-vous accepter sans rougir que l'Anglais vous dicte votre conduite et vous interdise même de rencontrer Onontio ou de signer un traité avec lui? Seriez-vous devenus l'esclave de l'Anglais, son chien docile, son *erhar*?

Il martelait effrontément ces mots, les répétait avec arrogance en mimant le grognement du chien, pleinement conscient de leur charge émotive. Une sueur froide lui plaquait les cheveux au crâne et faisait luire son faciès anguleux. Autour de lui, certains avaient serré les poings, mais la plupart des chefs demeuraient imperturbables.

Plusieurs délégués agniers et tsonontouans prisaient peu la présence de Millet au sein du conseil et ne partageaient pas son parti pris inconditionnel. Encore moins le christianisme qu'il professait avec passion et qui scindait le pays en deux clans: celui des traditionalistes majoritairement alliés aux Anglais, et celui des chrétiens ouvertement liés aux Français.

— Quand donc le comte de Frontenac vous a-t-il trompés, mes frères? continua le courageux missionnaire. Vous a-t-il jamais fait une promesse qu'il n'a point tenue? Il vous a aimés et protégés à l'égal de tous ses enfants; il vous a donné des robes noires, à votre demande, pour vous enseigner la vraie religion et le vrai Dieu. Il a même accueilli plusieurs de vos jeunes pour les faire baptiser et éduquer à la française. N'a-t-il pas toujours préservé la paix avec vous, au risque de se faire haïr de ses autres alliés, et ne vous a-t-il pas toujours fait porter tout ce qu'il vous fallait jusque sur vos nattes, afin que vous n'ayez pas à vous déplacer pour vous approvisionner? Il est le seul à avoir toujours respecté tout à la fois votre dignité et votre liberté!

Millet s'acharnait à protéger les intérêts français. La continuation de la guerre était pour la Nouvelle-France une terrible calamité qui entravait le développement de la colonie et la poursuite du commerce. La paix était également souhaitable pour les Iroquois, que le missionnaire voyait se décimer sous ses yeux à un rythme accéléré à cause des maladies, des guerres répétées et du peu de soutien fourni par leurs alliés anglais.

On l'écoutait dans un silence hostile. Certains chefs, minoritaires mais influents au sein du conseil, hochaient la tête, troublés. S'ils se taisaient, ils n'en pensaient pas moins. Ils n'étaient ni pour Frontenac ni pour Schuyler et commençaient à dire, en petits groupes, que cette guerre entre Français et Anglais ne les concernant pas, ils auraient intérêt à demeurer assis sur leur natte en laissant les Blancs s'entretuer. Plusieurs des *sachems* présents craignaient d'ailleurs les Français plus que les Anglais, et Frontenac plus que tout autre.

Mais les Iroquois dépendaient encore trop étroitement du commerce avec les Anglais, qui leur fournissaient à des prix avantageux armes, munitions et marchandises, pour que de telles idées puissent s'imposer à court terme. D'autant que leur haine à l'égard des Français était encore vive, entre autres parce que ceux-ci les dépouillaient du rôle d'intermédiaire qu'ils souhaitaient jouer dans la traite des fourrures. Une frustration moussée et habilement entretenue par des colonies anglaises aux abois et bien décidées à faire échec à tout prix aux velléités de paix de Frontenac.

— Et parlons donc de cette alliance qui vous lie à vos voisins du Sud, poursuivait Otasseté, en faisant référence au pacte économique et militaire unissant les Iroquois aux douze colonies anglaises. N'êtes-vous pas hérissés de voir les Anglais se chicaner, se jalouser, plutôt que de se tenir unis avec vous ? Combien de fois ont-ils trahi leur promesse de vous fournir des guerriers et des munitions pour affronter vos ennemis, alors même que vous mouriez à leur place par dizaines pour les protéger ?

Il se fit un mouvement d'exaspération dans l'assistance. Millet sentit que ses arguments dérangeaient.

L'intervention d'un Tsonontouan balaya les doutes. L'homme se leva d'un geste décidé en rejetant derrière lui la robe de fourrure qui le recouvrait. Il était entièrement nu, si on exceptait le petit pagne de peau de cerf noué entre ses jambes. Son corps aux muscles puissants, saillant sous la peau, était recouvert de graisse d'ours. Il portait, enroulés au cou et aux bras, de beaux colliers de porcelaine qu'il enleva les uns après les autres et offrit aux chefs. Le guerrier leur apprit que douze nations outaouaises avaient signé un traité de paix avec les Tsonontouans, auquel elles demandaient aux autres nations iroquoises de se joindre, en y incluant leurs frères de la Nouvelle-York.

Otasseté tressaillit. Le spectre tant redouté d'une triple alliance entre les tribus des Grands Lacs*, jusque-là alliées des Français, les Iroquois et les Anglais se dessinait sous ses yeux et il ne pourrait pas l'empêcher.

L'autre se mit à réciter les paroles des Outaouais, qui étaient venus en délégation et se pressaient autour de lui en opinant d'abondance à chacun de ses énoncés.

— Nous sommes venus pour ne plus faire qu'un seul corps avec vous, nous sommes venus pour apprendre de vous la sagesse, pour l'apprendre aussi de vos frères des autres nations et de vos frères anglais. Que notre amitié dure aussi longtemps que le soleil, que la pluie du ciel nettoie à jamais toutes nos haines accumulées. Nous nous lavons les mains des mauvaises actions d'Onontio et jurons de ne plus jamais nous abaisser à l'appuyer. Et nous jetons à terre la hache de guerre qu'il a placée dans nos mains.

Ce disant, l'Iroquois lança sa hache sur le sol et se mit à esquisser des pas de danse en tournant autour. D'enthousiasme, plusieurs entrèrent à leur tour dans la ronde et se mirent à sautiller au même rythme, dans un ballet d'une insolite beauté où tous les hommes se courbaient puis se redressaient au même moment, brandissant le casse-tête et psalmodiant leurs *sassakouez*, ces cris et tirades syncopées à la mode indienne.

6

Montréal, hiver 1690

Les deux officiers, crottés et empestant comme des putois, les yeux enfoncés dans les orbites et la peau collée aux os, tenaient à peine sur leurs jambes. Ils se mouraient de fatigue et de faim, alors que Callières s'entêtait à les bombarder de questions.

« Que ne nous refile-t-il d'abord un croûton de pain et un pichet de vin ! » se dit Pierre d'Iberville, se sentant aussi faible qu'un poussin au sortir de l'œuf. Son compagnon, Le Ber, s'étant trouvé mal, il avait dû le porter sur son dos pendant des heures, dans un froid de février si tranchant qu'on aurait dit que le sang se glaçait dans ses veines.

— Monseigneur, se résigna-t-il enfin à demander, nous n'avons rien avalé depuis des jours. Peut-on nous donner le boire et le manger ?

— Certes, fit Callières en s'extirpant de sa réflexion.

Il donna un ordre à un majordome qui s'en fut aux cuisines d'un pas alerte.

— Vous disiez donc, monsieur d'Iberville, que le retour avait mal viré ? Les Iroquois, que vous avez épargnés volontairement à Schenectady*, auraient alerté les Anglais d'Albany et se seraient joints à eux pour s'abattre sur les nôtres ?

— Oui, monseigneur. Un habitant du bourg a échappé au massacre et a gagné Albany, où il a donné l'alerte. Ce n'est que plus tard que les trente Agniers trouvés sur place, d'abord faits prisonniers puis libérés, ont rallié des troupes d'Albany et se sont lancés à nos trousses. Avec les chevaux pris aux Anglais, et malgré nos prisonniers, nous avons distancé rapidement nos poursuivants, mais quand nos hommes se sont arrêtés pour abattre quelques montures afin de nous nourrir, un gros contingent de sauvages et d'Anglais nous est tombé dessus à l'improviste. Ils ont fauché quinze de nos meilleurs éléments.

— Pourquoi diable avoir libéré ces Agniers?

— C'est monsieur de Frontenac qui l'a exigé, avant notre départ de Québec.

Callières grimaça. Quinze tués, c'était une perte énorme.

— Et pourquoi vos hommes ont-ils été rattrapés, monsieur d'Iberville?

La question était pertinente et méritait qu'on s'y attarde, mais le moment était mal choisi. Les deux officiers étaient épuisés et n'aspiraient qu'à manger et dormir. Le temps des bilans viendrait plus tard. Mais Callières ne pouvait s'empêcher de penser qu'on avait dû négliger l'ordre de marche. Le choix des mots et le ton de voix laissant supposer qu'il y avait eu faute de leur part, Iberville prit mouche et s'enflamma comme un brandon. Il y avait eu des pertes de vies, il est vrai, mais Schenectady n'était-elle pas tombée et ne ramenaient-ils pas des dizaines de captifs?

Comme Callières ne semblait pas mesurer l'énormité de la tâche accomplie, Pierre d'Iberville se lança dans une description détaillée des conditions dans lesquelles ils avaient voyagé: la distance, le poids des vivres et des munitions, les températures changeantes, avec la faim au ventre et le danger constant d'être surpris et attaqués. Et au retour, la horde de prisonniers accrochés à leurs basques, dont ces enfants et ces blessés qu'ils s'ingéniaient à protéger et que les Indiens souhaitaient plutôt éliminer parce qu'ils les retardaient, sans compter la cinquantaine d'ennemis enragés, toujours à leurs trousses et prêts à tout pour libérer les leurs. Sa voix rocailleuse était traversée d'une colère contenue. Callières s'empressa de le calmer.

— Il s'agit pour nous d'une grande victoire que nous trompetterons sur tous les toits, monsieur d'Iberville, soyez-en assuré. Mais prenez plutôt place avec monsieur Le Ber. Vous ferez bien honneur à ce petit en-cas.

Il leur fit signe de s'attabler, pendant qu'un militaire revenu des cuisines poussait quelques plats devant eux.

L'en-cas en question était composé d'une panade, une soupe au pain si épaisse que la louche s'y tenait droite, d'un gros morceau de fromage du pays et d'un pichet de vin rouge. Un véritable festin pour des hommes qui n'avaient presque pas mangé depuis des jours. L'embêtant, c'était d'engloutir le tout en conservant de bonnes manières. Les deux gaillards lapèrent pourtant la soupe à grands traits en raclant maintes fois le fond du bol avec la cuillère. Ils se servirent de nouveau. Callières s'était assis près d'eux pour mieux reprendre son interrogatoire.

— Et ces sacrés puritains n'étaient même pas sur leurs gardes ? Ils dormaient du sommeil du juste, les portes ouvertes et sans aucune sentinelle ?

Un comportement irresponsable que le gouverneur comprenait mal, dans le contexte actuel. Encore que quelques confidences arrachées à des prisonniers anglais lui aient appris le climat de désobéissance civile et de désorganisation qui semblait régner dans les colonies du Sud, où s'opposaient les partisans de Guillaume III d'Orange et de Jacques II.

— Mais monsieur, s'empressa de rétorquer Iberville, la bouche pleine et se hâtant d'avaler, comment pouvaient-ils s'attendre à ce qu'un contingent venu d'aussi loin que du Canada leur tombe dessus, dans une nuit de janvier et par trente degrés sous zéro ? Même les Abénaquis restent sur leur natte par de pareilles froidures ! Ils étaient parfaitement certains de leur sécurité et avec raison : l'hiver et l'éloignement leur servaient de rempart. Il n'y a jamais eu que nous autres, Canadiens, d'assez fous et téméraires pour se risquer dans une telle aventure, et d'assez déterminés pour la mener à bon terme !

Le gouverneur opina. L'homme avait mille fois raison. Il suffisait de quelques dizaines de combattants poussés à l'héroïsme par l'attachement à leur patrie et placés sous la gouverne de véritables chefs pour réaliser des miracles. Or, Le Moyne d'Iberville, son frère Sainte-Hélène, d'Ailleboust de Manthet, et quelques dizaines d'autres officiers encore étaient précisément de cette trempe-là. Mais surtout Pierre d'Iberville, qu'on surnommait déjà dans certains milieux « l'homme de la baie d'Hudson ». Celui sur lequel le roi comptait pour déloger définitivement les Anglais de cette région, celui aussi sur lequel Frontenac et lui commençaient à faire fond pour réaliser de futures conquêtes.

Callières, qui était un fin connaisseur de l'âme humaine, prisait particulièrement la personnalité de Pierre d'Iberville, faite d'un mélange explosif d'équilibre et d'audace, de sens pratique et de lucidité. Car c'était un intrépide qui pouvait ferrailler à un contre cinq, monter à l'abordage à la tête d'une poignée d'aventuriers ou faire face à trois vaisseaux ennemis à la fois. Mais il n'en était pas moins aussi un homme de guerre calculateur et prudent, un chef aux nerfs d'acier qui savait très exactement ce qu'il pouvait tirer de ses hommes, parce qu'il en était profondément aimé et respecté.

Callières était persuadé que c'était de ce genre de commandant qu'avait besoin la Nouvelle-France en ces temps de misère, et que Pierre d'Iberville, qui réunissait à merveille les qualités de sa nation, pourrait mener les Canadiens au bout du monde.

Les deux officiers avaient mangé à s'en crever la panse et les plats s'étaient vidés comme par enchantement. Le vin ayant fait son œuvre, ils luttaient maintenant contre le sommeil. Callières finit par avoir pitié d'eux.

— Allez, messieurs. Nous fêterons votre victoire et celle de vos hommes dès qu'ils seront de retour. J'ai d'ailleurs envoyé du renfort pour les secourir et accélérer leur repli. En attendant, regagnez vos couchettes. Nous reprendrons cette conversation plus tard.

Callières était assis devant son secrétaire et achevait la rédaction d'une lettre à Frontenac. Comme il venait de recevoir des nouvelles de l'expédition lancée contre Schenectady, il s'empressait d'en rendre compte. Cette première phase des représailles planifiées par le gouverneur général et son état-major contre les colonies du Sud s'avérait un succès, quelque peu mitigé, toutefois, par la perte de quinze hommes. Une perte que Callières avait sur le cœur et qu'il imputait à la tortueuse politique de pacification iroquoise du vieux comte.

« Si on n'avait pas épargné ces Agniers à Schenectady, nous aurions sauvé quinze vies, cornedebœuf! Et qui sont ceux qui nous assaillent jour et nuit depuis des mois, sinon ces âmes damnées des Anglais ? » S'il n'en avait tenu qu'à lui, il aurait mis un terme aux négociations de paix depuis longtemps et envahi sans tergiverser les villages agniers.

Il était bien aise, néanmoins, de pouvoir parler de succès à son supérieur, lui qui n'avait cessé de lui annoncer malheur sur malheur depuis de longues semaines. Car, tout l'automne, des partis de guerre iroquois avaient paru dans les côtes de Châteauguay, de Prairie de la Madeleine, de Chambly, de Sorel, de Bécancour, de Pointe-aux-Trembles, et plusieurs habitants et soldats trop confiants sortis sans escorte avaient été pris ou abattus. Avec les premières neiges, c'est La Chesnaye qui était tombée sous les coups de l'ennemi, puis ensuite l'île Jésus. La nuit, les coups de feu claquaient et les colonnes de fumée montaient des maisons et des granges isolées. Ceux qui en réchappaient se bousculaient en désordre vers les redoutes avoisinantes, la mort dans l'âme.

Callières ne perdait pas courage, en dépit d'une situation en apparence désespérée. « Cette guerre ne peut qu'être gagnée, disait-il à qui voulait l'entendre, le tout étant de tenir le plus longtemps possible en attendant de pouvoir mieux s'organiser. »

Comme il faisait un froid de canard dans la pièce qui lui servait de bureau, le gouverneur de Montréal ne cessait de se frotter les mains pour les réchauffer. Il jeta un œil impatient sur le foyer qui, bien que nouvellement construit, tirait mal. Un maître maçon lui avait assuré que l'âtre était trop profond et l'ouverture frontale trop petite pour donner un rendement suffisant, et que mieux valait l'abattre et le reconstruire. Mais il n'avait pas encore trouvé le temps de s'en occuper. Il s'enveloppa machinalement dans une couverture et se remit au travail, assez satisfait de la tournure de sa lettre.

Dehors, un vent cinglant ronflait en bourrasques et bousculait les quelques passants qui déambulaient dans les rues, malgré l'heure matinale. Les appels répétés du clairon rythmant le quotidien des militaires montaient de la cour intérieure, tantôt amplifiés tantôt étouffés par le tumulte environnant.

Sa plume d'oie était fatiguée et laissait de vilains pâtés sur le papier. Callières appliqua un buvard en maugréant et relut tout haut, pour s'assurer de n'avoir rien oublié, le long passage narrant le saccage de Schenectady :

Nos hommes marchèrent pendant des jours et des jours dans un mélange de neige fondue, de glace et de boue, dans lequel ils enfonçaient jusqu'aux genoux, traînant péniblement leurs provisions sur des toboggans, pour atteindre leur objectif onze jours plus tard, peu avant minuit, dans un froid si intense qu'ils ne purent différer l'attaque sans risquer de geler sur place. À demi morts de fatigue, de froid et de faim, et incapables de faire du feu sans risquer d'alerter l'ennemi, ils durent avancer ou périr.

Au grand étonnement de nos hommes, il n'y avait pas de sentinelles devant la forteresse et les deux portes étaient restées grandes ouvertes, ce qui leur permit de pénétrer par les deux côtés et d'encercler facilement l'ennemi. Au signal donné, hache et casse-tête en main, ils se jetèrent sur les habitants endormis qu'ils défirent presque sans opposition. Vingt-sept hommes furent faits prisonniers et une cinquantaine de chevaux furent ramenés, alors qu'on laissa indemnes soixante femmes et enfants. Nos hommes épargnèrent aussi, à votre demande expresse, le nommé Alexander Glen, avec sa famille, parce qu'il avait sauvé la vie de plusieurs prisonniers français tombés aux mains des Agniers.

Les sieurs d'Iberville et de Manthet commandèrent les troupes avec beaucoup de savoir-faire, et la victoire leur est en grande partie imputable. Monsieur d'Iberville fit des miracles pour calmer nos alliés indiens et les empêcher de torturer les prisonniers ou d'abattre ceux qui ne pouvaient pas avancer assez vite. Cette bataille ne nous coûta que deux vies, et cela aurait été un succès complet si la trentaine d'Agniers présents à Schenectady et libérés selon vos ordres n'avaient couru à Albany chercher du renfort. Avec une cinquantaine de jeunes Anglais, ils se jetèrent à la poursuite des nôtres, qu'ils rejoignirent tout près de Montréal. Ils tuèrent ou firent prisonniers quinze hommes, d'après le décompte sommaire que m'en firent mes éclaireurs.

Il s'agit tout de même d'une glorieuse victoire qui remontera certainement le moral de nos troupes.

Callières parapha puis cacheta, satisfait à l'idée de pouvoir confondre Frontenac. Il comptait sur le temps pour lui ouvrir les yeux, tout en se chargeant de lui souligner à chaque occasion les dangers de sa politique de pacification iroquoise. Mais la victoire de Schenectady n'en était pas moins manifeste et Callières se réjouissait de voir les colonies anglaises confrontées à leur tour à la guerre à l'indienne. Il n'eut aucune difficulté à imaginer la désolation et la terreur qui avaient dû s'emparer des populations de l'État de la Nouvelle-York et des environs, au lendemain du pillage.

Dès son retour en poste, Callières avait fait entreprendre l'érection d'une nouvelle palissade autour de Montréal, des travaux dont il avait surveillé quotidiennement l'évolution. Les corvées avaient été distribuées et quiconque tentait de s'y dérober risquait gros. L'heure n'était plus aux tergiversations. Il entendait faire comprendre aux civils comme aux militaires que la situation nécessitait des mesures extraordinaires et que chacun devait faire sa part pour assurer sa sécurité et celle des autres. Pour mettre en sûreté les habitations les plus dispersées, il avait fait construire dans chaque seigneurie des redoutes et des réduits faits de pieux de treize à quatorze pieds de long, afin de permettre aux soldats et aux habitants de s'y réfugier. Et chaque fortin avait reçu un canon pour avertir les voisins en cas d'alerte.

Les gens devaient y dormir chaque nuit, jusqu'à nouvel ordre. Quant aux fameuses patrouilles volantes de Frontenac, elles servaient à repousser les attaques et à mener des incursions chez l'Iroquois et chez l'Anglais, afin de ramener des prisonniers et de se renseigner sur les déplacements ennemis.

Callières s'approcha de la fenêtre et jeta un regard attentif sur Montréal, qui émergeait lentement de la nuit. Il percevait distinctement les toits et le clocher de l'Hôtel-Dieu, et derrière, en retrait, le dôme de la petite église des filles de la congrégation. Montréal commençait à ressembler à une petite ville de province où se côtoyaient édifices conventuels et bâtiments privés, avec la particularité que ce bourg exerçait une vocation de ville-frontière, à la fois militaire et diplomatique. Sa situation stratégique en faisait un endroit idéal pour cantonner des troupes, organiser et concentrer la logistique des opérations militaires et mener des négociations avec les alliés et les Iroquois.

Il regardait avec satisfaction la belle palissade de pieux de cèdre qui courait le long du fleuve et encerclerait bientôt la ville. Percée de sept portes, elle était dotée de plates-formes à canons, ainsi que de guérites pour les sentinelles. Il avait aussi fait commencer le creusage des fossés. Mais ce n'était pas encore tout à fait ce dont il rêvait. Le système défensif présentait encore des faiblesses : le coteau Saint-Louis, dominant le bourg, et les approches ouest de la ville étaient à découvert.

Et tous ces villages égrenés le long du fleuve en un chapelet sans fin qu'il rêvait de regrouper en de nouveaux bourgs, mieux équipés pour résister à l'ennemi. Il avait d'ailleurs élaboré avec Denonville un modèle de village en étoile qu'il aurait voulu établir dans quelques points chauds particulièrement exposés. Mais c'était compter sans la résistance acharnée des Canadiens, trop amoureux de leur espace et de leur indépendance pour accepter d'être entassés les uns sur les autres. Le roi revenait pourtant toujours à ce projet dans ses missives à Callières et lui recommandait de tenter de le réaliser, petit à petit. Il avait d'ailleurs été on ne peut plus clair, brutal même, lorsqu'il lui avait fait écrire par le ministre : *Certes, il serait préférable d'en finir avec les Cinq Cantons, mais ce n'est pas le temps d'y penser au moment où l'Europe entière est liguée contre nous. Il faudra donc vous débrouiller avec les ressources en place et prendre les moyens pour mieux protéger la population. Sa Majesté n'a plus le loisir de distraire quelques milliers de soldats pour aller écraser une tribu de sauvages en Amérique.*

Le vent continuait de mugir et Callières vit que les eaux du fleuve avaient pris une teinte violacée et se couvraient de moutons. Il cambra le dos, dans l'espoir d'atténuer la douleur que lui infligeait sa lourde panse, et vint se rasseoir devant son bureau.

Il n'avait jamais l'esprit aussi vif que le matin. C'était un homme de l'aube. Chacune de ses journées débutait à cinq heures au son de la diane, battue pendant une quinzaine de minutes par le tambour en faction au corps de garde, juché sur son rempart. Suivait un copieux petit-déjeuner servi par son aide de camp et qu'il prenait seul, avec lenteur et jusqu'à ce qu'il soit bien rassasié. C'était son grand plaisir : il s'adonnait à la gourmandise avec délectation. Il rédigeait ensuite les dépêches en souffrance et réglait les affaires courantes, avant de courir aux problèmes urgents.

Un tambourinement sec à sa porte le fit sursauter.

— Entrez.

Un jeune officier fit irruption dans la pièce et lui annonça que Nez Coupé, le chef goyogouin de retour d'Onontagué, réclamait audience.

— Tiens donc, il se délie enfin la langue, celui-là ? Ce n'est pas trop tôt. Faites-le entrer.

Le délégué portait au cou un collier fait d'un scalp humain fixé à une enfilade de grands coquillages. Il avait jeté sur ses épaules une couverture anglaise qui recouvrait une longue chemise de peau, enfilée par-dessus une paire de mitasses. Trois autres députés, dans le même attirail, lui emboîtaient cérémonieusement le pas. Ils pénétrèrent dans la pièce et prirent place autour de la table où travaillait Callières. Celui-ci manda son interprète, fit généreusement distribuer à ses visiteurs du tabac et des pruneaux, puis rompit le silence :

— Grand chef, on me dit que tu es résolu à me parler ? Oureouaré, l'ami et le protégé du comte de Frontenac, t'a demandé de porter un message de paix aux cantons iroquois. Toi seul peux me dire comment les délégués réunis en grand conseil ont accueilli les propositions de notre valeureux gouverneur général. Je t'écoute.

Callières demeurait prudent. Il savait par expérience qu'on ne peut contraindre un sauvage et qu'il faut espérer son bon vouloir. D'autant que Nez Coupé s'était montré tellement déçu de n'avoir pas retrouvé Frontenac et Oureouaré à Montréal qu'il avait refusé de parler sans leur présence. Ce n'était qu'à force de petits cadeaux, de marques d'attention et de cajoleries que Callières avait réussi à le dérider.

Le fier Iroquois finit par s'exécuter, non sans avoir longuement enfumé le bureau de sa pipe. Ce qui exaspéra Callières.

— Grand capitaine, les *wampums* que j'apporte avec moi portent le message de mes frères des Cinq Nations, articula-t-il avec hauteur. Le premier collier – et l'Iroquois le tendit devant lui pour décrypter le sens caché dans l'agencement particulier des grains de porcelaine – est pour expliquer le retard de ma mission par l'arrivée à Onontagué d'une grande délégation de nos frères de l'Ouest, les Outaouais. Ils sont venus enterrer la hache de guerre et ériger avec les nôtres un arbre de paix.

Le collier de porcelaine fut remis solennellement à Callières. Le gouverneur l'agréa et prit note du message, sans rien laisser paraître de son inquiétude. La défection des principaux alliés des Français était pourtant une nouvelle lourde de menaces...

L'émissaire tendait déjà le second collier devant lui tout en poursuivant, sur le même ton sarcastique :

— Le deuxième *wampum* témoigne de la joie qu'ont eue les Anglais d'Albany, les Hollandais, et les gens des Cinq Cantons à la nouvelle du retour du grand capitaine Oureouaré.

Et il continua d'une voix posée :

— Onontio veut rencontrer les Iroquois à Fort Cataracoui ? Ne sait-il pas que le feu du conseil y est éteint et que le sol en est encore souillé de leur sang ? Le troisième collier exige le prompt retour d'Oureouaré et de tous les Iroquois revenus des galères. Ils ne parleront de paix que lorsqu'ils les verront tous assis paisiblement sur leur natte. Quant aux prisonniers français dispersés dans les autres villages, ils seront réunis à Onontagué et ils n'en disposeront que sur l'ordre d'Oureouaré.

Les autres colliers portaient des messages à peine plus encourageants, mais Callières fit mine de ne pas en être affecté.

— Ne croyez pas que cette réponse signifie que les Iroquois ont laissé tomber la hache de guerre, continua le délégué en fronçant les sourcils, car leurs guerriers vont persévérer contre Onontio jusqu'à ce qu'il leur remette tous les prisonniers.

Sur quoi il ajoute que les captifs faits sur les Français seraient néanmoins bien traités.

Callières se leva aussitôt. Il en avait assez entendu et ce sauvage l'irritait singulièrement. Il ne lui accordait d'ailleurs aucune confiance.

Mais Nez Coupé poursuivit :

— Vous avez brûlé trois prisonniers et en avez fusillé plusieurs autres que vous auriez pu épargner. Vous avez été plus cruels que les Iroquois, qui n'ont mangé que la moitié des prisonniers faits à Lachine. Ils ont donné la vie aux autres, et ceux qui ont été passés par le feu l'ont été en représailles de vos exécutions. Voilà leur message, fit-il, en guise de conclusion.

Callières se pencha sur le délégué en pointant un doigt rageur devant son nez emplumé et lui dit, ses yeux plantés dans les siens :

— Et le père Millet, missionnaire jésuite chez les Onneiouts, qu'en ont-ils fait ? Est-il toujours vivant ?

— Il vit, répondit l'Indien. Je l'ai vu de mes yeux prendre la parole devant le conseil. Il a même pris le chemin de Montréal, la veille de notre départ.

Callières se demandait s'il devait prêter foi à cette information.

— Et pourquoi donc les Agniers, que nous avons épargnés lors de notre expédition à Schenectady, sont-ils venus ouvrir les hostilités jusque devant Montréal ?

— Ils ont été soulevés par une poignée d'Onneiouts. Les gens des autres cantons n'ont pas réussi à les retenir.

Callières était perplexe. Il ne croyait pas un mot de ce que lui racontait Nez Coupé. Il n'en continua pas moins de le questionner, une manœuvre à laquelle l'autre refusa net de se prêter. Excédé, il ordonna de faire escorter les délégués à Québec où Frontenac en tirerait peut-être davantage. En ce qui le concernait, il en savait assez pour réaliser que l'intensification de la guerre avec l'Iroquois était au programme et que la paix n'était pas pour bientôt.

7

Québec, hiver 1690

Perrine battait les blancs d'œufs d'un bras si énergique qu'on aurait dit qu'elle brassait du mortier. Elle rouspéta. Encore un fouetté qu'elle raterait. La dernière fois qu'elle avait entrepris un soufflé, il s'était dégonflé sur le plat dès sa sortie du four. Elle en voulut un peu à la cuisinière qui s'était encore soustraite à ses obligations. Mathurine se faisant vieille et ses forces déclinant, elle lui avait demandé de la remplacer, «le temps d'aller piquer une petite ronflette avant de tomber d'endormement dret là». Sitôt étendue sur sa paillasse, la vieille était tombée dans un sommeil profond et s'était mise à ronfler comme une toupie d'Allemagne. Les grondements envahissaient maintenant la cuisine, les sifflements devenaient gargouillis, puis se muaient en lapements, râlements et halètements de toutes sortes.

— Elle va finir par s'avaler la langue, à ce rythme-là. C'est-ti Dieu possible, une pareille pétarade! On se demande d'où qu'elle sort ça... Faudrait peut-être la tourner sur le côté ou lui mettre carrément une muselière, à la Mathurine, vous ne croyez pas, dame Perrine? s'exclama Duchouquet qui venait de pénétrer dans la cuisine.

Il lui jeta un regard moqueur et se dirigea vers l'âtre, les bras chargés de bois.

— Laissez faire la muselière. Si elle vous entendait, elle vous arracherait la langue ! Tenez, son fredonnement diminue déjà.

Duchouquet gloussait dans sa barbe. Il prenait un malin plaisir à taquiner ces « créatures » qui prenaient la mouche pour des riens. Et il leur refaisait chaque fois le même théâtre. Le vieux garçon se plaisait à railler la dormeuse, mais se précipitait dans les jupes de Mathurine sitôt qu'elle revenait à ses chaudrons. Il adorait la moquer et appréciait autant son sens de la répartie que son cochon de lait à la broche.

Les bruits de ronflement s'arrêtèrent d'un coup. Un silence relatif s'installa, ponctué du raclement furieux du fouet de Perrine, du sifflement de la bouilloire sur le feu et du bruit des bûches que Duchouquet venait d'échapper dans la boîte à bois. L'homme laissa tomber un juron.

— Parmanda ! Épargnez-nous vos gros mots, vous, vieux blasphémateur ! Vous filerez dret aux enfers sans passer même par le purgatoire ! rugit Mathurine en déboulant dans la pièce à l'improviste.

Elle avait les joues rougies et l'œil plus vif. Elle rentra ses mèches dans sa coiffe, replaça son corsage et ses jupes, puis saisit un long tablier qu'elle se passa prestement autour du cou.

— Dieu du ciel, mais vous allez me transformer mes blancs d'œufs en pâte à pain !

Mathurine se précipita sur Perrine, immobilisa le fouet d'une main et, de l'autre, plongea une cuillère dans le mélange.

— Voyez, dame Perrine, quand la cuillère tient toute seule, c'est que les blancs sont suffisamment mousseux. Si on fouette plus, la mousse devient trop ferme pour gonfler à la chaleur.

Et Mathurine de verser les meringues en ovales réguliers sur une plaque et de les glisser ensuite sur le feu, sous l'œil indifférent de Perrine dont la pensée était ailleurs.

La femme de chambre n'aimait pas cuisiner et n'aurait occupé cette fonction pour rien au monde. Mais comme il fallait bien s'entraider, elle remplaçait la vieille à pied levé chaque fois que ses «endormitoires» la reprenaient. Mathurine avait bon cœur, sans compter qu'elle était un peu sa parente du côté d'Antoine, son premier mari. Et puis un service n'en appelait-il pas un autre? Perrine aurait mis sa main au feu que Mathurine savait tout de ses rapports avec monsieur Louis. En tout cas, si elle ne savait pas, elle avait certainement des doutes. Un soir où Frontenac faisait le jars à table auprès d'une jolie femme, elle lui avait soufflé à l'oreille avec une moue dédaigneuse: «Savez, les hommes, faut pas s'y fier, y sont changeants comme un ciel d'avril.» La remarque avait laissé Perrine songeuse. Mais si elle savait quelque chose, elle saurait tenir sa langue, car la cuisinière était une femme avisée qui connaissait son intérêt. Quand il avait été question d'embaucher un manœuvre pour fortifier les combles, Perrine avait tout de suite suggéré à Frontenac de prendre le fils Dumouchel, l'aîné d'une famille nombreuse et le petit-fils de Mathurine. Le jeune homme avait été agréé sur-le-champ.

Mais la position de Perrine était précaire et elle déployait des trésors d'imagination pour éviter que sa liaison ne s'ébruite. Si elle n'avait pas remis en question ce droit de cuissage* exercé par le maître, c'est qu'elle y trouvait largement son compte. Car elle était tout sauf une victime. La vie ne l'avait d'ailleurs pas ménagée et l'avait forcée à s'affermir précocement pour survivre. Et sa complicité avec Anne Lamarque avait consolidé ce que le malheur et les mauvais coups du sort avaient déjà gravé en elle. Cette voisine libre et entreprenante avec laquelle elle s'était liée d'amitié dès son arrivée au pays l'avait profondément marquée. Anne s'était chargée de faire son éducation en l'incitant à toujours protéger ses intérêts et à profiter sans remords des meilleurs côtés de la vie. L'amour charnel hors des liens du mariage, que Perrine avait toujours considéré comme péché, devenait dans la bouche de son amie un droit dont il fallait savoir tirer parti autant qu'un homme. C'était après avoir bien intégré ces leçons que Perrine s'était enfin décidée à accepter les avances de monsieur Louis.

— La voilà repartie dans ses jongleries. Donnez-moi donc la louche qui est à votre bâbord, dame Perrine, s'exclama Mathurine en lui lançant un petit clin d'œil taquin.

La fille s'exécuta en se rappelant que c'était bien beau d'aider la cuisinière, mais que cela ne faisait pas avancer sa besogne.

— Bon ben, je m'en vais faire mon ordinaire, asteure.

Elle croisa Duchouquet qui portait Pelu dans ses bras. Le pauvre chien se mit à couiner dès qu'il comprit qu'on allait encore l'enfermer dans la cage tournante suspendue au-dessus de l'âtre.

— Ça va, ça va, mon Pelu. Ça sera jamais que pour une couple d'heures, le temps de nous dorer un beau gigot. Et foi de Duchouquet, j'te garde les meilleurs os.

Le vieux serviteur caressa le pelage soyeux, puis glissa promptement l'animal dans le cylindre, qui se mit aussitôt à tourner sous l'action de Pelu, forcé de courir pour garder son équilibre. La cage tournante entraîna dans son mouvement la chaîne reliée au moyeu, ainsi que la broche sur laquelle était enfilée la pièce de viande.

Perrine s'en fut à grands pas vers les quartiers du maître et prit le petit escalier raide, aux moulures chantournées, qui menait à l'étage. En dépassant la fenêtre basse, elle se pencha pour voir au-dehors. Tout était blanc jusqu'à l'horizon. Mais le ciel matinal était obscurci par un amoncellement de nuages bas. À voir la texture glacée et vitreuse de la croûte neigeuse, elle supposa que le froid était mordant. Elle resserra son châle et le noua plus étroitement à sa poitrine. D'aussi loin qu'elle se souvienne, Perrine avait souffert du froid, et elle n'aurait su dire si cela était pire en France que dans ce château, ouvert comme une auberge aux quatre vents. À part la grande cuisine, réchauffée en permanence par l'imposant foyer de cuisson, toutes les pièces étaient de véritables glacières. Duchouquet s'esquintait à bourrer de bûches des âtres qui perdaient aussitôt leur chaleur par les murs, les fenêtres et les combles, transformés en passoires.

Lorsqu'elle pénétra dans les appartements du maître, désertés au profit du bureau plus confortable du rez-de-chaussée, Perrine s'attendrit. Le désordre qui régnait trahissait le côté brouillon et fantaisiste du personnage. Des livres traînaient un peu partout, empilés en vrac sur une commode ou abandonnés sur le sol, devant un feu dont les braises rougeoyaient encore. Sur le pupitre de bois de cerisier reposait un lourd manuscrit ouvert par le milieu et où apparaissaient quelques ratures et des annotations écrites en marge, d'une main maladroite. Perrine supposa que Frontenac s'était servi de sa main gauche, ce qu'il faisait parfois quand il préférait se passer de Monseignat. Elle, qui n'avait jamais fréquenté l'école et ne savait ni lire ni signer, était fascinée par l'écriture et se perdait d'admiration devant ceux qui pratiquaient ce langage. Elle s'amusait parfois à tenter de déchiffrer ces gribouillages mais se décourageait bientôt, tant cela lui paraissait compliqué.

Elle moucha les chandelles de la lampe posée sur la crédence puis, en soupesant la cruche à vin, elle se dit qu'il faudrait la remplir à nouveau. Le maître dormait peu et y recourait parfois, en fin de nuit, pour gagner quelques heures de sommeil. Elle ébaucha un sourire. Monsieur Louis lui assurait qu'il n'arrivait à dormir que dans ses bras, ce qu'elle refusait de croire, même si cela la flattait. Elle prit la chemise de soie laissée sur le lit et la porta à ses narines : une forte odeur de musc s'en dégageait encore. Elle adorait ce parfum.

En remettant de l'ordre dans ce qui l'entourait, elle finit par découvrir sur le buffet un petit objet à moitié dissimulé par la lampe. Elle s'en saisit promptement pour réaliser qu'il s'agissait d'une miniature. La peinture délicate, de petite dimension, était glissée dans un médaillon finement ciselé. Le bijou tenait dans la paume d'une main et pouvait être porté en sautoir. En l'approchant de l'âtre, Perrine distingua le buste d'une femme habillée en soldat.

« Qui est-elle, et quel commerce cette personne entretient-elle avec monsieur Louis ? se demanda-t-elle, avec une trace de jalousie. S'agit-il d'une ancienne maîtresse, d'une sœur de Frontenac, ou de sa mère ? Est-elle encore vivante ou décédée depuis belle lurette ? » Elle n'avait aucun moyen de le savoir et sa curiosité s'en trouvait exacerbée. « Et si c'était son épouse, Anne de la Grange-Trianon, la belle comtesse de Frontenac ? » se dit-elle encore, persuadée, cette fois, de s'approcher de la vérité.

En poursuivant son examen, elle découvrit bientôt au bas de l'image une fine inscription gravée dans l'or. Elle la scruta avec attention, mais n'en put rien tirer. Les lettres finement ourlées gardaient jalousement leur mystère. Elle maudit encore une fois le sort qui l'avait empêchée d'apprendre à lire.

Quelques mots gravés à l'endos du médaillon lui parurent familiers : c'était l'écriture de Frontenac. Son cœur bondit.

— C'est certainement la Trianon !

Perrine écarta toute autre hypothèse et se replongea dans la contemplation de cette parcelle d'intimité qu'elle dérobait, d'une certaine façon, à monsieur Louis.

Elle échappa un petit rire impudent et porta la main à sa bouche. Elle se fit l'effet d'être une galopine qui prépare un mauvais coup. Elle prêta l'oreille pour s'assurer que personne ne risquait de la surprendre et, comme aucun craquement ne révélait de présence importune, elle reprit son examen. La femme était belle et ses traits parfaits, mais à bien y regarder, Perrine trouva qu'il y manquait quelque chose. Tout noble qu'il était, le regard lui semblait froid, avec un brin de dureté dedans. Et trop triomphant à son goût.

— Pour sûr qu'elle n'a jamais connu les misères du pauvre monde, cette princesse-là, à voir son teint de porcelaine et ses frêles mains. Et si mince qu'elle n'a que la cape et l'épée.

Par contre, elle dut admettre que cette beauté-là jouissait d'une gorge opulente. Perrine promena une main appréciative sur sa propre poitrine en se disant que sous ce rapport, elle n'avait rien à envier à la dame au médaillon. Monsieur Louis l'avait assez complimentée sur ce point ! Mais là s'arrêtait le rapprochement, car elle n'allait pas se donner le ridicule d'oser se comparer, elle, la domestique ne sachant ni «a» ni «b», à une aussi grande et élégante dame qui avait l'oreille du roi et l'admiration des princes de ce monde. Perrine avait la tête trop solide pour s'engager sur un terrain pareil.

«N'empêche, se dit-elle avec raison, que c'est tout de même vers moi et non vers elle qu'il se tourne, dans mes bras et non dans les siens qu'il se réfugie, mon monsieur Louis, les soirs de doute et de délaissement. Et c'est blotti entre mes tétins qu'il se console, se rassure et finit par s'endormir comme un vieil enfant, bercé et caressé par mes soins de pauvre fille tirée du commun. »

Cette pensée la rasséréna. Elle avait un emploi que la gracieuse dame au médaillon ne pourrait pas lui contester. Et puis, elle était si loin... On racontait d'ailleurs tellement de choses contradictoires sur cette Anne de la Grange-Trianon, épouse de Frontenac, que Perrine ne savait plus à quelle version donner crédit. Ne disait-on pas sous cape qu'elle avait toujours trompé Frontenac, qu'elle tenait salon, menait une vie dissolue avec l'argent de son mari et vivait dans un appartement prêté par son amant ? N'ajoutait-on pas aussi, tout haut, que c'était grâce à elle que Frontenac avait été nommé une seconde fois gouverneur, et que les affaires de la colonie lui tenaient tellement à cœur qu'elle maintenait une correspondance assidue avec le roi et la cour ? Comment, dès lors, distinguer le vrai du faux et se faire une idée juste de cette personne ?

Perrine fut tout à coup frappée de la parenté entre cette histoire et celle d'Anne Lamarque. Dans les deux cas, il s'agissait d'une femme qui menait le jeu à sa façon, hors des sentiers battus, et que les jaloux déchiraient à belles dents. Perrine haussa les épaules. En jetant un dernier coup d'œil au portrait, elle trouva plus de chaleur au beau regard violet et se sentit proche de la Trianon comme d'une sœur de lait. N'avaient-elles pas, toutes deux et chacune à sa manière, pressé la même tête d'homme contre leurs beaux seins ?

Un bruit la fit tressaillir. Perrine se précipita vers la crédence et glissa le médaillon sous la lampe, dans sa position initiale. Puis elle rangea rapidement les vêtements et refit le lit, comme si de rien n'était. Après avoir bien mouché le reste des chandelles, elle ouvrit toutes grandes les tentures : le soleil avait percé sa carapace de nuages et, dehors, tout éclatait de blanc, les toits des maisons, les granges, les champs, les arbres. Elle replaça les rideaux dans leurs plis et quitta promptement la pièce.

Frontenac, Oureouaré et Colin, un interprète maîtrisant parfaitement la langue iroquoise, parlementaient à vive voix. Les trois hommes se tenaient dans la cour est du fort Saint-Louis, près des baraquements militaires. C'était une maussade journée de fin février. Sur les remparts, dans le clair-obscur du soir couchant, se découpaient des silhouettes de soldats montant la garde, cependant que d'autres couraient en tous sens au son du tambour battant le rassemblement.

La délégation de Nez Coupé venait tout juste de se retirer. Oureouaré seul avait parlementé avec l'émissaire iroquois, Frontenac se gardant bien d'intervenir. Il voulait laisser le Goyogouin mener officiellement les négociations. Si Oureouaré était déçu de l'entêtement des siens à poursuivre la guerre, il conservait malgré tout un optimisme prudent. Il connaissait trop la complexité du processus de négociation des Cinq Nations, de même que ce qui les divisait, pour avoir osé espérer un succès dans l'immédiat.

Une attitude amplement partagée par Frontenac.

— La paix est remise à plus tard? Qu'à cela ne tienne. Je reviendrai à la charge autant de fois qu'il le faudra. Quant à la menace d'alliance des Iroquois avec les Outaouais, je doute de sa véracité. De semblables rumeurs ont souvent couru, pour s'avérer fausses neuf fois sur dix. Peut-on d'ailleurs prêter foi aux paroles de cet outrecuidant de Nez Coupé? questionna Louis, en se tournant vers le Goyogouin.

Oureouaré éclata de rire. La contraction des muscles de ses joues révéla de splendides dents blanches. Une bande de peinture noire, tracée d'une oreille à l'autre et cerclant les yeux, tel un loup de bal, accentuait le percutant du regard. Un maquillage qu'il refaisait méthodiquement chaque matin à l'aide d'un bout de miroir. L'Iroquois complétait ensuite sa parure des indispensables colliers, pendants d'oreilles, bracelets et panaches assortis. Une coquetterie masculine ostentatoire plus prononcée que chez les Iroquoises et que Louis avait du mal à s'expliquer, lui qui arborait pourtant des habits de soie et de velours dégoulinant de dentelles, de rabats à glands et de rubans de toutes les couleurs.

— Nez Coupé est aussi retors et menteur qu'un Huron, répondit Oureouaré dans son parler guttural et rocailleux, mais je crois qu'il n'a pas trahi la pensée des Iroquois. Ils refusent pour le moment de prêter oreille à tes ouvertures de paix, mon Père, mais ils y viendront. Libère d'autres prisonniers et renvoie-leur de nouveaux émissaires ; ils m'enverront bientôt chercher.

Le *sachem* s'inquiétait pourtant du fait qu'aucune délégation n'était venue l'accueillir et le réclamer, comme le voulait le protocole iroquois. Cela était mauvais signe et rendait leurs démarches incertaines. Depuis son envoi aux galères, la situation avait tellement évolué chez les Cinq Nations qu'il avait l'impression de mal les saisir.

S'il décodait moins bien l'attitude de ses frères, il n'avait aucun doute sur la nécessité de les mettre en garde contre leur délire guerrier. Son voyage outre-mer lui avait ouvert les yeux sur l'écrasante puissance militaire de la France, et sur la folie de continuer à la défier. Son expérience des galères lui avait également fait prendre conscience de l'injustice et de la cruauté de l'univers du Blanc, en comparaison avec celui de l'Indien, où chacun était maître de lui-même et mangeait à sa faim. Constat qui avait renforcé sa conviction de l'urgence de pactiser avec les Français. Il lui semblait que c'était l'unique façon d'éviter la destruction du pays des «vrais hommes» dont il faisait encore partie. Une prescience singulière et une sagesse politique qui expliquaient largement son allégeance actuelle à Frontenac, qu'il croyait seul capable d'amener ses frères à la paix. Un rêve qui occupait désormais toutes ses pensées...

Louis était silencieux et réfléchissait. Il penchait pour l'envoi d'une deuxième députation, sauf que, cette fois, il choisirait mieux le médiateur. La précarité de la situation exigeait cependant la plus grande prudence. Il était d'autant plus à l'aise pour relancer ses offres de paix qu'il venait de recevoir la lettre de Callières lui apprenant la victoire de Schenectady, et qu'il savait déjà que la seconde incursion punitive commandée par François Hertel et lancée depuis Trois-Rivières était un succès total. Salmon Falls* venait de tomber à son tour. Le prestige des Français s'en trouvant rehaussé, les Cinq Nations allaient y penser à deux fois, croyait-il, avant de s'entêter à refuser à nouveau la paix.

— Je veux que la prochaine ambassade soit composée de Français commandés par Pierre D'O de Jolliet, un officier en qui j'ai pleine confiance. Le fils de Bouat, les sieurs de La Beausière et de La Chauvignerie en feront partie. Messire Colin, fit Louis en tournant la tête vers l'interprète, êtes-vous toujours d'accord pour les accompagner?

Ce dernier acquiesça avec enthousiasme. Sur le bateau ramenant Oureouaré au Canada, Colin avait si bien su gagner l'amitié du rescapé que les deux hommes étaient devenus des frères de sang. Un pacte que seule la mort pourrait désormais dénouer.

— C'est à toi qu'il revient de dicter les propositions de paix et d'envoyer les présents, fit Louis, en s'adressant à nouveau à son protégé.

— Mon message de paix leur liera les mains et les amènera plus sûrement vers toi, répondit Oureouaré. Je ferai comprendre aux miens que c'est à ma prière que tu as dépêché ton plus bel officier, pour les exhorter à ne pas écouter les Anglais et à ne point se mêler de leurs affaires. Je rafraîchirai leur mémoire en leur répétant que les Français n'en veulent qu'aux Anglais, que les Iroquois sont leurs amis et que moi, je serai jusqu'à ma mort celui des Français. Qu'ils viennent me chercher pour te parler et voir de leurs yeux toutes les bontés que tu as eues pour moi et mes compagnons, et l'amitié que tu as toujours conservée pour ma nation.

— Fort bien envoyé, lui répondit Louis, plutôt satisfait de la tenue d'Oureouaré dans cette affaire et se félicitant, une fois de plus, d'avoir gagné sa confiance.

Frontenac croyait aussi pouvoir compter sur des alliés sûrs au sein du grand conseil iroquois. Il avait développé autrefois des relations d'amitié avec Téganissorens et Garakonthié, deux *sachems* influents qui s'étaient déjà déclarés ouvertement en faveur des Français. Rassuré, il s'en retourna à son cabinet de travail où l'attendait le chevalier d'O, que Monseignat avait convoqué d'urgence.

L'homme était en grande tenue. Il portait un long justaucorps gris galonné d'or, surmontant des hauts-de-chausse bleu royal agrémentés de boucles rouges. Une cravate de soie blanche et un chapeau noir, garni de plumes assorties, complétaient l'uniforme. Le chevalier d'O avait l'allure altière et le front intelligent. C'était un officier réformé*. Licencié une dizaine d'années plus tôt avec une poignée d'autres, après l'abolition de sept compagnies, il servait comme surnuméraire. C'était le fils cadet d'une famille de noblesse d'épée*, amie des Frontenac, et que Louis affectionnait particulièrement. Il remplaçait un peu ce fils qu'il avait prématurément perdu.

Après avoir résumé l'affaire et expliqué de façon succincte les enjeux, Louis le mit au courant de ce qu'il attendait de lui. La mission était délicate et nécessitait du doigté. Il aurait préféré y expédier le baron de La Hontan, à cause de sa longue expérience des sauvages, mais ce dernier avait refusé et s'était dérobé.

— M'entendez-vous bien, d'O ?

— Oui, monseigneur, fit ce dernier en inclinant brièvement la tête.

— Comme j'ignore de quelle façon ce factieux de Nez Coupé s'est acquitté de sa mission, je veux que vous tentiez de le savoir. Et que vous mettiez les choses au clair, s'il s'avérait que ce présomptueux ait menti. Tout en demeurant circonspect. Ne vous engagez point trop avant. Mais arrangez-vous pour vous trouver partout où des décisions seront prises. Appuyez les négociations sans y entrer vous-même et soyez témoin de tout, pour m'en faire un fidèle rapport.

— Et si l'on m'invitait à des conseils plus... disons... privés, que dois-je faire, Votre Seigneurie ?

— N'attendez pas qu'on vous y invite, immiscez-vous, repérez les chefs, même si ce n'est pas évident à première vue, car leurs capitaines ne sont pas toujours les plus flamboyants, un effet de leur égalitarisme qui m'a toujours laissé pantois... mais enfin. Fiez-vous à Colin, qui a vécu parmi eux et connaît bien leurs mœurs. Rappelez-leur qu'ils ont intérêt à rester neutres dans ce conflit qui nous oppose aux colonies du Sud, qu'il y va de leur liberté et de leur indépendance, de leur intérêt commercial aussi. Je peux les fournir en marchandises et répondre à leurs besoins. Rassurez-les sur ce point. Dites-leur aussi que jamais je ne les trahirai, comme l'a fait si perfidement Denonville ; que ce n'est point à eux qu'on en veut, malgré ce qu'ils nous ont fait, parce qu'on les regarde comme des enfants à qui l'on a retourné l'esprit, mais aux Anglais, sacredieu ! Insistez adroitement sur la puissance de la France, sur nos récentes victoires à Schenectady et à Salmon Falls, sur les ravages de nos alliés abénaquis contre les villages près de Boston. Rappelez-leur également que nous n'avons pas touché à un seul cheveu de la tête des Agniers présents à Schenectady. Ils ont été remis en liberté jusqu'au dernier. Et puis, mon Dieu, s'ils semblent trop butés, durcissez le ton, faites-vous menaçant, dites-leur que je sévirai, à contrecœur mais d'une main ferme et impitoyable. Que la chance vous accompagne !

Après que l'officier eut quitté la pièce d'un pas décidé, Louis se sentit las, tout à coup. Il se laissa choir sur un fauteuil. Son cœur se serrait, comme à l'appréhension d'une catastrophe.

« Et si jamais... »

Il faillit rappeler d'O et lui dire de laisser tomber. Il avait si peu d'expérience auprès des Indiens...

Mais il se ressaisit. Cédait-il à des pressentiments de bonne femme, à présent ? Un gouverneur général devait faire preuve de plus de sang-froid, foutre de dieu ! Cette ressemblance physique avec François-Louis, son fils disparu, expliquait peut-être son trouble ?

Une colère froide l'envahit à l'évocation de cet enfant qui aurait aujourd'hui à peu près le même âge que le beau chevalier, un sentiment extrême fait de la même rage impuissante que lorsqu'il avait appris sa mort, vingt ans plus tôt. Comme si le temps n'avait pas coulé sur son chagrin, ne l'avait ni érodé ni policé.

« Un être beau, doué pour la vie et si prometteur... Mon unique progéniture. Le seul, après moi, qui eût pu porter le beau nom des Frontenac. »

L'imbécile était allé se faire glorieusement tuer à la bataille de l'Estrunvic, en Allemagne, à la tête de son régiment. Il se battait sous les couleurs de l'évêque de Munster, allié de la France. C'était pendant la longue, l'interminable guerre de Hollande*. Une guerre terrible pour la France et dans laquelle Louis XIV s'était fourvoyé et rapidement enlisé.

Il avait été touché à bout portant. À vingt et un ans et à peine sorti de l'école militaire.

L'innocent avait joué les héros et était monté à la charge en poussant ses hommes et en les haranguant comme un *condottiere**, s'avançant si près des lignes ennemies qu'il s'était retrouvé seul devant le feu. Le colonel avait eu deux chevaux tués sous lui avant de piquer du nez dans la boue, une balle en plein cœur. Jeune officier, Louis en avait fait autant, sauf qu'il avait eu plus de chance que son malheureux fils... Était-il mort pour avoir voulu lui faire honneur, à lui, ce père si peu présent mais aimé sans mesure ? Sa dernière lettre ne trahissait-elle pas à chaque ligne toute l'admiration qu'il avait pour lui ?

Louis écrasa une larme importune. Ce brassage de souvenirs le touchait au cœur et une tristesse poisseuse le submergea peu à peu. La cruauté de la vie et l'injustice du mauvais sort infligé aux seigneurs de Frontenac le frappaient à nouveau. Tous les descendants mâles étaient disparus jusqu'au dernier. Il ne restait personne pour relever le nom, à part Lysandre, un neveu chétif et souffreteux qui n'avait pas l'étoffe d'un soldat et dont on ferait, au mieux, un clerc, au pire, un curé.

«Mon Dieu, quel gâchis!» se répétait-il en vain.

Il avait maintes fois regretté de n'avoir pas été un père plus attentif. Mais Anne avait couvé son fils d'une attention si envahissante et si exclusive qu'il n'avait pas su trouver sa place. Ou peut-être ne l'avait-il pas voulu? À vrai dire, il avait été lent à se sentir père et assez soulagé de voir sa femme prendre sur elle toute la responsabilité.

«Mais une fois devenu adulte, nous aurions pu...» et Louis poussa une espèce de long gémissement d'impuissance chargé de tous ses rêves avortés de paternité contrariée. Puis il murmura:

— Et tous nous mourons et roulons comme les flots qui s'abîment dans ce néant où se confondent et les princes et les rois...

8

Québec, printemps 1690

Il était complètement abasourdi par la nouvelle, effondré.

— Il ne manquait plus que cela, murmura-t-il entre ses dents.

Les rumeurs de défection des Indiens alliés n'étaient pas nouvelles et même si les déclarations de Nez Coupé les confirmaient, Louis avait toujours refusé d'y croire. Jusqu'à preuve du contraire. Et voilà que cette preuve reposait entre ses mains et tenait en deux pages chiffonnées, noircies d'une écriture serrée et austère.

— Mais nous n'en sortirons jamais !

Il repoussa les quelques feuilles éparses sur la table et se leva lentement pour s'approcher de la fenêtre d'où il vit patrouiller une poignée de soldats, le fusil sur l'épaule et l'épée en bandoulière. Un battant qui ne fermait plus à cause du bois gonflé et déformé par le froid laissait percer la voix cassante d'un capitaine hurlant des ordres, aussitôt recouverte par le son du fifre et les perpétuels roulements de tambour.

— Eux, ils n'ont qu'à obéir... pendant que je me démène comme un damné pour nous extraire de ce bourbier maudit.

Il soupira. Il était fatigué et il lui semblait que depuis quelques jours tout lui échappait, lui glissait des mains et s'en allait à vau-l'eau. L'hiver avait été long et éprouvant, cette année-là, et le manque de lumière lui avait beaucoup pesé. L'ingrate responsabilité de gérer cette malheureuse colonie lui avait apporté un lot de tracas qui ne semblait malheureusement pas sur le point de se résorber. La chaleur printanière des derniers jours lui redonna tout de même quelque espoir.

Il se rassit pour se saisir à nouveau de la lettre en provenance de Michillimakinac. Elle était de la main du père Carheil, le jésuite desservant ce fort stratégique situé à la tête du lac Michigan. Deux hommes sûrs avaient traversé la moitié du pays et voyagé dans des conditions extrêmes pour informer le gouverneur de ce qui se tramait à son insu : les tribus de l'Outaouais s'apprêtaient à signer une paix séparée avec les Iroquois.

Il relut, encore incrédule :

Les sauvages d'ici parlent ouvertement de se jeter dans les bras des Iroquois et des Anglais, et déclarent que la protection d'Onontio n'est qu'une illusion et un leurre ! Ils disent aussi qu'ils croyaient les Français de bons guerriers, mais qu'ils ne sont pas de taille contre les Iroquois par qui ils se laissent lâchement massacrer chaque jour, sans même lever le petit doigt pour se défendre ; que lors de l'invasion du pays tsonontouan par le gouverneur Denonville, il y a de cela deux années, les Français ont été surpris de la résistance ennemie et se sont bornés à faire la guerre aux blés et aux écorces.

Depuis ce temps, croient-ils, nous n'aurions rien fait d'autre que de mendier la paix et nous opiniâtrer à espérer un accommodement pour nous-mêmes, en abandonnant nos alliés à leur sort et en les laissant porter seuls le poids de la guerre. Ils avancent même que leur alliance avec nous ne leur a pas fait moins de tort pour le commerce que pour la guerre, les privant de la traite avec les Anglais, beaucoup plus avantageuse qu'avec nous. Telles sont les raisons qu'ils se donnent pour en conclure de n'avoir pas d'autre parti à prendre que de s'accorder avec un ennemi contre lequel nous ne sommes plus en état de les défendre, ce qui explique l'envoi de leur dernière ambassade vers les Tsonontouans et vers les autres cantons, avec lesquels ils espèrent une alliance perpétuelle.

Vous pouvez voir, monsieur le gouverneur, que nos Indiens sont beaucoup plus clairvoyants qu'on ne le pense habituellement et que rien de ce qui peut servir ou nuire à leur intérêt n'échappe à leur pénétration. Une chose est certaine, c'est que si rien n'est fait rapidement pour contrecarrer les Iroquois, ils seront bientôt les seuls maîtres ici et...

« C'est sûrement ce jeux Kondiaronk, ce poisson qu'on ne sait jamais à quelle sauce apprêter, qui est l'âme de cette intrigue et qui manipule en sous-main les Outaouais », songea Louis, impressionné malgré lui par la clairvoyance du chef huron. Ce dernier menait de main de maître les destinées des Hurons de Michillimakinac.

Comment ne s'était-il pas méfié? De tous les *sachems* alliés, Kondiaronk était de loin le plus dangereux, par la perspicacité et la terrible intelligence politique dont il faisait preuve. Le fin renard avait dû se convaincre qu'une paix entre les Français et les Iroquois laisserait ces derniers libres de retourner leurs forces contre les Hurons, et avait décidé de prendre Frontenac de vitesse en concluant une entente séparée avec leur ennemi. Il laisserait ainsi les Français porter seuls le fardeau d'une guerre iroquoise.

La situation était embarrassante et Louis avait intérêt à agir prestement, puisque la perte de l'alliance avec les Indiens de l'Ouest signerait la disparition du Canada.

Il courut vers la pièce adjacente.

— Monseignat, convoquez mon état-major d'urgence. Mandez-moi Louvigny et aussi le sieur Nicolas Perrot.

Faites vite, le temps nous presse! Je vais donner à voir à ceux qui me croient tombé en sénilité de quel bois se chauffe encore le vieil Onontio, fit-il tout haut en se frottant les mains, ayant déjà en tête les grandes lignes d'un projet de riposte qu'il se promettait de mettre en branle le jour même.

Autour de la table présidée par Frontenac se trouvaient les membres habituels de son état-major, ainsi que le sieur La Porte de Louvigny, l'intendant Champigny, et enfin, assis en bout de table dans un silence insondable, Nicolas Perrot lui-même.

Perrot était un quadragénaire court et trapu, aux traits burinés, et dont le regard gris acier plongeait longuement dans celui de son vis-à-vis, comme pour y traquer les pensées secrètes et les désirs inavouables. Sa courte barbe bigarrée de poils noirs et roux recouvrait une mâchoire forte et des joues cuivrées, surmontées d'un front haut et saillant. Son assurance et son calme souverains, traits de personnalité moitié innés moitié acquis au contact des sauvages, en imposaient. Répugnant à gaspiller sa salive en palabres, il demeurait silencieux, attentif aux débats soulevés autour de lui. Il était pourtant un orateur d'une redoutable efficacité et sa parole était respectée par les Français comme par les Indiens, qu'il connaissait mieux que quiconque en Canada pour avoir sillonné sans relâche depuis vingt-cinq ans les immenses espaces de l'Ouest et roulé sa bosse jusqu'aux confins du Mississippi.

L'année précédente, Perrot avait pris possession au nom du roi de France de la baie des Puants, du lac des Outagamis, du Mississippi et du pays des Sioux. Sa seule présence et sa connaissance approfondie des langues et des coutumes indiennes avaient suffi en maintes occasions à calmer les frustrations qui montaient à intervalles réguliers chez les alliés de l'Ouest. Une insatisfaction créée par le grand fossé qui existait entre Albany et Montréal sur les prix des marchandises et des fourrures. Comme la France imposait à la colonie une taxe de vingt-cinq pour cent sur tous les produits qu'elle lui fournissait, le prix des marchandises s'en trouvait majoré d'autant.

Après avoir résumé succinctement le sérieux de la situation, Frontenac se tourna vers un jeune officier.

— Monsieur de Louvigny, dès que les rivières seront navigables, vous irez relever monsieur de La Durantaye à Fort Michillimakinac et vous conduirez jusqu'à ce poste un détachement de cent quarante-cinq Canadiens et dix sauvages, car je ne pense pas que la route de l'Outaouais soit paisible et fréquentable par les temps qui courent.

Surpris, Champigny s'interposa.

— Je m'étonne que vous veuilliez remplacer le sieur de La Durantaye. Non pas que je doute de la compétence de monsieur de Louvigny, mais l'actuel commandant n'a-t-il pas conservé au roi, dans des temps difficiles et avec le plus parfait désintéressement, tous les postes avancés de l'Ouest?

L'intrusion trop partisane de l'intendant agaça le gouverneur, qui lui rétorqua sèchement :

— Il s'agit d'un décret qui relève de mon bon vouloir. Sachez, pour votre gouverne, qu'il est bon d'introduire de temps à autre du sang neuf, surtout dans une époque aussi troublée. Monsieur de Louvigny nous fera un excellent commandant de poste, n'est-ce pas ? fit-il, en consultant ses pairs à la ronde.

Champigny fulminait. Il n'avait pas besoin qu'on lui mette les points sur les «i» pour comprendre que Frontenac se débarrassait sans autre forme de procès de La Durantaye, qui avait été choisi par Denonville justement pour son honnêteté sans faille. Il s'était toujours refusé à pactiser avec les marchands de fourrures et à entrer dans quelque réseau de traite que ce soit, ce qui pouvait entraver les intérêts et les initiatives commerciales du gouverneur général. Ce dernier avait besoin à Michillimakinac d'un commandant de poste docile et coopératif, afin de s'assurer de profits substantiels. L'intendant se tut néanmoins, pour ne pas envenimer davantage des relations déjà tendues.

Quand Frontenac eut distribué les tâches à ses officiers, il s'adressa enfin à son vis-à-vis :

— Messire Perrot, nous comptons sur vous pour ramener nos alliés à de meilleures dispositions. Je suis à préparer un message vigoureux et bien senti que vous voudrez bien leur transmettre de ma part, ainsi que de nombreux présents dont vous aurez la garde et que vous leur distribuerez selon votre bon jugement. Mes officiers et mes hommes seront sous votre commandement général jusqu'à Michillimakinac. Vous avez toute ma confiance par la longue pratique et la connaissance que vous avez de l'humeur, des manières, de la langue de toutes ces nations d'en haut, et par l'immense crédit que vous vous êtes acquis auprès d'elles.

— Je ferai l'impossible, monseigneur, pour mériter la confiance que vous me portez, répondit le diplomate.

— Et nous ferons d'une pierre deux coups, puisque votre convoi servira au retour à ramener les milliers de livres de fourrures accumulées depuis des mois à la baie Verte et à Michillimakinac. Les sieurs d'Hosta et de la Gemmerais auront ordre de vous accompagner avec une cinquantaine d'hommes jusqu'aux Calumets, sur l'Outaouais, pour vous protéger d'une possible attaque iroquoise. Quant à vous, je vous laisse juge de décider d'aller éteindre des feux du côté des tribus des Grands Lacs, s'il s'avérait qu'elles aient besoin d'un vigoureux rappel à l'ordre.

Comme le reste des décisions portait sur les détails pratiques de l'expédition, toutes choses relevant des compétences de l'intendant, Frontenac mit fin à la rencontre et renvoya ses gens à leurs affaires en leur recommandant d'être sur le qui-vive et prêts à partir dès que la température serait propice.

Le capitaine Sylvanus Davis avait été introduit dans une pièce petite mais éclairée par une large fenêtre dispensant une pâlotte lumière de midi, mouillée et cotonneuse. Au loin, masqué par une nuée brumeuse, le grand fleuve roulait des eaux sombres et agitées.

Davis était assis sur le bout d'une chaise et suait à grosses gouttes en s'épongeant le front du revers de sa veste, en dépit de la fraîcheur du lieu. Il portait une barbe de plusieurs jours, des vêtements déchirés et crottés, et paraissait complètement abattu par ses récents malheurs. L'épuisement et l'inquiétude avaient marqué chaque trait de son visage.

— *Velcôme capittèn Dâvis*, fit Louis à l'intention du prisonnier qu'il trouva plus âgé qu'il ne l'avait imaginé.

Frontenac se risquait parfois à prononcer quelques mots dans la langue de Shakespeare, par simple courtoisie à l'égard de son hôte. Un soldat était présent et lui servirait d'interprète.

Le puritain se leva et le salua d'un révérencieux «*Mister the Earl of Frontenac*». Il resta debout jusqu'à ce qu'on lui ordonne de se rasseoir. Le prisonnier avait demandé cette entrevue pour faire part de ses doléances après la récente prise de Fort Loyal, à Casco Bay, dans l'État du Massachusetts.

Cette troisième expédition s'était soldée, elle aussi, par un glorieux fait d'armes. L'officier Portneuf, qui la commandait, s'était attaqué à forte partie. Fort Loyal était une solide forteresse palissadée, protégée par huit canons et occupée par une centaine d'hommes. Le bouillant capitaine avait dû entreprendre un siège en règle et faire creuser des tranchées jusque sous les remparts, où il avait fait placer des explosifs. Après six longs jours de blocus, désespérés et à bout de ressources, les assiégés avaient fini par se rendre.

Le capitaine Davis assura à Louis qu'il avait été bien traité pendant le voyage de retour vers Québec, mais qu'il avait à se plaindre de la conduite du commandant « *Purniffe* » et de son lieutenant, « *Corte de March* ». Frontenac sourcilla. Décidément, Davis ne maîtrisait pas mieux le français que lui l'anglais.

— Le commandant Portneuf et son second, Courtemanche, traduisit l'interprète à l'intention de Frontenac, ont manqué à leur parole de soldat en ne respectant pas les clauses de la reddition, qu'ils avaient pourtant juré d'honorer.

L'homme soufflait péniblement entre chaque mot, comme si l'air entrait difficilement dans ses poumons, et l'indignation lui faisait monter le sang au visage. Louis écoutait avec attention, curieux de voir de quelle étoffe était tissé le bonhomme.

— Nous avons demandé quartier pour nos hommes, nos femmes et nos enfants, dont plusieurs étaient grièvement blessés, et aussi la liberté de nous rendre en sûreté jusqu'au prochain village anglais. Ce que vos hommes ont accepté en jurant, la main levée, devant le Dieu éternel! Alors nous avons marché vers la sortie et laissé tomber nos armes...

Davis fit une pause pour reprendre son souffle et s'éponger le front, puis continua, la voix éraillée:

— Mais nous avions à peine franchi la barrière que les Indiens se sont rués sur nous en hurlant, la hache à la main. J'ai protesté vivement contre cette violation de la parole donnée, mais on m'a répondu que nous n'étions que des rebelles à notre roi légitime, Jacques II, détrôné en Angleterre par Guillaume III d'Orange, et que nous méritions la mort. Les quelques malheureux qui ont survécu au carnage sont maintenant captifs des sauvages et promis à un sort misérable, indigne de chrétiens.

Louis secoua la tête en réprimant sa colère à l'égard de Portneuf et de Courtemanche, qu'il se promit de réprimander vertement. Il n'en répondit pas moins:

— Vous devez vous en prendre au gouverneur et aux peuples de la Nouvelle-York et d'Albany, qui sont la cause de la guerre actuelle, puisqu'ils ont armé les Iroquois, les ont conseillés et incités à attaquer le Canada!

— Mais monsieur le comte de Frontenac, la Nouvelle-York et le Massachusetts sont deux gouvernements distincts, qui doivent répondre séparément de leurs actes. Nous n'avons jamais été en guerre avec le Canada et nous serions demeurés en paix si vous n'aviez pas poussé les Indiens à s'attaquer à de paisibles fermiers.

— Le Massachusetts et la Nouvelle-York sont peut-être deux États distincts, mais pour nous, il s'agit du même peuple avec lequel nous sommes en guerre, monsieur. Nous subissons depuis le massacre de Lachine des attaques sanglantes dont sont responsables les vôtres. C'est sous l'instigation de vos colonies que les Iroquois ont été poussés contre nous. Et votre Massachusetts n'est-il pas en conflit perpétuel avec nos alliés abénaquis, dont il gruge pied à pied le territoire ?

Le puritain ne répliqua pas. Frontenac avait raison.

Davis pensa aux alliances qui se développaient depuis quelque temps entre les colonies anglaises, sous l'instigation de la Nouvelle-York. Le Connecticut et le Massachusetts massaient déjà des troupes aux frontières canadiennes en vue d'une attaque, dès que possible. Et il avait pu récemment jeter les yeux sur une lettre envoyée par le gouverneur révolutionnaire de la Nouvelle-York incitant les gens de Boston à entrer dans l'entreprise en équipant des navires pour prendre Québec.

« Plaise à Dieu que le comte de Frontenac continue à ignorer encore longtemps l'état de guerre civile dans lequel nos douze colonies sont plongées depuis l'accession au trône de Guillaume d'Orange », implora ardemment le puritain.

Louis finit par avoir pitié du vieil homme. Il lui baragouina encore quelques mots d'anglais, en mettant juste assez de chaleur dans sa voix pour se faire rassurant.

— *Beut take courâge... and thiou vill be... vell triited.*

Ce à quoi le prisonnier répondit :

— Monsieur le gouverneur, il ne s'agit pas de ma misérable personne, mais des prisonniers, surtout des femmes et des enfants, qui sont actuellement aux mains des barbares !

Louis savait que quelques femmes étaient détenues par les Abénaquis. Les deux filles de son second avaient été épargnées et se trouvaient également captives.

— Nous les sortirons de là, je vous donne ma parole de soldat, s'empressa-t-il de répondre. Je les ferai racheter et confier à des familles ou à des communautés religieuses.

Le ton de voix du gouverneur impressionna favorablement l'Anglais. Il était en présence d'un homme d'honneur et cela sembla le rassurer.

Davis salua bien bas tout en remerciant chaudement le comte de Frontenac, qui ordonna à un officier d'installer le prisonnier dans une des chambres les moins délabrées du château. Avant de se retirer, il l'invita fort gracieusement à dîner à sa table, le soir même.

— Vous avez manqué à l'honneur ! Sachez que lorsqu'un commandant donne sa parole, il doit la respecter, dût-il en périr. C'est ce que nous avons de plus sacré. Vous avez déshonoré l'habit que vous portez et je ne sais ce qui me retient de vous mettre aux arrêts, le temps de réfléchir et de vous amender !

Louis avait crispé les traits et froncé les sourcils, et son regard furibond allait de Portneuf à Courtemanche en s'attardant longuement et sans chaleur sur chacun d'eux. Déçus et blessés alors qu'ils s'étaient plutôt attendus à des louanges, les deux officiers baissaient les yeux comme des enfants pris en faute. Ils auraient pourtant dû savoir que le gouverneur ne plaisantait pas avec les questions d'honneur. Toute sa génération vivait encore sur la parole donnée : un prisonnier de guerre libéré ne revenait-il pas se livrer à ses geôliers lorsqu'il n'avait pu réunir le montant de sa rançon ?

Portneuf avait tenté d'expliquer à Frontenac que bien qu'il eût promis sa protection à Davis et aux autres, il n'avait pu empêcher les Abénaquis de se ruer sur eux dès qu'ils avaient été en leur pouvoir. La parole de Portneuf n'engageant que lui, ses alliés avaient agi librement de leur côté, avec pour résultat que bien des têtes avaient été inutilement cassées. Cela témoignait des coutumes des sauvages. Ils avaient leur façon de faire la guerre et il était difficile de leur en imposer une autre. Une fois leur rage passée, ils avaient cependant épargné les survivants et les avaient ramenés dans leurs villages. Aucune torture rituelle n'avait été pratiquée sur eux, parce que les Abénaquis étaient des chrétiens. Une explication qui n'avait pas radouci la colère de Frontenac.

Les deux hommes étaient silencieux et amers. Ils se sentaient injustement traités. La prise de Fort Loyal s'était pourtant faite à l'arraché et dans des conditions extrêmement pénibles. C'était une prise de taille ! Et on leur déniait tout mérite au nom d'un principe d'honneur impossible à faire appliquer et que les Anglais eux-mêmes ne s'étaient jamais gênés de violer à plusieurs reprises, autant avec les Abénaquis qu'avec les Canadiens.

Louis fit un geste de la main pour leur indiquer de se retirer de sa vue avant qu'il ne revienne sur sa décision et les fasse mettre aux fers. Ils s'éclipsèrent dans une grimace de dépit et sans demander leur reste.

9

Québec, printemps 1690

Louis fixait du haut de la terrasse l'immense coulée miroitante étalée à l'infini et recevait en plein nez les odeurs du large, chargées de sel et de varech. Un vent violent rabattait sur les côtes des nuées de goélands et faisait défiler rapidement dans le ciel de larges masses changeantes, percées de trouées lumineuses.

Les temps étaient durs. Des lettres en provenance de Montréal et de la région des Trois-Rivières faisaient état d'une famine grandissante. Des pauvres se présentaient nombreux aux portes des communautés religieuses pour réclamer du pain. Les récoltes engrangées l'automne précédent étaient déjà épuisées et les continuelles attaques iroquoises avaient empêché les habitants de terminer leur travail. Cette pénurie de vivres était difficile à enrayer et commençait à devenir endémique. Dès que le fleuve était devenu à peu près navigable, Louis avait envoyé un bâtiment en France pour réclamer des farines et différentes provisions de bouche. Mais les bateaux ravitailleurs ne s'étaient pas encore pointés.

En plus des greniers, ses propres goussets commençaient aussi à être à sec, ce qui ne laissait pas de l'inquiéter.

— Comment m'en sortir, aussi, avec les maigres vingt-quatre mille livres par an que me verse le roi ? marmonna-t-il.

Cela ne couvrait même pas ses coûts d'entretien. Louis XIV avait pourtant fait geler ses dettes, ces dernières années, et interdit à ses créanciers de le poursuivre. Un geste de générosité à son égard qu'il le suppliait de répéter pour l'année en cours. Car l'intérêt sur ses dettes avait atteint de telles proportions qu'il n'arrivait plus à s'en acquitter et se voyait à nouveau traqué par ses créanciers. Il sentit l'amertume le gagner, comme chaque fois qu'il se penchait sur ses insondables déboires financiers.

Il connaissait bien la nature des critiques qui avaient sali sa réputation et l'avaient perdu dans l'opinion de la cour. On l'avait accusé de dilapider les richesses de la colonie en tirant abusivement profit de la traite des fourrures. S'il s'était procuré quelques gains en profitant de sa position de gouverneur, cela avait toujours été en sous-main. Y eût-il renoncé qu'il se serait retrouvé dans l'impossibilité de se maintenir à la hauteur de sa charge et, plus grave encore, de continuer à mener la coûteuse diplomatie que lui imposaient ses alliés indiens.

Qu'avaient d'ailleurs fait d'autre ses prédécesseurs ? Talon, de Meulles, La Barre, François Perrot, Duchesneau – et peut-être même Champigny, tiens, dont il ne savait rien sinon qu'il paraissait s'en tirer plutôt bien, avec la moitié de son salaire et une famille à nourrir – ne s'étaient-ils pas tous adonnés à la traite des fourrures ? Sans parler des commandants de poste, officiers et seigneurs qui ne subsistaient que par ce trafic. Tant que les choses se faisaient discrètement et qu'il n'avait rien à débourser, le roi préférait fermer les yeux.

Mais c'était aussi grâce à ces fonds tirés de la fourrure que l'Ouest, le Nord et le Sud de ce pays quasi continental passaient de plus en plus sous domination française. Si l'obsession de prendre possession de nouvelles terres à

fourrures servait à Louis de moteur, des rêves de développement et des motifs évidents de sécurité intérieure l'ani-
maient tout autant. En quelques années et sous sa férule, la
poignée de Français établis dans la vallée du Saint-Laurent
avait réussi à étendre l'influence de la France du golfe du
Mexique à la baie d'Hudson. Après une longue période de
rachitisme, la colonie avait connu sous son impulsion une
phase d'épanouissement sans précédent.

Mais qui songeait à lui en être reconnaissant? Au lieu de
l'entraver avec d'insignifiantes questions de profits commerciaux, pourquoi le roi ne l'avait-il pas appuyé davantage
dans ses démarches d'expansion territoriale?

— Cela crève pourtant les yeux qu'on ne peut vivre en
sécurité dans la vallée du Saint-Laurent qu'en contrôlant
toutes ses voies d'accès! rabâcha-t-il pour la énième fois,
en donnant furieusement de la canne contre la balustrade
de la terrasse.

Il avait eu beau marteler cela sur tous les tons au roi,
c'était peine perdue. Ni Louis XIV ni ses ministres n'avaient
accepté d'investir dans cette vaste entreprise de découverte.
Ils avaient toujours incité Frontenac, comme ses prédécesseurs, à maintenir une frileuse politique de repli sur le
Saint-Laurent. Leur manque d'ambition et de largeur de
vue le sidérait tant qu'il avait dû jouer de ruse, tenir tête et
déjouer les directives royales pour continuer à construire
des forts et à mousser les explorations. Il avait même financé
de sa poche la construction du fort Cataracoui! Mais le rêve
secret qu'il n'avait partagé qu'avec Duluth et La Salle, et
que Champlain avait caressé avant lui, était autant de
trouver une voie intérieure menant de Montréal aux
Antilles, pour fournir à la colonie un accès permanent à la
mer, que de découvrir le fameux passage de l'Ouest menant
aux mythiques mers de Chine.

Un vieux relent de dépit lui noua la gorge. Louis soupira longuement en laissant retomber ses épaules qu'il avait tendance à trop contracter. En se retournant, il saisit brièvement son reflet dans une croisée : comme il se trouva vieilli ! Le pli barrant son front lui déplut. L'amertume ne lui réussissait guère et il sentit à nouveau ses brûlures à l'estomac se raviver. Il se massa le haut de l'abdomen du plat de la main. Il frissonnait et s'empressa de remonter son col. La maladie l'avait assez éprouvé ces derniers temps... Un vent sournois soufflait à intervalles en balayant le timide fond d'air chaud de ce début de juin. Louis décida de rentrer se mettre à l'abri, mais plutôt que de prendre la porte conduisant à son bureau, il bifurqua vers celle menant à la cuisine.

La vieille Mathurine, penchée sur ses chaudrons, releva la tête en sursautant.

— Parmanda ! Je vous avais pas entendu venir, monsieur le comte. Je crois bien que je m'en viens un peu dure de la feuille.

La femme était rougeaude et corpulente. Elle avait passé sur sa chemise de lin une bande de tissu qui entourait son cou et se croisait sur le devant, enveloppant et supportant sa lourde poitrine. Un long tablier, enfilé par-dessus ses jupes, la recouvrait jusqu'aux chevilles. Quelques mèches folles de cheveux blancs émergeaient de sa coiffe tombée sur son oreille. Louis fureta dans ses chaudrons et souleva un couvercle d'où s'échappa un délicat fumet de canard, puis il huma l'odeur du bœuf qui baignait doucement dans un mélange de navets, de haricots et de choux.

— Tut tut tut ! ne fourragez pas trop dans mes plats, là, monsieur. Je gagerais que vous avez encore une p'tite faim ? C'est-ti Dieu possible d'avoir si grand appétit et de rester fin comme l'échalas. Tenez, je vais vous faire des œufs au beurre noir, comme vous les aimez. Asseyez-vous là, fit Mathurine en poussant doucement un Louis ravi vers une petite desserte à côté de laquelle il put s'installer à son aise.

Pour le faire patienter, la cuisinière lui versa un verre de muscat, son vin préféré. Ses réserves étant épuisées, il se verrait bientôt dans l'obligation de boire de l'eau. La vieille cassa trois œufs dans un plat en prenant soin de ne pas crever les jaunes, puis les assaisonna d'un peu de sel et de poivre. Elle mit ensuite dans la poêle une noix de beurre grosse comme une cerise et la fit fondre lentement, puis elle y coula doucement les œufs.

Louis l'observait avec attention. Une espèce d'engourdissement, produit tant par la chaleur de l'âtre que par le côté rassurant du cérémonial, le prenait peu à peu. Le rituel ancestral de préparation des repas l'avait toujours fasciné. La cuisine, ses odeurs, le bruit des ustensiles, la chaleur de l'âtre, toute la gaieté qui émanait de cet univers nourricier l'apaisait. Enfant, il courait s'y réfugier quand il était triste ou qu'on l'avait grondé, et il s'y trouvait toujours quelque servante au grand cœur qui le prenait en pitié et le gavait de tartines.

Réalisant que les blancs étaient pris, la vieille passa la pelle à feu rougie sur les jaunes, car monsieur le comte les aimait très cuits. Cela fait, elle coula le tout dans le plat de service et ajouta un filet de vinaigre au beurre fondu, en remuant bien et en chauffant le mélange qu'elle versa ensuite sur les œufs.

— Voilà, monsieur. Ça vous fera toujours un p'tit goûter en attendant le souper.

Et Mathurine remplit à nouveau son verre et lui tailla de larges tranches de pain bis qu'elle lui servit, tartinées de tête fromagée.

— Notre grand monarque est plus prodigue en conseils qu'en hommes ! s'exclama Louis en brandissant sous le nez de son secrétaire le dernier pli du roi.

La colère déformait sa voix. Monseignat, habitué aux débordements de bile de son supérieur, opinait calmement.

— Ah ! il m'enjoint de faire une forte et vigoureuse défensive et il ne doute pas que je ne réduise mes ennemis de vive force à la paix. Fort bien, mais avec quels secours ? Il me recommande de construire des redoutes, d'envoyer des partis de reconnaissance, des bateaux armés, de poster des gardes de soldats à l'époque des travaux agricoles, de construire des palissades autour de Québec et de Montréal ? Toutes choses que j'ai déjà faites, figurez-vous, Votre Grandeur ! continua-t-il en s'adressant tout haut à un interlocuteur imaginaire. On ne m'apprendra quand même pas mon métier, parbleu ! Mais j'ai besoin de plus de bras pour continuer. Et où diable vais-je les trouver, croyez-vous ? gueula-t-il en fixant à nouveau son secrétaire qui restait de marbre. Lors même que j'ai perdu plusieurs dizaines d'hommes par la faute de la guerre, de la maladie et de la famine ? Je ne suis pas la cour des Miracles, moi. C'est la faute de tous ces conseillers de roi. Ce ne sont que des incompétents à courte vue, des gribouilleurs de papier, des stratèges de salon qui n'ont aucune compréhension de notre réalité !

Louis frappa la table d'un poing vigoureux. Monseignat ne broncha pas et supporta placidement les radotages de son supérieur qui s'apprêtait encore, il en aurait mis sa main au feu, à rabâcher la problématique des stratégies de guerre.

Pour lui, l'affaire était entendue, et il ne comprenait pas pourquoi le gouverneur s'acharnait encore à faire comprendre à des métropolitains obtus une réalité qui leur échapperait toujours.

— De toute façon, ils n'y comprennent rien, enchaîna Louis sur le même ton irascible, et ils nous regardent de haut quand on leur parle de guerre à l'indienne.

«Nous y voilà!» se dit le secrétaire en hochant la tête. Ce «ils» englobait dans l'esprit du vieux militaire tous les officiers français de l'armée métropolitaine qui condamnaient unanimement les tactiques de guerre de la Nouvelle-France, quand ils daignaient seulement s'y intéresser.

— Ces beaux messieurs des académies militaires considèrent notre façon de faire la guerre comme de l'hérésie, une tactique tout juste bonne pour des «sauvages». Quant aux officiers canadiens, ce ne sont pour eux que des roturiers ou des gens de bien fraîche noblesse.

C'étaient des préjugés que Louis combattait âprement. Il soutenait sur toutes les tribunes que les meilleures recrues étaient les miliciens canadiens, de loin supérieurs aux soldats français, et il entendait bien pousser les officiers nés dans la colonie et les recommander au roi chaque fois qu'une promotion était en vue, de façon à former une force militaire canadienne typique et originale.

— Et cet ingénieur de parade qu'on nous a envoyé pour palissader Québec et qui n'est qu'un triste incompétent! Vauban a préféré garder ses meilleurs éléments et expédier en Nouvelle-France un apprenti. Encore du rebut pour le pays! tonna-t-il en frappant à nouveau la table d'un poing indigné.

Louis avait une propension à changer de sujet sans prévenir, ce qui laissait souvent Monseignat songeur, mais cet autre thème récurrent lui était familier. Le gouverneur n'avait jamais accepté ce qu'il se plaisait à appeler sur un ton tragique «le coup bas de Vauban». Ce dernier avait en effet suggéré Claude de Villeneuve pour fortifier les villes du pays. Or, s'il dessinait et traçait correctement les plans, il était incapable de les réaliser.

— De toute façon, le roi croit dur comme fer que la ville de Québec est imprenable, à cause de sa localisation. Et que sa protection ne nécessite que des fortifications légères pour parer à un coup de main. Une croyance que je partage de moins en moins...

Louis poussa un long soupir en fronçant les sourcils. Il devait tout prévoir, même l'imprévisible, et s'arranger pour se débrouiller avec le seul secours des ressources locales. Avec la différence que, cette fois-ci, la rumeur d'un siège en règle par la flotte anglaise risquait de se concrétiser, surtout depuis les derniers coups infligés aux Anglais. Aussi avait-il commandé au major Provost, en l'absence de Villeneuve retourné en France pour quelque affaire pressante, de mener à terme les travaux de fortification.

— Entrez, fit Louis d'une voix tonitruante.

Il avait encore l'oreille assez fine pour percevoir le moindre grattement à sa porte.

C'était justement le major de Québec, François Provost, escorté d'une jeune recrue. L'homme était attendu, mais il comprit rapidement au ton de voix que le gouverneur était dans un mauvais jour. Il avait à peine le pied dans la porte que Louis l'accablait de questions concernant les démarches entreprises pour protéger Québec.

Heureusement pour lui, le major avait réponse à tout.

— Des bûcherons ont abattu des arbres pour faire de solides palissades afin de renforcer celles qui existent déjà. Les fortifications fermeront complètement la haute-ville, advenant une attaque, tout en fournissant les retranchements nécessaires à l'installation de l'artillerie. J'ai moi-même veillé à ce que tous les corvéables participent aux travaux, monseigneur, et je puis vous dire que les habitants y sont venus sans rechigner, cette fois, convaincus qu'il y allait de leur vie. La ville sera entièrement clôturée de pieux et de petites redoutes de pierre, de proche en proche, dans moins de deux semaines.

Provost vit que Frontenac paraissait satisfait, puisqu'il secouait la tête de façon répétée en signe d'assentiment.

— Les bourgades en amont et en aval de Québec sont-elles protégées ?

— Toutes les précautions ont été prises pour assurer la sécurité de ces peuplements. Tous les forts ont été complétés ou consolidés, et j'y ai fait stationner des détachements de réguliers qui doivent accompagner les habitants quand ils vont aux champs, surtout dans les régions les plus isolées.

— Fort bien, monsieur Provost. Quand la conjoncture sera favorable et que la ville sera en état de se défendre, je me mettrai en route pour Montréal. Je compte évidemment sur vous pour me remplacer pendant ce séjour. En attendant, veuillez terminer les travaux que vous avez si bien amorcés. Je me fie entièrement à votre compétence.

Le major se retira aussi discrètement que lorsqu'il était arrivé, trop heureux de s'en tirer à si bon compte.

Vous devrez profiter des dispositions des intéressés en la Compagnie du Nord pour le dessein qu'ils ont formé de faire attaquer le fort Nelson par le sieur d'Iberville, et les aider de votre autorité dans les choses où ils en auront besoin, pour les mettre en

état de chasser les Anglais de ce poste, qui est le seul qui leur reste dans la baie d'Hudson. Pour ce faire, Nous nommons ledit sieur d'Iberville commandant en titre de tous les postes de la mer du Nord et de tous les vaisseaux qui navigueront dans les eaux de la baie d'Hudson, lui donnons également concession d'un fief à la baie des Chaleurs, de douze lieues de front sur dix de profondeur, avec tous droits afférents de haute, moyenne et basse justice.

Fait à Versailles ce vingt-six de mai de l'an seize cent quatre-vingt-dix.

Louis le quatorzième, Roi de France.

Frontenac déposa le mémoire sur son bureau et releva sur son visiteur un regard froid.

— Voici l'essentiel de ce qui concerne votre affaire. Je pense que vous attendiez cette nomination avec impatience, monsieur d'Iberville?

Il avait posé la question en se fendant d'un sourire de circonstance.

— En effet, monsieur le gouverneur général. Mes navires sont même déjà en rade et prêts à être chargés.

Pierre d'Iberville affichait un air satisfait. Il s'attendait bien, en effet, à voir renouveler la commission accordée par le roi l'année précédente, sous Denonville, mais il n'avait jamais cru qu'on lui accorderait des pouvoirs aussi étendus. Il jubilait intérieurement et voyait déjà se réaliser son rêve d'arracher définitivement Fort Bourbon aux Anglais.

Louis fouilla dans ses papiers et finit par en extraire un autre document officiel, estampillé du sceau du roi. Après en avoir rapidement vérifié le contenu, il le tendit à son vis-à-vis.

— Et voici l'acte de concession qui vous fait seigneur de cet immense fief d'Acadie. Heureux homme, qui aurez le loisir de faire de ces terres un établissement modèle!

Iberville remercia Frontenac avec chaleur. Il se souciait cependant de cette donation comme d'une guigne et nourrissait d'autres ambitions que de devenir propriétaire terrien. Il pensait déjà à octroyer ces terres à l'un de ses frères. La nomination de commandant en titre de tous les postes de la mer du Nord ainsi que de tous les vaisseaux y naviguant avait autrement plus d'intérêt à ses yeux.

— Je verrai à ce que les formalités de sortie des bateaux que la Compagnie du Nord vous a alloués soient écourtées au maximum, précisa Louis, et j'aplanirai toute autre difficulté administrative afin que vous puissiez partir pour la baie d'Hudson dans le plus bref délai. Dans cette sorte d'entreprise, le temps est précieux et le moindre retard peut être fatal.

— Veuillez croire, monsieur le gouverneur général, que je vous en suis reconnaissant et que nous ferons l'impossible, mes hommes et moi, pour enlever définitivement Fort Bourbon aux Anglais et le remettre à la France. J'en fais le serment solennel devant vous, aujourd'hui. Je n'aurai de cesse que je n'y parvienne, cette fois-ci ou la prochaine. Nous viendrons à bout de notre dessein ou en périrons !

Le regard déterminé de l'homme, qui n'avait pas la réputation de parler vainement, impressionna fortement Louis.

Fort Bourbon avait été arraché aux Français et rebaptisé Fort Nelson par Pierre Esprit Radisson, un traître honni et méprisé en Nouvelle-France. Le renégat vivait maintenant en Angleterre où il avait acquis la qualité de sujet britannique et épousé la fille du propriétaire de la *Hudson Bay Company*. Bon an mal an depuis lors, Radisson encaissait tranquillement ses dividendes d'actionnaire. Pendant qu'il engrangeait ses trente deniers, les Anglais exploitaient à fond le fort Nelson et réalisaient d'énormes profits sur le dos de la Compagnie du Nord qui, en contrepartie, perdait pas moins de trente-cinq mille peaux de castor par année. En plus d'être un poste de commerce extrêmement rentable, Fort Bourbon revêtait une grande importance stratégique, puisqu'il pouvait être utilisé comme base d'opération contre les autres postes et les lignes de navigation de la baie.

Louis n'ignorait pas que Denonville avait épousé la cause de Pierre d'Iberville dès son retour en France et pressé Seignelay de seconder les desseins bellicistes de l'aventurier. Iberville lui-même était allé en métropole pour préparer le terrain et mousser son projet. Louis savait l'homme habile mais s'étonnait encore de son pouvoir de conviction, car tous semblaient tombés sous le charme du bouillant Canadien : les ministres, les fonctionnaires et même le roi. Mais il se garderait de donner dans le panneau, déjà convaincu de voir se profiler l'ambitieux sous le masque du soldat dévoué, le profiteur sous les dehors du conquistador.

— Les bateaux de la Compagnie sont déjà à quai, je suppose ? continua néanmoins Louis, sur un ton d'une grande suavité.

— Oui, en effet, fit Iberville. Il s'agit de deux petits voiliers armés de dix et douze canons, *La Sainte-Anne* et *Le Saint-François-Xavier*. C'est le capitaine Simon-Pierre Denys de Bonaventure qui pilotera le second, comme vous l'avez recommandé, lors même que je conduirai le premier.

Louis opina. Il avait une grande admiration pour Bonaventure, qu'il tenait pour le meilleur navigateur du pays et qu'il avait fort vendu au roi.

— Notre petit contingent de quelque quatre-vingts soldats est déjà levé et sur le pied de guerre.

Iberville trouvait néanmoins que c'était insuffisant, comparativement aux forces que les propriétaires de la *Hudson Bay Company* pouvaient leur opposer. Les actionnaires de la Compagnie du Nord avaient pourtant crié haut et fort que cet armement, qui avait entraîné des débours de cent quatre mille livres, les saignait à blanc. Iberville avait d'abord exigé le double d'hommes et un vaisseau équipé de vingt-quatre canons, d'un mortier et d'une plus grande quantité de boulets et de bombes, mais on avait jugé sa demande exorbitante et on l'avait ignorée. Il n'avait pas fallu non plus compter sur l'aide du roi qui, bien que directement intéressé au succès de l'entreprise, n'avait pas avancé un misérable centime. Pierre d'Iberville se voyait ainsi condamné à faire, comme toujours en ce pays, des miracles avec presque rien...

Louis pouvait imaginer le désappointement de son interlocuteur devant la faiblesse de ses moyens. Il avait d'ailleurs entendu parler de sa colère et de ses exigences de dernière minute. Ce n'était pourtant pas faute d'avoir accordé son appui au projet, car Frontenac avait adressé au roi un mémoire rédigé avec l'intendant exposant de façon convaincante l'importance de favoriser la prise de ce fort stratégique. Il avait même vanté les mérites et les talents de Pierre d'Iberville, malgré les fortes préventions qu'il avait contre l'homme. Il considérait cependant que l'avarice du roi mettait une fois de plus en évidence, s'il était encore utile d'en faire la preuve, le manque d'intérêt du monarque pour le Canada.

Après l'avoir assuré de son soutien inconditionnel, Louis fit raccompagner son visiteur par Monseignat. De la fenêtre du grand salon devant laquelle il s'était attardé, il regarda quelque temps cheminer la haute silhouette du militaire.

Ce sont tous de fort jolis enfants, avait écrit Denonville des fils Le Moyne dans un mémoire présenté au roi en faveur de l'anoblissement du père et dont Louis avait eu vent. C'était vrai, du moins pour les plus connus d'entre eux, tels que Maricourt, Sainte-Hélène, Longueuil et Sérigny. Les autres, Louis les avait à peine aperçus. Mais pour ce qui était de Pierre d'Iberville, il aurait été aveugle s'il avait nié l'évidence : c'était un bel animal ! Au physique, c'était un homme grand aux épaules larges, parfaitement proportionné, à l'air martial, à la démarche assurée et d'une élégance à faire pâmer les dames. Au moral, le directeur de la Compagnie du Nord avait eu ce mot en parlant de lui : « C'est un gentilhomme d'un très grand mérite et d'une conduite admirable, et aussi soldat que l'épée qu'il porte. »

Louis haussa les épaules. « Adulations, flatteries et basses flagorneries que tout cela. » S'il était indéniablement bel homme, les hautes qualités morales qu'on prêtait au personnage collaient peu aux actes.

Surtout depuis ce scandale de mœurs dans lequel avait trempé Iberville et que Monseignat lui avait rapporté par le détail. On en avait cancané tout le long de l'interminable procès qui en avait résulté. Une jeune femme accusait Pierre d'Iberville de l'avoir séduite, engrossée et abandonnée. Portée devant le conseil souverain, l'affaire avait traîné en longueur tant le clan des Le Moyne avait fait des pieds et des mains pour qu'on abandonne l'accusation. Mais en vain, car leur plus glorieux rejeton avait quand même été déclaré coupable.

— En fait de conduite admirable, on a vu mieux... se gaussa Louis, toujours planté devant son poste d'observation.

— N'empêche que même avec des moyens modestes, ce diable d'homme est bien capable de gagner son pari et de ramener Fort Bourbon dans notre giron, marmonna-t-il encore dans un mélange d'admiration et de défiance.

Il savait l'aventurier redoutablement efficace quand il s'agissait d'opérations militaires. Rien ne l'arrêtait. Lors de sa dernière campagne à la baie de James, il s'était brillamment tiré d'affaire avec des moyens encore plus limités que ceux dont il disposait actuellement. Au sortir d'une rivière, il s'était emparé par ruse et par audace de deux gros navires ennemis, alors que son propre vaisseau était dépourvu d'artillerie. Il avait rapporté un butin considérable, repris trois forts aux Anglais, fait de nombreux prisonniers et ramené à Québec les deux bâtiments, avec leur équipage et leur cargaison. Sa dureté et son indifférence à la souffrance humaine en faisaient un guerrier redoutable, un défaut que Louis ne pouvait pas lui reprocher par ces temps de misère et de survie que connaissait la colonie. Il fallait des hommes inflexibles pour faire face à des ennemis qui ne l'étaient pas moins.

— S'il réussit, nous lui devrons quand même une fière chandelle, finit par concéder Louis en tournant les talons.

Au loin, au détour de la route, il ne restait déjà plus de la haute silhouette mobile qu'un petit point à peine perceptible qui disparut bientôt, happé par la rangée de grands arbres.

C'était une radieuse journée de juin. Frontenac descendait la route du château en compagnie de Henri de Tonty et se dirigeait vers un point d'observation offrant une des plus belles vues de Québec. Au loin, la lumière crue de midi éclaboussait de blanc la fine dentelle des nuages et faisait danser sur les rouleaux sages des eaux un carnaval de couleurs. Par contraste, au premier plan, le long tapis vert sombre de la forêt s'étalait à perte de vue et avalait tout, en exhalant un lourd parfum d'humus.

Louis enserrait amicalement le bras de son hôte et devisait de tout et de rien, l'air détendu. Il avait convoqué Tonty pour lui annoncer qu'il était reconduit dans son poste de commandant du fort Saint-Louis-des-Illinois, et aussi pour discuter de l'avenir de leurs intérêts communs. L'officier d'origine italienne avait pour mandat de continuer l'exploration du Mississippi, en échange de quoi le roi lui allouait un droit de traite sur le territoire des Illinois. Comme cette charge avait été obtenue par l'intercession de Frontenac, Tonty lui versait en retour une partie de ses bénéfices. Cette fructueuse association avait repris dès le retour au pays du gouverneur général.

Comme il devait mener ses affaires dans le plus strict secret, Louis ne commença à parler de choses sérieuses que lorsqu'il fut certain de pouvoir échapper à toute oreille indiscrète. Le ministre lui interdisait désormais de s'engager de lui-même ou par l'intermédiaire d'un tiers dans le commerce des fourrures. Il était également tenu de faire contresigner tout permis de traite par l'intendant. Quand on lui avait fait part de ces exigences avant son départ de Versailles, il s'était contenté d'opiner, tout en se promettant de n'en faire qu'à sa tête. Il se savait trop grand seigneur pour devoir se plier à de telles interdictions. Comment, d'ailleurs, aurait-il pu subsister sans ce commerce ?

— De fait, mon cher, fit Louis à l'intention de son compagnon, vous savez peut-être que j'ai fait remplacer La Durantaye par Louvigny à Michillimakinac ? C'est un ex-capitaine de ma garde à qui j'ai récemment offert un poste dans les Troupes de la Marine. Ce Louvigny est un homme sûr. Comme il me doit beaucoup, il veillera à me bien servir. J'ai d'ailleurs fait transporter sur ses canots pas moins de quatre mille livres de marchandises de contrebande, ainsi que quelques tonneaux de rhum.

Tonty ébaucha un sourire. Il savait que le retour de Frontenac sonnait le rappel de La Durantaye. Quelques années auparavant, ce dernier avait commis l'erreur d'entrer dans les plans du gouverneur de l'époque visant à ruiner l'entreprise de Tonty au Mississippi. Louis, alors en pénitence en France, s'était juré de le lui faire payer.

L'Italien frisa d'une main preste ses moustaches cirées, relevées en pointe. « Le vieux renard sait placer ses hommes et veille de près à ses intérêts », songea-t-il, impressionné, comme chaque fois, par la façon dont Frontenac assurait ses arrières.

— Oui. Louvigny fera un bon commandant de poste, répliqua Tonty. L'homme est fiable et à son affaire, mais il lui faudra une poigne de fer pour contenir les sauvages et les garder dans notre giron. Ils ont donné pas mal de fil à retordre à La Durantaye, ces derniers temps. Nicolas Perrot tombera fort à propos.

Le commandant du fort Saint-Louis-des-Illinois n'ignorait rien du sérieux de la situation dans l'Ouest. Il savait que la moindre défaillance des Indiens alliés pouvait jeter à bas l'édifice construit à force de diplomatie et menacer la survie de la colonie. Il comptait sur Nicolas Perrot pour ramener les Hurons et les Outaouais à de meilleurs sentiments. Mais il connaissait trop bien la fragilité des alliances avec les sauvages, de même que leur duplicité, pour se bercer d'illusions. Nul doute qu'un réalignement majeur des alliés des Grands Lacs en faveur des Iroquois risquait en outre de faire basculer toutes les tribus de l'Illinois et du Mississippi* dans le camp ennemi. Auquel cas le Canada risquait de se retrouver isolé et perdu.

— Perrot rétablira la situation, il le faudra bien, continua Louis en pressant le pas.

Il avait changé d'air et paraissait inquiet.

— Pour ce qui est de Fort Cataracoui, j'ai envoyé les sieurs de Manthet, de Sérigny, et Saint-Pierre de Repentigny pour voir dans quel état se trouvent les murs et ramener éventuellement quelques prisonniers. Ils pourront ainsi m'informer des résultats de mon ambassade de paix auprès des Iroquois.

Tonty grimaça. Il était plutôt sceptique quant aux chances de succès d'une telle démarche, car il avait entendu parler de la grande colère des Iroquois depuis Schenectady. Il savait, par quelques-uns de ses hommes, que les Anglais avaient convoqué d'urgence des délégués iroquois, après le saccage de la ville, et que ces derniers avaient renouvelé leur alliance et juré de le faire payer cher aux Français. S'il avait été dans les parages quand Frontenac avait pris cette décision, il lui aurait déconseillé l'entreprise.

Mais il ne trouva pas bon de l'alerter inutilement ; il était d'ailleurs bien tard pour y changer quoi que ce soit.

Louis garda longtemps le silence, puis reprit le cours de sa pensée.

— Manthet m'a déjà fait porter comme message qu'il n'y avait que quelques brèches aux murailles, ce qui serait facile à réparer, mais que tous les bâtiments étaient détruits. Nous les ferons reconstruire en temps propice et nous reprendrons notre commerce là où nous l'avions laissé, du moins dès que j'aurai réussi à calmer les Iroquois.

Les marcheurs avaient atteint un tertre au-delà duquel se devinait, à travers les arbres, une immense percée lumineuse. Louis y conduisit son invité et s'immobilisa, ébahi, comme toujours, par la magnificence du panorama qui s'offrait au regard.

— Un des plus impressionnants sites défensifs que j'aie vus de ma vie. Champlain ne pouvait dénicher meilleur site pour y ériger une habitation. Rien ne m'est jamais apparu si beau que la situation de Québec, qui ne pouvait être mieux postée si elle devenait un jour la porte d'entrée d'un grand empire.

La basse-ville s'étalait à leurs pieds sous un soleil éclatant qui faisait miroiter les petits toits de fer blanc et couvrait les eaux du Saint-Laurent d'une longue traînée d'or mouvant. Elle avait été reconstruite à neuf depuis le dernier incendie et les nouvelles habitations, plus élevées et désormais en pierre ou à colombages, alignaient joliment leur façade et leurs aménagements.

— Regardez ces toits munis de parapets coupe-feu et d'échelles, fit remarquer Louis en pointant les maisons tassées les unes contre les autres. J'ai fait moi-même adopter cette réglementation lors de ma première administration.

Frontenac était visiblement fier de Québec.

— Et lorsqu'un particulier se fait bâtir, il doit le faire de manière à augmenter la décoration et l'ornement de la ville.

Mais il reprit bientôt un visage préoccupé pour continuer, un ton plus bas:

— Il faudra se méfier de Champigny, qui est fortement opposé à la reconstruction du fort Cataracoui et qui alerte le roi dans ce sens. Cet homme est une vraie plaie. Il accentue d'ailleurs ses manœuvres, ces temps-ci, pour que je lui fasse contresigner les congés* que j'accorde. Il voudrait me forcer à les offrir à des familles pauvres, et il n'attend qu'une occasion pour m'accuser de malversation et courir tout rapporter au ministre. Les poules auront des dents quand j'accepterai d'être contrôlé par cet intrigant, jaloux comme un cocu, et qui ne souhaite de me mettre des bâtons dans les roues pour mieux se faire valoir auprès du roi !

— Il a justement posté ses hommes à Lachine. Ils ont prétendu vouloir inspecter le chargement que je ramenais des Illinois, mais je leur ai montré le permis, signé de votre main, et j'ai refusé d'obtempérer, surenchérit Tonty.

— Mais dites-moi, comment se présente la situation dans les Illinois ?

L'allégeance des peuplades vivant à l'ouest des Grands Lacs commençait à l'inquiéter sérieusement. Il avait posé la question le regard perdu en direction de l'île d'Orléans. Les mains dans le dos, il se balançait légèrement d'avant en arrière. Par une sorte de mimétisme, son compagnon adopta une posture semblable.

— Plutôt délicate. C'est un baril de poudre. Toutes ces nations sont sans cesse en effervescence et en guerre les unes contre les autres. Les tenir en laisse n'est pas une sinécure. Nous les maintenons dans de bonnes dispositions à l'égard de la Nouvelle-France à grand renfort de flatteries, de menaces, de chantage, de présents et de fournitures d'armes. Leur fidélité est hautement conditionnelle et vacille au gré des événements. Et il faut maintenant défaire le travail de sape des émissaires outaouais venus inviter Mascoutins, Outagamis, Illinois, Miamis, Potéouatamis, Puants et Sakis à se rebeller contre nous. Nous multiplions les démarches pour les engager à tourner à nouveau leur casse-tête contre l'Iroquois, qui sera toujours un ennemi commun.

— Toujours, certainement pas... fit Frontenac, sur un ton prophétique. Un jour, toutes ces tribus seront en paix entre elles et avec nous. Les Iroquois aussi, bien sûr. Est-ce si irréaliste, dites-moi ?

Tonty ne répondit pas tout de suite. Il avait de la difficulté à imaginer une pareille alliance. Peut-être manquait-il de recul ? Mais le ton assuré et résolument optimiste de son interlocuteur le rasséréna.

— Irréaliste ? Non. Peut-être cela est-il possible, après tout. Avec un homme tel que vous, ce qui était impensable hier encore peut devenir réalité demain. Tout est affaire de détermination et de stratégie, je suppose.

Et les deux hommes discutèrent un long moment encore, pour finir par s'entendre sur le partage des profits qu'ils allaient s'allouer dans l'exploitation des fourrures de l'Illinois et sur les gens sûrs, marchands, coureurs des bois, canotiers et commandants de poste qu'ils allaient encore une fois associer à leurs lucratives opérations commerciales.

Le chevalier d'O gisait, anéanti, les membres en croix liés à des poteaux solidement fichés au sol. Son bel uniforme était lacéré et couvert de taches de sang, et une douleur cuisante au thorax le forçait à respirer à petits traits. Mais l'affreux spectacle auquel il se voyait confronté le pétrifiait tellement qu'il en oublia ses propres malheurs. On l'avait en effet placé à quelques toises de l'échafaud où l'on torturait des hommes, afin qu'il pût se pénétrer jusqu'à l'écœurement des vertus de l'effroyable rituel.

Quand sa délégation avait paru à Onontagué, le matin même, les Iroquois l'avaient reçue sur un pied de guerre. Pour venger la défaite de leurs alliés anglais à Schenectady, les jeunes guerriers s'étaient jetés sur eux et leur avaient infligé en guise de bienvenue la terrible bastonnade traditionnelle. Puis les anciens, réunis en conseil, avaient décidé d'en soumettre deux au supplice. Les deux autres avaient été donnés aux Onneiouts et aux Goyogouins.

C'est Colin et La Beausière qui avaient été choisis pour être immolés. Ils se tenaient nus sur une plate-forme d'écorce soutenue par une charpente de bois traversée de pieux, au bout desquels pendaient des dizaines de scalps. Ils étaient attachés par les mains à un poteau autour duquel ils pouvaient se mouvoir. Pour l'heure, ils assistaient, impuissants et tétanisés, au spectacle dont d'autres malheureux faisaient les frais. Car sur un bûcher dressé à quelques toises du leur étaient liés deux Illinois ramenés des lointaines contrées du Mississippi. C'étaient de solides gaillards à l'air féroce, aux visages, aux torses et aux membres criblés de cicatrices et de tatouages. Le chevalier d'O se souvenait d'avoir entendu Colin qualifier ces Indiens de « redoutables guerriers », aussi craints que les Iroquois et aussi réputés qu'eux pour leur grand contrôle de la douleur. Tout sauvage se préparait depuis l'enfance à mourir sous la torture. On disait qu'ils s'entraînaient à résister au feu en s'y exposant régulièrement et en s'infligeant de cruelles brûlures. Car pour se forger une légende de bravoure qui rejaillirait sur les siens et le précéderait dans le royaume des morts, il fallait subir la torture sans faire montre de la moindre faiblesse.

Les brandons enflammés, les tisons rougeoyants et les charbons ardents se croisaient dans un nuage de fumée âcre où dominait une poignante odeur de chairs grillées. Des nuées d'étincelles surgies des feux brassés sans relâche perçaient la nuit de traits lumineux et montaient en tournoyant dans le doux ciel d'été. Comme la mise à la chaudière était une fête collective, des femmes et des enfants se joignaient aux tortionnaires pour mieux tourmenter les victimes. Des chiens, excités par les effluves et espérant arracher une part du butin, couraient en tout sens en farfouillant du museau.

Les deux Illinois, des frères de lait, subissaient depuis des heures et sans broncher les pires sévices. On ne leur avait encore arraché aucune plainte et ils menaient le jeu en exécutant leur danse de mort et en invectivant violemment leurs tortionnaires. On rivalisait pourtant de raffinement dans la cruauté. Tout ce qui pouvait faire souffrir était mis à profit : la gomme de pin chauffée, l'huile bouillante, les couteaux, dagues, crochets, scies et limes, comme les canons de fusil rougis au feu. Mais les deux martyrs, dont le corps n'était plus que plaies noircies suppurant le sang brûlé, maitrisaient la douleur avec une vaillance admirable. Lorsqu'on passa au cou de l'un des captifs un lourd collier de fers chauffés à blanc, un formidable chant de mort fusa tout à coup de sa poitrine mutilée. Toute l'assistance s'immobilisa et fit brusquement silence, envahie de respect et d'admiration devant cet étalage de bravade virile. Faisant fi de la douleur et sur le point de succomber, le supplicié leur narrait sans doute et pour la dernière fois la longue liste de ses exploits personnels. C'était à glacer le sang.

« Mon Dieu, quelle détermination ! », se dit le chevalier d'O, fortement impressionné par un pareil exemple de courage. Puis, dans une ultime tentative pour briser sa résistance, les bourreaux se ruèrent sur leur victime. L'âme d'un prisonnier doué d'autant de force morale pouvait se glisser dans le corps d'un des protagonistes et menacer la tribu entière. Dans un empressement où pointait une peur superstitieuse, on se mit à le brûler sans retenue aux yeux, à la tête, au cou, aux bras, aux parties génitales, et comme il demeurait toujours impassible, on finit par l'assommer avec rage d'un grand coup de hache. C'est alors qu'un des tortionnaires lui trancha la tête, pendant qu'un troisième lui plongeait un couteau dans le torse pour en arracher le cœur encore palpitant.

Le deuxième supplicié connut un sort identique. Il fut également impossible d'en tirer le moindre cri. La tête de chacune des victimes fut donnée au capitaine qui avait mené l'expédition, et le cœur, pièce de choix entre toutes parce que provenant d'hommes extrêmement valeureux, fut coupé en morceaux qu'on distribua aux jeunes hommes. Son ingestion pouvait inciter les guerriers à faire preuve d'autant de courage, leur tour venu. Les restes démembrés et dépecés furent jetés dans la chaudière, où ils furent rapidement bouillis avant d'être offerts aux autres convives. La moelle de tous les os fut sucée avec ardeur et la cervelle délogée de la boîte crânienne pour en éliminer l'âme qui, croyait-on, y résidait.

Pétri d'angoisse, le chevalier d'O tourna la tête vers ses deux compagnons, toujours attachés côte à côte et promis au même misérable sort. Comme il eut pitié d'eux! Auraient-ils la force de faire aussi bonne figure? Colin baissait les yeux et contractait les mâchoires, sûrement partagé entre la crainte de la douleur, la peur de flancher et la volonté de mourir lui aussi en brave. Quant à La Beausière, il promenait sur la scène un regard empreint d'un tel effroi que les yeux semblaient vouloir lui sortir de la tête. Ses mâchoires et ses genoux s'entrechoquaient et son corps était traversé de longs soubresauts nerveux.

«Nul doute qu'ils n'en feront qu'une bouchée», se dit-il, profondément abattu.

— Et il n'y a aucun prêtre pour nous assister, sacredieu!

D'O avait crié à tue-tête. Il fut surpris par le rythme saccadé de sa propre voix. Le père Millet était à Onneiout, avec sa tribu d'adoption. Il n'entendrait parler de la chaude réception faite aux envoyés de Frontenac que beaucoup plus tard, quand il verrait apparaître La Chauvignerie, donné aux Onneiouts pour être lui aussi passé par le feu. Quand au jeune Bouat, il ne saurait jamais ce qu'il était advenu de lui.

— Mais pourquoi nous avoir fourrés dans un guêpier pareil ? laissa échapper malgré lui le chevalier.

Une colère faite d'amertume et d'incompréhension l'envahissait. À quoi diable avait pu penser Frontenac en les engageant dans cette équipée ? Et lui ? Quel sort lui réservait-on ? Il avait su par Colin que d'intenses tractations se déroulaient à son sujet entre les délégués anglais – deux officiers de la Nouvelle-York et une poignée d'Agniers – et les Onontagués. Les Anglais poussaient pour qu'on l'immole par le feu, de façon à rendre impossible toute tentative de rapprochement entre Iroquois et Français, alors que d'autres voix plus modérées et plus prudentes au sein de la tribu plaidaient pour le garder en vie. N'était-il pas un des officiers les plus haut gradés de Frontenac et sa mort ne risquait-elle pas d'envenimer à jamais leurs relations avec la Nouvelle-France ? Sa seule planche de salut tenait à cette crainte des Iroquois et à la lucidité de certains, dont Téganissorens, peut-être...

Un long cri perça tout à coup la nuit et traversa d'O de part en part. Il se raidit, envahi d'un frisson de frayeur animale. Des larmes lui montèrent aux yeux. Les cris se firent gémissements, puis hurlements. Le long calvaire de La Beausière et de Colin commençait.

— Mon Dieu, laissa-t-il échapper dans un souffle. Faites que leur cœur lâche au plus tôt !

Il aurait voulu pouvoir se boucher les oreilles pour échapper à ces braillements d'épouvante qui sortaient maintenant de la gorge de La Beausière. Les femmes et les enfants riaient de voir le Français s'agiter comme un damné et courir de façon pitoyable autour du poteau auquel il était lié pour échapper aux tisons chauffés à blanc qu'on lui appliquait maintenant sur les jambes et les pieds. Il poussa tout à coup de tels cris syncopés que les enfants se mirent à l'imiter en mimant les gestes désordonnés du martyr et en criant à tue-tête, sur le même ton aigu et perçant. Le spectacle s'annonçait prometteur et on s'excitait.

— Maudits soient-ils tous ! Maudits jusqu'au dernier ! hurla le chevalier de toute la force de ses poumons en tentant de se redresser, malgré les liens qui le rivaient au sol.

La protestation d'impuissance jaillie du fond de son indignation et répétée de façon spasmodique ne lui apporta aucun apaisement. Il cria plus fort encore, dans l'espoir d'enterrer les insupportables gémissements qui s'enflaient, se modulaient et se doublaient maintenant des plaintes plus retenues surgies de la bouche de Colin. Celui-là même dont Oureouaré avait fait son frère de sang et qu'il avait chaudement recommandé dans son message à ses compatriotes !

— Nous vous vengerons, Colin, La Beausière ! clama d'O dans son désarroi. M'entendez-vous ? Nous vengerons dans le feu et le sang chacune des souffrances que vous subissez aujourd'hui ! Je le jure devant Dieu !

Il éructait ces menaces avec rage, sans réaliser qu'il hurlait avec tellement de force qu'on n'entendait plus que lui. Puis sa voix s'éteignit brusquement. Un terrible coup à la base du crâne le plongea dans une noirceur d'encre. Son corps se détendit aussitôt comme un ressort cassé.

Une lueur vacillant entre ses paupières le tira lentement de sa torpeur. Il gémit et tenta de relever la tête, mais une douleur aiguë à la nuque le força à y renoncer. D'étranges incantations scandées à voix haute le ramenèrent aussitôt à la réalité. Il ouvrit les yeux sur un ciel sombre, traversé d'orangé. Quel jour était-ce et où donc était-il? Il n'eut pas à s'interroger longtemps, puisqu'il vit se balancer au bout d'un pieu la tête mutilée de La Beausière et, plus loin, semblablement apprêtée, celle de Colin.

Tous les douloureux souvenirs de la veille refluèrent en lui.

Le chevalier put voir, non loin de l'échafaud autour duquel étaient rassemblés des hommes, deux sorciers qui semblaient mener le jeu. Des paroles modulées sur un ton de prière étaient répétées avec insistance par les officiants. Ils élevaient vers le ciel rougeoyant leurs mains dégoulinantes du sang des victimes, tout en psalmodiant des paroles rituelles.

De quelles pratiques s'agissait-il? D'un culte au soleil? s'inquiéta d'O. Il croyait en effet se souvenir que Colin y avait un jour fait allusion. Ils sacrifiaient et offraient leurs victimes au dieu Aiereskoï, qu'on supposait être le soleil. L'interprète avait déjà été témoin de la mise à mort d'une prisonnière huronne et, à chaque fois qu'on lui avait appliqué le feu avec des torches ardentes, un des anciens avait répété à voix haute:

— Aiereskoï, nous t'offrons cette victime et nous la brûlons en ton honneur, pour te rassasier de sa chair et pour que tu nous rendes encore vainqueur de nos ennemis. Nous te l'offrons également pour que, par ta chaleur, tu nous procures des récoltes abondantes et régulières. Et nous jurons de ne plus t'offenser et de toujours tuer et manger nos ennemis. Maintenant, prends la chair de cette femme.

Puis il se fit un grand branle-bas. Le chevalier vit les Indiens se disperser en tous sens, armés de bâtons. Ils se mirent à crier et à gesticuler en frappant avec vigueur les portes, les cabanes, les arbres et même le sol, comme pour effrayer ou faire fuir quelque esprit maléfique qui aurait pu s'y réfugier. Les visages paraissaient empreints de terreur. Peut-être craignaient-ils encore les âmes des victimes mises à mort et qui pouvaient rôder à jamais autour des corps et nuire aux vivants si on ne les chassait pas?

D'O n'eut guère le temps de s'appesantir sur la question, puisqu'il vit un cavalier agnier s'avancer vers lui. Quelqu'un défit ses liens. On le tira pour le forcer à se relever, mais comme il ne tenait plus sur ses jambes, on le porta jusqu'au cheval sur lequel on le hissa en croupe. Devant son interrogation muette, le cavalier placé derrière lui fit un bref signe de la main en direction du sud. D'O poussa un soupir de soulagement. Les Iroquois, fins stratèges, refusaient de se compromettre par sa mort et le livraient sans autre forme de procès aux mains des Anglais.

10

Michillimakinac, été 1690

Nicolas Perrot, la tête nouée d'un chiffon de coton rouge et le regard fixé sur l'horizon, ramait avec une ardeur renouvelée, solidement épaulé par neuf gaillards aux bras noueux qui maintenaient, malgré la chaleur suffocante, une cadence d'enfer. On savait qu'il ne prenait avec lui que les hommes les plus résistants, mais ceux qui s'étaient fait une gloriole d'être choisis comme partenaires commençaient à traîner la patte. «Ce gars-là est un cheval de trait», murmuraient-ils sur un ton découragé, épuisés par quinze heures de rame consécutives. Heureusement que le fort Michillimakinac était déjà à portée de fusil.

Ces mêmes hommes se félicitèrent pourtant de l'avoir pour commandant à la Chute des Chats, sur l'Outaouais, quand un parti d'Iroquois se rua sur eux à l'improviste. Comme on ne voyait que deux canotées ennemies, les officiers d'Hosta et de Louvigny envoyèrent trente hommes cerner l'assaillant. Mais le contingent tomba dans une embuscade et essuya un feu nourri tiré à bout portant. Perrot lança alors ses troupes dans la mêlée. L'offensive fut si brusque et faite si à propos que quarante Iroquois furent abattus ou blessés, pendant que les autres déguerpissaient sans demander leur reste.

Le moral des troupes remonta d'un cran et certains commencèrent à vanter l'évidente supériorité des forces françaises. Mais Perrot veillait au grain et leur rabattit le caquet le soir même.

— Bande de vantards! Ne vous gaussez pas trop de la victoire d'aujourd'hui qui n'a été remportée que de justesse et par la supériorité du nombre! On en connaît qui, par un excès de confiance, se sont retrouvés le crâne défoncé et la gorge tranchée. Ne tentez pas le diable et ne sous-estimez pas votre ennemi, car l'Iroquois est un guerrier rusé qui frappe toujours inopinément et dès qu'on a baissé la garde, martela-t-il à des hommes demeurés silencieux, impressionnés par le regard gris acier et la force tranquille qui émanait du personnage.

Le long canot de Perrot pénétra dans la petite baie de Michillimakinac. Il longea d'abord le village des Outaouais, où il fut accueilli par des femmes et des enfants à demi nus qui dansaient et chantaient en signe de bienvenue. Son embarcation glissa ensuite vers le village français et le fort, situés plus à l'ouest, et d'où provenaient des sons de fifre et des roulements de tambour. Louvigny, quelques toises plus loin, présidait une longue flottille de canots dont les occupants hissaient le fleur de lys, scandaient des «Vive le roi» impétueux, lançaient des cris aigus ou tiraient en l'air en réponse aux démonstrations de joie des alliés. Debout à l'avant d'un canot, un malheureux prisonnier iroquois, le front haut, se mit à entonner d'une voix caverneuse son lugubre chant de mort.

Ils mirent pied à terre sous une puissante décharge de mousqueterie. La population indienne se gonfla de dizaines de guerriers venus aux nouvelles, la mine réservée et l'air interrogateur. Mais les nouveaux arrivants gardaient nerveusement le doigt sur la gâchette, par défiance de cette multitude bigarrée à l'humeur changeante. Le récit par Perrot de leur récente victoire à la Chute des Chats, de même que l'imposant étalage de scalps iroquois fixés aux embarcations, avait cependant de quoi calmer les esprits. Assez, du moins, pour éviter un soulèvement dans l'immédiat.

Perrot et Louvigny furent accueillis par le commandant La Durantaye, qui reçut sans broncher l'ordre émis par Frontenac de le relever de ses fonctions. Il leur fit les honneurs des lieux en les installant du mieux qu'il put dans des baraquements déjà surpeuplés. À l'extérieur, les hommes montaient leur campement, entourés d'anciens compagnons qui, tout en leur prêtant main-forte, leur glissaient sous le manteau une petite rasade d'eau-de-vie.

Le père Carheil, l'auteur de la lettre informant Frontenac de la défection des alliés, enserra la main de Perrot dans sa forte pince de géant. Le jésuite était un colosse au torse puissant et au visage ouvert et confiant. Sa barbe noire et dense tranchait sur sa calvitie avancée, qui laissait à nu tout le front et le dessus du crâne. Le père se montra fort heureux de la célérité avec laquelle le gouverneur avait répondu à sa requête. Il mit rapidement Perrot au courant des derniers développements.

— Il faut tuer dans l'œuf toute velléité d'alliance entre les peuples d'ici et les Cinq Nations. Il faut qu'ils sachent que nous ne sommes pas dupes de leurs belles promesses. Car l'esprit de nos sauvages est sens dessus dessous depuis le massacre de Lachine. Ils se sont laissé ameuter par le chef outaouais, Petite Racine, qui leur a assuré que nous étions désormais trop faibles pour les protéger contre les Iroquois, et qu'une alliance avec ces derniers leur éviterait d'être anéantis à leur tour. Il a même envoyé ses émissaires semer l'inquiétude et la peur jusque chez les tribus du Mississippi. Et vous vous doutez bien que c'est Kondiaronk qui le manipule en sous-main et l'excite contre nous. C'est encore lui, l'âme damnée de cette terrible machination.

Nicolas Perrot eut une moue entendue. Il connaissait assez bien l'homme pour savoir de quoi il retournait. L'année précédente, il avait mis à jour une conspiration du chef huron pour massacrer les Outaouais, avec l'aide des Iroquois. Aidé de La Durantaye et des pères jésuites, il avait confondu Kondiaronk et fait avorter le complot.

Perrot trouvait d'ailleurs les sauvages naturellement fourbes et peu fiables. À la limite, il aurait préféré qu'on les laisse vider leurs querelles entre eux et s'entretuer, plutôt que d'avoir sans cesse à intervenir. Car il voyait bien que le Miami et l'Illinois se haïssaient, que l'Iroquois en voulait à l'Outaouais et au Sauteux, que le Huron voulait éliminer l'Outaouais, qui rêvait de lui réserver le même sort. On ne pouvait s'attendre de leur part qu'à des guerres interminables et à des coups de main sanglants si on n'y remédiait pas. Dès que le Français avait le dos tourné, son allié s'empressait de pactiser avec l'Iroquois ou d'aller porter ses fourrures à l'Anglais. Dans pareil contexte, la politique de pacification de Frontenac prenait à ses yeux l'allure d'une franche utopie.

Mais Perrot prit aussitôt les choses en mains en se dirigeant d'un pas résolu vers les villages indiens, accompagné du père Carheil. Leurs longues cabanes s'échelonnaient de part et d'autre d'un ruisseau brassant des eaux glaciales. Il se rendit d'abord chez les Hurons, en passant ostensiblement devant les campements outaouais. Il visait à exciter leur jalousie à fleur de peau, selon le vieux principe qui veut qu'il faille diviser pour mieux régner.

Les deux hommes entrèrent chez Kondiaronk. Le vieux chef huron était assis et fumait tranquillement sa pipe. Il avait eu connaissance de l'arrivée des Français, mais n'avait pas bougé de sa natte. Comme il régnait une chaleur torride, il ne portait qu'un pagne noué aux reins. Sa peau tannée, marquée par le temps, recouvrait un corps osseux et musculeux. On ignorait son âge, mais il n'était pas tombé de la dernière pluie. L'Indien leva un regard impassible sur ses invités et leur fit signe de s'asseoir. Perrot prit le calumet que son hôte lui tendait et en tira de longues bouffées. Le jésuite s'assit en tailleur en relevant sa soutane et se prit à observer Kondiaronk. Ce dernier, surnommé « le Rat » par les Français, demeurait pour lui une énigme. On ne savait jamais de quel côté il allait pencher. Sa ruse et son intelligence étaient si remarquables que mieux valait l'avoir comme ami que comme ennemi.

— Nous connaissons tout des manigances qui ont été entamées « sous terre* » avec les Iroquois, commença d'entrée de jeu Nicolas Perrot. Mais je n'accuse pas les Hurons. Nous savons, toi et moi, de quelle fourberie sont capables les Outaouais. Ils ont amorcé des démarches d'alliance avec les Iroquois et auraient même présenté le poignard à toutes les nations d'en haut, pour les exciter contre nous. Je suis ici pour empêcher toute défection de ce genre. Sais-tu que le comte de Frontenac, le grand Onontio, est revenu, plus décidé que jamais à détruire ce repaire de vipères que constituent les Cinq Nations ? Et fermement résolu à écraser par la force toute tentative de mutinerie de la part de ses alliés ?

Perrot parlait la langue de son hôte avec aisance et rapidité. Il maîtrisait aussi bien le huron que le père Carheil, un fin polyglotte.

Kondiaronk répondit sans se démonter :

— Ce que tu m'apprends là ne me surprend ni ne m'étonne. Cette nation félonne ne cesse de tramer contre nous et contre les Français. Les Outaouais ont la ruse du renard. Ils vous font de grandes gentillesses, vous comblent de présents et de caresses et vous assomment à coups de massue dès que vous leur tournez le dos. Mais tu fais bien de dire que les Hurons n'ont pris aucune part à ce coup bas. Nous sommes toujours restés fidèles à Onontio et nous nous réjouissons de son retour. Qu'il parle à travers toi, qu'il dise ce qu'il attend de nous et nous le suivrons.

Le diplomate opinait, tout en s'amusant intérieurement. Il savait bien que le Rat avait maintes fois pratiqué ce qu'il reprochait aux Outaouais. Qui d'autre, d'ailleurs, avait suffisamment d'instinct politique et d'emprise sur les guerriers pour les inciter à trahir les Français ? Mais Perrot fit mine de le croire sur parole.

Pour faire montre de sa bonne foi, Kondiaronk proposa de s'occuper personnellement du prisonnier.

— Qu'on me donne ce captif et je me charge de lui faire passer le goût de vivre.

— Fort bien, fit Perrot. Mais à la condition qu'on le sacrifie sur-le-champ.

Le chef en fit aussitôt le serment et le malheureux, déjà meurtri par les sévices qu'on commençait à lui infliger, lui fut immédiatement livré. Voilà qui entrait dans les vues de Perrot et servait ses fins. Si on sacrifiait l'Iroquois, cela risquait de mettre en péril les négociations de paix déjà entamées avec les Cinq Nations. Le chef huron fit si bien les choses que lorsque Perrot et le père Carheil quittèrent sa longue maison, le prisonnier était déjà attaché au poteau et semblait sur le point d'être supplicié.

Les Outaouais, par contre, se montrèrent indignés du fait qu'il ne leur avait pas été remis en priorité. Leur chef le réclama avec force. Mais Perrot fit la sourde oreille. Il leur tint à peu près le même discours qu'à Kondiaronk, en accusant cette fois les Hurons. Petite Racine, leur chef, nia avec force toute participation aux prétendues tractations avec les Iroquois et jura de sa fidélité inconditionnelle à Onontio.

Lorsque le diplomate français repassa par le village huron, il s'étonna de ne pas retrouver le captif: on l'avait détaché et son sort paraissait en suspens. Après enquête, il apparut que le Rat avait décidé de garder l'homme vivant pour se concilier la faveur des Iroquois. Les Outaouais, informés de la chose, protestèrent âprement en se disant prêts à le mettre à mort. Le nouveau commandant Louvigny fut mandé à la rescousse. Il crut calmer le jeu en suggérant tout bonnement de passer le prisonnier par les armes. Ce à quoi le père Carheil s'opposa vivement.

— Usons plutôt de diplomatie. Laissez-moi seul avec Kondiaronk, lui souffla-t-il à l'oreille.

Quand il fut certain de n'être pas entendu, le jésuite lui tint ce discours:

— Grand chef, tu ne peux pas garder cet homme vivant après avoir donné ta parole de le mettre à mort. Ce serait te discréditer aux yeux des Français.

L'argument tomba à plat devant un Kondiaronk buté. Il fixait le jésuite avec un regard frondeur.

— Comment peux-tu, toi, l'homme de Dieu, demander qu'on mette ce prisonnier à la chaudière, alors que tu dis sans cesse qu'un chrétien ne doit pas faire souffrir ainsi son semblable? lui rétorqua finement le vieil Indien, en se fendant d'un sourire où pointait une touche de hauteur dédaigneuse.

Le jésuite répondit aussitôt, d'une voix onctueuse:

— Il est des circonstances exceptionnelles où il faut regarder plus loin que ce qui se trouve immédiatement devant tes yeux. Je ne peux malheureusement rien pour ce pauvre prisonnier, rien pour son corps de mortel, mais je peux sauver son âme qui, elle, est éternelle. Cet Iroquois a été capturé de haute lutte par les Français qui te font un grand honneur en te l'offrant. Refuser de le mettre à mort serait leur faire une grave injure. Leur colère pourrait être grande. Songes-y. Et si tu ne tiens pas parole, tes frères outaouais se feront une gloire de le faire mourir à ta place.

Ce dernier argument parut ébranler le Huron. Il demeurait pourtant silencieux.

— Ne t'ai-je pas toujours bien conseillé ? continua le père Carheil.

Kondiaronk se contenta de toiser le missionnaire de haut en bas. La partie semblait perdue, mais il avait d'autres tours dans son sac...

Le misérable condamné fut ramené plus mort que vif au poteau, auquel il fut à nouveau lié, et les tortionnaires remirent tranquillement leurs fers au feu. Le malheureux s'était vu successivement perdu, puis sauvé, puis perdu à nouveau, une valse-hésitation qui dut miner sa résolution et rabattre son courage, car lorsqu'on commença à le tourmenter, il se mit à gueuler comme un putois. Puis il implora la pitié. On se prit à rire et à se moquer de lui en le traitant de « femme ». Comme il continuait sur le même registre et refusait de jouer le jeu, Kondiaronk lui asséna un formidable coup de casse-tête qui le tua aussitôt. Puis on disposa de son cadavre, qu'on dépeça et jeta aux chiens. On refusait de manger le corps d'un guerrier qui s'était déshonoré en ne sachant pas mourir dans l'honneur et la dignité.

Ce dénouement rapide pouvait paraître rassurant, mais Perrot se méfiait. De fait, le soir même, un accord secret eut lieu. Une délégation chargée de ratifier le traité de paix s'apprêtait à partir secrètement pour Onontagué. Perrot eut vent de la manœuvre et décida de l'étouffer dans l'œuf. Il envoya aussitôt ses hommes frapper aux cabanes et convoquer les conseils indiens, à grand renfort de roulements de tambour et de coups de clairon.

La nuit s'éclaira de brandons enflammés et une longue cohorte se forma bientôt devant la maison des jésuites. Des soldats en armes et sur un pied de guerre encadraient la scène. On sentait la colère gronder, car il n'était pas dans l'habitude des sauvages de se faire bousculer en pleine nuit. Les cinq pères jésuites, Louvigny, les autres officiers et les coureurs des bois firent tous bloc derrière Nicolas Perrot.

L'émissaire de Frontenac se campa résolument devant les chefs assis à même le sol et les fixa sans parler, les bras croisés sur la poitrine, dans une attitude de défi. Il jouait son va-tout. Il fit durer la confrontation un long moment, dans un silence de mort. Ses vis-à-vis le toisaient effronté-ment, les mâchoires serrées et le regard dur.

— Le comte de Frontenac, Onontio, votre Père, est revenu parmi nous, finit-il par articuler, pour marcher contre les Iroquois si vous marchez avec lui. Nous savons tout de vos négociations et de la faute impardonnable que vous avez commise en tentant de vous rallier secrètement à nos ennemis !

La voix, au timbre puissant, portait loin. La scène, éclairée par des dizaines de flambeaux balayant la nuit, paraissait irréelle. Mais devant Perrot, les visages demeu-raient résolument impénétrables, bien qu'on attendît la suite avec intérêt. Après Lachine, ils avaient vu de leurs yeux les Français anéantis, prêts à se jeter dans le premier bateau en partance pour la France.

L'orateur continua sur sa lancée.

— Voici le message d'Onontio : vous semblez avoir oublié la protection que je vous ai toujours dispensée. Me croyez-vous mort ? Ou croyez-vous que je vais demeurer passif comme ceux qui m'ont précédé ? Croyez-vous que moi, Onontio, je ne puisse pas remplacer par dix autres chaque cheveu arraché de vos têtes pendant mon absence ?

Rappelez-vous qu'avant que je ne vous offre ma protection, le chien iroquois vous mordait avec férocité. Je l'ai maté et muselé, mais dès qu'il a cessé de me voir, il a recommencé de plus belle. S'il continue, il va sentir ma puissance... Je suis un bon Père et je vous aime tous, comme j'aimais aussi les Iroquois quand ils m'obéissaient. Quand j'ai appris qu'on les avait traîtreusement capturés et amenés aux galères, je les ai fait libérer. Et quand j'ai renvoyé ces Iroquois dans leurs cantons, cela n'était pas par faiblesse mais par pitié. Car je hais la tricherie !

Perrot s'interrompit sur cette dernière phrase. Puis il la répéta trois fois en la martelant tantôt en huron, tantôt en outaouais, tout en continuant à dévisager les hommes toujours imperturbables. Et il continua :

— Les cantons iroquois sont cinq terriers de rats musqués que je vais saigner à blanc et brûler, avec tous leurs occupants. Car moi, Onontio, je suis assez puissant pour détruire les Anglais, mettre les Iroquois à genoux et vous éliminer tous si vous manquez à vos devoirs envers moi !

La menace était claire et les chefs parurent en saisir l'ampleur. Perrot, en bon diplomate, adoucit sa voix et reprit, en usant cette fois de considérations personnelles.

— Les Cinq Nations ne sont-elles pas vos pires ennemies ? Et n'avez-vous pas tout à perdre à vous jeter ainsi dans leurs bras ? Toi, le Huron, as-tu perdu la mémoire ? L'Iroquois n'a-t-il pas traqué et massacré sans merci tout ton peuple ? Et toi, l'Outaouais, ignores-tu ce qu'il trame pour te détruire ? Es-tu assez sot pour oublier qu'il rêve de t'enlever ton florissant commerce avec nous autres, Français ?

L'inflexion de voix s'intensifia. Nicolas Perrot répéta ces dernières paroles sur un mode incantatoire en se balançant sur ses jambes, à la manière des orateurs indiens.

— Quant aux Anglais, continua-t-il, le bon prix de leurs marchandises n'est qu'un appât dont ils se servent pour se rendre maîtres de vous et vous donner en proie aux Iroquois !

Puis Perrot abattit la carte de la puissance militaire des Français. Il exposa et martela chacune de leurs victoires depuis Lachine. Casco Bay, Schenectady, Salmon Falls, la victoire des Chats, les victoires abénaquises, tout y passa et avec force détails, de façon à les faire réfléchir sur le risque qu'ils couraient en s'aliénant les Français.

Sachant par expérience qu'il fallait jouer tantôt du bâton, tantôt de la carotte, Perrot changea de stratégie et fit apporter des barils d'eau-de-vie qu'on roula parmi les assistants. Ensuite il fit tirer de ses provisions quelques uniformes militaires que Frontenac réservait aux plus grands chefs et les leur distribua. Il accompagna ses dons des compliments et flatteries d'usage. Pour clôturer le tout, on apporta des chaudières de chiens bouillis et de caribous, et la fête commença.

Nicolas Perrot y participa et prit en aparté d'autres chefs qu'il régala de nouveaux capots chamarrés de dentelles et de galons dorés. Il reprit en privé les arguments auxquels il les savait sensibles, tout en insistant sur le désir qu'avait Onontio de revoir ses enfants. Après d'autres rencontres où des présents et de l'alcool furent largement distribués, de même que des armes et de la poudre, Perrot réussit à les convaincre de renoncer à leurs tractations avec les Cinq Cantons et d'envoyer des émissaires à Montréal. Ils pourraient ainsi renouveler leur alliance avec la Nouvelle-France et renouer contact avec leur ancien Père.

L'ambassade projetée vers les cantons iroquois paraissait suspendue, mais pour combien de temps, se demandait Nicolas Perrot. La fidélité des alliés indiens dépendrait désormais du succès des armes françaises. De nouvelles victoires ne pourraient que les raffermir dans leur position, alors que le vent de la moindre défaite les soufflerait inexorablement du côté anglais, tel un ramassis de feuilles ballotées entre des vents contraires.

11

Québec, été 1690

— Me ferez-vous l'honneur de cette danse, mademoiselle ? fit Louis en s'inclinant galamment devant une jeune
fille dont le beau visage rosit de plaisir.

Cette dernière lui sourit et accepta avec grâce le bras
qu'on lui tendait.

Geneviève Damour, la fille aînée de François Damour,
membre du conseil souverain et riche armateur, était une
jouvencelle d'à peine dix-huit ans d'une beauté à faire
damner un saint. Longue et brune, les cheveux relevés à la
Fontanges et vêtue d'une robe de brocart pourpre lui
dénudant avantageusement les épaules et la gorge, elle
virevoltait comme un papillon butineur devant des partenaires masculins qui rêvaient de l'épingler.

Louis enlaça sa cavalière avec fougue et l'entraîna dans
un quadrille, cet espèce de ballet à la mode de Paris dont
on s'était entiché à Québec, et qui était constitué d'une
longue succession de contredanses. Il guida savamment sa
partenaire dans les méandres des premières figures puis, la
tenant de la main gauche, l'engagea prestement dans la
pastourelle en la faisant délicatement pivoter sur elle-même.
La sûreté du geste, l'élégance et la précision du rond de
jambe étaient le fait d'un danseur accompli. Puis, il enchaîna
par une finale éblouissante en se lançant dans une farandole

effrénée où chaque couple tournait sur lui-même à en perdre le souffle.

Après un repas honnête composé de viandes sauvages, de fromages et de vins de Bordeaux, trois jeunes militaires avaient enfin sorti leur instrument. Un quatrième musicien avait mêlé aux échappées lyriques des violons la sonorité plus aiguë de sa flûte traversière et la fête avait commencé, pour le plus grand bonheur d'une assistance composée pour moitié de jeunes personnes trépignant d'impatience à l'idée de pouvoir danser. Les trémolos des violons s'échappaient par les fenêtres entrouvertes, égayant la haute-ville de vibrations mélodieuses. C'était la fête au château Saint-Louis en cette soirée de juin, et comme le pays avait enfin été ravitaillé, Louis avait pu se permettre de recevoir sur un pied digne de ses nouvelles fonctions.

Une fête à laquelle monseigneur de Saint-Vallier avait d'abord participé en mangeant et buvant autant que permis, mais qu'il avait écourtée en catastrophe, le visage défait et le reproche aux lèvres, dès qu'il avait compris qu'on se disposait à danser. Il avait préféré s'éclipser discrètement pour ne pas être associé à une licence qu'il condamnait fermement et sur toutes les tribunes, sous peine d'excommunication. Il avait pourtant espéré que le gouverneur, à qui il avait servi une longue semonce sur les dangers d'un pareil divertissement, ne l'eût pas permis. Et, comble de malheur, on s'apprêtait à danser entre partenaires de sexe opposé !

Louis, amusé, avait souri et laissé partir le prélat sans lever le petit doigt pour le retenir.

— Nous ne les laisserons pas nous défendre aussi la danse. Je ne permettrai pas que ces vieux garçons rancis et pétris de bondieuseries empiètent sur le temporel. Qu'ils s'occupent du spirituel, je me charge du reste, corps-Dieu !

avait-il chuchoté à son voisin de table, Louis-Armand de Lom d'Arce, baron de La Hontan.

Ce dernier avait laissé échapper un rire tonitruant. Le jeune officier, un capitaine réformé, plaisait de plus en plus à Louis qui souhaitait l'attacher au pays en l'engageant à contracter un mariage avantageux. Il s'était d'ailleurs trouvé quantité d'affinités d'esprit avec ce petit gentilhomme campagnard à moitié ruiné qui intentait d'innombrables procès contre l'État français pour récupérer les terres de sa famille. La Hontan s'opposait, pour des raisons personnelles autant qu'intellectuelles, au despotisme religieux et monarchique de Louis XIV. Il se disait ouvertement libertin et libre penseur et pratiquait une critique passionnée de la société française de cette fin de siècle. Ses séjours répétés chez les Indiens, qu'il qualifiait de « philosophes nus », donnaient lieu à d'interminables débats d'idées qui se continuaient souvent jusque très tard dans la nuit. Louis aimait sa révolte et se reconnaissait en lui. Aussi en avait-il fait son hôte ordinaire*.

La danse terminée, Frontenac remercia sa partenaire et se dirigea avec lenteur vers un fauteuil dans lequel il se laissa choir élégamment, en s'épongeant vivement le front d'un mouchoir tiré de sa poche. Il était aussi rouge que le parement de son habit et le souffle lui manquait. Il replaça sa perruque et tira le bas de son pourpoint, tout en souriant à la ronde à quelques invités qui le félicitaient de sa verdeur.

— Je n'ai plus... tout à fait... le souffle de mes... vingt ans... finit-il par articuler dans un halètement laborieux. Ah ! jeunesse !

Entre-temps, la musique avait repris et on enchaînait avec un menuet qui attira une nuée de jeunes danseurs.

La compagnie était brillante, ce soir-là, et Louis avait visé une large audience. Plusieurs dames et demoiselles de la ville, nobles et bourgeoises indistinctement mêlées, avaient été priées à ce bal, de même que quantité d'officiers militaires, de fonctionnaires et de commerçants en vue. La fine fleur de Québec s'y pressait. L'intendant Champigny et sa dame, de même que quelques membres du conseil souverain, y assistaient également.

Louis, qui reprenait lentement son souffle, vit le baron de La Hontan se diriger en hâte vers la belle Geneviève et l'enlacer à son tour. La jeune fille prit un air ravi et s'abandonna dans les bras de son cavalier. Louis échappa un sourire attendri. Geneviève était sa nièce, il l'avait tenue sur les fonts baptismaux et il l'aimait comme si elle avait été sa propre fille. Il avait espéré, en la présentant au bouillant baron, susciter un grand amour. «Ce qui est peut-être en train de se produire sous nos yeux», se dit-il en voyant les tourtereaux tourbillonner dans un synchronisme parfait, le regard fondu dans l'exaltation réciproque comme s'ils étaient seuls au monde.

Il avait vu maintes fois le jeune gascon se troubler quand la belle Geneviève posait sur lui son regard de madone. Le célibataire endurci, libertin cynique et impénitent, qui se targuait de ne pas croire à l'amour et de tenir en respect la gent féminine de la colonie, paraissait pourtant sous le charme. Il semblait piégé, accroché à l'appât qui, cette fois, était d'importance. Louis souhaitait voir bientôt La Hontan se commettre et passer à l'étape des fréquentations, ce qui n'était pas une mince affaire pour un homme qui chérissait sa liberté plus que tout.

— Le temps fera les choses, chuchota-t-il à madame Damour, en se penchant vers elle.

Il passa son bras autour des épaules de la belle quadragénaire aux chairs abondantes et lui pressa la main avec chaleur. Elle était confortablement installée dans un lourd canapé Louis XIII à motifs fleuris. Son mari, qui avait trop bu et trop mangé, était allé se délasser dans le jardin.

Elle sourit finement au gouverneur et se dégagea avec lenteur. Elle était habituée aux jeux de mains du vieux séducteur et n'en faisait plus cas. Au début, cela l'avait pourtant étonnée, même si elle connaissait la réputation du comte. Quand il l'avait embrassée fougueusement au détour d'une promenade, derrière les haies du château, elle l'avait vivement repoussé. Mais il avait ri et tourné si adroitement le compliment qu'elle avait été désarçonnée malgré elle, tout en s'arrangeant dès lors pour éviter de se trouver seule avec lui.

Cette fois-ci, il ne s'agissait pas d'elle mais de sa fille, qui était toute retournée depuis quelque temps. D'enjouée et bavarde qu'elle était, Geneviève était devenue songeuse, silencieuse et languissante. Elle s'imposait chaque jour de longs guets depuis sa fenêtre dans l'espoir de surprendre à la dérobée la silhouette de l'élégant baron. Et il n'était pas de semaine sans que la pauvre enfant demande à son père, qui côtoyait Frontenac et ses amis, quand il y aurait bal au château et si elle serait des invités.

La belle dame voyait bien que le cœur de sa fille brûlait d'amour et s'en inquiétait. Non pas qu'elle s'opposât à ce penchant – le jeune baron de La Hontan était un parti avantageux que n'importe quelle mère aurait souhaité pour sa fille –, mais le prétendant, malgré des regards fiévreux et de fougueux empressements à l'égard de Geneviève, ne s'était pas encore déclaré. C'était pourtant la quatrième fois qu'ils dansaient, avec une exaltation et une joie de se retrouver qui ne trompaient pas. On commençait à médire sur le couple et les enchères sur leur mariage pro-chain s'intensifiaient. Il fallait que le soupirant se présente enfin chez elle pour demander officiellement le privilège de fréquenter Geneviève. Autrement, en mère avisée, elle se verrait obligée de les empêcher désormais de se voir, afin de protéger Geneviève de la calomnie et de la risée publique.

— Faites-moi confiance, ma chère, je travaillerai habilement le jouvenceau et lui ferai miroiter les avantages qu'il y a à épouser votre fille. Le fruit est mûr et tombera bientôt...

Frontenac serra à nouveau la main de madame Damour en approchant son visage du sien. Puis il plongea un regard allumé dans le splendide corsage. Cette fois, la belle dame ne bougea pas. Elle soutint les avances du gouverneur et se mit à rire un peu fort quand il commença à psalmodier, à mi-voix, un poème grivois et tendre sur la beauté des gorges rebondies et palpitantes. Il ne lui déplaisait pas tant, après tout, de se faire ainsi conter fleurette, surtout que le vieux libertin avait le ton et la manière et qu'il était bien placé pour favoriser le mariage de sa fille.

— Madame veut-elle encore des dragées ? fit Perrine, qui glissa sans prévenir un long plat de bonbons sous le nez de la belle Damour.

Louis dut retraiter vivement pour ne pas être écorché au passage. La domestique se tenait toute frémissante et présentait ses douceurs sans bouger, l'air gauche.

— Non, non, ma fille, merci, fit madame Damour, tout en repoussant le bras de la servante.

Celle-ci s'inclina et tourna les talons en lançant au comte un regard qui valait mille mots. Louis fit mine de rien, mais la suivit néanmoins des yeux un long moment, amusé. Était-elle jalouse ?

Comme Louis se devait à ses invités, il s'excusa auprès de madame Damour et s'éloigna. Non loin de là, quelques dames échangeaient gaiement. Il s'approcha du siège occupé par l'épouse de l'intendant et la salua galamment.

— Monsieur le gouverneur, nous parlions justement de votre belle épouse, madame de Frontenac. Quelqu'un me disait qu'elle avait été très éprouvée par la maladie. En avez-vous des nouvelles ? demanda-t-elle.

Marie-Madeleine de Chaspoux, dame de Verneuil et Du Plessis-Savari, avait posé la question d'une voix chantante, timbrée haut, en avançant le tronc avec grâce. C'était une femme dépourvue de beauté, mais remplie de charme. Si elle avait le nez arqué et le teint un peu gâté par une maladie de peau, elle n'en arborait pas moins une épaisse chevelure cendrée passée à la poudre colorante, de longs bras au modelé parfait, et sa gestuelle était empreinte d'élégance et de raffinement. La gentillesse et la bonté naturelle de madame de Champigny en faisaient d'ailleurs une personne dont la compagnie était recherchée. Louis l'appréciait bien davantage que son mari et n'avait que des éloges à son égard. Il l'avait accompagnée à quelques reprises chez les Indiens des missions pour négocier le rachat de prisonniers, des jeunes surtout, afin de les confier à des communautés religieuses ou à des particuliers. En qualité de négociatrice, Marie-Madeleine de Champigny excellait. Elle savait parler le langage du cœur, écouter et surtout convaincre les Abénaquis, les Hurons ou les Iroquois domiciliés de lui remettre ces pauvres enfants, moyennant compensation. Tous étaient remués et cédaient à ses vibrantes implorations. Elle venait d'ailleurs de racheter de ses deniers les deux filles de monsieur March, le second du capitaine Davis, confiées aux Abénaquis après la prise de Fort Loyal. L'une des fillettes, âgée d'une dizaine d'années, l'avait cependant étonnée quand elle avait refusé de la suivre. On avait dû l'arracher de force à sa nouvelle famille et la conduire, inondée de larmes, chez les Ursulines.

— En effet. Elle a fait une mauvaise chute ce dernier hiver sur une chaussée glacée, répondit Louis sur un ton mondain. Vous savez comme les rues de Paris sont mal entretenues et périlleuses à emprunter par ces malheureux temps de froidure qui sévissent sur le pays depuis de longs mois. Elle a été longue à s'en remettre. Heureusement pour elle, mademoiselle d'Outrelaise en prend grand soin, à ce qu'elle me marque dans sa dernière lettre.

Madame de Champigny écoutait avec intérêt, le visage éclairé de compassion. Elle avait croisé quelques fois Anne de la Grange-Trianon, comtesse de Frontenac, dans des salons parisiens, et le personnage l'avait impressionnée. Elle devait reconnaître que, pour une fois, la légende coïncidait avec la réalité. Ne l'appelait-on pas « la Divine » ? Cette femme brillait par son esprit et sa culture, son élégance, sa parfaite maîtrise de la conversation et des usages du monde, ainsi que par une beauté inaltérable. L'épouse de l'intendant se hasarda à poser à Frontenac la question qui lui brûlait les lèvres depuis si longtemps :

— Mais ne vous morfondez-vous pas, à la fin, d'être séparé d'elle ? Un homme tel que vous...

Frontenac eut un léger mouvement de repli. Il semblait surpris. Mais il répondit du tac au tac, d'une voix théâtrale et la main sur le cœur :

— Me voyez-vous, moi, simple mortel, vivre aux côtés d'une Divine ?

Il s'en tirait avec une boutade. Mais son interlocutrice était trop sagace pour ne pas comprendre le langage du corps. Elle devina la blessure et n'insista pas.

— Et puis, n'ai-je pas de meilleure ambassadrice auprès du roi ? Elle combat depuis trente ans les intrigues de mes ennemis qui cherchent à me ruiner dans son estime. Quant à ses interventions en faveur de la

Nouvelle-France, elles n'ont eu que des effets béné-
fiques.

L'intendant s'approchait, une coupe à la main. Frontenac
avait croisé le fer avec lui le jour même, au conseil, et n'avait
pas l'intention de lui faire face à nouveau. Prétextant ses
obligations d'hôte, il demanda qu'on l'excuse et se dirigea
vers un groupe d'officiers engagés dans une conversation
fort animée.

— Quelle mouche l'a piqué ? fit Champigny, surpris de
le voir s'esquiver.

— Je crains de l'avoir importuné par une question
indiscrète. J'ai voulu savoir comment il arrivait à supporter
l'absence de son épouse. Quelle maladroite je fais !

— Allons donc, Marie-Madeleine ! Il y a longtemps que
cette histoire est classée. Qu'allez-vous chercher là ? Et s'il
l'a perdue, il ne doit s'en prendre qu'à lui-même. Cette
femme était trop intelligente et trop belle pour demeurer
longtemps avec un homme comme lui, trancha Champigny
en tendant son verre à un serviteur pour qu'on l'emplisse à
nouveau.

Il avait l'œil rougi, la mine défraîchie et il buvait trop,
comme la majorité des hommes qui l'entouraient ce soir-là.

Madame de Champigny fut frappée par la rancœur
tenace dont son mari faisait preuve à l'égard du gouverneur.
Mais qu'y avait-il entre eux deux, en dehors des frictions au
conseil souverain ? Frontenac lui semblait pourtant être un
honnête homme. Il avait une parfaite connaissance du
monde, sa conversation était brillante et il tournait le lai et
le madrigal comme personne. Et on ne pouvait nier que,
depuis son retour, la vie sociale avait pris un air autrement
plus animé que du temps de Denonville. Quant à sa naissance, il pouvait se réclamer de tant de grands noms que
cela présentait un défi à la mémoire.

Elle avait d'ailleurs eu le privilège de s'entendre réciter par Monseignat la longue liste des prestigieux ancêtres de Frontenac. Il était filleul de Louis XIII par son père, qui avait été compagnon de jeux et d'études du roi pendant son enfance. Mais Frontenac se réclamait davantage de son ascendance maternelle. Sa mère était une Phélippeaux d'Herbaut, fille de Raymond Phélippeaux, trésorier de l'Épargne puis secrétaire d'État, après son père et son frère. C'était une maison célèbre depuis le début du treizième siècle. Cette famille, l'une des plus considérables de la noblesse de France, avait fourni au royaume un chancelier, quatre grands officiers commandeurs des ordres du roi et sept secrétaires d'État.

Quand elle avait rapporté cela à son mari, il avait rétorqué :

— Oui, il est soutenu de toutes parts, voilà bien le problème... En plus des parents d'alliance du côté des Phélippeaux, il y a les quatre beaux-frères, tous issus de grandes familles et dont les ramifications s'étendent à l'infini. Et c'est sans compter ses nombreux amis, tous gens bien en place à la cour : le duc de Lude, le maréchal de Bellefonds, le marquis de Seignelay, et du temps de son vivant, le grand Louvois ! Mais je pense que celle qui le sert le plus adroitement et avec le plus de succès, c'est encore sa femme. Pendant les sept années de disgrâce de Frontenac, son épouse Anne de la Grange a tout mis en œuvre pour rétablir son mari dans la faveur du roi. Elle a savamment cultivé les amitiés utiles et en a même conquis de nouvelles. Et le plus intéressant, c'est qu'elle a toujours agi à distance, loin de la cour. Ce pouvoir masqué est d'autant plus efficace qu'il semble en apparence très éloigné du théâtre de l'intrigue. On raconte que c'est par l'entremise de madame de Maintenon, dont elle est l'amie et la confidente, que le roi aurait renvoyé Frontenac en Canada. Probablement qu'elle voulait s'assurer, en mettant la mer entre elle et son mari, de ne pas l'avoir de sitôt sur les bras...

— Que vous avez la dent dure, Jean ! lui rétorqua Marie-Madeleine, scandalisée.

Cette conversation avec son mari, de même que l'attitude butée qu'il affichait à l'égard du gouverneur, lui firent supposer entre eux deux quelque chose de plus qu'une simple antipathie. Quoi que ce fût, elle le déplorait, car cela aigrissait son époux. Les jours de conseil, il revenait à la maison irrité et bougon, et s'enfermait dans son cabinet de travail pour écrire au ministre d'interminables lettres toutes chargées de ressentiments et de frustrations.

Elle agita son éventail dans l'espoir de trouver un peu de fraîcheur. La touffeur de l'air l'importunait. Sa belle robe de popeline à volants l'étouffait, car, pour avoir le plaisir de la porter une nouvelle fois malgré son léger embonpoint, elle avait dû faire lacer son corset à l'extrême. Une coquetterie qu'elle commençait à regretter amèrement.

Son mari s'était éloigné et avait engagé la conversation avec Ruette d'Auteuil, le premier conseiller au conseil souverain. Dehors, la nuit tombait doucement sur un paysage baigné de lueurs mauves. Elle chassa ses idées sombres et se remit à converser avec ses voisines, dont certaines étaient ses meilleures amies.

Geneviève Damour et Louis-Armand de Lom d'Arce avaient quitté le bal en s'esquivant par la porte de côté au moment où l'attention était tournée vers le comte de Frontenac qui déclamait un poème, accompagné d'un flûtiste.

Après avoir déambulé quelque temps sur la terrasse, l'air d'innocents promeneurs, ils avaient enfilé dans le boisé jouxtant le jardin du château. Geneviève, qui connaissait mieux l'endroit que son fougueux compagnon, avait mené le pas.

Ils couraient maintenant sur un sentier en pente en se tenant par la main pour ne pas trébucher, tout à la joie d'être enfin seuls. La rumeur bourdonnante de la fête s'était dissipée quand ils décidèrent de s'arrêter au pied d'un paisible ruisseau de montagne, bucolique à souhait et propice aux échanges de serments. Un peu plus loin, à travers un repli de forêt, se devinait une magnifique vue de la basse-ville, enveloppée d'un halo de lumière lunaire. Le baron enserra la taille de sa compagne et l'attira doucement à lui. Elle s'abandonna en frissonnant.

— Vous avez froid, belle Geneviève ? fit-il dans un murmure, sa bouche aux lèvres finement ourlées tellement proche qu'elle sentit le souffle chaud de sa respiration se confondre à la sienne.

La Hontan la pressa tendrement contre lui. Elle sentit son propre cœur battre à se rompre et eut peur de trahir l'exaltation qui l'envahissait. Dans ses méditations d'amoureuse, elle avait tellement rêvé de cet instant ! Elle ferma les yeux, confiante. Elle était en présence d'un gentilhomme et savait qu'il ne ferait rien contre son gré.

La lueur laiteuse filtrant entre les arbres prêtait aux traits des jeunes gens une douce luminescence. Blottis l'un contre l'autre en retenant leur souffle, ils savouraient ces inestimables moments volés au temps et aux conventions sociales. Comme ils auraient aimé les éterniser...

Louis-Armand était tout retourné. Ce n'était pourtant pas la première femme qu'il tenait ainsi dans ses bras, mais cette jeune fille avait quelque chose de plus qu'une exceptionnelle beauté. Il émanait d'elle une espèce de fragilité secrète, un je-ne-sais-quoi de vulnérabilité discrète qui risquait de le porter à quelque excès. Cette jeune vierge éveillait en lui de puissants instincts protecteurs. Il aurait voulu la garder ainsi à jamais sous son aile, la préserver des fureurs du monde et jeter dans un geste de pure chevalerie toute sa vie à ses pieds, en lui jurant une fidélité éternelle. Quelque chose l'en empêchait pourtant. Une autre partie de lui-même le mettait en garde contre ses emportements.

— J'ai guetté votre pas et votre silhouette pendant des jours, monsieur de La Hontan, espérant de toute mon âme que vous viendriez demander à mes parents la permission de me fréquenter. Cette intention, je l'avais pourtant lue à maintes reprises dans vos yeux. M'étais-je trompée ?

Le beau regard implorant de Geneviève brillait d'un éclat si intense que le jeune baron en fut bouleversé. Dans un élan du cœur, il protesta :

— Non, ma douce. Vous ne vous étiez pas trompée. Je brûle du même feu pour vous que lorsque je vous ai aperçue pour la première fois dans les jardins du gouverneur. Vous étiez alors adossée à un vieux chêne, solitaire et songeuse, et j'ai tout de suite pensé que l'homme qui posséderait votre cœur serait le plus heureux du monde.

— Il ne tient qu'à vous d'être cet homme.

La Hontan posa un baiser fiévreux sur les lèvres de Geneviève, qui y répondit avec fougue. Ils s'abandonnèrent un long moment à la fureur du désir. Puis le jeune homme s'écarta promptement. Il fallait mettre fin à un emportement qui risquait de les entraîner trop loin.

— Reprenons nos sens, sinon je ne réponds plus de moi. Le... fort penchant que j'ai pour vous est trop pur et trop respectueux pour que je m'oublie ainsi. Geneviève, je jure sur mon âme de prendre rendez-vous avec vos parents dès ce soir. Si vous êtes d'accord, nous allons commencer de vraies fréquentations pour vérifier si cette attirance que nous éprouvons l'un pour l'autre a quelque chance de mener à un... engagement.

La jeune fille en eut le souffle coupé. De fines larmes de joie inondèrent ses joues. Elle lui susurra à l'oreille :

— Monsieur, c'est là mon désir le plus cher.

La Hontan l'enlaça dans ses bras.

— Il faut retourner au bal avant qu'on ne s'inquiète. Nous avons déjà trop tardé. Vos parents vont vous chercher et les mauvaises langues vont se faire un plaisir de nous écharper vifs. Venez, mon amour.

Il lui prit la main et l'entraîna vers le château en ouvrant le sentier pour éviter de déchirer sa robe dans les arbustes et les ronces qui le bordaient. Cette fois, il était bel et bien compromis.

«Le vin étant tiré, il faudra le boire», se dit-il avec philosophie, tout en regrettant déjà sa précipitation. Mais pourquoi diable avait-il fait la bêtise de s'isoler avec Geneviève ? C'était s'obliger à se commettre enfin auprès des parents. Mais le regard lumineux qu'elle lui jeta lui fit oublier ses peurs et le replongea dans les affres de l'amour naissant.

— Que vous disais-je, madame ? Les voilà qui reviennent.

Louis déambulait sur la terrasse bras dessus, bras dessous avec les Damour, lorsqu'il vit paraître les jeunes gens au détour d'un sentier. Il se porta à leur rencontre en poussant un soupir de satisfaction. Puis il les ramena comme deux enfants pris en faute vers les parents de Geneviève.

— Nous nous faisions du mauvais sang. Mais les voilà, nos tourtereaux. N'ont-ils pas un petit air complice qui réchauffe le cœur ?

Le comte prononça ces paroles d'un ton badin, pour détendre l'atmosphère. C'est qu'il était temps ! Frontenac avait occupé les père et mère pendant de longues minutes et ne savait plus quelle histoire inventer pour les détourner de leurs appréhensions. Geneviève baissa les yeux, mal à l'aise. Elle ne voulait rien laisser voir de l'état d'exaltation dans lequel elle baignait encore.

— Mais où étiez-vous donc ? fit madame Damour d'une voix où pointait la colère. Nous étions morts d'inquiétude, votre père et moi. Encore un peu et nous partions à votre recherche. Vous avez quitté le bal sans avertir. Cela n'est pas dans vos habitudes, ma fille. Et vous, monsieur, depuis quand distrait-on une jeune fille de bonne famille de ses devoirs ?

La mère de Geneviève avait pris un air sévère. Elle fronçait les sourcils et serrait ses jolies lèvres rondes, ce qui faisait ressortir de fines ridules à leurs commissures. François Damour n'en pensait pas moins, mais il trouvait plus facile de laisser sa femme régler ce genre d'affaire. Il se contenta de montrer un visage indigné, que la chaleur et l'abus de nourriture avaient passablement empourpré.

Le jeune homme voulut répondre, mais Geneviève posa une main impérieuse sur la sienne.

— Nous avions à parler, monsieur de La Hontan et moi, répondit-elle avec aplomb tout en défiant ses parents du regard. Il n'y est pour rien. C'est moi qui l'ai entraîné contre son gré. Et je puis vous assurer qu'il s'est conduit en tous points comme le parfait gentilhomme qu'il est !

Le baron eut un regard admiratif pour la jeune fille. Elle faisait montre de courage et de détermination, ce qui n'était pas pour lui déplaire. Il la trouva plus belle encore avec son masque d'indignation.

— Monsieur, madame... fit-il enfin en s'inclinant très bas devant le couple Damour, je profite de la chance qui m'est offerte à l'instant pour implorer le privilège de fréquenter officiellement mademoiselle votre fille. L'inclination que nous semblons avoir l'un pour l'autre me paraît prometteuse.

Frontenac émit une espèce de grognement d'approbation tout en lançant un regard victorieux à madame Damour, l'air de lui souffler : « Le fruit était mûr, ne vous l'avais-je pas dit ? » Cette dernière changea aussitôt de tête et prit un air plus engageant. Elle paraissait soulagée. Un large sourire à l'intention de sa fille et du baron s'épanouit sur son beau visage. Elle leur tendit la main et se tourna vers son mari. Pris par surprise, François Damour s'éclaircit la gorge et replaça son justaucorps. Le moment était d'importance et il aurait préféré que cela se passe autrement. Il s'empressa néanmoins de répondre d'une voix qu'il voulut posée et aussi solennelle que l'exigeait la situation :

— Heu... Oui ! hum... hum... Puisque ma Geneviève semble d'accord, je ne vois aucune objection à ce que vous la fréquentiez. Ce sera un honneur pour nous, monsieur le baron, de vous recevoir à la maison. Passez-y donc prochainement pour que nous arrêtions les modalités de tout cela.

Il serra affectueusement la main du baron. Geneviève sauta au cou de son père et le couvrit de baisers. Il irradiait d'elle un bonheur si vibrant qu'il s'en trouva profondément ému. Son enfant qui, hier encore, jouait à la poupée, se muait du jour au lendemain en femme amoureuse...

— Eh bien voilà ! s'exclama Frontenac. Ce n'était pas si difficile, après tout. Rentrons arroser cela avec un vin que je garde pour les grands moments.

Il les poussa tous vers les grandes portes, fébrile et excité comme s'il se fût agi de ses propres enfants, tout en claironnant la nouvelle à la ronde d'une voix retentissante.

Duchouquet longeait d'un pas hésitant le jardin du gouverneur, un lourd chandelier fumant à la main. Il cherchait son maître et se laissait guider par les voix feutrées en provenance du magasin à poudre, situé au fond du terrain cerclant le vieux château.

Un brouillard d'été, léger et diaphane, montait du sol et dérivait en longues écharpes de tulle au-dessus des terres environnantes.

— Drôle d'idée d'être allé nicher si loin ! bougonna-t-il, en étouffant un chapelet de bâillements.

Il était fourbu et impatient de retrouver sa paillasse. Les cloches sonnèrent les trois heures du matin.

— Diable, j'ai quasiment fait le tour de l'horloge, asteure. Et j'ai pas chômé aujourd'hui, ah ça non, par exemple !

La voûte du ciel sur laquelle il leva un regard fatigué était criblée de scintillements lumineux. Le vent avait balayé les masses de nuages avant de retomber subitement, cédant place à un calme plat. L'exceptionnelle douceur de l'air le frappa. « C'est jamais qu'en juillet, pourtant, se dit-il, que le temps est si doux. On pourrait presque dormir dehors. »

Il avait fait nettoyer la salle de bal, ramasser les reliefs* de la fête, replacer les meubles et moucher les chandelles avant de donner congé au personnel. Les gens étaient si épuisés qu'ils n'avaient pas traîné à regagner leurs quartiers. Les violons s'étaient tus bien tard. Duchouquet avait dû pousser dehors des musiciens et des fêtards éméchés qui insistaient pour que la fête continue. Les retardataires, des officiers à moitié ivres, s'étaient entassés à dix dans une méchante carriole qui avait démarré en trombe dans un tollé de rires et de réparties tonitruantes.

— Mais bon Dieu! s'était-il indigné, ils vont nous réveiller toute la populace, ces ânes bâtés.

Et le tombereau en fête, caracolant et grinçant sous le poids de ses occupants, avait pris la direction des cabarets de la basse-ville où l'on pouvait encore boire en compagnie jusqu'au matin.

En plissant les yeux, Duchouquet finit par distinguer quelques silhouettes d'hommes qui devisaient à voix basse, comme une poignée de conspirateurs. Ils étaient assis ou affalés sur l'herbe dans une posture relâchée, le gobelet à la main. Une cruche de vin à moitié renversée reposait sur une butte, à proximité. Des rires fusaient. Le chandelier que braqua sur eux le domestique fit apparaître des têtes hirsutes, rougeaudes et un peu bouffies par l'abus d'alcool. Frontenac, La Hontan, les sieurs de Bourbon, de Challu, le chevalier de Maupon et quelques autres officiers se tournèrent dans la direction de Duchouquet, l'air hébété.

— Monsieur le comte, excusez mon intrusion, mais tout est terminé, les derniers invités ont vidé les lieux et j'me demande si vous avez encore besoin de moi. Autrement, je r'gagnerais ma couche. La journée a été longue.

— Mon bon Duchouquet. Venez donc vous joindre à nous pour prendre un petit cordial, fit La Hontan en éructant bruyamment, ce qui déclencha un fou rire général.

Le jeune homme était un peu ivre, mais il continuait de palabrer avec passion. Il était appuyé contre un arbre, la perruque d'un côté, la cravate de soie, le chapeau et le justaucorps, de l'autre.

— Non, non, laissez-le. Merci, Duchouquet, vous pouvez rentrer vous coucher. Je n'ai plus besoin de vous, répondit Frontenac avec mansuétude.

Il avait la mine réjouie et ses petits yeux vifs pétillaient dans un visage aux pommettes échauffées. Il avait lui aussi le vin gai, quoiqu'il supportât mieux l'alcool que son jeune émule.

Depuis le départ de Geneviève et de ses parents, le beau baron ne cessait de discourir sur l'amour et le mariage et sur la forme différente que cela prenait chez les sauvages. Il croyait avoir assez vécu parmi eux et les avoir observés d'assez près pour avancer d'intéressantes comparaisons sur le sujet. Il venait d'affirmer sans ambages que l'amour tel qu'on le connaissait sur le vieux continent n'existait pas parmi ces peuples.

Louis, sceptique, lui opposa :

— Mais que dites-vous là ! L'amour est un sentiment universel qu'on retrouve chez tous les peuples et sous toutes les latitudes. D'où tenez-vous qu'il n'existe pas chez les sauvages ? Ils forment comme nous des couples stables et sont parfaitement capables d'aimer.

— Attention ! J'ai bien dit qu'il n'existait pas sous la forme que nous lui connaissons aujourd'hui ! lui avait-il rétorqué vivement. Les Indiens ignorent cette espèce de fureur aveugle qu'on appelle amour. Disons qu'ils se contentent d'une amitié tendre, point sujette à tous les excès que cette passion cause d'habitude à ceux qui en sont possédés. En un mot, ils aiment si tranquillement qu'on pourrait qualifier leur amour de simple bienveillance. Ils sont discrets au-delà de tout ce qu'on peut imaginer, et bien que leur amitié soit forte, ils veillent à se conserver toujours la liberté du cœur, qu'ils regardent comme ce qu'ils ont de plus précieux au monde. D'où je conclus qu'ils ne sont pas tout à fait aussi sauvages que nous.

La Hontan prit la cruche et avala quelques rasades de vin. Puis il la tendit à Maupon, qui s'en envoya autant dans le gosier. Bourbon et Challu les imitèrent.

Louis était étendu au pied d'un arbre et suçait pensivement un brin d'herbe. Il repensait à ses amours avec Anne de la Grange, vécues, il est vrai, dans le délire le plus total. Il était, à cette époque, si épris de la jeune femme que la seule pensée de la perdre suffisait à le précipiter dans d'épouvantables tourments. Il aurait été prêt à se tuer plutôt que de renoncer à elle. « Était-ce par une espèce de folie, de fureur maladive, ou tout simplement par manque de sagesse ? Aurait-il été plus civilisé de ne pas céder à de tels emportements ? » se demandait-il, en vidant le reste de son verre. Il ne trouvait pas de réponse à son questionnement, mais se souvenait des sentiments d'exaltation et de ferveur presque mystique qui le soulevaient quand il pensait à sa bien-aimée. De l'énergie conquérante qui l'habitait aussi, dans les tout premiers temps de leurs amours.

— Quant à ce qu'ils pensent de notre mariage, ils pourraient nous en remontrer, continua le baron sur le même ton critique, ce qui suscita un regain d'intérêt chez ses auditeurs.

Ces jeunes officiers, tous célibataires, pensaient bien devoir un jour prendre femme, malgré les appréhensions légitimes que cette idée éveillait en eux.

— Ces peuples ne peuvent pas concevoir que nous autres, Européens, qui nous attribuons tant d'esprit et de capacité, soyons assez aveugles ou ignorants pour ne pas reconnaître que le mariage est source de peine et de chagrin. Cet engagement que nous prenons pour la vie leur cause une surprise dont on ne peut les faire revenir. Ils regardent comme une chose monstrueuse le fait de se lier avec l'autre sans aucune espérance de pouvoir jamais rompre ce nœud. Et quelque bonne raison que nous leur servions, ils se tiennent fermes dans leur conviction que nous naissons dans l'esclavage et ne méritons pas d'autre sort que de mourir dans la servitude.

On applaudit la justesse de cette position. Mais Louis, qui avait pour tâche d'inciter ses soldats à prendre femme dans le pays afin de les y fixer définitivement, ne put s'empêcher de rétorquer d'une voix moqueuse :

— N'écoutez pas ce libertin perverti qui croit si peu au mariage qu'il vient tout juste de s'engager auprès des parents d'une jeune fille à entamer de véritables fréquentations. Et qui trouve l'amour si ridicule qu'il est lui-même épris comme un damoiseau* à sa première aventure.

Et les autres de rire de bon cœur.

— Je n'ai jamais dit que je cautionnais cette façon de penser, mais j'aime à me questionner, à comparer, continua La Hontan. Et à propos de fréquentations, il y aurait encore fort à apprendre de nos cousins les sauvages. Savez-vous que chez eux, les parents n'ont pas voix au chapitre et que les jeunes se choisissent un partenaire selon leur seule inclination ? Qu'ils ont toute liberté de se rencontrer et de se fréquenter aussi longtemps qu'ils le veulent ? Alors qu'ici, il faut parler mariage aux père et mère après quatre visites faites à leur fille ou alors cesser tout commerce, sous peine de médisance de tout un chacun.

— Ventredieu ! Et leurs filles courent aussi l'allumette* avec n'importe qui et mènent de front trois ou quatre aventures sans que personne n'y trouve à redire, rétorqua Louis, l'œil vibrant, échauffé par la discussion. Cette débauche est-elle souhaitable chez la femme et se trouverait-il ici un seul honnête homme prêt à épouser pareille gueuse ? Ne serait-il pas la risée publique et ne lui pousserait-il pas des cornes d'une demi-lieue ? Rendez donc grâce à ces parents précautionneux qui veillent à conduire leur fille intacte jusqu'à votre lit, messieurs !

Sa réplique porta. On était d'autant plus sensible à ce type d'argument qu'il arrivait parfois dans la colonie qu'un homme absent de chez lui trop longtemps se retrouve à son retour père de l'enfant d'un autre. Une éventualité qui faisait frémir n'importe quel mâle à la recherche d'une partenaire.

— Il faut néanmoins admettre que les mœurs plus libres de nos amis les sauvages présentent aussi de petits avantages... N'est-ce pas, Louis-Armand ? Je ne me souviens pas t'avoir vu souvent lever le nez sur les belles bougresses d'Indiennes que les chefs nous offraient parfois.

La remarque venait du chevalier de Maupon, compagnon d'armes et d'aventures de La Hontan depuis de longues années dans les pays d'en haut. Il fit mine de bourreler son ami de coups de poing dans les côtes. Les autres rirent grassement, égayés par les sous-entendus égrillards.

— Erreur, messieurs, grave erreur, répondit La Hontan d'une mine scandalisée, un peu trop exagérée pour paraître convaincante. S'il est vrai que la fatigue et l'abstinence m'ont souvent épointé l'écharde, je puis vous dire, pour mon édification, qu'il m'est arrivé quelquefois de refuser la femme qu'on m'offrait si complaisamment. Car souvent, du moins chez les peuplades illinoises, la malheureuse doit s'exécuter, sans quoi elle risque la mort ! Cavelier de La Salle en savait quelque chose, lui qui a raconté un jour que six filles illinoises ont été poignardées pour avoir refusé leurs charmes à l'un des membres de son expédition. Ce genre de maquerellage me fait mal au cœur et j'ai toujours refusé de m'y associer.

Puis avec un sourire gaillard, il continua néanmoins :

— S'il y avait eu plus de peine et de mystère, je ne dis pas... enfin. À vaincre sans péril, ne triomphe-t-on pas sans gloire, comme dit si bien l'adage ?

Et la conversation, arrosée d'abondantes libations, avait roulé ainsi sur différents sujets une partie de la nuit. Quand les premiers rayons de soleil parvinrent au jardin, ce fut pour éclairer crûment des hommes à moitié endormis, couchés à même le sol en chien de fusil, dépenaillés et pour la plupart encore dans un état d'ébriété avancée. Louis, dont la vieille carcasse était trop fragile pour supporter pareille nuit à la belle étoile, avait eu la sagesse de s'éclipser subrepticement avant l'aube pour regagner le confort douillet de son lit à baldaquin.

Les cinq heures s'égrenaient lentement au clocher de l'église, dont on percevait la flèche par-dessus la cime des arbres. Un soleil matinal, pâle et hésitant, poussait ses rayons à travers les larges fenêtres en éclaboussant la chambre de reflets ocre. Trop d'idées et de souvenirs se bousculaient dans la tête de Louis pour qu'il pût fermer l'œil, malgré son immense lassitude. En ces moments d'extrême fatigue, la quête de sens qui le poussait à interroger sans cesse son passé débouchait souvent sur un embrouillamini d'événements et de faits décousus, un entrelacs inextricable d'occasions ratées et de rêves brisés. Il ne semblait jamais rester de sa vie que des lambeaux épars, soumis aux caprices de la mémoire.

Il ouvrit le tiroir de la commode placée près du lit pour en extraire le portrait miniature qu'il conservait précieusement depuis bientôt vingt ans. Il le prit avec précaution et le cala dans la paume d'une main. C'était une merveille de fraîcheur et de délicatesse. La patine du temps n'avait dilué ni les coloris ni la finesse du trait. L'artiste y avait peint Anne de la Grange-Trianon, son épouse, en costume de Minerve, déesse de la guerre, coiffée d'un casque à cimier surmonté d'un panache, tenant à la main droite un arc, au bras gauche un bouclier, et portant au corsage en forme de cuirasse la tête de Méduse répétée sur chacune des épaulières. Le portraitiste avait su rendre avec précision l'éclat et la beauté du modèle, la chaleur particulière du teint ivoire et la parfaite régularité des traits. Quant au regard d'Anne, il avait quelque chose de vivant, de presque réel. La ressemblance avec la jeune femme d'alors était saisissante de vérité. Ce médaillon était une copie fidèle de l'original que sa femme avait reçu en cadeau d'un admirateur – du duc de Lude, du comte de Cyran, de mademoiselle de Montpensier ou de madame d'Outrelaise ? Il ne l'avait jamais vraiment su – et auquel elle tenait comme à la prunelle de ses yeux. La toile trônait bien en évidence dans la salle d'apparat de son superbe appartement de l'Arsenal, à Paris, un appartement prêté fort complaisamment par le duc de Lude, un des familiers du salon qu'elle tenait. Louis avait fait reproduire cette miniature à ses frais. C'était la seule image qu'il avait pu conserver d'elle.

Il admirait pensivement le beau visage épanoui. Elle était alors au sommet de sa beauté. Ce portrait datait des années de la Fronde, de cette époque tourmentée où la France avait été mise à feu et à sang pour satisfaire les intérêts divergents de hauts personnages préoccupés davantage de gloire et de pouvoir personnel que du salut de la nation. Frontenac servait alors dans les gardes de Gaston d'Orléans, frère de Louis XIII, et s'était retenu de jouer un rôle plus actif dans le combat opposant la cour au parlement frondeur.

Louis s'allongea sur le lit, le bras sous la tête, dans une attitude méditative. Le clairon et les cris des capitaines appelant les hommes au rassemblement rompirent soudain le silence, interrompant ses méditations.

— Ce sempiternel tapage sous ma fenêtre! bougonna-t-il, excédé par cette dérangeante intrusion.

Et les souvenirs revinrent de plus belle.

Anne, sa fantasque et aventurière épouse, avait pris plus de risques que lui en suivant Anne-Marie-Louise d'Orléans, duchesse de Montpensier et cousine germaine de Louis XIV, dans cette folle et sanglante équipée de la Fronde. Quand il avait appris le rôle risible et pathétique qu'elle avait joué en suivant la Grande Mademoiselle, Louis s'était violemment emporté contre elle. Étouffé par la colère, il lui avait hurlé:

«Mais qu'est-ce qui vous a pris de suivre jusqu'à Orléans cette guenon accoutrée en militaire qui se prend pour Jeanne d'Arc? Et on vous a nommée maréchale de camp, par-dessus le marché! Folle que vous êtes! Vous allez nous couvrir d'opprobre et de ridicule!»

Avec le recul et le tour qu'avaient pris les événements, cette péripétie lui semblait malgré tout plus cocasse que dramatique. Certes, Anne avait fait preuve d'étourderie et d'imprudence en suivant la duchesse de Montpensier jusqu'à Orléans, car ce faisant, elle avait clairement pris parti contre le roi. Comme Gaston d'Orléans n'avait pas eu le courage de voler au secours de sa ville, c'est sa fille qui s'en était chargée. Prétendant libérer Orléans assiégée par les troupes royales de Condé et de Mazarin, la Grande Mademoiselle avait quitté Paris en grande pompe, suivie d'un état-major emplumé constitué de plusieurs jolies dames, dont Anne et la comtesse de Fiesque, et avait été rejointe le lendemain par une escorte envoyée par les généraux frondeurs. Puis avait eu lieu l'entrée triomphale dans les rues d'Orléans : Anne-Marie-Louise portée à bout de bras par des bateliers, les belles comtesses de Frontenac et de Fiesque paradant à sa suite en pataugeant dans la boue, entourées de gens du peuple qui se bousculaient pour approcher ces officiers d'un genre nouveau. Et lors du passage à Augerville, sur la route menant à Étampes, l'officier Chavagnac avait demandé à un escadron d'Allemands de saluer la comtesse de Frontenac comme maréchale de camp de la princesse : les hommes avaient aussitôt mis la main à l'épée et salué à l'allemande, en déclenchant une impressionnante salve d'honneur.

Une aventure qui avait duré quatre mois. Quatre mois de griserie et de périls durant lesquels Anne avait dû sentir son cœur battre à l'unisson de son pays et de l'époque héroïque qu'il traversait. Par amitié et par solidarité avec la Grande Mademoiselle, elle l'avait suivie jusqu'au bout. La plaisanterie avait cependant mal tourné. Quand la duchesse de Montpensier, de retour à Paris, avait fait tirer le canon de la Bastille contre les troupes royales dirigées par Condé, lors de la tristement célèbre bataille du faubourg Saint-Antoine, le carnage avait été effroyable. L'horreur du sang éclaboussant la robe d'Anne lui avait brusquement rendu la raison, tout en lui laissant des remords impérissables. Mais elle n'en avait pas moins suivi son égérie jusqu'en exil, à Saint-Fargeau, où le roi avait mis sa cousine en réclusion, avec interdiction formelle de reparaître à la cour.

Frontenac avait fermé les yeux, mais sous ses paupières closes, les images et les pensées défilaient en conservant toute leur acuité, malgré les trente années écoulées.

— C'est fou, murmura-t-il, comme le temps n'a aucune prise sur certains souvenirs.

Il croyait maintenant pouvoir comprendre pour la première fois peut-être la vraie nature de cette femme exceptionnelle qu'il avait épousée jadis et qui portait son nom depuis près d'un demi-siècle. Il revoyait Anne, telle qu'en elle-même, préférant se passer de pain plutôt que d'encens, constamment aiguillonnée par le besoin de faire grand, de voir du nouveau, d'être vue, reconnue, admirée, adulée. Une passion de réalisation et une soif de se distinguer poussées à l'extrême et nourries par le culte de l'extraordinaire et de l'éclatant.

— Une trop grande force de caractère chez une femme, et qui n'est propre qu'aux hommes, dans nos sociétés, souffla-t-il encore en souriant malgré lui.

Et que cela lui plaise ou non, il se voyait bien forcé d'admettre que par cette soif inextinguible de gloire et de lauriers, elle lui ressemblait comme une sœur jumelle.

Il revit ce fameux soir où elle lui avait tenu tête avec fougue à propos d'une démarche qu'elle voulait intenter à la cour et qu'il jugeait prématurée. Elle l'avait menée seule avec un succès qui avait dépassé de loin ses espoirs les plus fous. Et avec quelle aisance cette fille de maître de comptes était-elle passée de la bourgeoisie aisée à la haute noblesse! N'était-elle pas devenue en peu de temps l'intime de la famille royale? À preuve, son amitié avec la Grande Mademoiselle, avec Gaston d'Orléans, avec une foule de grandes dames et de beaux seigneurs, ainsi qu'avec madame de Maintenon et le roi lui-même, qui ne s'était jamais caché d'ailleurs de l'attirance qu'il avait un jour éprouvée pour Anne de la Grange-Trianon.

Louis pouvait en rire maintenant que le temps et la distance avaient tempéré les passions, adouci les récriminations, émoussé les rancunes. Mais lui seul savait combien difficiles avaient été ces quatre années de vie commune à côté d'une épouse qui contestait avec de plus en plus d'âpreté sa situation même de femme. Elle appelait au changement, se faisait zélatrice de ces pernicieuses idées nouvelles qui circulaient dans les salons des grandes dames, incitant les femmes à croire faussement que tout leur était désormais possible, que leur sort n'était pas inéluctablement figé dans une situation d'infériorité, en fait, qu'elles pouvaient devenir les égales de l'homme...

Il avait d'abord été touché, séduit même par la curiosité d'Anne pour les choses de l'esprit, par son avidité à lire tout ce qui lui tombait sous la main, à s'ouvrir à des réalités littéraires, artistiques et scientifiques qui l'avaient laissée indifférente jusque-là. Elle avait prétendu participer pleinement à la vie de l'esprit et arriver à se comporter en être parfaitement autonome.

— Ce qu'elle n'était pas et n'a jamais été! rugit-il, dans un sursaut de ressentiment.

Il se surprit à serrer les dents. Il touchait le fond de la blessure, posait le doigt sur la plaie inguérissable, encore douloureuse. Cette autonomie qu'elle avait fini par revendiquer jusque dans son aboutissement même, il n'avait jamais pleinement consenti à la lui accorder: elle la lui avait arrachée!

Il se retourna sur le côté en remontant un genou vers son torse. Il avait chaud et les bruits de la cour s'intensifiaient. Il se dit qu'il n'arriverait pas à dormir dans de telles conditions et qu'il ferait mieux de se lever. Mais une léthargie persistante le clouait au lit.

Si sa mémoire ne le trompait pas, c'était bien à cette époque qu'Anne avait commencé à fréquenter des écrivains et des poètes, à écrire sonnets, épigrammes, madrigaux et énigmes, à philosopher et à se mêler de théologie, de science, d'astronomie. Mais sur un tel fond d'ignorance et de grands airs avertis qu'il n'avait pu se retenir parfois de la trouver risible et empruntée.

«Mais était-elle vraiment si ridicule?» se demanda-t-il pour la première fois. Ou n'était-ce pas lui qui s'était senti menacé par la nouvelle Anne, éclose de sa chrysalide tel un superbe monarque? N'avait-il pas tout simplement eu peur de la perdre?

Il se revoyait encore au château de Saint-Fargeau, après la Fronde, lors de cet exil doré qu'Anne avait délibérément choisi de partager avec la princesse royale. Il vivait pour sa part dans sa propriété de l'île Savary, près de Blois, d'où il rendit visite à Anne avec constance et régularité tout au long de ces longs mois de réclusion. «Elle était encore mon épouse, que diable, et vivait des fonds que je lui avançais, puisque l'héritage de sa mère ne lui avait pas encore été octroyé et que son père refusait de lui verser un traître sou!»

Louis repensa au mauvais rôle du mari importun qu'on l'avait forcé à jouer. Les tentatives de rapprochement qu'il avait maladroitement multipliées n'avaient fait qu'irriter son épouse et lui inspirer une véritable aversion. Anne était froide et désagréable avec lui. Elle le fuyait ou ne lui accordait que de rares moments d'attention. Trop occupée à ses plaisirs, elle ne pensait qu'à courir retrouver mesdemoiselles de Fiesque ou d'Outrelaise pour rire, chanter, réciter des poèmes et battre la campagne en toute liberté. Et elle lui refusait invariablement son lit. Comme sa propre escapade avec la Montespan était encore récente et qu'il se sentait coupable, il n'avait pas insisté et avait mis la froideur de sa femme sur le compte du dépit amoureux, dont la blessure était trop fraîche pour qu'il pût exiger davantage.

Mais par la suite ? Après qu'Anne eut comploté avec Gaston d'Orléans pour ramener la Grande Mademoiselle dans les faveurs du roi et la faire rappeler à la cour, parce qu'elle-même n'en pouvait plus de vivre aussi retirée du monde, après qu'Anne, donc, fut revenue à Paris, elle avait refusé net de reprendre la vie commune. Louis avait trouvé devant lui une femme déterminée, sûre d'elle et impitoyable. Il avait eu beau invoquer ses droits de mari, sa fidélité exemplaire depuis l'épisode de la Montespan, le bonheur de leur fils, le qu'en-dira-t-on, elle était demeurée inflexible, alléguant cependant qu'il n'aurait pas à rougir de sa conduite et que jamais un autre homme ne le remplacerait dans son cœur.

« J'ai autant que vous l'orgueil de la grandeur du nom que je porte et que je porterai jusqu'à la fin de mes jours, et soyez assuré que je ne ferai rien qui puisse en ternir l'éclat, lui avait-elle juré en lui baisant les mains. Et, quoi qu'il arrive, je serai toujours votre plus fidèle alliée dans toutes les affaires que vous entreprendrez. »

En cela, elle avait tenu promesse.

Elle l'avait toujours dépêtré des embarras sans cesse renaissants causés par ses frasques violentes et burlesques, ses coups d'autorité et son caractère impérieux et despotique. Elle avait lutté bec et ongles pour le maintenir au pouvoir durant sa première administration, en dépit de l'intendant, de l'évêque, de toutes les autorités et influences ecclésiastiques ou civiles de la colonie. Et c'était elle encore qui l'avait remis à flot après la débâcle. Rappelé à Versailles où il avait été condamné à refaire antichambre, noyé dans un troupeau de quémandeurs et de courtisans aussi en détresse que lui, Anne l'avait aidé à reconstruire pied à pied son crédit auprès du roi, jusqu'à l'obtention de ce second mandat qui représentait pour lui l'ultime chance de se faire valoir.

Mais cette rebuffade sentimentale avait laissé Louis amer et désillusionné. Il avait battu de l'aile de longs mois, effondré. D'avoir à se contenter désormais de l'amitié de celle pour laquelle il se consumait encore d'amour avait achevé de le démoraliser. Il n'allait pas tarder à réaliser qu'en dépit de ses nombreuses aventures galantes, il n'avait jamais été et ne serait jamais que l'homme d'une seule femme. Il s'émut encore au souvenir de cette occasion où il avait pu tenir une dernière fois dans ses bras et consoler une Anne démontée, profondément blessée par l'injustice du coup qui la frappait. Elle pleurait à chaudes larmes en répétant, dans un filet de voix :

— Je suis ridiculisée à jamais, humiliée et perdue de réputation. Toute la cour va se moquer de moi et me déchirer à belles dents...

C'était en 1659. Frontenac s'en souvenait très bien, puisqu'à peine quelques mois plus tard, il assistait à la première représentation des *Précieuses Ridicules*, de Molière. Anne-Marie-Louise d'Orléans venait de publier coup sur coup deux recueils dévastateurs, que Louis avait lus d'un trait. En quelques pages vitriolées et dans une galerie de portraits où chacun pouvait aisément reconnaître la personne mise en cause, la princesse du sang profitait lâchement de sa position sociale élevée pour régler brutalement ses comptes avec ses anciennes amies, qu'elle avait chassées quelque temps avant son retour en grâce. Anne, mademoiselle d'Aumale et mademoiselle d'Haucourt, plus particulièrement, se retrouvaient la cible d'accusations mensongères, mises à nu et ridiculisées sur la place publique avec une hargne et une méchanceté peu communes.

Mécontente de leur conduite à Saint-Fargeau, la Grande Mademoiselle crachait sur celles qu'elle avait tant aimées, dont elle avait partagé les idées et les manières, celles pour qui elle avait été un modèle. Elle reniait, par dépit, ce qu'elle avait adoré. Elle les traitait de « précieuses » par vengeance et, pour les ridiculiser en faisait de vieilles pucelles laissées pour compte, des femmes laides et pauvres, frustrées par la vie et vouées au célibat. Sa haine se déchaînait surtout contre Anne, qu'elle qualifiait de « marchande ayant épousé par amour un soldat estropié » ou de « dame sans nom » pour bien rappeler ses honteuses origines bourgeoises.

— Ce grelot qui a fait des précieuses un objet de satire et qui annonçait déjà Molière, c'est bien la Montpensier qui l'a attaché, parbleu ! tonna encore Louis, malgré toutes ces années.

Il s'étonna du ton emporté de sa propre voix. « Me voilà radotant encore ces vieilles histoires qui ne font que m'échauffer l'esprit. Est-ce donc cela, vieillir ? Cette redondante propension à rabâcher les mêmes événements passés, comme si tout avait été vécu et que l'avenir ne promettait plus rien ? »

Il s'agitait de plus en plus et ses courbatures revenaient le hanter. Il se replaça sur le dos et s'étendit les jambes pour en chasser l'ankylose. Son membre malade reprenait son travail de sape. Il entreprit de le masser lentement à la hauteur du coude. Curieusement, c'était toujours de là que provenaient ses douleurs.

— De quoi, d'ailleurs, sera fait cet avenir ? Qu'est-ce qui m'attend désormais ? La dégénérescence physique, une solitude pesante et misérable, des souvenirs douloureux, des remords lancinants et le sentiment d'avoir raté ma vie ? Et en prime, la mort en exil dans une lointaine colonie, murmura-t-il d'une voix d'outre-tombe... Mais foin de ces ruminations de vieux bouc !

Le grognement résolu qu'il poussa s'accompagna d'un branle-bas de tout le corps. Il s'était redressé subitement, les yeux grands ouverts, en repoussant ses couvertures avec brusquerie. Il se surprenait encore en flagrant délit d'apitoiement, lui qui vomissait ce mauvais pli de vieillard souffreteux.

En quelques minutes, il fut sur pied. Il glissa d'un geste décidé le portrait miniature dans le tiroir et hurla un ordre en se saisissant de sa chemise. Duchouquet apparut bientôt.

— Aide-moi à m'habiller, la journée est déjà avancée. Et fais porter le déjeuner dans mon bureau. Qu'on ne me dérange sous aucun prétexte.

12

Entre Québec et Montréal, été 1690

Le matin était jeune encore et des nappes de brume soulevées par le vent révélaient un ciel radieux, égayé des protestations incessantes des goélands. Québec était déjà loin derrière. La longue file de canots longeait la rive où s'étirait la masse sombre des arbres accrochés aux rives du Saint-Laurent et projetant leur tronc puissant au-dessus des berges marécageuses. Des grues et des hérons clapotant dans la vase s'élevaient silencieusement sur leur passage pour se perdre aussitôt dans le ciel lumineux de juillet. Le soleil, encore bas, irisait les eaux de taches argentées et une fraîche odeur de marée basse emplissait l'air.

Louis jeta un regard moqueur sur le canot arrière. L'intendant Champigny y avait pris place avec son secrétaire et quelques hommes de sa garde, en refusant obstinément de partager celui du gouverneur. Les Hurons de Lorette le manœuvraient avec dextérité et les talonnaient de près. Malgré ses hauts cris, ses menaces et ses récriminations, Louis n'avait trouvé aucune embarcation propre à les mener en sécurité jusqu'à Montréal, et il avait dû se rabattre en désespoir de cause sur les canots d'écorce des Indiens christianisés. Non pas qu'ils fussent impropres à voyager sur l'eau, car le canot était au contraire le plus rapide et le plus malléable des moyens de transport de la colonie, mais

Louis ne s'y était jamais senti en sécurité. Trop léger et instable à son goût, trop rapide à verser, disait-il, même si cela ne lui était jamais arrivé pendant toutes ces années où il avait sillonné le pays d'un bout à l'autre.

C'était la grande migration annuelle du gouvernement. Du début de l'été jusqu'à l'automne, le gouverneur et l'intendant, suivis de dizaines d'officiers, de serviteurs et de militaires, se déplaçaient de Québec, capitale administrative, vers l'autre pôle d'attraction que constituait Montréal, capitale de la fourrure. Vers la fin du mois de septembre, l'odyssée reprenait en sens inverse. Sauf que cette fois, elle avait été décalée de plusieurs semaines sur le calendrier habituel, car Louis, mû par une espèce de pressentiment, avait préféré rester plus longtemps dans la capitale pour surveiller de près la mise en marche des fortifications de François Provost. L'idée d'une éventuelle attaque anglaise sur Québec commençait à l'inquiéter sérieusement.

Le long convoi d'une trentaine de canots, distants les uns des autres de plusieurs brasses, s'étirait sur plus d'une demi-lieue. Louis se sentait de belle humeur et pleinement revigoré. Les trop grandes chaleurs des derniers jours, qui le plongeaient invariablement dans un abattement délétère ponctué de déchirantes douleurs rhumatismales, avaient cédé place à un temps frais et propice au voyage.

Il respirait à pleins poumons l'air gorgé d'humidité. Pour se délasser, il étira les jambes et se cala plus confortablement dans son siège. Il bénit son majordome qui avait eu l'ingéniosité de faire fixer aux varangues un vieux fauteuil aux pattes coupées ras, ce qui diminuait l'inconfort du voyage et lui permettait de supporter les longues heures sans escale. Quelques couvertures qu'il repoussait pour l'instant à ses pieds serviraient à le garantir des éclaboussures et des imprévisibles coups de vent, toujours fréquents sur le fleuve à cette époque de l'année.

Deux Indiens ramaient vigoureusement à l'avant du canot et trois derrière. Impassibles et silencieux, les yeux fixés sur l'horizon, ils pagayaient de conserve. À chaque coup d'aviron, l'embarcation faisait un bond devant et fendait brièvement l'eau, qui giclait sur les côtés en gerbes de fines éclaboussures. Mais la force du courant repoussait aussitôt le frêle esquif qu'il fallait à nouveau propulser dans un combat incessant contre le courant. Ce n'était qu'à ce prix que l'on gagnait insensiblement du terrain sur la puissante rivière qui précipitait sa formidable masse d'eau vers le golfe et la mer.

Louis reprit sa dictée. Charles de Monseignat, assis sur le banc arrière et penché sur un petit écritoire posé sur ses genoux, jetait rapidement sur papier les phrases que le gouverneur enchaînait au fil de l'inspiration. Sa missive, la troisième depuis leur départ, était adressée cette fois à Louis Phélippeaux de Pontchartrain, proche parent des Frontenac par sa mère et récemment nommé ministre et secrétaire d'État à la Marine. Le malheureux marquis de Seignelay était décédé des suites d'un cancer du poumon. L'agonie avait été longue et particulièrement éprouvante, racontait-on, mais l'homme avait fait preuve jusqu'à la fin d'un courage et d'une abnégation si admirables qu'il avait édifié tous ceux qui l'avaient approché.

— ... le gouverneur n'a pas une simple chaloupe en sa disposition, continua-t-il, ni un seul bateau plat de réserve, qui sont pourtant des choses dont on ne se peut passer quand il s'agit de quelque entreprise. Le peu de bâtiments qu'on dit être au roi n'ont jamais subi aucune inspection, de sorte qu'il est difficile de se donner tous les divers mouvements nécessaires pour la conservation d'une colonie d'une aussi vaste étendue et d'une aussi difficile communication. Quant aux marchands de ce pays, nous sommes trop à la merci de leurs méchants navires pour lesquels il faut donner un prix excessif lorsqu'il les faut affrétés. Il me semblerait pourtant que le roi... non, Charles, biffez... biffez... Sa Majesté ne pourrait-elle pas financer la construction d'un petit brigantin fort léger, à quatorze rames, pour pouvoir servir à un gouverneur et à un intendant quand le service du roi le requerrait, pour aller depuis Tadoussac jusqu'à Montréal visiter les côtes avec sûreté et quelque sorte de dignité...

— Depuis... Tadoussac... jusqu'à Montréal, répéta lentement Monseignat, dans l'espoir de ralentir le débit et reprendre le dessus.

— ... car je vous assure qu'encore que je sois accoutumé d'aller en canot, c'est plutôt la voiture d'un sauvage que celle d'un ministre du roi. On n'aurait aucune peine à armer promptement ce vaisseau de tous les rameurs nécessaires, grâce aux nombreux malfaiteurs, coureurs des bois et volontaires qui sont dans ce pays. Il ne serait d'ailleurs pas mal à propos que l'on vît ici une espèce de Scola, comme on appelle à Venise la galère qui est toujours vis-à-vis de la place de Saint-Marc...

L'attention de Louis fut détournée par la vue d'un gros esturgeon qui semblait accompagner leur course. Son long corps effilé aux flancs étincelants zigzaguait dans l'eau avec agilité. Il se dit que dans d'autres circonstances on l'aurait pêché aussitôt, car il raffolait de sa chair et du caviar qu'on tirait de ses œufs, mais on n'avait malheureusement pas de temps à perdre et Montréal était encore loin.

Il continua néanmoins, en ralentissant le débit.

— ... et puisque nous en sommes à ce chapitre, monseigneur, je n'hésite pas à vous réitérer la demande de nous donner quelques frégates pour tenir notre rivière libre et empêcher nos bâtiments qui vont aux Antilles et en France d'être toujours à la veille d'être pris par les corsaires. Cela serait d'une grande utilité par les prises qu'elles pourraient faire sur l'ennemi et par celles qu'elles empêcheraient d'être faites sur nous.

Monseignat trempa sa plume dans le petit encrier et traça les derniers mots avec application. Sa calligraphie était classique et soignée, si l'on exceptait les barres des « t » qu'il dessinait de manière fantaisiste en étirant abusivement le trait vers le haut pour le terminer en une large boucle. Sa position inconfortable, assis du bout d'une fesse sur un siège dur, le corps à moitié replié sur son écritoire, finit par lui donner mal au dos. Il cambra les reins et remonta les épaules dans l'espoir de chasser la fatigue. Mais Frontenac conti-nuait sur sa lancée :

— ... Après les succès des trois batailles menées contre les Anglais, et dont je vous marquais les détails dans ma lettre du premier de ce mois, permettez-moi, monseigneur, de vous représenter que nos troupes sont depuis si long-temps aux prises avec l'ennemi, et pendant l'hiver et pendant l'été, qu'elles sont trop diminuées pour que l'on puisse continuer la guerre et qu'il va falloir en envoyer de nou-velles. J'appréhende même de vous dire qu'il serait néces-saire que le nombre en fût... important... non... écrivez plutôt... considérable..., parce que je sais que le roi en a tant besoin ailleurs, que ce ne sera pas facile d'en envoyer en des lieux aussi éloignés qu'est celui-ci, mais...

Il suspendit sa phrase. Il cherchait la formule heureuse qui aurait pu dessiller les yeux et faire desserrer les bourses. Mais il était sans illusion. Il savait pertinemment qu'il avait peu de chances d'être entendu, puisque la France était encore enlisée jusqu'au cou dans une guerre qui ne semblait pas sur le point de finir. Il s'entêta pourtant.

— ... mais cependant, je ne vous déguiserai jamais la vérité et vous répéterai qu'un envoi de mille hommes compléterait nos vingt-huit compagnies et me permettrait de remplacer les sept autres, réformées l'année dernière. Un apport qui me paraît nécessaire pour conserver un pays d'une aussi vaste étendue et menacé de tant de côtés. Monsieur de Denonville se plaignait qu'il n'avait pas assez d'hommes, quoiqu'il n'eût point les Anglais sur les bras et qu'il n'eût affaire qu'aux Iroquois. Jugez donc, s'il vous plaît, dans quel embarras je me trouve, risquant d'être attaqué par les uns et les autres du côté de la terre, et peut-être aussi, comme je commence à le craindre, du côté de la mer.

Louis fixa l'horizon. Les canots croisaient maintenant entre des berges de schiste noir étonnamment élevées et abruptes qui encaissaient le fleuve. Les rives étaient couvertes de galets plats usés par l'eau que surplombaient des bosquets d'aulnes et de thuyas, indistinctement mêlés. Le pays, en cet endroit, paraissait désert. Quelques rares villages échelonnés de distance en distance le long de la côte y prospéraient pourtant. La pointe solitaire d'un clocher dominant un village ainsi que des pièges à anguilles installés sur le rivage témoignaient de la présence humaine.

«Un pays d'une telle immensité et si peu peuplé. Que des habitations séparées et avoisinées de bois infinis, que de petits hameaux trop éloignés les uns des autres pour qu'on puisse organiser une défense efficace», se dit-il, en fronçant les sourcils. Son visage s'assombrit. Il craignait une violente riposte de la part des Anglais, durement secoués par ses incursions frontalières. Des rumeurs de branle-bas militaire chez ses voisins du Sud couraient d'ailleurs dans la colonie et ne laissaient pas de l'inquiéter, bien qu'il feignît officiellement de n'y pas prêter foi.

— Et que nous mijotent encore ces damnés Iroquois ? mâchonna-t-il entre ses dents.

Monseignat tourna le regard vers Louis, qui lui fit un signe de tête pour lui indiquer que ces paroles ne lui étaient pas adressées. Car étrangement, selon les dernières nouvelles de Callières, à part quelques escarmouches isolées, les Iroquois n'étaient pas réapparus dans les côtes ce printemps-ci. Pas de traces d'eux nulle part, alors que le retour du beau temps aurait dû les rabattre sur la colonie comme une nuée d'oiseaux rapaces. Et il n'avait encore aucune nouvelle de la délégation du chevalier d'O. Tout cela n'augurait rien de bon...

Le ciel s'obscurcissait et le soleil disparut sous une longue traînée de cumulus, soudés les uns aux autres dans un ordre décroissant. Le vent parut soudainement plus froid et plus cinglant. Louis frissonna et remonta ses couvertures. Les rameurs, le torse et les épaules nus, continuaient leurs efforts cadencés.

— Pour ce qui est de l'état des fortifications de Québec, dont je vous ai envoyé le plan par le dernier bateau, avec ordre au capitaine de le jeter à la mer lesté de plomb si l'ennemi venait à paraître, continua-t-il, je tiens à vous répéter que j'ai fait construire une palissade par le major Provost, en l'absence de monsieur de Villeneuve, retourné momentanément en France – et qui, soit dit en passant, est un excellent dessinateur mais un bien piètre ingénieur –, et j'ai fait le nécessaire pour mettre la ville en état de subir un siège. Comme je vous le marquais précédemment, ces fortifications ont été conçues pour fermer Québec à une attaque imminente, tout en fournissant les retranchements nécessaires à l'installation de l'artillerie. Il s'agit de la première enceinte érigée à Québec et l'affaire est d'importance, afin de protéger la ville d'une attaque par terre et par mer.

Un des gardes du corps de Louis sortit une gourde d'alcool et la refila aux Indiens. Ces derniers s'en emparèrent prestement, un large sourire aux lèvres. Elle passa de bouche en bouche. Ils adoraient l'eau-de-vie des Français parce qu'elle agissait rapidement et leur fouettait les sangs. Mais Louis veillait au grain. Pour éviter de voir ses rameurs s'enivrer, il fit bientôt signe à ses hommes de récupérer leur flacon. La navigation sur le Saint-Laurent était trop périlleuse pour la confier à des rameurs aux réflexes diminués. Il en profita néanmoins pour tirer d'un panier en osier posé à ses pieds une bouteille d'Armagnac, qu'il tendit à son secrétaire en lui demandant d'en remplir deux petits gobelets.

Le trait de boisson ambrée qu'il ingéra lui réchauffa la gorge et le torse. Il se sentit revigoré. En jetant un œil sur le ciel chagriné, il vit que le temps était à la pluie. À l'ouest, de lourdes masses nuageuses menaçantes et d'un gris sombre s'amoncelaient.

Le canot de Champigny, qui les serrait d'assez près depuis le début, prit une bonne longueur d'avance. On put entendre les *Ave Maria* scandés à tour de rôle par ses occupants. C'était une vieille coutume de marin que les canoteurs du pays avaient adoptée pour se prémunir contre les écueils de la navigation. Agacé par cette pratique qu'il jugeait ridicule, Louis l'avait interdite dans son embarcation. Il lui répugnait de voir de vigoureux adultes ânonner leurs prières de façon incantatoire, tout le long de la traversée, comme de vieilles bonnes femmes superstitieuses. Il n'en demeurait pas moins que même les Indiens christianisés s'y adonnaient, habilement endoctrinés en cela par les pères jésuites.

Louis haussa les épaules et se remit à dicter.

— Après tous les placets de personnes qui m'ont prié de les recommander et que je vous ai mandés dans ma dernière lettre, je me permettrais, monseigneur, de vous en adresser un qui regarde, cette fois, mes intérêts particuliers, comme le paiement d'un secrétaire, d'un aumônier, et d'un chirurgien, car il n'y a point de gouverneur de province dont le secrétaire et l'aumônier ne soient payés, et qui, ayant un état-major à leur compagnie des gardes, n'y ait aussi un chirurgien compris. Monsieur l'intendant a son secrétaire payé, qui n'a assurément pas autant d'affaires que le mien, et son aumônier, qui est celui qu'on a donné au conseil ; quand il n'y aurait que la considération de la garnison du château de Québec qui se trouve la seule qui soit sans aumônier, je croirais qu'on voudrait bien faire une dépense de trois cents livres, qui suffirait pour cela.

Il s'interrompit quelques secondes, par égard pour son secrétaire, puis reprit aussitôt ses doléances.

— ... Aussi, monseigneur, j'espère que vous ne trouverez pas mauvais que je vous supplie d'y faire quelque attention et de considérer que les appointements que le roi me donne sont si médiocres et si exposés, toutes les années, à tant de risques et d'avaries, par le danger que courent les vaisseaux qui nous apportent les provisions que nous sommes obligés de faire venir de France, que quelque ménage que j'apporte et quelque règle que je m'impose, il m'est très difficile de pouvoir subsister, à moins que vous n'ayez la bonté de me faire payer toutes les années mes appointements par avance et dès le mois d'avril et de mai, avant le départ des vaisseaux. Quant à l'intelligence que Sa Majesté me recommande d'avoir avec monsieur l'intendant, croyez bien que même si le bien du service au roi, le repos des habitants et l'avantage de la colonie ne le demandaient pas, l'inclination naturelle que j'ai pour lui m'y engagerait. Il n'y a rien que je ne fasse pour vivre avec lui dans l'union, agissant toujours de concert et ne faisant rien que je ne lui communique et dont il demeure d'accord. Je garde la même conduite avec monseigneur l'évêque et j'apporterai toujours mes soins pour qu'il n'ait jamais à se plaindre de moi. C'est pourquoi je vous supplie d'être entièrement convaincu aussi bien du profond respect et de la parfaite reconnaissance... et bla... bla... bla... Votre très humble... *et cetera*... Signé Frontenac.

Louis se redressa et massa fortement son bras infirme, tout en portant le regard sur le canot de devant. La silhouette tassée de Jean Bochart de Champigny s'y détachait distinctement, le corps penché au-dessus de l'eau dans la contemplation de quelque chose que lui montrait du doigt un de ses archers.

Frontenac venait encore une fois de mentir au ministre à propos de son entente avec l'intendant. Il repensa aux termes qu'il avait utilisés, à cette « inclination naturelle » qu'il prétendait avoir pour lui et se retint de rire. Le trait était trop appuyé pour faire illusion, mais il était dans son intérêt de maintenir une fiction que Champigny se faisait certainement un plaisir d'invalider dans chacune de ses lettres. Il ne le savait que trop. Et il était encore plus faux de prétendre qu'il ne faisait rien sans l'accord de l'intendant. Le matin même, il s'était encore emporté contre lui sur la question des congés de traite que Champigny prétendait contresigner et dont il voulait contrôler l'octroi.

Comme le convoi approchait de Cap-Santé, une petite agglomération située sur la rive nord du fleuve, Louis donna l'ordre d'y aborder. Il fallait permettre aux hommes de prendre un peu de repos et se restaurer.

Depuis Petite-Rivière, le paysage avait changé. Les berges étaient toujours aussi élevées et escarpées, mais le schiste noir avait graduellement fait place à des sédiments secs, disposés en couches successives. Un éclatant tapis de fleurs aux pastels rose et mauve courait néanmoins le long des rives d'où jaillissaient de nombreuses sources aux eaux ocre. Louis poussa ses rameurs à augmenter leur cadence. Le gouverneur jouissait de la prérogative d'être le premier à mettre pied à terre et il n'était pas question de laisser Champigny, dont le canot filait impudemment devant eux, lui damer le pion. Il donna cependant des ordres stricts pour que l'arrêt soit bref. Trois-Rivières se trouvant encore loin, ils n'y aborderaient que tard le lendemain, si tout se passait bien, en dépit du mauvais temps qui pointait. Quant à Montréal, le but ultime de cette équipée, elle n'était encore qu'à cinq jours de là, en mettant les choses au mieux.

13

Montréal, été 1690

Toute la ville était en liesse et pavoisait.

Au soulagement général, la panique des dernières heures se mua en joie. L'annonce d'une imposante flotte de canots sur le lac Saint-Louis avait d'abord semé l'alarme et la consternation parmi la population. Quand La Chassaigne avait tiré du canon pour alerter les Montréalistes, des cris d'épouvante avaient fusé de partout: «Les Iroquois, les Iroquois!» Les gens s'étaient passé le mot en catastrophe en se ruant aux armes, dans un assourdissant tintamarre de coups de canon et de roulements de tambour. Tous les clochers de la ville et des environs avaient pris le branle presque au même moment et à des milles à la ronde.

Louis, sur le pied de guerre, avait réuni en hâte ses officiers et procédé au partage des tâches. Cette fois, il pouvait s'appuyer sur un plus grand nombre de combattants et sur de bons commandants de poste, encore que tout dépendît du nombre d'assaillants. Mais lorsque le sieur de Tilly vint l'informer, un peu plus tard, qu'il ne s'agissait pas d'une flotte iroquoise mais plutôt d'un convoi d'Indiens alliés en provenance de Michillimakinac, le soulagement succéda à l'agacement.

— Encore une fausse alerte. Que ne sommes-nous capables d'organiser des vigiles plus efficaces? Ces branle-bas de combat inutiles sont vraiment trop fréquents et usent les nerfs de la population... même s'il vaut mieux pécher par prudence que par négligence. Quoi qu'il en soit, l'arrivée de ces Indiens alliés est de bon augure. Perrot a réussi à convaincre les Outaouais et les Hurons. Le diable d'homme ! Nous sommes sauvés pour le moment. Que Dieu en soit loué !

Cent dix canots chargés de fourrures valant plus de cent mille écus et conduits par cinq cents Outaouais, Hurons, Cris, Nipissingues et Poutéouatamis venaient d'accoster en grand apparat devant Montréal, portés par les salves d'artillerie, les vivats et le joyeux carillon des cloches. Cette arrivée miraculeuse était un gage d'espoir pour la Nouvelle-France. Le détachement expédié aux pays d'en haut avec Nicolas Perrot, au printemps précédent, les accompagnait en les suivant de peu, ce qui leur avait permis d'échapper aux attaques iroquoises et d'arriver indemnes à Montréal. Quant à Perrot lui-même, il avait dû poursuivre sa mission diplomatique jusque chez les peuples du Mississippi pour défaire le travail de sape entrepris par les Outaouais et ramener ces tribus dans l'alliance française.

Louis remportait ainsi le double pari de récupérer ses alliés de l'Ouest avant qu'ils ne basculent dans le camp ennemi et de faire descendre les pelleteries à Montréal, en pleine guerre et au nez des Iroquois. Sans compter que l'arrivée-surprise de ces tribus serait propice à un renouvellement d'alliance, à la condition de savoir répondre à leurs besoins et de manœuvrer habilement. Ce à quoi il se promit de travailler avec la dernière énergie.

Pour l'heure, cet arrivage imprévu exigeait le plus grand doigté. Louis improvisa une mise en scène rapide. Il s'empressa d'envoyer au-devant des arrivants une escorte composée de quelques agents chargés de réquisitionner à son profit une partie des castors les plus gras, les plus soyeux et les plus fournis, avant la meute des traiteurs. Des peaux qui valaient leur pesant d'or sur le marché européen. Ces présents faisaient partie de la diplomatie qui s'était installée dès le début du siècle entre les Français et les Indiens. En cédant au gouverneur leurs plus belles pelleteries, les alliés se ménageaient ses bonnes grâces, le disposaient favorablement, et surtout, le rendaient redevable. Louis, de son côté, ne s'en faisait nullement scrupule et considérait cette façon de faire comme un échange de bons procédés, car lui aussi aurait à jouer de générosité. Comme il ne pouvait modifier le cours des peaux, un prix établi par la métropole et de beaucoup inférieur à celui des Anglais, il pourrait néanmoins compenser ce désavantage concurrentiel en ménageant à ses alliés divers cadeaux et faveurs dont ils étaient particulièrement friands. Sans compter qu'il aurait à héberger et nourrir à ses frais et à ceux de la couronne plusieurs centaines de convives tout au long de leur séjour.

Une fois leurs lourds ballots débarqués sur la grève et leurs abris érigés le long de la palissade encerclant la ville, les représentants des différentes nations s'avancèrent sur les terrains de la commune, devant l'estrade où avaient pris place le gouverneur général et ses principaux officiers. Les délégués entamèrent alors quelques discours de circonstance. Chacun rivalisa de superlatifs pour décrire la joie qui l'envahissait et saluer le retour du « grand Onontio », leur « Père et protecteur retiré de l'autre côté des mers » et dont ils disaient s'être « terriblement languis ». Ils firent ensuite don de quelques *wampums*, en accompagnant chaque collier des paroles appropriées. Après de longues palabres, ils offrirent à Frontenac les peaux préalablement sélectionnées, afin, dirent-ils, « d'ouvrir les yeux, les oreilles et le cœur d'Onontio et de tous les Français ».

Frontenac improvisa à son tour un discours dans lequel il mit toute la chaleur dont il était capable.

— Je souhaite la bienvenue à tous mes enfants venus des lointains pays des lacs : à toi, l'Outaouais, à toi, le Huron, à toi, le Nipissingue, et à vous tous, des tribus amies ; vous avez nagé dans le canot de longues semaines ; vous avez traversé pour moitié ce pays sur une route parsemée d'ennemis prêts à fondre sur vous ; vous avez bravé la faim, la soif, la fatigue, la mort même, sans jamais dévier de votre route ni lâcher la pagaie, et tout cela pour répondre à l'invitation de votre Père. Le plaisir est grand pour moi de vous recevoir aujourd'hui en ce pays, et mon cœur s'émeut à l'idée de pouvoir former à nouveau avec vous une seule cabane, une seule et même grande famille. Je pleure avec vous tous vos morts de ces dernières années comme vous avez pleuré les miens, et je vous ouvre tout grand les bras comme un bon Père, en vous assurant qu'aucun cheveu ne sera touché de votre tête tant que vous serez sous ma protection. Nous serons bientôt en conseil afin de resserrer l'alliance que vos pères et les nôtres ont nouée, il y a bien des lunes, et pour replanter l'arbre de paix. Recevez ces *wampums* en présent – et Louis donna l'ordre de remettre aux ambassadeurs quelques beaux colliers – pour ouvrir le chemin jusqu'au feu central afin que nous ne formions à nouveau qu'un seul esprit et qu'un seul cœur.

Il se fit ensuite remettre une pipe de terre rouge dont la longue tige était décorée de plumes d'oiseau. Avant de la porter à sa bouche, il dit simplement :

— Puisse ce calumet nous donner de l'esprit, nous inspirer par sa chaleur et faire descendre la paix dans nos cœurs.

Il en tira une bonne bouffée, le remit au premier *sachem* outaouais, qui en fit autant, et le calumet circula solennellement de tribu en tribu, sous les cris d'acclamation des Indiens. Puis on distribua du tabac, des prunes et un peu d'eau-de-vie, pour dérider sans saouler et éviter les abus dont la population risquait de faire les frais. La vente d'alcool aux Indiens était interdite sous peine d'amende et de confiscation, et seul le gouverneur jouissait de la prérogative de leur en offrir. Après ces échanges diplomatiques ritualisés, Louis déclara la foire des fourrures officiellement ouverte. On débarra aussitôt les portes de la ville et une populace bruyante et bigarrée envahit en trombe le terrain de la commune. Quantité de marchands, traiteurs et commerçants entreprirent aussitôt d'installer leur boutique temporaire et de faire transporter leurs marchandises. La cohue s'intensifia et le bruit des marteaux se mit à résonner de façon lancinante. Quand le silence se fit enfin, peu avant la tombée du jour, la grève était couverte de points de vente et de petits étals poussés çà et là comme des champignons. Tout était en place pour permettre au commerce des fourrures de battre son plein pendant les quelques jours suivants.

Le grand conseil se tint dans les jardins de Callières par une chaude matinée d'août. Il faisait terriblement humide et l'absence de vent rendait l'air pesant. De la paille fraîche était étalée sur le sol et des parasols de branches de sapin tressées étaient dressés pour parer les ardeurs du soleil. Les Indiens, assis à même le sol sur des nattes de jonc, écoutaient les orateurs avec grande attention. Ils s'alignaient de part et d'autre d'un podium sur lequel siégeait Frontenac, en costume de damas broché, piqué de dentelles, de rubans et de boutons d'argent. Sa perruque lui donnait tellement chaud qu'une abondante sueur perlait sur son front et se frayait un chemin à travers l'épaisse couche de poudre qui lui recouvrait le visage.

Les officiers et autres dignitaires français, l'intendant Champigny, Callières, Oureouaré, Monseignat, quelques dames aussi, dont madame de Champigny, prenaient place sur des chaises à bras, derrière celle du gouverneur. L'épouse de l'intendant était parfaitement immobile, figée d'intérêt, n'agitant son éventail que par intervalles de peur de créer diversion. À ses côtés, le baron de La Hontan semblait saisi de la même fascination.

Ce qui avait débuté sur une note sereine avait toutefois viré en confrontation. Il apparut en effet que les nations alliées ne prisaient pas la politique de pacification que Frontenac menait à l'égard des Iroquois. Une réaction unanime que Louis n'avait pas prévue. On lui reprochait d'avoir laissé la vie à des Agniers à Schenectady, alors que les Iroquois brûlaient des Français à petit feu dans leurs villages; d'avoir interdit aux alliés de lever la hache de guerre contre les Iroquois après le massacre de Lachine, ce qui leur avait causé de nombreux désagréments et des pertes d'hommes; d'avoir tenté de négocier avec l'ennemi sans les intégrer dans l'alliance, ce qui les avait forcés à vouloir se rapprocher à leur tour des Iroquois pour n'être pas seuls à porter le poids de la guerre. Ils savaient tout des récentes ambassades de Frontenac chez les Iroquois et cela les inquiétait grandement.

Puis Atherihata, un des considérables chefs christianisés du Sault-Saint-Louis, prit à son tour la parole en s'adressant, cette fois, aux Outaouais.

— Nous avons eu vent des messages «sous terre» que vos braves ont envoyés aux Iroquois, comme il est aussi parvenu à nos oreilles que vous avez décidé de renoncer à rejoindre leur chaîne d'alliance. Mais éclairez-nous, frères alliés, et dissipez le nuage de défiance qui obscurcit nos cœurs. Pourquoi avoir traité avec l'ennemi sans la participation de notre Père commun, Onontio – et l'orateur de se tourner vers Frontenac en le montrant de la main –, et comment êtes-vous disposés, maintenant, à son égard et au nôtre ?

La balle était dans le camp outaouais. Leur porte-parole, un grand et beau guerrier, se leva lentement et vint se placer bien en évidence devant le gouverneur général, entre les deux rangées de participants. L'homme portait pour tout attirail un cache-sexe de peau et de longs colliers. Son visage, ses jambes et son torse étaient recouverts de tatouages colorés à motifs géométriques. Les quelques femmes présentes agitaient fébrilement leur éventail tout en le dévorant des yeux. Il parla d'abondance, ne lâchant jamais le *wampum* qu'il tenait devant lui.

— Ouvrez grands vos yeux et vos cœurs avant de nous condamner et faites un peu attention à la conduite qu'on a tenue avec nous. Vous jugerez ensuite si nous avions tort. Après nous avoir engagés dans la guerre contre l'Iroquois, on nous a obligés à cesser toute hostilité, puis sans nous éclairer davantage, on nous a fait reprendre la hache. Nous ne comprenions rien à ces revirements et étions également surpris du peu de vigueur de la riposte française à Lachine. Nous avons vu les Français défaits et embarrassés à se défendre. Inquiets à l'idée que notre Père nous abandonne et soit incapable de nous secourir, nous avons cru devoir songer à notre sécurité et à celle de nos femmes et de nos enfants. Ce printemps encore, Onontio nous mettait le casse-tête dans les mains, bien qu'il ait envoyé le chevalier d'O à Onontagué. Depuis, ni l'officier ni ses compagnons ne sont revenus et des négociations qui se sont poursuivies pendant plusieurs lunes n'ont donné aucun résultat. Nous sommes ici pour nous instruire de la véritable volonté d'Onontio. Quelles sont donc ses intentions ? Notre Père veut-il une vraie guerre avec l'Iroquois et est-il prêt à nous appuyer si nous levons à nouveau la hache contre les Cinq Nations ? Ou nous abandonnera-t-il à la première occasion si les Iroquois acceptent de faire la paix avec lui ?

Des murmures d'approbation fusèrent de tous côtés. Il fallait une bonne dose de courage pour dire les choses aussi franchement. Louis ne rétorqua pas, mais il invita les autres *sachems* à parler aussi à cœur ouvert. Quand Le Baron, un chef huron, prit la parole, on l'écouta posément.

— En ce qui concerne les miens, vous savez que nous n'avons jamais agi contre les Français ni désobéi à notre Père, auquel nous sommes résolus de demeurer fidèles. Dites-nous ce que vous attendez et nous marcherons...

Un effroyable cri de mort retentit alors, poussé d'une voix sépulcrale et suivi de hurlements propres à glacer le sang. Les guerriers bondirent sur leurs pieds. C'était le signal d'une présence ennemie.

Puis apparut celui qui était la cause d'un pareil émoi. La Plaque, un Iroquois chrétien, s'avança résolument devant Frontenac.

— Grand Onontio, je reviens d'Albany où j'ai été envoyé par les miens en reconnaissance. J'ai vu sur les bords du lac Saint-Sacrement une armée de plusieurs centaines d'hommes occupés à faire des canots. Je leur ai laissé trois casse-tête pour leur signifier qu'ils étaient découverts et leur lancer un défi.

Après quelques précisions où il apparut que l'éclaireur disait vrai, Louis prit la parole à son tour. Il tenta de mettre au service de sa cause toute sa puissance de conviction.

— Mes enfants, vous voyez votre Père ravi de constater la disposition dans laquelle vous êtes de ne vouloir faire ni paix ni trêve avec l'Iroquois. Puisque vous penchez si fort pour la guerre, qui est autant de votre intérêt que du nôtre, ne doutez plus que je ne fusse moi-même résolu à la poursuivre sans relâche. Je... ne... poserai... point... la hache... tant que... les Cinq Nations... ne seront pas... humiliées et défaites !

Il avait volontairement espacé ses paroles pour leur donner davantage de poids. Un tonnerre d'approbation s'éleva dans l'assemblée. Louis attendit fort habilement que le calme fût revenu, pour continuer dans un rythme plus emporté :

— Je vous exhorte à harceler sans relâche ces nids de vipères jusqu'à ce que l'on soit en état d'aller les attaquer et les brûler dans leur propre pays ! Si j'ai frappé d'abord les Anglais, c'est que j'ai cru devoir commencer par les vrais auteurs du mal. Si j'ai fait épargner les Agniers à Schenectady, c'était pour les forcer à se rendre aux sollicitations d'Oureouaré ; mais puisqu'ils continuent à abuser de ma bonté, je les pousserai à toute outrance et jusqu'à ce qu'ils soient réduits à quémander humblement la paix. Et je vous prie de croire que si cette paix vient à se conclure, elle ne se fera jamais sans votre participation et sans prendre autant de précautions pour votre sûreté que pour celle des Français, puisque vous êtes également mes enfants !

Les mêmes manifestations d'enthousiasme fusèrent à nouveau et couvrirent les dernières paroles du gouverneur. Le message était clair et fait pour enflammer les esprits. Louis profita de cette atmosphère d'euphorie pour abattre une autre carte. Il fallait retenir à Montréal le plus longtemps possible ce renfort inespéré de cinq cents hommes, parfaitement aguerris, pour aider à faire face à la menace qui couvait et gagner assez de temps pour permettre aux habitants de faire leurs récoltes.

— Voyez comme l'ennemi nous serre de près. Il est déjà à nos portes et prêt à fondre sur Montréal. Je vous crois trop braves gens et trop sincèrement attachés à ma personne et aux Français pour nous abandonner à la veille d'être attaqués.

Voyant que ses paroles portaient et que les jeunes guerriers commençaient à trépigner sur leur natte, Louis continua :

— Quoi qu'il en soit, je vous remets la hache de guerre, en étant persuadé que vous saurez vous en servir.

Sur ce, Frontenac se leva, descendit de l'estrade et entreprit une espèce de danse à la mode des sauvages, lente et syncopée, tenant un *tomahawk** à bout de bras et entonnant une étrange et vigoureuse chanson de guerre. Il sautait et tournait sur lui-même en entrecoupant ses paroles de telles échappées gutturales que cela en était saisissant de vérité. Faute de savoir comment chanter ses propres exploits, il entreprit de réciter ceux de Rolland, dans une des plus belles strophes de cette chanson de geste qu'il connaissait de mémoire depuis l'enfance :

— *Je vais frapper, de Durendal, mon épée, de grands coups... sanglante en sera la lame jusqu'à l'or du pommeau... Pour leur malheur... les félons païens sont venus à ces ports... Je vous le jure... tous seront frappés de mille coups et sept cents... tous seront livrés à la mort.*

La Hontan, qui avait reconnu les paroles, les répéta à son tour avec un tel enthousiasme que tous les officiers prirent le branle dans un même élan et se joignirent à la ronde. Les *sassakouez*, ces cris et hurlements à la mode des sauvages, montèrent et s'entremêlèrent aux paroles épiques dans une fureur bachique. Même les Iroquois christianisés semblaient gagnés par l'euphorie. Les autres alliés, séduits par les manières peu protocolaires du vieux gouverneur, lui répondirent en intensifiant leurs acclamations et en entrant eux aussi dans le jeu : ils se levèrent en désordre et se mirent à danser, chanter et hurler, pendant que leurs musiciens commençaient à frapper frénétiquement leurs tambours, les *chichicoués*. Le *tomahawk* de Louis passa successivement aux mains des Iroquois catholiques, puis à celles des Outaouais, des Hurons, des Nipissingues, des Cris et des Poutéouatamis, pour finir par tomber dans celles des Montagnais. Le pacte était scellé et la chasse aux Iroquois ouverte à nouveau.

Le festin qui suivit ces exceptionnelles délibérations fut à l'avenant : tout y était démesuré. Trois bœufs entiers, quinze gros chiens, des dizaines de livres de pruneaux et de raisins secs y passèrent. Une large distribution de tabac accompagna ces mets. Des tréteaux avaient été montés en hâte derrière la maison de Callières, près des baraquements militaires. Égayés par la chaude réception, l'abondance d'aliments et l'atmosphère d'euphorie qui régnait, les Indiens se gavaient sans limite. Pour le vin, il coulait parcimonieusement, autant parce qu'on en manquait que parce que les invités en étaient peu friands : seule l'eau-de-vie avait leur faveur.

En aparté, sous les grands chênes et face au fleuve, se dressait une autre table, habillée celle-là de nappes blanches et couverte de plats raffinés. Frontenac et Callières y prenaient place, entourés des principaux *sachems*, des officiers et de leur dame. La conversation était fort animée.

— Nous avons besoin de beaucoup de fusils et de poudre pour tenir tête à l'ennemi. Les Iroquois sont armés jusqu'aux dents par les Anglais et les Hollandais, dont ils obtiennent les armes à bon prix. Ils ne manquent ni de forgerons ni d'armuriers pour les réparer quand elles brisent, contrairement à nous, protestait avec vigueur un chef outaouais.

Louis semblait tout oreille, même si la chanson n'était pas nouvelle. Il aurait pu la réciter mot pour mot tant elle se répétait d'une année à l'autre.

— Nos fusils sont en mauvais état, continuait l'homme, nous en manquons, comme nous manquons d'artisans pour les réparer. Et il faut voir, mon Père, comme on nous arrache le cœur. Tes commerçants nous saignent aux quatre veines. À Albany, les Anglais ne prennent que deux castors pour un fusil, alors que tes marchands en demandent cinq ! Et pour la poudre, c'est pire encore : on exige ici quatre castors pour huit livres de poudre, alors que les Anglais n'en prennent que deux ! Mon Père, mets un frein à la cupidité de tes hommes ! Nous avons fait un long chemin pour venir jusqu'à toi, nous avons chassé tout l'hiver dans des conditions terribles pour ramener des peaux de grande valeur. Qu'on ne nous les échange pas pour quelques bagatelles. Nous sommes pauvres et nous manquons de tout. Sois généreux pour tes misérables enfants.

Ce que ce grand chef exprimait traduisait l'état d'esprit des autres. Des récriminations qui revenaient inlassablement dans leur bouche. Pour des raisons liées à des coûts de production et de transport trop élevés, autant qu'à des politiques axées sur les seuls intérêts de la métropole, les fournitures françaises s'avéraient beaucoup plus chères que celles des douze colonies anglaises. Une inégalité que les différents gouverneurs avaient toujours compensée par des

« dédommagements » propres à rétablir l'équilibre et à calmer les esprits.

Connaissant l'engouement des Indiens pour les fusils de fabrication française, en particulier pour le long fusil de traite ressemblant à celui des pirates, flibustiers et autres écumeurs de mer qui infestaient le Saint-Laurent, Louis leur en offrit une centaine, à titre gracieux. N'était-il pas dans l'intérêt de la Nouvelle-France d'avoir des alliés bien armés, capables d'opposer une puissance de feu équivalente à celle des Iroquois ? Et pour faire bonne mesure, il leur donna aussi une cinquantaine de fusils à long canon enjolivés de garnitures de cuivre jaune et trois fusils de chasse de Tulle, lourds et robustes, et dont les chefs étaient particulièrement entichés.

Fusils fins et fusils de chasse furent bientôt alignés dans l'herbe, à la grande joie des convives qui quittèrent aussitôt leur siège pour les voir de plus près. Les *sachems* se les passèrent de main en main en s'extasiant sur leur légèreté, leur robustesse ou l'élégance de leur ligne. Tout fut passé au peigne fin : la platine, la détente, la longueur du canon, la culasse, le chien, la butée, comme les motifs décoratifs qui garnissaient les contre-platines, les sous-gardes et les retours de plaque. Les Indiens étaient des connaisseurs et de fort bons tireurs, même s'ils ne savaient pas réparer leurs armes.

— J'ai une nouvelle recrue, un excellent armurier qui fera le voyage de retour avec vous. Il ne sera pas de trop pour prêter main-forte au sieur Charbonneau, s'empressa d'ajouter Louis, soulagé de voir apparaître des sourires de satisfaction sur les visages matachés de ses invités.

L'atmosphère se détendit et le reste des agapes continua sur la même erre d'aller.

Normalement, la traite durait de quarante-huit à soixante-douze heures. La flottille repartait aussitôt, car le chemin de retour était long et les Indiens n'aimaient pas savoir leurs villages privés de bons guerriers et exposés aux insultes de l'ennemi. Mais cette fois-ci, Louis réussit à les retenir en multipliant les caresses, les présents et les appels aux bons sentiments. Bien lui en prit, car le 29 du mois d'août, par un matin clair et frais, le chevalier de Clermont se présenta devant lui. Il était accompagné d'un prisonnier anglais et porteur de nouvelles de conséquence.

— Monseigneur, lui apprit l'officier, j'avais ordre de remonter la rivière de Sorel pour surveiller les environs. Ce prisonnier que j'ai fait moi-même sur les Anglais pourra confirmer mes dires.

Le jeune militaire qui l'accompagnait n'y comprenait rien, mais faisait des « oui » répétés de la tête, en signe de bonne volonté. Il était grand, maigre et visiblement épuisé. Ses chausses étaient couvertes de boue et la barbe lui mangeait les joues. Louis laissa courir sur lui un regard inquisiteur, qu'il ramena bientôt sur Clermont.

— Monseigneur, j'ai la confirmation que des soldats de Boston, de Plymouth, du Connecticut et de la Nouvelle-York, placés sous le commandement du général Fritz John Winthrop, se sont mis en marche, il y a quelques semaines, pour rejoindre un fort contingent d'Iroquois. Leur objectif est d'envahir le Canada par terre, pendant qu'une flotte attaquerait par mer. Ils ont longtemps attendu les Iroquois qui devaient leur fournir un renfort de mille cinq cents hommes.

Louis sourcilla. Tout cela lui semblait énorme. Et pourtant, les indices accumulés à ce jour convergeaient. Voilà bien pourquoi il n'avait plus eu de nouvelles des Iroquois : ils préparaient une attaque massive aux côtés des Anglais... Il ne pouvait pas s'étonner, après trois descentes victorieuses contre les villages ennemis, de voir ces derniers riposter à leur tour.

— Mais il semble que rien ne se soit passé comme prévu, monseigneur. Les soldats promis ne sont jamais arrivés, les provisions non plus, et grâce à Dieu, une épidémie s'est déclarée dans les troupes d'Albany. Les hommes ont commencé à mourir comme des moutons pourris, probablement de la dysenterie.

Louis posa un regard plus inquiet sur l'Anglais. Était-il malade, lui aussi ? L'envoyait-on au Canada pour contaminer la population ?

Clermont s'empressa de le rassurer sur la bonne santé du prisonnier, avant de poursuivre :

— Au point de ralliement, les Iroquois se sont montrés déçus de voir les troupes anglaises si clairsemées et ont rebroussé chemin avec colère en voyant arriver des soldats, le visage rouge de pustules. Winthrop n'a pas pu les retenir. Il a tout de même continué à avancer, pour apprendre bientôt que le contingent envoyé à l'avant éprouvait une autre difficulté : l'écorce des ormes ne pelait plus à cette époque de l'année et il devenait impossible de fabriquer des canots. La moitié de l'armée se trouvait paralysée et ne pouvait plus avancer. Il a fini par faire demi-tour.

Louis ne put réprimer un sourire de soulagement et pensa à sa tentative avortée d'envahir la Nouvelle-York. Ainsi, ses ennemis goûtaient à la même médecine et se voyaient contrariés à leur tour par une saison trop avancée.

— Pffft ! Les Anglais des douze colonies sont de pitoyables combattants, incapables de s'organiser efficacement. Ce ne sont que des amateurs dont nous aurons bientôt raison, marmonna-t-il, l'œil pétillant de joie maligne.

Clermont enchaîna :

— Mais un détachement de l'armée de Winthrop, commandé par Schuyler, le maire d'Albany, continue tout de même sa progression vers le lac Champlain et le Richelieu, dans l'intention de nous attaquer. En avançant vers le sud, j'ai aperçu des feux et entendu des coups de fusil. Puis j'ai envoyé un éclaireur à Chambly pour donner l'alarme. Nul doute qu'il s'agit de la patrouille de Schuyler !

— Schuyler... encore ce Schuyler de malheur !

Pourtant satisfait de la nouvelle et supputant un affrontement imminent, Louis s'empressa d'ajouter :

— Ce que vous me rapportez correspond au récit que me faisait récemment La Plaque, un Indien envoyé dans ces parages. Nous avons guetté l'ennemi annoncé pendant des jours, sur le pied de guerre, sans lui apercevoir le bout du nez. Il s'était volatilisé. Mais cette fois, je crois bien que nous le tenons. Il ne pourra pas nous échapper indéfiniment. Nous irons débusquer ce Schuyler dans son terrier et on verra bien de quoi se nourrit cette marmotte, pardieu !

Louis fut forcé de donner l'ordre de rebrousser chemin et de ramener les troupes à Montréal. Les trompettes sonnèrent pour battre le repli. Les tentes de fortune furent démontées en hâte et les canots remis à l'eau. Une armée de douze cents hommes avait campé en vain pendant trois jours de l'autre côté du Saint-Laurent, à La Prairie-de-la-

Madeleine, sans rencontrer l'ennemi. Pas de plume iroquoise ni de casaque anglaise. C'était à se damner. Louis ne dérageait pas. S'était-on moqué de lui avec ces histoires à dormir debout ? D'autant que les alliés, qui avaient traversé le fleuve avec lui en trépignant de se mesurer aux Iroquois, étaient déçus et impatients. Leurs propres éclaireurs étaient revenus bredouilles et ils demandaient instamment leur congé, pressés de pouvoir enfin rentrer chez eux.

— Le diable emporte ce Schuyler de malheur ! lâcha-t-il à Rigaud de Vaudreuil, commandant des troupes. L'homme aura pris peur devant nos forces conjuguées et aura décidé de rebrousser chemin.

— Mais ne serait-il pas à propos de laisser une partie importante de nos troupes sur place, monseigneur, au cas où l'ennemi se pointerait enfin ? lui rétorqua ce dernier, l'air inquiet.

— Ne laissez ici que quelques hommes. Il est inutile de craindre quelque autre injure. On nous a exagéré le danger. Mais rappelez aux gens de ne jamais s'éloigner des forts et de demeurer regroupés et armés jusqu'aux dents. Accélérez le repli, nos Indiens ne tiennent plus en place et veulent lever le camp sur l'heure.

Une fois que les hommes eurent retraversé le Saint-Laurent, Louis s'empressa de répartir ses mousquetaires dans les paroisses avoisinantes afin de protéger les moissonneurs. Puis il donna congé aux alliés en leur distribuant à nouveau de nombreux présents. Ses paroles d'adieu, ses gages d'amitié et de fidélité ainsi que la gentillesse de ses manières firent que les Indiens repartirent contents de leur Père et de tous les Français.

Ils avaient à peine quitté Lachine que les canons tonnaient à nouveau. À La Fourche, tout près de l'endroit où campaient la veille les troupes, s'élevait un long panache de fumée noire. Louis y dépêcha deux cents hommes commandés par le sieur de Valrennes. Mais la troupe de Schuyler avait eu le temps de disparaître après avoir massacré des habitants aux champs, égorgé le bétail et incendié les fermes. Tout flambait à la ronde. Vingt-deux hommes, deux femmes et trois enfants avaient été tués ou faits prisonniers. Plus loin, d'autres attaques-surprises avaient causé une trentaine de morts, dont celles de deux excellents officiers, le chevalier de la Motte et le sieur Murat. L'échec était patent et la gifle, retentissante.

Louis promenait une mine de déterré. Il était humilié. Comment avait-il pu être confiant au point de retirer le gros des troupes quand tout concluait à une attaque imminente? Il savait pourtant par expérience qu'une armée entière pouvait se dissimuler dans ces vastes forêts sans qu'on pût en déceler la moindre trace. Il perdait la face devant ses hommes, et surtout, devant la population, dont il trahissait la confiance. Tous ces morts qui auraient pu être évités… Le détachement du commandant Valrennes avait au moins réussi à prendre les troupes de Schuyler à revers et à leur infliger de lourdes pertes. Mais Louis s'en voulait de ne pas avoir été plus attentif. Il s'était isolé pour cacher sa honte et panser ses plaies tout en rabâchant des scènes d'échec durant des heures, l'estomac noué par les aigreurs.

En déambulant dans les jardins de Callières, ce soir-là, il croisa Marie-Madeleine de Champigny qui prenait l'air, accompagnée de son mari et du gouverneur de Montréal. La triste figure qu'il affichait dut l'inquiéter, car elle abandonna aussitôt ses compagnons et prit d'autorité le bras de Frontenac pour l'entraîner dans le sens opposé.

— Il me semble que vous êtes dur pour vous-même. N'oubliez pas que les habitants et les troupes de La Fourche sont allés moissonner sans prendre d'armes ni poster de sentinelles, comme vous le leur aviez expressément recommandé. Ils en portent aussi la responsabilité. Nous sommes engagés dans une guerre cruelle dont il est difficile de parer tous les coups. Vous avez fait ce qui était humainement possible pour protéger la population.

— Que non, madame. J'ai bêtement retiré mes troupes au moment où le danger était extrême. Je me suis laissé prendre comme un novice. Je n'ai aucune excuse et j'aurais dû prévoir. La vérité, c'est que je ne suis plus l'homme de la situation. Je ferais mieux de passer la main.

— Je n'en crois rien. Les gens ont toujours pleinement confiance en vous. Grâce à vos talents de diplomate, nos sauvages sont restés assez longtemps pour permettre aux fermiers de poursuivre leurs récoltes. Et vous avez admirablement récupéré nos alliés. La manœuvre a été si habile qu'ils sont repartis déterminés à se battre à mort désormais. La partie n'était pourtant pas gagnée.

— La partie n'était pas gagnée par ma faute encore. En voulant à tout prix amener les Iroquois à la paix, j'ai négligé de rassurer mes alliés et les ai acculés à trahir. Ils sont plus clairvoyants que je ne le croyais et capables d'un revirement spectaculaire. Et... malheureusement... continua-t-il sur un ton de voix catastrophé, dans l'état où est présentement la colonie, madame... je crains bien qu'il ne faille un miracle pour faire la guerre aux Iroquois... et un autre plus grand encore pour faire la paix avec eux sans de nouveaux secours.

Louis haussa les épaules et les laissa retomber dans un long soupir. Ce geste d'impuissance alarma Marie-

Madeleine. Il lui semblait que les rides sillonnant les joues burinées étaient plus profondes et le dos plus voûté. Le désenchantement qui saisissait le vieux Frontenac devant l'énormité de la tâche à accomplir lui parut de mauvais augure. Elle mesurait pour la première fois la profonde solitude de l'homme.

— Et voyez encore ce qui est advenu de la délégation du chevalier d'O, continua Louis d'une voix brisée, enferré qu'il était dans sa logique défaitiste.

Cet épisode raté le torturait depuis des semaines. Le fait de n'en avoir encore aucune nouvelle le mettait au supplice. Ses hommes avaient-ils été sacrifiés ou étaient-ils encore vivants, mais prisonniers? Et si oui, où, et dans quelles tristes conditions? Éparpillés dans les cantons iroquois dans l'attente angoissée d'une mort misérable ou croupissant sans espoir dans les geôles anglaises?

— J'ai péché, là aussi, par excès de confiance. Peut-être ai-je été mal conseillé? Mais une chose est certaine, la démarche a coupé court. Moi qui me vantais de connaître la mentalité iroquoise... J'ai eu tout faux, madame, tout!

— Mais n'avez-vous pas envoyé vos éclaireurs pour savoir ce qu'il en était?

— Si fait, madame, et à plusieurs reprises, mais personne n'a pu me fournir la moindre explication. J'ai même dépêché, il y a quelques semaines, un de mes hommes au baron de Saint-Castin. Ses Abénaquis en sauront peut-être davantage. Ils espionnent assez habilement les Anglais de Boston et sont au courant de tout ce qui s'y trame.

L'épouse de l'intendant se lança alors dans un dithyrambe propre à tirer son interlocuteur de la hantise dans laquelle elle le voyait sombrer. Elle lui représenta avec force que la confiance des Montréalistes avait été ranimée grâce au pacte renoué avec les Indiens des pays d'en haut et aux trois victoires récentes sur l'Anglais. Qu'ils se sentaient davantage en sécurité sous sa gouverne, et que le retour des alliés ramenant des milliers de livres de castor rétablirait la prospérité économique. Elle l'assura qu'il fallait considérer le revers actuel comme un moindre mal et se réjouir plutôt d'avoir échappé à l'armée de Winthrop. Et qu'il était l'artisan de cette transformation radicale : un peuple défait s'était mué, en quelques mois et sous son autorité, en un peuple de conquérants, confiant en l'avenir ! N'était-ce pas un exploit dont il devait à juste titre se réclamer ?

Alors qu'il n'avait pas toujours prêté une oreille attentive au babillage des femmes, Louis se découvrit étonnamment sensible à celui de Marie-Madeleine de Champigny. L'éclairage plus clément qu'elle lui renvoyait des récents événements le rasséréna. Peut-être avait-elle raison, après tout ? Il bénit l'intelligence et la lucidité de son interlocutrice et, dans un élan de reconnaissance, il pressa plus fort le bras de sa compagne.

— Et nous avons pu admirer vos talents de comédien, continua cette dernière sur un ton plein d'entrain. Cette danse de la guerre que vous avez mimée avec un naturel rare m'a paru digne d'un Molière.

Le sourire de fausse humilité qu'il lui décocha était éloquent : le compliment le touchait au cœur. Louis se ressaisissait enfin.

— Oh ! madame, je n'ai fait que tenter de m'accommoder à la façon de faire des sauvages. Mais la référence à Molière trouve tout à fait place ici. Nos Indiens ont des façons de faire très proches du théâtre. Ils ont le sens du grandiose dans leurs discours et leurs manières. Ils dansent, miment et déclament avec un naturel qui me confondra toujours, et la verve de leurs palabres s'apparente à celle des sénateurs romains. Ce sont des comédiens-nés ! Savez-vous que j'ai beaucoup pratiqué nos grands tragédiens, autrefois, surtout Corneille, dont je partage sans restrictions le sens de l'honneur et du sublime. Ah! le sublime cornélien! *Dans un si grand revers que vous reste-t-il?* demanda Nérine. Et Médée de faire cette terrible réponse: *Moi. Moi, dis-je, et c'est assez.*

Madame de Champigny s'égaya. Elle afficha un sourire ravi. Louis enchaîna:

— Mais, trêve de lamentations, madame. Donnez-moi plus fermement votre bras, fit Louis d'une voix résolue, dans un soudain accès de gaieté.

Il imprima à son pas une ardeur nouvelle.

— Profitons de cette exceptionnelle soirée. Je ne me souviens pas d'avoir perçu autant de douceur dans l'air un 25 de septembre. Ne dirait-on pas un soir de printemps, malgré ce troublant parfum d'arrière-saison? *Mon âme, il faut partir. Ma vigueur est passée...* Vous connaissez ce sonnet?

L'épouse de l'intendant avoua son ignorance.

— C'est de Mainard, un disciple de Malherbe, *Mon âme, il faut partir. Ma vigueur est passée, mon dernier jour est dessus l'horizon. Tu crains ta liberté. Quoi! n'es-tu pas lassée d'avoir souffert soixante ans de prison?*

Et Louis se mit à réciter d'une voix chaude et passionnée quelques beaux madrigaux lyriques du début du siècle. Sa mémoire de la poésie et sa connaissance de la littérature étaient encore sans faille et il enfilait les stances comme des perles, sans la moindre hésitation. Ces vers qu'il semblait affectionner particulièrement établissaient d'émouvantes correspondances entre le paysage et l'âme. Puis il s'attarda à Charles d'Orléans, dont il connaissait par cœur l'œuvre entière.

— *Le Temps a laissé son manteau*
De vent, de froidure et de pluie,

Et s'est vêtu de broderie
De soleil luisant, clair et beau.
Rivière, fontaine et ruisseau
Portent en livrée jolie
Gouttes d'argent d'orfèvrerie ;
Chacun s'habille de nouveau :
Le Temps a laissé son manteau.

Marie-Madeleine l'écoutait avec ravissement en regrettant de ne pouvoir le relancer sur son terrain, sa propre culture littéraire étant assez incomplète. Elle pensa avec amusement à son mari qui avait toujours entretenu un dédain hautain pour les poètes, ces « scribouilleurs d'utopies », ces « mâche-laurier », ces « poétastres », comme il les appelait avec ironie, bornant sa curiosité à d'ennuyants traités de science, de commerce ou de finances.

Les jardins dans lesquels ils évoluaient incitaient particulièrement à la poésie. Le rouge flamboyant des vinaigriers annonçait avec panache le crépuscule de la saison chaude, et le soir tombant nimbait la voûte céleste de beaux reflets bleu-mauve. D'odes en sonnets, de lais en madrigaux, Louis finit par ramener galamment sa compagne à son mari. L'ombre du mont Royal enveloppait toute la ville et précipitait la fin du jour sur le château de Callières.

— Monsieur de Frontenac, fit cette dernière en le quittant, vous avez été d'une excellente conversation, je vous en remercie.

Parodiant l'abbé de Saint-Pierre, un mondain parisien dont la boutade avait jadis couru les salons, Louis répondit fort obligeamment :

— Madame, je ne suis qu'un instrument dont vous avez bien joué.

Puis il s'éloigna en les saluant bien bas, le cœur traversé d'une pointe d'envie à l'égard de l'intendant et du couple malgré tout assez touchant qu'il formait avec madame de Champigny.

Deux semaines plus tard, Callières recevait à table et une vive animation régnait dans la salle à manger du château. Le souper copieux et abondamment arrosé réunissait de nombreux convives qui avaient mangé et bu jusqu'à une heure avancée. Les femmes s'étaient retirées les premières, laissant derrière elles une poignée d'hommes en verve et passablement éméchés qui continuaient à fumer, à boire et à deviser gaiement. Ils étaient encore attablés devant les reliefs de la fête et certains, incommodés par l'exception-nelle touffeur d'orage qui régnait, avaient laissé tomber la redingote et desserré la cravate. Les flammes des chandelles montaient sans frémir droit vers le ciel malgré les huit fenêtres largement ouvertes sur le fleuve. Le doux clapotis de l'eau battant la grève créait seul une impression de fraîcheur.

Il y avait là monseigneur de Saint-Vallier, le seul à ne pas être ivre, Frontenac, Champigny, Callières, François Damour, le chevalier de Maupon, le baron de La Hontan, Charles de Monseignat et quelques autres. On discourait à bâtons rompus de tout et de rien lorsque quelqu'un aborda la question des mariages prochains du marquis de Vaudreuil et du sieur de Ramezay. Ces officiers avaient choisi leur promise parmi les jeunes femmes de la colonie, une initiative encouragée par les dignitaires du pays, et avaient trouvé plus commode de faire d'une pierre deux coups en convolant le même jour. Monseigneur de Saint-Vallier, qui sirotait une liqueur fine, saisit l'occasion au vol et posa au jeune baron de La Hontan une question qui tomba comme un pavé dans la mare.

— Et vous, mon cher ami, pourquoi ne pas en profiter pour nous annoncer la date de vos épousailles ?

La veille, Saint-Vallier avait fait part à Frontenac de son étonnement devant les hésitations du jeune officier. Il fréquentait Geneviève Damour depuis de longues semaines, sans s'être autrement compromis auprès des parents. Louis partageait l'inquiétude du prélat. Il avait d'ailleurs tenté d'aborder le sujet quelque temps auparavant, mais La Hontan y avait coupé court.

— Il me semble en effet qu'il voit depuis assez longtemps mademoiselle Damour pour demander enfin sa main. Ses hésitations sont injustifiées : un si beau parti, une jeune femme si intéressante ! lui avait rétorqué Louis, choqué. Nous verrons à faire avancer les choses... Fiez-vous à moi, avait-il ajouté en donnant raison à l'évêque.

L'occasion suscitée à l'instant par l'intervention inopportune de Saint-Vallier était trop belle, cependant, pour que Louis ne s'engouffre au pas de charge dans la porte qui venait de s'entrebâiller.

— En effet, fixez une date et je parie que l'on pourra vous arranger cela rapidement. Nous pourrions même établir les clauses du contrat ici même et sur-le-champ. N'avons-nous pas avec nous le père de la mariée, l'évêque et le gouverneur ? Que souhaiter de plus, heureux jeune homme !

La Hontan avait légèrement blêmi et serré les mâchoires, tout en tournant un regard interloqué vers Saint-Vallier et Frontenac. Il n'aimait pas que l'on s'immisce dans ses affaires et cette intervention suintait la conspiration.

— Nous n'en sommes pas encore là, mademoiselle Damour et moi, répondit le jeune homme d'un ton qu'il voulut détaché.

Autour de lui, on s'était tu. La confrontation risquait d'être intéressante.

François Damour se repoussa sur son siège comme si on l'avait insulté. Sa fille était si éprise qu'elle n'espérait que voir son fiancé se déclarer. La crainte de ne pas lui plaire assez ou de l'avoir déçu l'habitait. Ne sachant plus à quel saint se vouer, elle s'en ouvrait régulièrement à son père qui la rassurait du mieux qu'il pouvait.

— Par tous les dieux ! Je m'engage à verser dans la corbeille de noces des mariés mille livres en espèces sonnantes et trébuchantes, si cela peut favoriser la chose.

Hector de Callières venait de lancer la mise en tirant de ses goussets une petite bourse qu'il jeta sur la table où elle atterrit en tintant lourdement.

— Voici d'ailleurs un acompte.

Le gouverneur de Montréal avait son visage empourpré de tous les jours, et la chaleur accablante l'avait forcé à déboutonner sa redingote.

Les enchères étaient ouvertes. Le futur époux se raidit lorsqu'il comprit que le jeu consistait à l'acculer au mariage. Il se força à rester calme, bien qu'une colère froide montât en lui.

— Eh bien, pour faire bonne mesure et parce que j'ai une affection particulière pour ces deux enfants, je double la mise. Je m'engage à ajouter deux mille livres à la dot de la mariée à la signature du contrat de mariage.

L'offre venait, cette fois, de monseigneur l'évêque. Des grognements de surprise s'élevèrent et tous les regards se tournèrent vers le vieux prélat qui rayonnait de contentement. Louis se frotta les mains en souriant. L'affaire était bonne...

Seul La Hontan gardait un air réservé. Il aurait eu mauvaise conscience de paraître indifférent à d'aussi généreuses donations, lui qui avait justement soutenu il y avait peu, et en s'en gaussant, que les officiers du Canada faisaient de bien piteux mariages en épousant des filles qui apportaient en dot onze écus, un coq, une poule, un bœuf et une vache. Ne lui offrait-on pas infiniment plus ?

Voyant que le jeune officier faisait encore grise mine et croyant que ce qui le retenait n'était qu'une question de décence, Louis se lança à son tour dans la mêlée.

— Écoutez, mon cher La Hontan, votre fiancée, mademoiselle Damour, apporte avec elle pas moins de deux mille livres en dot, ce qui en fait un des meilleurs partis de la colonie.

François Damour sursauta. Il aurait préféré en informer lui-même son futur gendre. Inconscient de l'indiscrétion qu'il venait de commettre, Frontenac continua, le feu aux joues :

— Si nous y ajoutons les trois mille livres qui viennent d'atterrir si généreusement dans votre panier nuptial, cela fait bien cinq mille livres de dotation, n'est-ce pas ?

Louis ressemblait à un maître-priseur occupé à faire monter les enchères. Il balayait son auditoire du regard, tout en le tenant en haleine. On aurait pu s'attendre à un retentissant « Qui dit mieux ? » comme dans les enchères de bestiaux, à la différence qu'il s'agissait d'un mariage et non du croisement de deux bêtes à cornes. Il s'acharnait pourtant.

— N'est-ce pas ? Chacun s'entend sur ce total ? Oui ? Bon, alors moi, Louis de Buade, ci-devant comte de Palluau et de Frontenac, je m'engage devant vous tous, la main sur le cœur et le cœur sur la main, à verser à monsieur le baron de La Hontan... la rondelette somme de... huit... mille... livres... en congés de traite !

— Ohhhhh ! firent les convives, franchement impressionnés.

La négociation prenait décidément une tournure prometteuse. On s'animait en avançant des moues évaluatives et en opinant du bonnet. Il devenait d'autant plus gênant de lever le nez sur une offre aussi alléchante que tout le monde connaissait la pauvreté légendaire de La Hontan, dépouillé de ses terres et dont les goussets étaient invariablement à sec.

Le jeune baron était sur le gril. Il se voyait coincé et cela le mettait en rage. Comment ne s'était-il pas méfié, quand Frontenac l'avait récemment pressé de questions avec une insistance qui lui avait paru louche ? Et Saint-Vallier, Callières, les autres, étaient-ils tous du complot ? Il se sentit malheureux et mesquin. Il risqua un œil du côté de François Damour qui n'avait pas ouvert la bouche, mal à l'aise d'être le témoin d'un pareil marchandage. Il s'agissait de sa fille, après tout, de cette belle Geneviève que La Hontan aurait agréée sans hésiter si l'affaire s'était négociée en France. Mais ici... Prendre femme en Canada, c'était s'y fixer à demeure et s'engager à y mourir. C'était surtout tourner le dos à la France et à l'Europe ainsi qu'aux projets de voyages et de notoriété qu'il nourrissait secrètement. S'il acceptait, ne risquait-il pas de se condamner à dépérir ? Était-il prêt à se passer la corde au cou ? Il n'arrivait pas à arrêter une décision et pouvait difficilement partager ses hésitations avec sa promise ou sa belle-famille. Quant à Frontenac, le gouverneur tenait trop à se l'attacher pour qu'il pût s'attendre à quelque compréhension de sa part. C'était une situation pénible et délicate dont il ne savait plus comment se tirer.

— Et mieux encore, messieurs, si notre jeune protégé consent à toper là, continuait Louis, ne lâchant pas prise et

s'amusant à jouer les grands princes, je m'engage solennellement et devant vous tous, ce soir, à le faire nommer
lieutenant du roi.

Nouvelles exclamations admiratives. Seul l'intendant
tiqua. Il avait entendu Frontenac promettre le poste au
major de Québec la semaine précédente. Une charge qui
n'existait pas encore au pays et que le vieux gouverneur
réclamait du roi à cor et à cri. « Il se laisse encore emporter
par sa folie des grandeurs et promet n'importe quoi », pensa
Champigny, en vidant son verre. Comme il n'aimait pas la
tournure que prenait l'affaire et qu'il était fatigué, l'intendant se dirigea en douce vers la sortie.

— Il me faut du temps pour évaluer tout cela, messieurs,
fit enfin le principal intéressé en rompant un silence qui
risquait être interprété comme un acquiescement. Votre
générosité, Votre Éminence, monseigneur de Frontenac,
monsieur de Callières, me trouble au plus haut point, et je
ne vous en serai jamais assez redevable. Pour ma part, j'ai
trop abusé ce soir du fameux vin de notre hôte et je n'ai plus
l'esprit assez clair pour prendre une décision aussi lourde
de conséquences. Souffrez donc que je réclame encore
quelques semaines de réflexion, autant pour moi que pour
mademoiselle Damour qui, j'en suis persuadé, en ferait
autant si elle était ici ce soir.

Louis fit une moue dubitative. Il était déçu. Il souhaitait
sincèrement retenir La Hontan dans la colonie. Il le sentait
déraciné et privé d'avenir, et voulait lui offrir par un mariage
et une position enviables un nouvel ancrage social. Comme
un père aimant l'aurait fait pour son fils.

Pour l'heure cependant, et devant le froid que la réponse
laconique du baron venait de jeter, Louis crut plus prudent de relancer la conversation dans une autre direction.
Au grand soulagement des différents protagonistes qui

commençaient à se demander s'ils n'avaient pas poussé le jeu un peu trop loin...

Oureouaré revenait de la mission du Sault-Saint-Louis, le canot chargé de fourrures et de victuailles, quand un soldat l'avisa de se rendre aussitôt chez Frontenac. Il déchargea, retira son embarcation de l'eau, l'assujettit solidement et porta ses provisions en lieu sûr avant de se diriger vers le château de Callières.

Septembre tirait à sa fin et l'automne s'annonçait rude et précoce. Une pluie fine et serrée comme un rideau tiré jusqu'au sol obscurcissait le jour. L'homme était triste et préoccupé. La récente déclaration de guerre de Frontenac et des alliés contre son peuple, ainsi que la disparition de la délégation du chevalier d'O – dont celle, spécialement douloureuse pour lui, de Colin, son frère de sang –, étaient peu réjouissantes. Il avait perdu espoir de les revoir vivants et savait bien à quelles considérations ils avaient été sacrifiés. Si on avait ignoré ses implorations, c'était autant à cause des Anglais que parce que son statut de chef était fragilisé. Il découvrait à ses dépens et à ceux de ses amis qu'il n'était jamais bon de quitter sa tribu trop longtemps. Et, comble de malheur, Frontenac le boudait et l'évitait depuis quelque temps.

— Faites-le entrer.

La voix sèche et bourrue était de mauvais augure.

L'Indien se tint droit et calme devant son Père et attendit l'orage comme il l'attendait enfant devant sa longue maison, sans réserve ni appréhension. Il avait toujours été honnête à son égard et n'avait rien à se reprocher. Mais Louis ne l'entendait pas ainsi. Commandant à son truchement* de traduire fidèlement ses paroles, il se lança dans un vibrant réquisitoire.

— Oureouaré, tu dois bien te douter des raisons pour lesquelles je t'ai convoqué aujourd'hui. Les événements des dernières semaines ont démontré que nos démarches auprès des Iroquois ont échoué lamentablement. L'appel que j'ai lancé aux tiens en faveur d'une trêve était fondé sur l'amitié que j'ai toujours eue pour ta nation. Pendant que j'ai été maître de ce pays, j'ai fermé la porte à la guerre, vos femmes ont été aux bois sans crainte, et il n'y a eu aucun sang répandu. Je me suis imaginé, encouragé en cela par toi, un *sachem* prétendument fort écouté des siens, qu'à mon retour, ta nation reconnaîtrait un Père qui venait à son secours et s'était allé reposer en son premier pays.

Après un court silence, Louis poursuivit, emporté par sa véhémence :

— Mes prédécesseurs ont adopté les Outaouais et leurs alliés, mais c'est moi-même qui vous ai nommés, vous autres Iroquois, « les enfants d'Onontio », unissant vos cabanes à la mienne. J'ai pleuré, de loin et impuissant, la désolation des Tsonontouans. Si vous avez été trahis pendant mon absence, vous ne l'avez jamais été en ma personne : ce sont les Anglais qui ont voulu séparer les enfants de leur Père et renverser la terre qui, depuis, a été ensanglantée de votre sang, de celui des Français et de vos autres frères.

Louis proférait ces paroles sur le ton de l'indignation. La longue introduction ramenait des faits qu'Oureouaré connaissait par cœur et qu'il écouta sans broncher, apparemment impassible, tout en supputant pourtant le reproche.

— J'aurais cru pouvoir au moins me flatter de ta reconnaissance pour les bienfaits dont je t'ai comblé, et j'étais en droit d'espérer que tu ouvres les yeux de tes compatriotes. Il faut que tu sois bien insensible à mes bontés pour avoir manqué à ce devoir, ou que ta nation fasse bien peu de cas de toi pour que tu aies échoué à la faire entrer dans des sentiments plus réfléchis et plus conformes à mes intérêts !

Oureouaré fut abasourdi par l'injustice de la critique. Il accusa cependant le coup avec calme, même si son cœur était touché. Il n'avait jamais été dans sa nature de s'enflammer comme un brandon au moindre souffle de vent. Un chef devait contrôler son impétuosité et parler le langage de la raison, non celui de la colère. Aussi laissa-t-il écouler assez de temps pour se ressaisir et trouver les mots justes avant de répondre, d'une voix étale :

— Mon Père, je suis mortifié par la dureté de tes paroles. Je les crois injustes et imméritées. Rappelle-toi bien qu'à ton retour de France, tu as trouvé les Cinq Nations engagées dans une alliance avec les Anglais qu'il n'était pas aisé de rompre et qui avait été envenimée par les Français eux-mêmes. Il faudra du temps et des dispositions plus favorables pour relever l'arbre de paix. Je ne t'ai jamais promis que j'arriverais par ma seule influence à changer le cours des choses. Je sais que je n'ai aucun reproche à me faire. J'ai travaillé de toutes mes forces pour toi, ton peuple et le mien, et jamais je n'ai cru à la magie des sorciers. Les choses viendront quand elles seront mûres et pas avant. Le fait que j'aie refusé de retourner dans mon canton bien qu'on m'y ait attendu avec impatience est garant de ma fidélité. Et si, malgré cette marque de mon attachement aux Français et à ta personne, on me fait l'injustice de nourrir contre moi un pareil soupçon, je suis prêt à le dissiper. À défaut d'y parvenir, je préfère rentrer dans mon pays.

Louis tressaillit. Ces paroles de bon sens et de dignité l'émurent et lui firent regretter d'être allé si loin. Les déboires des dernières semaines l'avaient rendu sombre et méfiant. Et le refus d'Oureouaré de lever la hache de guerre contre les siens, lors de la fameuse assemblée alliée, l'avait déçu. Mais fallait-il tant s'en étonner ? C'était peut-être trop demander à un homme qui avait tant œuvré pour la paix.

— J'ai laissé libre cours à ma colère, mon fils, mais mes paroles ont dépassé ma pensée. Je les retire. Efface-les à jamais de ta mémoire et oublie ta déception. Mon amitié t'est tout acquise et je connais maintenant assez le fond de ton cœur pour ne plus douter de ta fidélité. Quant à la paix avec les naturels de ce pays, sache qu'elle est mon vœu le plus cher et que jamais je n'y renoncerai, même s'il faut d'abord porter la guerre chez les tiens pour y parvenir. Maintenant va, va en paix.

Après le départ du *sachem*, Louis resta planté debout un long moment à réfléchir. Oureouaré sortait grandi de cette conversation et il se promit de veiller à se l'attacher encore plus étroitement. L'amitié d'un tel homme était précieuse. Pour se faire pardonner, il fit ce qu'il faisait toujours en pareil cas et donna des ordres pour qu'on lui porte quelques présents : un pistolet pour attacher à l'arçon de sa selle et une belle cravate de taffetas noir où pendait une broderie d'or. Il croyait avoir remarqué que ces bagatelles lui faisaient envie.

Dehors, une pluie de grosses gouttelettes tombait dru à présent. Louis commençait à avoir la bougeotte et il lui tardait de rentrer à Québec. Ce qui n'était plus qu'une question de jours, si tout se passait bien. Une semaine ou deux, tout au plus…

14

Montréal, été 1690

Un faisceau de lumière vive força Louis à ouvrir les yeux. Son esprit voulut s'attarder au mirage d'un rêve, mais la fine glace du sommeil se rompit si brusquement qu'il fut soudainement projeté de l'autre côté du miroir. Le réveil lui était un arrachement, une brutale reprise de conscience. Le plaisir de se retrouver le fuyait désormais. C'était aussi cela, vieillir, cette usure, cette immense lassitude de ne découvrir au matin que sa pauvre enveloppe fanée et rien d'autre. Il s'étira, se tourna vers la fenêtre dominant la pièce et fut étonné de trouver un ciel d'un aussi beau bleu, lumineux à en faire pâlir d'envie les plus grands peintres. Cela lui rappela les ciels de Nicolas Poussin, dont il avait maintes fois admiré les toiles à Versailles. Le beau temps avait enfin balayé les pluies et les vents cinglants des derniers jours.

Il se redressa et une douleur lui traversa les tempes. Il avait du mal à avaler et se trouvait fort enrhumé. Ces petites misères lui rappelèrent les événements de la veille. Comme il s'en voulait d'avoir dû quitter la table des Champigny au moment où ses avances auprès d'une veuve providentielle commençaient à porter fruits! Madame de Léry, une belle quadragénaire à côté de laquelle il s'était trouvé assis – par l'heureuse intercession de madame de Champigny qu'il saurait remercier en temps opportun –, ne s'était rebutée ni de ses œillades enflammées ni de ses improvisations galantes. Elle avait bien tressailli et rougi comme une jeune fille quand il avait fait mine de l'enlacer, ce qui avait plutôt attisé l'intérêt de Louis, tout en demeurant souriante et imperturbable. Les choses allaient bon train, quand une quinte de toux aussi inopinée que tenace l'avait obligé à se retirer. Ah, mais il la reverrait, il se le promettait bien! Il avait encore quelques jours devant lui, le temps d'attribuer aux soldats leurs quartiers d'hiver et de régler les détails de dernière minute. Il enverrait un de ses hommes aux nouvelles aujourd'hui même. Il fallait qu'il sache tout sur cette madame de Léry. Et il s'arrangerait pour la faire inviter par Callières sous un prétexte ou un autre. Le plus vite serait d'ailleurs le mieux.

Louis poussa une espèce de grognement de détermination, histoire de se fouetter le sang. Ce n'était pas le temps de céder à la maladie, il avait trop à faire. Il se leva d'un bond et sa vision se brouilla. N'importe. Il s'accrocha au montant du lit, le temps de reprendre son équilibre, et lança un ordre pour qu'on l'aide à s'habiller. La journée était chargée et il ne pouvait pas traîner.

Il terminait à peine son déjeuner que Monseignat pénétra dans la pièce en catastrophe, Callières sur les talons, et fondit sur Louis en brandissant deux lettres attachées en rouleau par un fin lacet. Il les lui tendit aussitôt.

— Monseigneur, elles viennent tout juste d'arriver. Un messager a ramé jour et nuit pour vous les apporter. Elles sont du major de Québec.

Louis lança un bref regard de connivence à Callières. Tous deux furent saisis d'un même funeste pressentiment. Louis prit les lettres puis, se ravisant, les tendit à son secrétaire. Il se cala dans sa chaise et attendit la suite avec fatalisme.

— Que peut-il se passer encore d'assez urgent pour que le major Provost, qui n'écrit qu'une fois l'an et avec peine, m'expédie deux lettres coup sur coup ?

Monseignat rompit le fil reliant les missives, décacheta la première et l'ouvrit d'un geste impatient. Sa main tremblait légèrement. Quelques taches d'encre que Provost n'avait pas pris le temps d'éponger témoignaient de l'urgence de la situation. L'exprès était daté du 5 octobre.

— Lisez, lisez !

— *Pardonnez mon intrusion, monseigneur, mais je crois que l'urgence de la situation le justifie. J'ai acquis la conviction que Québec est sur le point d'être attaquée par une importante flotte anglaise. Je viens tout juste de recevoir un messager abénaquis venu à marche forcée depuis Pescadouet, en Acadie, et envoyé par monsieur le baron de Saint-Castin. Ce dernier a fait surveiller les frontières des colonies anglaises, et ses hommes ont capturé une puritaine, près de Portsmouth, qui leur a révélé qu'une trentaine de vaisseaux ont quitté Boston, il y a quelque temps, pour venir attaquer Québec... Croyez bien que je demeure en attente de vos ordres et que j'aurai pris, entre-temps, toutes les dispositions qui s'avéreront utiles pour protéger la ville d'une attaque ennemie.*

— Passez à l'autre.

Le jeune officier prit le second pli qui datait du 6 du même mois et le tendit devant lui. Cette fois, le ton était plus pressant. Le major lui marquait que le sieur de Canonville avait aperçu près de Tadoussac vingt-quatre bâtiments anglais, dont huit fort gros. Il ajoutait que sur cet avis, il avait détaché le sieur de Grandville, son beau-frère, avec un bateau de pêche à deux mâts et un canot bien armé pour les espionner et en savoir davantage. Il se disait en attente d'ordres précis sur la marche à suivre, tout en rappelant les dispositions déjà prises pour protéger Québec. L'inquiétude était patente.

Louis réfléchissait. Il était loin d'être convaincu de la réalité d'une telle menace.

— Mais bougre de Dieu! finit-il par réagir, je croyais les Anglais plutôt occupés du côté de l'Acadie, si je me fie aux dernières lettres de Saint-Castin. Port-Royal ne peut avoir capitulé si rapidement, à moins de s'être trouvée dans un état pire que ce que j'en savais ou d'avoir été attaquée par une force imposante. Mais j'ai peine à imaginer que de telles ressources aient pu provenir des Bostonnais, toujours si peu organisés. Callières, qu'en pensez-vous?

Le gouverneur de Montréal répondit, avec une placide contenance:

— Je pense qu'il est fort plausible, au contraire, que nos ennemis se trouvent à si peu de lieues de Québec et que l'Acadie soit tombée rapidement entre leurs mains. Rappelez-vous, monseigneur, le dernier rapport du gouverneur de Menneval. Il se plaignait que Port-Royal ne comptât que quatre-vingt-dix hommes de garnison, dix-huit pièces de canon pas même en batterie*, des fortifications en si mauvais état qu'elles ne pouvaient les garantir d'un coup de main ennemi. Et qu'ils manquaient de tout. Quant aux autres postes, ils étaient encore moins fortifiés et aussi mal pourvus. La plupart des habitations françaises sont encore plus écartées qu'ici et absolument sans défense.

— Les distances sont si grandes et nous sommes si isolés dans ce terrible pays que les nouvelles nous arrivent toujours trop tard... Enfin, fit Louis, dans un geste d'agacement, je suppose que nous n'avons pas d'autre choix que de nous précipiter à bride abattue sur Québec, au cas où les Anglais auraient réussi le miracle de monter une flotte de guerre. Ce dont je doute fort...

Callières songeait à l'attaque réussie des frères Kirke, soixante ans plus tôt, et à la chute de Québec. L'occupation anglaise avait duré trois ans et forcé les Canadiens à plier bagage et à rentrer en France. Mais il est vrai qu'il s'agissait d'une autre époque et que la situation actuelle était bien différente, se dit-il aussi, en se jurant de rendre la partie difficile à l'ennemi si jamais la rumeur de leur présence s'avérait fondée.

Louis ordonna de mettre deux cent cinquante hommes à sa disposition, de leur trouver des canots et des vivres, et il envoya Monseignat avertir les officiers de se préparer sur l'heure à quitter Montréal. Les femmes resteraient à l'arrière, pour le moment. Quant à Callières, il fut entendu qu'il demeurerait sur le qui-vive et prêt à foncer sur Québec avec le gros des hommes et des miliciens si la situation le requérait.

On avait fini par affréter une barque plate pour transporter à Québec le gouverneur général et l'intendant. Louis, qui avait exigé une embarcation conforme à son statut et plus confortable que le canot d'écorce, déchanta lorsqu'il aperçut l'esquif. Il s'agissait d'un bâtiment modeste de faible tonnage et ne payant pas de mine. Il appartenait à un marchand de grains de Montréal.

— C'est tout ce qu'on a pu trouver ? fit-il, en jetant un œil peu rassuré sur la barque dans laquelle on l'invitait à monter. Une coque de noix qu'on nous a cédée à prix d'or, je suppose ?

Il s'adressait à Callières, qui ne put que soulever les bras d'impuissance. C'était déjà un miracle d'avoir pu trouver quelque chose à cette époque de l'année, au moment où les bateaux de tous tonnages faisant la navette entre Montréal et Québec en étaient à leur fin de saison, déjà réquisitionnés et chargés à ras bord de fourrures et de peaux pour l'exportation.

On aida Louis à se hisser à bord. Il s'exécuta en bougonnant, mit tout de suite en doute la solidité du bateau, critiqua les planches du fond qui lui paraissaient pourries et fit grand cas du peu de commodité du bâtiment.

— Nous sommes toujours à la merci, nous autres fonctionnaires du roi, de ces maudits marchands tellement âpres au gain qu'ils font passer leur intérêt avant le service du roi !

Les hommes avaient le profil bas. Quand Frontenac était d'humeur aussi exécrable, mieux valait se faire discret. Champigny, tassé sur son banc et encadré d'archers de la Marine, agitait la main en direction de sa femme demeurée sur la rive. Elle paraissait inquiète. Leurs enfants étaient restés dans la capitale avec leur gouvernante et l'intendant brûlait de les rejoindre pour les mettre en sécurité. L'idée de voir Québec assiégée par une importante flotte anglaise ne lui souriait guère. L'intendant savait la ville défendue par à peine deux cent cinquante hommes, quand on donnait les Anglais pour dix fois plus nombreux. Qu'ils les précèdent de quelques heures et ce serait la catastrophe...

Il jeta un regard agacé sur Frontenac, qui s'en prenait maintenant aux rameurs en laissant libre cours à sa fureur d'atrabilaire. Champigny l'avait rarement vu aussi déchaîné : le visage cramoisi, la voix éraillée, il crachait son venin entre deux toussotements. « La situation est pourtant assez tragique sans qu'il faille en rajouter », se dit l'intendant, en maudissant le gouverneur et ses caprices d'aristocrate frustré.

Le retour à Québec s'annonçait pénible et, comble de malheur, le ciel d'un bleu tantôt si triomphant virait au gris. L'intendant se replongea dans ses réflexions pendant que les manœuvres d'appareillage allaient bon train. Un long défilé de canots et de bateaux plats transportant le gros des troupes se forma bientôt et prit la direction du nord-est.

À la hauteur de Verchères, Louis recommença à s'agiter.

— Mais enfin, que vous avais-je dit ? Ce rafiot prend l'eau. Voyez donc, monsieur le chef de barque. Là, et là.

Il pointait d'un doigt indigné les infiltrations d'eau qui montaient à fond de cale. Les hommes commencèrent à écoper en catastrophe. Ah, il avait eu raison de se méfier ! Neuf fois sur dix, ces vieilles barques étaient impropres à la navigation. Il se jura de faire rendre gorge au propriétaire, cette fois. Mais plus on écopait, plus le niveau d'eau montait. Force fut bientôt de se rendre à l'évidence : le bateau coulait.

— Mais il faut évacuer. Allez, grouillez-vous ! Faites signe aux autres embarcations de nous venir rescaper, fit Louis, en gesticulant comme un damné.

Alertés par des signaux de détresse, quelques canots s'approchaient déjà, lorsque Louis tira Champigny par le bras.

— Allez, allez, préparons-nous, messieurs. Ce n'est pas le temps de prendre un bain par cette température. Voilà, il y a un canot qui s'approche. Aidez-moi à y monter, monsieur l'intendant.

Louis posa d'autorité son bras valide sur l'épaule de Champigny. Le baron de La Hontan, debout dans la fragile nacelle d'écorce qui s'était rangée en parallèle à la barque, se prit à leur expliquer la marche à suivre pour éviter de les faire chavirer.

— Nous savons, nous savons, mon jeune ami. Ce n'est quand même pas la première fois que nous montons dans pareille embarcation, répliqua Louis, agacé.

Il n'avait quand même pas sillonné ce pays d'un bout à l'autre pour se faire donner la leçon par ce jeune coq.

Louis franchit la première étape sans peine, mais les choses se gâtèrent quand il voulut se glisser dans l'embarcation. Une oscillation du canot lui fit perdre l'équilibre, balancer le tronc d'avant en arrière dans une valse-hésitation du plus haut comique, puis basculer à la renverse dans l'eau glacée. Le malheur voulut que Champigny, auquel Louis s'était cramponné dans l'espoir de reprendre pied, soit entraîné à sa suite. Les deux hommes disparurent sous l'eau, s'agrippèrent désespérément l'un à l'autre parce qu'ils ne savaient pas nager, et reparurent au bout de quelques instants en battant frénétiquement des bras. On se précipita pour les repêcher.

Frontenac fut hissé à bord le premier et se retrouva affalé entre deux bancs en claquant des dents, son bel uniforme de parade trempé et déformé, ses dentelles et ses rubans défrisés et pendants, son crâne à nu. Ses rares cheveux collés au front et aux tempes lui faisaient une auréole à la Socrate. Sa perruque, trop lourde, avait coulé à pic, cependant que son beau chapeau à plumes, récupéré à l'aide d'une rame, avait l'air d'un triste épouvantail. La Hontan l'enroula dans une couverture pendant que l'on rescapait Champigny. L'intendant fut à son tour hissé à bord, toussant et crachotant comme un phtisique. On le déposa, tel un paquet dégoulinant, à côté de Frontenac qu'il foudroya d'un regard assassin. Il contenait avec peine une rage explosive.

« Comment ce Frontenac de malheur a-t-il pu être assez maladroit pour me plonger – c'est le seul mot qui lui vint à l'esprit – dans une situation aussi ridicule ! » s'interrogeait-il, en frissonnant de tous ses membres. «Jamais je ne lui par-donnerai!»

Puis on leur versa à tous deux une grosse rasade de rhum qu'ils furent tenus d'avaler cul sec.

— Tout est perdu, fors l'honneur. La Marine de Sa Majesté est en déroute, son état-major est à demi noyé et sa flotte prend l'eau. Mais sachez bien, messieurs les Anglais, que nous vous ferons face, quitte à le faire à la nage, s'il le faut!

La boutade décochée à tue-tête par le baron de La Hontan pour dérider l'atmosphère était un pari risqué. Sa répartie théâtrale, assortie d'une référence à la célèbre phrase de François Ier lors de la fameuse bataille de Pavie, tomba dru. Ses coéquipiers durent se mordre les lèvres pour ne pas éclater de rire, de peur d'être cloués au pilori. Quant à l'impertinent baron, il risquait une solide dégelée.

Frontenac leva un regard étonné sur le plaisantin et le considéra avec grand sérieux. Puis il posa les yeux sur Champigny, dont l'air courroucé s'intensifiait. L'intendant ne décolérait pas et le fixait d'un œil mauvais, la mine dégoûtée. Ses cheveux hirsutes et ses vêtements en pagaille lui donnaient une allure de polichinelle. Prenant brusque-ment conscience du comique de la situation, Louis pouffa d'un rire incontrôlable qui monta, gonfla, se dilata et se répercuta bientôt en cascade autour de lui. L'explosion d'hilarité fut si communicative qu'elle gagna rapidement Champigny puis l'équipage immédiat, et enfin les hommes des embarcations voisines chez qui elle se propagea comme une traînée de poudre.

15

Québec, automne 1690

— C'est qu'ils nous attaquent par mer, ma parole, se dit-il.

Frontenac ajusta sa lunette d'approche et y jeta un œil anxieux. Des hauteurs où il se trouvait, il put appréhender à loisir l'orgueilleuse armada ennemie qui doublait lentement la pointe de Lévy et s'approchait de Québec, en ordre de bataille et le vent en poupe. Il eut un bref serrement de cœur.

Québec l'imprenable, l'invincible citadelle, allait devoir défendre sa réputation bec et ongles. Une vision d'apocalypse lui traversa l'esprit : la ville se rendait dans un ahurissant cortège de vaincus transportant les blessés, sur fond de bétail abattu et de maisons rasées par les flammes. Il chassa aussitôt l'inquiétant mirage en serrant les mâchoires.

Il compta fébrilement trente-quatre voiles, dont quatre gros vaisseaux, quelques frégates et brigantins, le reste formé d'embarcations de plus faible tonnage. C'était une flotte imposante que l'on disait montée de trois mille hommes de débarquement. Au fur et à mesure de leur progression, les petits bâtiments se rangeaient le long de la côte de Beaupré, entre l'île d'Orléans et la rivière Saint-Charles, derrière les autres qui tenaient le large. Puis on jeta l'ancre et une chaloupe débordant du vaisseau amiral fut mise à l'eau. Elle était surmontée d'un pavillon blanc et un émissaire y prenait place. Comme l'embarcation se dirigeait vers la basse-ville, Louis donna l'ordre d'envoyer un officier à sa rencontre.

Il laissa retomber sa longue-vue. Le sort en était jeté. Ils étaient aussi prêts qu'ils pouvaient l'être, vu les circonstances. Provost avait habilement manœuvré pour protéger la ville : les fortifications, réalisées dans un temps record, commençaient au palais de l'intendant, sur le bord de la rivière Saint-Charles, remontaient vers la haute-ville en l'encerclant jusqu'au Cap-aux-Diamants, pour s'arrêter au Sault-au-Matelot où était montée une batterie de trois pièces. La ville basse en comptait deux, pour sa part. Toutes les issues, ainsi que le chemin menant à la haute-ville, étaient barricadées de poutres et de barriques remplies de terre et de pierres, en guise de retranchements. Pour plus de sûreté, Louis avait fait ajouter une deuxième batterie au Sault-au-Matelot et une troisième à la porte de la rivière Saint-Charles. Une autre, de huit pièces de canon, était en installation près du fort Saint-Louis.

Quant aux hommes, il avait fait l'impossible pour les rameuter. Le gouverneur des Trois-Rivières s'était fait conduire en catastrophe à Montréal pour ordonner à Callières de se rendre d'urgence à Québec avec ses troupes et les miliciens de tous âges en état de porter une arme. Plusieurs habitants des environs des Trois-Rivières et de Québec étaient entrés dans la haute-ville pour gonfler les effectifs. Louis pouvait compter sur six à huit cents recrues, pour le moment, en attendant les renforts de Callières qui doubleraient leur nombre. Sans compter les sauvages domiciliés aux environs de Montréal et la poignée de Hurons et d'Abénaquis des missions environnant Québec, qui frétillaient, eux aussi, à l'idée de se mesurer à l'Anglais. Louis avait donné l'ordre aux milices de Beaupré, de Beauport, de l'île d'Orléans et de Lauzon, qui couvraient Québec autour de sa rade, de ne quitter leur poste que si les ennemis effectuaient un débarquement ou attaquaient le corps de la ville.

Que pouvait-il décemment faire de plus ? Une inquiétude supplémentaire le gagnait pourtant. Les neuf navires de ravitaillement en provenance de France pouvaient tomber à tout moment aux mains des Anglais. Aussi avait-il dépêché deux canots par le canal de l'île d'Orléans pour aller au-devant de ces bâtiments et les avertir de mouiller dans l'entrée du Saguenay, en attendant que les choses se calment. Le pays ne pouvait se permettre de perdre un pareil secours sous peine de crever littéralement de faim jusqu'au printemps suivant. La ville était déjà à court de vivres parce que les blés qui avaient poussé beaux et blonds avaient été gâchés par les pluies et la brume des dernières semaines. Les gens en étaient réduits à manger du blé nouveau encore humide et ne donnant pas autant que le sec. Combien de temps pourraient-ils tenir ? Les munitions étaient également rationnées et un siège trop long les épuiserait rapidement. Louis se prit à espérer des gelées précoces et continues afin de décourager l'ennemi et de le forcer à rebrousser chemin. Le temps s'avérait cependant une arme à deux tranchants et la chance, comme la grâce de Dieu, déciderait du sort des parties.

La vaste pièce grouillait de monde. L'envoyé de Phips, le major Thomas Savage, roulait des yeux étonnés et promenait un regard incrédule sur le gouverneur général, l'évêque, l'intendant et les nombreux officiers qui discouraient à haute voix. Ils étaient tous là : Vaudreuil, Callières, Champigny, Ramezay, Maricourt, Longueuil, Sainte-Hélène, La Hontan, Bienville, Villebon, Valrennes, et quantité d'autres encore, tous rangés d'un seul bloc derrière leur général.

Rien de ce que découvrait le major anglais ne correspondait à ses attentes. La version des prisonniers français embarqués de force sur le vaisseau amiral était pourtant unanime : Québec n'avait ni troupes, ni canons, ni général. Fort de ces informations – qui étaient vraies trois jours plus tôt mais ne l'étaient déjà plus, en ce 16 octobre –, Phips avait escompté dormir le soir même à Québec. Il avait communiqué la nouvelle avec confiance à toute son escadre.

Savage comprit que l'opération allait s'avérer plus difficile que prévu. On l'avait conduit au gouverneur les yeux bandés, en le menant longuement par des rues achalandées et bruyantes où on le pressait de tous côtés, dans des chemins tortueux et pentus où il avait été forcé d'enjamber quantité d'obstacles qu'il avait assimilés à des ouvrages militaires du genre chausse-trappes, chevaux de frise ou retranchements de quelque autre nature, ce qui l'avait fort alarmé. Et voilà que se dressait devant lui un gouverneur général altier, en pleine forme, rayonnant de détermination, et entouré d'un état-major nombreux dont les rires fusaient de toutes parts. À croire que ces gens-là étaient inconscients du péril qui les menaçait...

Avant de plonger la main dans son havresac pour en retirer la lettre de l'amiral, Savage eut le temps de promener un regard rapide sur les uniformes seyants couverts de boutons et de galons dorés, les perruques bouclées à la mode de Paris, les moustaches frisées, les élégantes cravates de soie, les chapeaux à larges plumeaux et les beaux fourreaux de cuir cerclés d'or. L'assemblée était pour le moins impressionnante. « Des papistes qui se vautrent dans le luxe et la dépense », songea malgré lui le puritain, choqué par un tel étalage de frivolités. Il pensa aux vingt résolutions adoptées dans les formes pour le partage du riche butin qu'on tirerait de Québec : la moitié irait aux soldats, aux marins et aux officiers, l'autre moitié à l'État, de même que le matériel des arsenaux et des magasins de provisions. Les estropiés et les infirmes auraient droit à une part supplémentaire du butin. Les marchands bostonnais qui avaient financé l'expédition avaient même prévu à qui appartiendraient les six superbes chandeliers d'argent de l'église des Jésuites...

— *Sir William Phips*, commença le major d'une voix qu'il voulut assurée, même si la main tenant la lettre tremblait fortement, *Knight, General and Commander-in-chief in and over their Majesties' Forces of New-England, by Sea and Land, to Count Frontenac, Lieutenant General and Governor for the french King...*

— Monsieur de Saint-Marc, lisez et traduisez, s'il vous plaît, ordonna Frontenac d'une voix sans appel.

Il fit signe à son majordome de retirer la lettre des mains de Savage pour la donner à l'interprète. Ce dernier s'exécuta, en se raclant préalablement la gorge pour s'éclaircir la voix. Comme on le pressait, il ne put que faire une traduction grossière et littérale.

— Du sire Guillaume Phips, chevalier, général et commandant en chef, par mer et par terre, des forces de Sa Majesté en Nouvelle-Angleterre, au comte de Frontenac, lieutenant général et gouverneur pour le roi de France en Canada ou, en son absence, à son député... ou à celui qui commande en chef à Québec. Les guerres entre les deux couronnes d'Angleterre et de France... ne sont pas seulement un motif suffisant, mais la destruction faite par les

Français et les sauvages sous votre commandement et encouragement... sur les personnes et biens des sujets de Leurs Majestés de la Nouvelle-Angleterre, sans aucune provocation, les oblige de faire cette expédition pour leur propre sûreté et satisfaction...

Le silence était total et l'atmosphère extrêmement tendue. Savage ne comprenait pas le français mais entendait le langage des visages, devenus soudainement sombres et crispés.

L'interprète enchaîna :

— ... comme aussi les cruautés et les barbaries exercées par les Français et les sauvages pouvaient, par cette présente occasion, nous engager à nous... revancher sévèrement, cependant... étant désireux d'éviter les actions inhumaines et contre le christianisme, comme aussi pour prévenir l'effusion du sang autant que possible, moi, ci-dessus, Guillaume Phips, chevalier, par ces présentes et au nom de Leurs Très Excellentes Majestés Guillaume et Marie...

Un murmure de protestation s'éleva que Frontenac étouffa d'une main impérieuse. L'autre continua :

— ... Guillaume et Marie, roi et reine d'Angleterre, d'Écosse, de France – des vitupérations montèrent à nouveau – et d'Irlande, défenseurs de la foi et par ordre de Leurs Majestés, gouverneur du Massachusetts, colonie dans la Nouvelle-Angleterre, demande que... vous ayez à rendre vos forts et châteaux sans être démolis, comme aussi toutes vos munitions sans y être touchées, comme aussi une prompte délivrance de tous les captifs, avec la délivrance de vos personnes et biens à ma disposition... ce que faisant, vous pourrez espérer pardon de moi comme un chrétien, ainsi qu'il sera jugé à propos pour le service de Leurs Majestés et le service de leurs sujets ; ce que, si vous refusez de faire, je suis venu pourvu et résolu... avec l'aide de Dieu dans lequel je me fie... par force d'armes... de revancher tous les torts et injures qui nous ont été faits, et de vous rendre sous la sujétion de la couronne d'Angleterre... et lorsque trop tard vous le voudrez faire, regretterez de n'avoir pas plus tôt accepté la faveur que l'on vous a offerte. Votre réponse positive... dans une heure, par votre trompette, avec le retour du mien, est ce que je vous demande... sur le péril qui pourra s'en suivre. Signé : Guillaume Phips.

Comprenant que la lecture était terminée, Savage tira une montre de sa poche et la tendit devant lui pour indiquer qu'il était dix heures précises. S'adressant à Louis, il le pria de le renvoyer à son bateau avec sa réponse, à onze heures pile.

Les récriminations éclatèrent parmi les officiers. Des cris d'indignation fusaient de toutes les gorges.

— Ne faudrait-il pas traiter cet insolent comme l'envoyé d'un corsaire et le pendre haut et court ! se récria le sieur de Valrennes en désignant Savage du doigt.

Ce dernier saisit d'instinct l'essentiel du propos et sentit son pouls s'accélérer. Une sueur froide lui coulait entre les omoplates.

Ignorant la remarque enflammée de son fougueux officier, Frontenac répliqua :

— Je ne vous ferai pas tant attendre, monsieur. Dites à votre général que je ne connais point le roi Guillaume, et que le prince d'Orange est un usurpateur qui a violé les droits les plus sacrés du sang en détrônant son beau-père. Que je ne sais en Angleterre d'autre roi que le roi Jacques. Que votre général n'a pas à se surprendre, puisque c'est sous les ordres de Louis XIV, qui a pris sous son aile le roi d'Angleterre pour le replacer sur son trône, que j'ai porté la guerre en vos contrées.

Puis, montrant de la main tous les officiers qui se pressaient autour de lui, il continua, en éclatant d'un large rire provocateur :

— Votre général croit-il, quand il m'offrirait des conditions plus douces, que je sois d'humeur à les accepter, que les braves gens qui m'entourent y consentiraient et me conseilleraient de me fier à un homme qui a renié la parole donnée à Port-Royal ? À un rebelle qui manque à la fidélité qu'il doit à son roi légitime, et oublie les bienfaits reçus pour suivre le parti d'un prince qui se présente comme le libérateur et le défenseur de la foi, alors qu'il détruit les lois et les privilèges du royaume et renverse la religion catholique ? La justice divine réclamée avec tant de zèle par votre général foudroiera sévèrement un jour cet usurpateur !

Doutant de pouvoir rendre un compte exact des paroles de Frontenac, Savage supplia l'interprète de les mettre par écrit.

Quand Frontenac comprit la requête, il répliqua, d'une voix de stentor :

— Non, monsieur ! Je n'ai point de réponse à faire à votre général que par la bouche de mes canons et à coups de fusil ! Qu'il apprenne que ce n'est pas de la sorte qu'on envoie sommer un homme comme moi. Qu'il fasse du mieux qu'il peut de son côté, comme je ferai du mien.

— Comment donc, major Savage ? Si les choses se sont passées comme vous le dites, c'est que nos prisonniers ou nos informateurs nous ont trompés, et que notre stratégie d'attaque conjointe aurait lamentablement échoué.

L'amiral Phips tombait des nues. Les informations que son émissaire lui rapportait sur l'état de Québec – du moins ce qu'il en avait supputé, bien qu'il eût les yeux bandés – et sur la réponse arrogante de Frontenac le sidéraient. Il fronçait ses épais sourcils et fouillait le major de ses petits yeux sceptiques. La situation s'avérait plutôt fâcheuse. Rien ne s'était déroulé comme prévu. La stratégie élaborée avec l'État de New York était pourtant imparable : le général Winthrop devait assiéger Montréal au moment où l'on savait que Frontenac et le gros de ses forces s'y trouvaient, ce qui aurait laissé la voie libre à Phips pour soumettre Québec. Abandonnée et sans défense, la capitale se serait rendue sur-le-champ, tandis que maintenant...

L'amiral était perplexe. Si la prise de Port-Royal et de l'Acadie s'étaient avérées une partie de plaisir, le siège de Québec se présentait plutôt mal. La chance semblait virer. La victoire serait déjà chose faite s'ils avaient franchi plus vite la distance séparant Tadoussac de Québec. Mais ils avaient été ralentis par la difficile navigation dans le Saint-Laurent, les hauts-fonds et les terribles vents contraires. Avec pour résultat qu'ils se retrouvaient devant une citadelle fortifiée et gonflée d'effectifs fanatisés, commandée par ce satané Frontenac, ce fauteur de terreur et de désolation sur toutes leurs frontières.

Le général durcit son regard.

« De combien d'hommes ce diable de Frontenac dispose-t-il ? Cinq cents, mille, deux mille ? Et leurs féroces Indiens vont-ils joindre leurs forces aux siennes ? » s'inquiétait-il, anxieux.

Quelques membres de son conseil de guerre se pressaient autour de lui : le lieutenant général John Walley, les majors Quincy et Phillips. Des chaloupes faisaient déjà la navette pour amener à bord le vice-amiral Carter, le contre-amiral Gilbert et le commandant Dolberry.

— Dites à monsieur Barnes de m'amener le fuyard. J'ai à l'interroger.

La requête de Phips fut exécutée aussitôt. On tira de cale un homme dans la jeune vingtaine qui s'avança en boitant. Il avait la mine hagarde et clignait des yeux.

— Approche, lui dit d'un ton rogue Walley, qui connaissait le français mais exécrait les traîtres.

Le transfuge, un Canadien des Trois-Rivières qui s'était rendu lui-même à l'ennemi en réclamant la protection du roi Guillaume, se confondait en sourires et en courbettes.

— Tu sais que tu risques la mort si tu mens? Nous avons d'autres prisonniers français qui peuvent infirmer tes dires. Un seul mensonge de ta part et je te fais pendre haut et court. M'as-tu bien compris?

— Oh que oui, monseigneur, fit l'autre en se frottant nerveusement les mains sur les hanches. Plutôt me faire hacher menu que de mentir.

Les officiers scrutaient le Français d'un regard lourd de soupçons, craignant un piège de la part de Frontenac.

— De combien d'hommes dispose ton général?

— Au moment où j'ai fui, il y a trois jours, il y avait deux cent cinquante à trois cents hommes dans la place. Mais je sais qu'on attendait d'une heure à l'autre des renforts des Trois-Rivières et de Montréal, qui pourraient représenter mille à mille cinq cents hommes supplémentaires. Sans compter les Indiens, qui vont se rallier en grand nombre.

— *Which Indians?*

— Des Iroquois, des Algonquins et des Nipissingues de la région de Montréal. Des Hurons et des Abénaquis des missions autour de Québec. Des Montagnais aussi. Si vous aviez attaqué il y a trois jours, la ville se serait rendue sans combat. Mais chaque heure qui passe joue contre vous.

Les officiers émirent des doutes sur la véracité de ces allégations. Ils s'échauffaient et prétendaient que le fuyard mentait pour les intimider. Phips abondait dans ce sens, tout en leur interdisant d'ébruiter ces propos. Il fallait préserver à tout prix le moral des troupes.

L'autre protestait de son honnêteté, la main sur le cœur. Il se dit prêt à jurer sur la Bible. Une requête qu'on repoussa, peut-être par crainte de souiller le livre saint au contact d'un hérétique doublé d'un traître. Walley était porté à accorder foi aux dires du transfuge. Les autres prisonniers français, les deux femmes et le sieur de Granville, avaient avancé des chiffres semblables. On parlait d'environ mille à mille cinq cents soldats, peut-être davantage, ce qui changeait drôlement la donne.

— Quel est l'état des défenses ?

— Québec est une ville ouverte, monseigneur. Elle n'est protégée que par quatre ou cinq batteries, trois dans la haute-ville et deux dans la basse. Les retranchements sont limités et inefficaces, et certaines défenses peuvent s'enfoncer facilement. Je connais d'ailleurs un endroit, à deux lieues d'ici, où vos soldats pourront escalader facilement les hauteurs et entrer dans la ville par l'arrière. Je pourrais vous y conduire.

Phips ne voulut pas en entendre davantage et renvoya le prisonnier à fond de cale. Il pourrait toujours servir en temps propice. Les discussions continuèrent jusqu'à ce qu'on arrête une stratégie. Satisfait, l'amiral libéra ses officiers en leur recommandant de tenir les troupes en état d'alerte et prêtes à entrer en action dès que la marée serait favorable.

Le combat s'engagea vers les quatre heures de l'après-midi. Phips avait fait mettre ses gros vaisseaux en ordre de bataille à côté du sien : le *Swan*, portant pavillon bleu, était posté à sa gauche, le *John and Thomas*, en retrait, plus à droite, et l'*America Merchant*, tout près du Cap-aux-Diamants. Le vaisseau amiral *Six Friends* se préparait à déclencher les hostilités. Les frégates et les brigantins de moindre tonnage s'étaient postées un peu en retrait, derrière les plus grosses embarcations, pendant que les petites gardaient le large.

De la redoute située sur les hauteurs du Cap-aux-Diamants, Frontenac observait sans sourciller l'alignement des bateaux ennemis. Il était néanmoins tendu et anxieux. La flotte de Phips était imposante et l'issue de l'affrontement était incertaine. Quand il fut assuré de l'avoir en plein dans son champ de mire, il ordonna la mise à feu. Tous les canons de la ville crachèrent leur boulet de vingt-quatre livres droit sur les navires anglais. Un tintamarre assourdissant répercuté par les falaises de roc envahit bientôt la ville entière. Les Bostonnais entrèrent à leur tour avec fureur dans la bataille. Les gros comme les petits vaisseaux portant une pièce d'artillerie pointèrent et tirèrent sur la haute-ville sans relâche, dans une canonnade effrénée.

À découvert, dans l'embrasure et tout en haut des remparts où se trouvait la principale batterie du fort Saint-Louis, servait un artilleur chevronné. Jacques de Sainte-Hélène, excellent canonnier, braqua la gueule de son canon sur le vaisseau amiral qui mouillait étonnamment près de la rive. Il visa le sommet du mât de misaine où flottait, ô merveille, le pavillon amiral anglais aux couleurs flamboyantes. Mais à pareille distance, l'objectif était difficile à atteindre. Il le tint en joue et le visa... sans l'effleurer. S'avisant enfin que les boulets solides qu'il enfournait dans la culasse étaient de portée trop longue, il choisit un boulet ramé, formé de deux boulets réunis par une chaîne, le glissa dans la bouche de l'arme, ajusta la mire et mit le feu à la mèche. La tête de mât du bateau amiral fut tranchée net, se cassa et tomba d'un grand coup sec.

— Le pavillon anglais ! On a touché le pavillon de Phips !

Les soldats hurlaient de joie : « Vive le roi ! Vive la France ! Vive Sainte-Hélène ! »

Dans la rade, tout en bas et juste devant la basse-ville, on vit en effet la splendide bannière portant la Croix de Saint-Georges tomber du vaisseau amiral et s'abîmer lentement dans le fleuve, où elle fut aussitôt emportée par la marée.

Une voix puissante s'éleva alors :

— Le drapeau, c'est la Croix !

Voyant qu'on ne comprenait pas le message, Frontenac hurla à nouveau et à pleins poumons, cette fois.

— Qui veut devenir chevalier ? Le drapeau de Phips contre la Croix de Chevalier !

Une clameur s'éleva et roula jusqu'à la ville basse où des dizaines de soldats répercutèrent de bouche à oreille le défi lancé par le gouverneur. Quelques téméraires répondirent aussitôt à l'appel en se jetant en désordre dans l'eau glacée. Chaque minute comptait. Au péril de leur vie et sous les imprécations d'une foule excitée qui scandait « À la nage ! Au drapeau ! », ils couvrirent bientôt la distance les séparant du précieux tissu flottant à la dérive. Sous une pluie nourrie de mitraille, deux nageurs finirent par s'emparer du trophée et le rapporter sur la grève. Dans une agitation qui frôlait le délire, les héros furent portés en triomphe au son du tambour jusqu'à la porte de la cathédrale où le sieur de Portneuf, qui avait également arraché un pavillon aux Anglais à Port-Royal d'Acadie, le joignit à celui pris sur Phips.

Louis exultait. On avait fauché le pavillon de Phips à son nez et à sa barbe ! Quelle humiliation pour l'orgueilleux puritain qui l'avait envoyé sommer de façon cavalière, comme s'il se fût agi d'un barbare. Quand le cortège en fête passa devant lui, il réitéra sa promesse et demanda qu'on suspende les prises de guerre bien en vue, à l'intérieur de la cathédrale.

Pendant ce temps, une pluie erratique de boulets tombait sans discontinuer sur la ville. Peu d'entre eux touchaient leur cible. Les miliciens de la Nouvelle-Angleterre soutenaient leur réputation de mauvais tireurs. Louis poussa du pied une pièce tombée près de lui et constata qu'elle était légère. Elle devait provenir d'un canon assez petit, dont la portée ne dépassait pas les quinze cents verges. Il eut un sourire de mépris. Ces puritains-là n'étaient même pas équipés pour bombarder une ville comme Québec, bâtie tout en hauteur et protégée par une barrière naturelle de roc indestructible que les boulets ne pouvaient que percuter, avant de rebondir au hasard de leur trajectoire.

Louis s'inquiétait pourtant, non pas tant des effets de la canonnade que de l'imminence d'un débarquement. Avec le peu de précision et la faible portée de leur artillerie, les bateaux anglais ne pouvaient causer que des dégâts mineurs, même si le siège se prolongeait, tandis que les troupes de fantassins étaient autrement à craindre. Les trois mille hommes de Phips allaient sûrement mettre pied à terre sous peu. Mais où, et quand ? L'amiral anglais profiterait certainement de la marée basse et tout se jouerait à l'aube. À moins que l'ennemi ne tente un débarquement de nuit, ce qui était particulièrement risqué. Pour plus de sûreté, Louis décida de maintenir cette nuit-là des troupes tout le long de la rivière Saint-Charles, l'endroit le plus favorable à une telle opération.

Malgré le tragique de la situation, Louis fut touché par le caractère singulier du spectacle qui s'offrait à lui. Le bassin, délimité par les battures de Beauport, l'île d'Orléans et la Pointe à Lévy, était littéralement couvert de grands et petits voiliers qui faisaient tonner sans dérougir leurs canons, cependant que le ciel gris sombre se criblait peu à peu de centaines de traînées blanches en suspension dans l'air comme autant de petits cumulus. La canonnade s'accompagnait d'un grondement sourd et continu qui faisait vibrer le château et la ville haute jusque dans leurs fondements. On aurait dit des feux de Bengale, un soir de fête à Versailles, sauf qu'il s'agissait ici d'une réalité autrement sinistre...

Le gouverneur éprouva à nouveau une vive appréhension. S'il fallait que ces maudits puritains aient raison d'eux... S'ils allaient bêtement perdre cette terre d'Amérique arrachée à la forêt à coups de hache et d'herminette, conquise à force de volonté, malgré l'isolement, l'hiver, le danger, et conservée par la voie des armes en dépit des forces coalisées des Iroquois et des Anglais... Il contracta les lèvres et secoua la tête dans un geste de dénégation. Lui, Louis de Buade, comte de Palluau et de Frontenac, ne le permettrait jamais !

16

Québec, automne 1690

Frontenac avait adopté la grande salle à manger du château Saint-Louis comme quartier général. C'est là qu'il réunissait son état-major et convoquait ses hommes. La pièce était encombrée de cartes et de documents militaires et le va-et-vient constant qui y régnait reflétait la gravité de la situation. Depuis le début du siège, Louis y passait presque tout son temps, quand il n'était pas occupé à parcourir les remparts, à sillonner la ville à cheval pour évaluer l'avancée de l'ennemi ou prendre le pouls de la population. Ce matin-là, plusieurs officiers s'étaient succédé pour rendre compte de la situation sur le terrain et c'était au tour du commandant des troupes, le chevalier de Vaudreuil, de s'exécuter.

— Ils ne bougent apparemment pas de leurs positions, monseigneur, bien que nous ayons enfoncé leurs flancs avec vigueur à plusieurs reprises. Leur résistance est plus forte que prévu.

Le jeune officier paraissait fébrile. Ses hommes et lui étaient aux aguets depuis que les Anglais avaient réussi à débarquer plusieurs centaines des leurs près de la rivière Saint-Charles, après de nombreux échecs causés par des marées peu favorables et de grands vents qui balayaient impitoyablement la côte. Trois jours durant, ils avaient essayé de prendre pied à terre sans y parvenir. L'opération n'avait commencé à porter fruits qu'au matin de ce quatrième jour. Le froid pénétrant nuisait tout particulièrement aux Anglais, épuisés par les nombreuses semaines de navigation, la faim et l'impossibilité de se mettre à l'abri, sans compter la nécessité où ils se trouvaient de faire face aux nombreuses patrouilles qui les enveloppaient et les attaquaient brièvement, puis s'évanouissaient dans la nature comme des spectres. En parallèle de ces escarmouches, les bombardements se poursuivaient sans interruption depuis quatre jours et jusqu'à huit heures du soir. Après quoi, les canons se taisaient. Un silence pesant s'installait, dans une accalmie de courte durée dont chacun s'empressait de tirer le meilleur parti.

— Mais nos unités ne leur laissent aucun répit, monseigneur. Longueuil, Sainte-Hélène, La Hontan et Maricourt harcèlent nos Anglais sans arrêt, les forçant à répliquer et à gaspiller leurs munitions sur des cibles trop mouvantes pour être atteintes. Leurs hommes tombent sans qu'ils puissent être évacués parce que leurs barques sont souvent incapables de reprendre le large tant la mer est grosse.

— Fort bien. Je tiens à ce qu'on occupe nos puritains assez longtemps pour créer une commotion parmi eux, histoire de gagner du temps. J'ai ouï dire qu'ils réagissaient d'ailleurs assez mal à notre manière de faire la guerre ?

— Ils paraissent en effet complètement décontenancés, monseigneur, c'est le moins que l'on puisse dire, rétorqua Vaudreuil, sur les lèvres duquel flottait un sourire de satisfaction. Nos miliciens voltigent de rocher en rocher autour des Anglais qui n'osent se séparer et présentent une cible idéale en se tenant serrés comme des bancs de sardines. Le désordre s'est d'ailleurs emparé de quelques unités dont les hommes ont commencé à se replier en catastrophe. Ils prennent nos Canadiens pour des sauvages et sont persuadés que derrière chaque arbre s'en dissimulent une centaine d'autres.

— Il est hors de question pour l'instant de combattre autrement qu'à l'indienne, fit Louis en se lissant la moustache. Le terrain en cet endroit est marécageux, embarrassé de broussailles entrecoupées de rochers, et la distance est trop longue à marée basse pour que nos hommes puissent avancer sans s'enliser jusqu'à la taille.

Louis, en plein dans son élément, était pris d'une excitation qui lui mettait le feu aux joues. Ses officiers et lui avaient élaboré une tactique qui semblait réaliste. Leur principal dessein était d'engager l'ennemi à traverser la rivière Saint-Charles, puisque c'était la meilleure voie d'entrée vers la ville. Comme on ne pouvait la franchir qu'à marée basse, Frontenac et Callières y attendraient les Bostonnais et les culbuteraient en bataille dans la rivière dès qu'ils l'auraient franchie. Ces derniers n'auraient alors d'autre choix que de reculer en désordre et de courir une demi-lieue dans une vase impraticable pour regagner leurs embarcations.

— Dès que le jour commencera à manquer, je commanderai moi-même la sortie d'un bataillon bien réglé, avec tambours et trompettes, pour faire diversion et créer l'illusion de troupes bien fournies. Je ne veux pas laisser le temps à l'ennemi de s'apercevoir qu'il n'a en face de lui qu'une poignée d'hommes. Avons-nous beaucoup de pertes, jusqu'ici? continua Louis, le sourcil froncé.

— Le chevalier de Clermont est tombé en pleine action, touché d'une balle au cœur, ainsi que le fils du sieur de la Touche, qui avait suivi les miliciens comme volontaire. Nous avons également une douzaine de blessés dont le plus considérable est le sieur Nicolas Juchereau de Saint-Denis, seigneur de Beauport, qui commandait ses habitants.

— Clermont, quel dommage ! déplora Louis, profondément ému.

C'était l'un de ses meilleurs officiers, un père de famille chargé d'enfants. Il se promit de mettre toute son éloquence à convaincre le roi de verser une pension à sa veuve.

— Le fils du sieur de la Touche était un novice qui voyait le feu pour la première fois, je suppose ?

Vaudreuil opina. Louis secoua la tête, toujours attristé de voir tomber de si jeunes gens.

— Saint-Denis est-il gravement atteint ?

— Son bras droit a été cassé d'un coup de feu. La blessure est profonde et il a perdu beaucoup de sang. On l'a transporté à l'Hôtel-Dieu.

Louis fit une grimace. Ce genre de fracture par balle s'envenimait et entraînait la mort une fois sur deux.

— Nous ferons attribuer à Saint-Denis des lettres de noblesse, ajouta-t-il, l'air sombre.

Il ne s'habituait pas à voir tomber des hommes dont il se sentait chaque jour plus proche. Le nombre réduit d'unités, la situation précaire de la colonie ainsi que son isolement étaient autant de facteurs qui favorisaient une plus grande intimité entre les gens. La hiérarchie militaire et les différences sociales, si rigides en France, trouvaient en Canada un terrain moins propice et avaient tendance à s'assouplir, à s'estomper, tout en se teintant d'un égalitarisme bienveillant. Surtout devant ce nouveau péril qui avait créé dans la population un tel appel de solidarité, un sentiment si aigu de dépendance mutuelle que les habitants étaient prêts à risquer leur vie sans hésiter pour sauver le pays. Les actes d'héroïsme fleurissaient sur un terreau particulièrement fertile.

— Et du côté de l'ennemi ?

Vaudreuil rétorqua aussitôt, avec une espèce de fierté virile dans la voix :

— Je dirais qu'en tout, en comptant les morts et les blessés, au moins quarante hommes ont été fauchés. Pour se venger de ces pertes, les Anglais ont saccagé et brûlé plusieurs maisons de la côte. Mais il semblerait que la maladie se soit mise parmi eux : les nôtres disent avoir vu plusieurs corps jetés par-dessus bord. S'ils n'entrent pas dans la ville au plus tôt, je ne donne pas cher de leur peau.

— Je n'ai pas l'intention de leur laisser mettre le pied dans Québec, monsieur de Vaudreuil. Et n'allez pas croire que nos ennemis sont à ce point affaiblis. Ils ont d'autres unités qu'ils peuvent à tout instant jeter contre nous. Ne péchez pas par optimisme et demeurez aux aguets. Retournez à votre poste, merci !

L'officier se leva, salua et se retira. L'évêque Saint-Vallier, qui attendait dans l'antichambre, faisait les cent pas. Son tour enfin venu, il entra d'un pas décidé dans la pièce où l'attendait Frontenac. Comme il était à Montréal quand la nouvelle du siège de Québec lui était parvenue, il avait interrompu sa visite pastorale et s'était aussitôt jeté dans la première embarcation disponible. Quatre jours plus tard, à la lueur des flambeaux, il avait fait son entrée dans Québec.

— Comment se portent nos hospitalières ? lui demanda Louis, qui savait que l'évêque se dévouait corps et âme pour stimuler ses propres « troupes ».

— Fort bien, fort bien, monseigneur de Frontenac. Je les visite régulièrement et je puis vous assurer qu'elles mettent beaucoup de ferveur à se rendre utiles. Après quelques moments de panique où j'ai trouvé nos pauvres sœurs plus mortes que vives et pensant être tuées, elles se sont ressaisies et ont entrepris de ramasser les boulets tombés sur leur terrain pour que nos canonniers les renvoient aux Anglais. Le père Frémin, leur confesseur, a passé la première nuit à consumer les hosties consacrées pour éviter leur profanation au cas où les Anglais se rendraient maîtres de la place. Le saint homme leur a même donné la dernière absolution chaque fois que le péril augmentait.

Ce genre de bondieuseries agaçait Louis qui répliqua, une pointe d'impatience dans la voix :

— Pourquoi tant d'alarmes ? Nous ne laisserons pas les puritains prendre cette ville. Mais qu'attendez-vous pour les rassurer, Votre Éminence ?

Saint-Vallier réagit en prenant un petit air pincé, comme si on l'avait pris en faute.

— Mais cela est chose faite. Elles se montrent si courageuses que je me vois même obligé de leur recommander davantage de prudence. Elles sortent plusieurs fois le jour pour se joindre aux dévotions publiques qui ont d'ailleurs redoublé depuis le début du siège, comme vous avez pu le remarquer. La disposition de la ville fait que les chemins menant aux églises sont vus de la rade, ce qui doit fort étonner les Anglais. Des femmes et des hommes osant sortir et circuler dans les rues comme si de rien n'était, en plein bombardement, voilà de quoi les faire douter de leur force de frappe et de la peur qu'ils croient nous inspirer.

L'évêque affichait un air de contentement, tel le général qui se félicite de voir ses hommes enfoncer les lignes ennemies. Louis esquissa un sourire.

— Nos hospitalières ont multiplié l'espace disponible pour recevoir, soigner et nourrir les blessés. Elles vont même jusqu'à distribuer aux officiers et aux soldats valides des écuelles de légumes bouillis. Elles leur cèdent aussi leur pain, que les hommes prennent dans le four avant même qu'il ne soit cuit, les fruits et légumes de leur jardin et les cordes de bois qu'elles avaient mises en réserve pour l'hiver. On leur a aussi pillé des planches et des madriers pour construire des fortifications, leur très beau verger d'arbres fruitiers a été rasé pour faire des batteries de canon et le terrain lui-même a été pelé jusqu'au roc pour en récupérer la terre. Mais tout cela, elles le donnent de bon cœur, en accord avec leur vœu de pauvreté. Les vivres et les munitions se font rares, désormais, et la pénurie est générale...

— Songez que la situation doit être pire encore chez nos amis anglais, lui opposa Louis. Et qu'en est-il des autres communautés ?

— Nos bonnes ursulines se dévouent tout autant. Leur maison est remplie de séculiers de la basse-ville qu'elles hébergent, faute de mieux, dans la salle des sauvagesses et le pensionnat. Les classes des externes débordent de meubles et de marchandises. Mais les pensionnaires continuent à suivre leurs cours dans les locaux de la communauté, le réfectoire, le noviciat et les trois caves qui abritent encore d'autres malheureux. Les religieuses prennent leurs repas debout et à la hâte, dans une cuisine encombrée, à peu près comme les Israélites lorsqu'ils mangeaient l'agneau pascal en souvenir de leur évasion d'Égypte. Mais jamais leur piété n'a été prise en défaut ! continua Saint-Vallier en levant l'index vers le ciel. J'ai passé avec elles une nuit entière en prière devant le Très Saint Sacrement, la veille de la Sainte-Ursule. Les autres nuits, certaines ont pris leur repos dans la sacristie ou dans leur cellule, toutes vêtues et en prières continuelles. C'est leur immense tableau de la Sainte Famille qu'elles ont fait suspendre en haut du clocher de la cathédrale. Vous noterez d'ailleurs qu'aucun boulet n'a pu l'effleurer jusqu'ici, malgré tous les efforts qu'ont pu faire les Anglais pour l'abattre !

L'évêque prit un air sibyllin, lourd de sous-entendus. Une remarque que Louis ne releva pas. Il préférait attribuer le « miracle », puisque le bruit courait que c'en était un, à la trop courte portée des canons ennemis plutôt qu'à la main de Dieu.

— Enfin... reprit Saint-Vallier, hier après-midi, le père de la Colombière leur a fait voir combien grand serait leur privilège si elles mouraient pour le maintien de la foi. Quand j'ai entonné le *Maria mater graciæ*, croyez bien qu'elles étaient toutes persuadées d'avoir à finir en martyres.

Louis eut un autre sursaut d'agacement. Le mysticisme et l'exaltation des religieux de ce pays ne cessaient de l'étonner. Quoique, cette fois, il y eût péril en la demeure. Les prisonniers anglais racontaient que l'ennemi jurait de faire disparaître toute trace de papisme et de raser jusqu'à leurs fondations les églises et les édifices religieux du pays.

— On m'a rapporté que nos séminaristes avaient abandonné leurs classes pour courir sus à l'Anglais ?

Saint-Vallier parut enchanté d'avoir à rendre compte d'événements qui faisaient sa fierté.

— Figurez-vous que des séminaristes de Québec, de Saint-Joachim et de Cap-Tourmente ont arraché à des autorités qui, il faut bien le dire, ne se sont pas fait tordre le poignet pour le leur accorder, le droit de courir à Beauport pour combattre les Anglais. Ces jeunes hommes vigoureux et habiles tireurs ont fait feu avec plus d'ardeur que les autres, tant on les avait chapitrés sur l'importance de repousser l'invasion. Et surtout de protéger les Jésuites, dont on disait qu'ils étaient l'obsession des puritains. Sans parler de tous ces braves gens, serviteurs et métayers, garçons d'écurie et valets de chambre qui se sont joints à nos séminaristes. J'en ai compté une quarantaine formant une compagnie à eux seuls et qui se sont lancés dans la mêlée avec enthousiasme. Nos prêtres ne sont pas demeurés en reste... car plusieurs, à l'exemple du curé de Francheville, ont échangé la soutane contre le capot, la barrette contre le tapabord* et le bréviaire contre le fusil, afin d'escarmoucher l'Anglais sur les grèves de la Canardière !

— Nos gens, tous nos gens, se battent avec frénésie. Je n'ai pas vu de tire-au-flanc et je suis particulièrement édifié par leur courage et leur cohésion, monseigneur de Saint-Vallier. Votre récente lettre pastorale a d'ailleurs contribué largement à assurer ce succès.

Les petits yeux vifs de l'évêque pétillèrent d'enthousiasme. Il rétorqua cependant, d'une voix faussement humble :

— Ce n'était qu'une courte missive propre à disposer les peuples de ce diocèse à faire face chrétiennement au double péril du siège et de l'hérésie.

— Notez que ce discours en a exalté plus d'un. Vous n'y êtes pas allé avec le dos de la cuillère, Votre Éminence, mais je dois admettre que l'effet est réussi. Certains passages m'ont paru fort beaux. « Marchez donc, mes très chers enfants, comme il est convenable que marchent ceux que Dieu a tirés par sa puissance des ténèbres pour les faire passer dans le royaume de son fils ; marchez en plein jour dans les moments d'affliction comme des hommes de lumière, marchez comme des enfants habités d'innocence. » De vous à moi, monseigneur, n'auriez-vous pas un peu emprunté à Bossuet, ou même à Bourdaloue, me semble-t-il ?

Saint-Vallier prit un air narquois.

— Il faut bien prendre son inspiration quelque part, vous en conviendrez avec moi. Bossuet et Bourdaloue guident souvent ma parole, il est vrai. Mais peut-il y avoir meilleurs discours que ceux qui vont droit au cœur et font vibrer les cordes les plus sensibles ?

— Certes, et je ne vous blâme pas. De si belles paroles ne peuvent qu'édifier et porter nos gens au dépassement.

J'en déduis donc que vous tenez vos « unités » aussi bien que moi les miennes, ce qui est fort bien.

Ils se séparèrent en meilleurs termes que jamais. Persuadé que Frontenac commençait à être touché par la grâce, Saint-Vallier se promit de l'entreprendre sérieusement, une fois la tourmente passée. Qui sait, se dit-il, s'il n'allait trouver enfin son chemin de Damas ?

17

Québec, automne 1690

La lunette d'approche collée à l'œil, les lèvres serrées, le lieutenant général John Walley dénombrait en amont de la rivière Saint-Charles un bataillon qu'il évaluait sommairement à quelque mille hommes. Ils déambulaient en ordre de bataille, au son du fifre et des tambours. Le comte de Frontenac les commandait en personne, sanglé dans un uniforme chamarré d'or et bardé de décorations.

Walley fit une moue anxieuse et se mit à souffler dans ses mains pour les réchauffer. Il eut beau remonter encore une fois son col de petite laine, il grelottait toujours. Son capot de soldat n'était pas adapté à ce froid de misère. La nuit précédente, la température était tombée si bas qu'une glace de deux pouces d'épaisseur, capable de porter un homme, s'était formée sur les battures. Ses soldats s'étaient couchés tête-bêche à même le sol gelé et avaient atrocement souffert.

Il ne décolérait pas. Bien qu'il ne fût pas militaire de métier – non plus que ses soldats, qui étaient pour la plupart garçons de ferme, bouviers ou caboteurs –, il avait vite compris qu'il serait suicidaire de tenter de traverser la rivière sans aide et sous les batteries de la ville. Il savait que Frontenac l'attendait. Il avait longtemps espéré les petites embarcations qui devaient faire la jonction et les ravitailler à l'entrée de la rivière Saint-Charles, mais... aucune ne s'était pointée. Ses troupes avaient piétiné sur place durant des heures, transies de fatigue et de plus en plus mal en point. Et pour faire bonne mesure, les fièvres avaient commencé à se répandre parmi eux.

Le plan arrêté par sir William prévoyait pourtant que ses bateaux pilonneraient les abords de la Saint-Charles sans arrêt, tout le long de leur avancée vers la ville. Au lieu de quoi Phips avait engagé sa flotte dans une canonnade débridée contre le cœur de Québec, s'acharnant inutilement sur la ville haute et abandonnant les troupes de Walley à leur sort. Avec pour résultat que le vaisseau contre-amiral s'était trouvé si incommodé par le tir des batteries du Sault-au-Matelot qu'il avait dû s'éloigner pour ne pas sombrer. Le corps du bâtiment était percé à plusieurs endroits, ses manœuvres coupées, son mât cassé et plusieurs de ses matelots étaient grièvement blessés. Le vaisseau amiral, de son côté, ne s'en était pas mieux tiré avec son mât de misaine renversé, son château avant défoncé et sa coque criblée de trous. Il avait dû relâcher du lest et se retirer en catastrophe pour ne pas couler corps et biens.

— Cette désastreuse attaque a dû nous coûter nos munitions, j'en mettrais ma main au feu, ragea Walley d'une voix rude en s'adressant au sous-officier qui piétinait à ses côtés.

Le découragement se peignait sur le visage des membres de son état-major. Ils ne comprenaient pas. Cette offensive ne devait-elle pas être déclenchée seulement quand Walley et ses troupes auraient atteint la haute-ville ? Ils se trouvaient dans de jolis draps, à présent, avec seulement un quart de baril de poudre par dix hommes et quelques pièces d'artillerie à peine fonctionnelles. Et c'est avec si peu et dans ces conditions limites qu'ils devaient prendre Québec ?

— Tant que les vaisseaux ne s'approcheront pas pour nous épauler et nous ravitailler, nous devrons demeurer sur place et continuer à escarmoucher contre ces bandits de papistes qui se cachent dans les halliers et se battent en lâches, comme des Indiens !

Walley fit une grimace de mépris. Il jugeait déloyales les tactiques militaires des Canadiens, alors que ses propres troupes opéraient à visage découvert et en pleine lumière. Ses hommes épaulaient sans apercevoir l'assaillant et faisaient feu sur une ombre qui répliquait, dissimulée derrière un arbre, puis ressurgissait bientôt derrière un autre, toujours camouflée. Ce jeu de cache-cache usait les nerfs des Bostonnais et sapait leur moral, tout en augmentant les pertes d'effectifs. Walley avait fini par se résoudre à inciter quelques unités de tirailleurs à imiter les Français et à se battre comme eux. Avec des résultats mitigés...

Le lieutenant général espérait affronter l'ennemi de bataillon à bataillon et en terrain découvert. Impatient de comprendre pourquoi le bombardement de couverture se faisait si cruellement attendre, il confia le commandement des troupes à son second, Apleton, et décida de se rendre à bord du vaisseau amiral pour prendre de nouveaux ordres.

C'était le troisième affrontement depuis l'avant-veille. Les battures de la Canardière où se déroulaient les combats étaient constituées de marais, frangés d'épais taillis. Des pelotons spéciaux triés sur le volet par le chevalier de Vaudreuil attaquaient de tous côtés depuis l'aube.

Jacques de Sainte-Hélène, secondé par son frère Charles de Longueuil, commandait l'un d'eux. Les Anglais se risquaient de plus en plus à l'intérieur des taillis où éclataient de chaudes confrontations. Les broussailles étaient si denses que les escarmoucheurs tiraient au jugé, sur la fumée des mousquets adverses. Depuis trois jours, les Bostonnais avaient couvert vingt arpents en direction de la Saint-Charles. Rien n'avait pu les empêcher de balayer devant eux l'assiette nécessaire à l'installation de leur camp.

Le jeune officier, qui venait d'ordonner un repli, surveillait attentivement les forces adverses. Des éclats de voix lui parvenaient, entrecoupés d'intempestifs « *Long life to King William !* » Le gros des bataillons de Walley était devant, tambours battants et pavillons au vent, hors de portée des mousquets. Mais Sainte-Hélène craignait surtout les compagnies d'avant-garde, déployées en tirailleurs et avec lesquelles une rude bataille était engagée. Quelques-uns de ses hommes étaient déjà tombés, dont deux, touchés à mort.

— Là ! cria Sainte-Hélène qui crut percevoir un mouvement.

Devant lui, des éclats de lumière blanche jaillirent puis s'évanouirent au-dessus des broussailles. Il s'élança, suivi de quelques autres, en direction des tirs. Ses hommes répliquèrent, renvoyèrent quelques plombs, puis virent deux soldats anglais, surgis de nulle part, se cacher à leur tour derrière les arbres en se plaquant au sol.

— Ils apprennent nos tactiques un peu trop vite, ces paladins du protestantisme, ironisa Sainte-Hélène en enfournant poudre, bourre et projectile dans la gueule de son canon.

Il refoula le tout dans le tonnerre du fusil à grands coups de baguette, puis vérifia son arme. Sur la pièce de pouce, au-dessus de la poignée de crosse, brillaient ses initiales, gravées dans l'argent. Il y passa fièrement la main. Il était particulièrement attaché à son fusil de Tulle, dont il ne se départait jamais. Cette arme l'avait servi dans bien des combats et lui avait maintes fois sauvé la vie. «Je mourrai avec», pensa-t-il, en se lançant furieusement à l'attaque, tout en criant aux autres de le suivre.

Dans les fourrés, à plus d'une quinzaine de toises, un peloton d'Anglais venait d'apparaître. Sainte-Hélène courut rejoindre son frère et s'embusqua à ses côtés. Après un bref échange de tirs, un soldat ennemi culbuta hors d'un taillis. Il saignait abondamment. Deux solides gaillards l'empoignèrent aussitôt pour le mettre à l'abri, quand Sainte-Hélène s'interposa. Il assomma le premier à coups de crosse et s'apprêtait à poignarder le second, quand un coup de feu tiré à moins de dix pas lui fracassa la jambe. Il tomba à la renverse, foudroyé. Longueuil bondit à son secours et fit feu sur une poignée d'autres qui s'approchaient. Des escarmoucheurs français, alertés, surgirent en masse à la rescousse et se jetèrent avec fougue dans la bagarre. La furieuse mousquetade qui s'engagea entre les protagonistes vira rapidement en un violent corps à corps.

Quand la mêlée sanglante prit fin, les Anglais avaient déguerpi. Sainte-Hélène gémissait faiblement, étendu sur le dos, la jambe éclatée. Longueuil était affalé contre un arbre et saignait abondamment. En se tâtant les côtes, il perçut sous ses doigts la boursouflure d'une balle. Dieu merci! sa corne à poudre l'avait empêchée de toucher le cœur. Mais il ne ressentait aucune douleur et se sentit rassuré. Déjà que son bras droit, fracturé lors de la bataille de Lachine, le faisait encore souffrir... Près de lui, un jeune fermier qui s'était battu avec fureur, gisait, face contre terre, la tête traversée d'une balle.

— En tout cas, on a abattu au moins dix damnés puritains, j'en mettrais ma main au feu, murmura Sainte-Hélène dans un filet de voix.

Il fournissait un effort surhumain pour maîtriser la douleur qui commençait à se faire cuisante. Longueuil se ressaisit, arracha le bandeau qu'il portait au front et s'en servit pour garrotter la jambe de son frère.

— Là, tu perdras moins de sang. Champagne et Lamarche reviennent, avec La Giroflée. On va pouvoir te transporter à l'Hôtel-Dieu. Accroche-toi, Jacques ! Nous n'avons pas fait les quatre cents coups pour venir mourir bêtement aux portes de Québec aux mains de bouviers, nom de Dieu !

Le blessé eut un pauvre sourire.

Devant le visage pâle et exsangue de Sainte-Hélène et la mare de sang qui grandissait sous sa jambe, Longueuil prit peur. Il grimaça discrètement en détournant la tête. Ce genre de plaie ne lui disait rien de bon. À Fort Nelson, à la baie d'Hudson, il avait vu un solide gaillard décéder des suites d'une pareille blessure. Il préféra chasser ces images funestes et s'empressa d'aider les autres à préparer la litière de corde qui servirait à transporter le blessé.

— Ils tirent avec plus d'ardeur qu'hier, ma foi. Ces impies auraient-ils été ravitaillés ?

Frontenac abaissa sa lunette d'approche et se tourna vers Callières, l'air inquiet. Le gouverneur de Montréal se contenta de hausser les épaules. N'ayant pas plus d'information que son supérieur, il se voyait contraint de faire la même constatation.

— Possible que Phips leur ait fait porter des munitions la nuit dernière. Il a fait si sombre qu'une chatte n'y aurait pas trouvé ses petits.

— Quatre jours sans véritable affrontement. Ces Bostonnais sont tellement sur la défensive qu'ils nous condamnent
au rôle de spectateurs. Et qui aurait dit que nos tirailleurs
mèneraient à ce point le bal ?

Callières eut un sourire mitigé. Il se réjouissait de
constater le succès de ses unités de combat, mais s'étonnait
de voir l'ennemi se mettre si vite à la même école.

— Ils ne manquent pas de courage, dit-il, en parlant des
Bostonnais, mais ce ne sont que des hommes ramassés au
hasard et peu instruits du métier de la guerre. Ils combattent
en étourdis, sans discipline, et nous offrent de belles occasions de les terrasser. Oh, attendez... Il se passe du nouveau,
ce me semble. Un bataillon se met en marche ou je me
trompe fort... Là, voyez, le contingent sur la gauche. Peut-
être aurons-nous l'occasion de leur donner une leçon à
notre tour ?

Callières, tenant sa jumelle d'une main, pointait l'index
vers le sud-ouest. Louis orienta la sienne dans la même
direction.

— En effet, en effet, ils se mettent en marche... Mais ils
devront d'abord affronter les unités que j'ai dépêchées dès
l'aube. J'ai ordonné au sieur de Villieu de conduire un
détachement de soldats de l'autre côté de la rivière. Il ne
devrait guère tarder à se manifester. Cabanac, Duclos, de
Beaumanoir et La Hontan mènent également d'autres
troupes à la rescousse, appuyées d'une bonne centaine de
sauvages. Quant à nos bataillons de réguliers, nous ne les
lancerons qu'à la toute dernière minute. Qui sait si Phips
ne débarquera pas mille autres hommes ailleurs, pour nous
diviser ?

— Ils nous canonnent depuis la terre, on dirait...

Callières fronça les sourcils. Ce nouvel élément corsait
l'action. D'épaisses fumées venaient de s'élever le long de

la rive, près du camp anglais. Quatre ou cinq canons paraissaient en activité.

— Ils ont bel et bien été ravitaillés de nuit. Cela ne fait plus de doute.

Louis se montra contrarié. Avec de pareilles pièces d'artillerie, il n'était plus question d'affronter l'ennemi avec un gros contingent. Les pertes en hommes risquaient d'être trop importantes. Il aurait pu répliquer avec ses propres canons, mais Louis préférait jouer de prudence. Il décida donc de protéger ses flancs et d'attendre.

John Walley était épuisé. Il n'entendait plus que d'une oreille distraite le brouhaha produit par l'entrée des officiers dans la cabine de Phips. Les événements des dernières heures se bousculaient dans son esprit comme s'il y était encore...

La majorité de ses effectifs avait été récupérée et réintégrée dans les bateaux, malgré l'eau glaciale, la pluie violente qui s'était changée en grésil et des vagues si agitées que plusieurs soldats avaient cru périr noyés. Mais il s'en était fallu de peu que tout vire en hécatombe... Une attaque-surprise de dizaines de tirailleurs français avait d'abord provoqué une commotion dans les rangs d'une relève trop peu expérimentée pour savoir comment réagir. Une commotion qui s'était changée en débandade quand une poignée de sauvages étaient sortis des boisés en poussant leurs cris de mort, le fusil d'une main et le *tomahawk* de l'autre. Oubliant toute discipline, ses soldats avaient retraité vers la plage à toutes jambes en hurlant à pleins poumons : «*Indians! Indians!*» Le désordre avait empiré quand, du haut de la cathédrale de Québec, avait retenti le tocsin. Le bruit avait couru dans leurs rangs que le comte de Frontenac s'apprêtait à lancer contre eux toutes ses forces.

Le reste s'était déroulé à une vitesse affolante. Walley avait crié au major Ward de retenir ses troupes, mais cela avait été peine perdue. Aucun officier n'avait pu empêcher des hommes transis de peur de se précipiter en pagaille vers les embarcations qui avaient failli chavirer sous le poids des dizaines de soldats qui s'y agrippaient.

— Les canons ont-ils été ramenés à bord, messieurs ?

La voix désabusée du général Phips tira Walley de ses réflexions. Il s'extirpa de ses réminiscences et prêta mieux l'oreille.

Les officiers qui l'entouraient se pressaient dans une cabine exiguë, ballottée par des eaux démontées. Les derniers jours avaient été particulièrement pénibles et personne n'avait pu fermer l'œil. La lumière enfumée d'un fanal de fortune soulignait des traits marqués par la fatigue.

— Je crois que oui, mon général, fit le major Savage.

Un peu plus tard, le colonel Dearing, qui se trouvait dans l'une des dernières barques, demanda qu'on le conduise devant Phips.

— Mon général, j'ai le regrettable devoir de vous apprendre qu'il nous manque cinq canons. Il semble que nous les ayons malencontreusement oubliés sur les battures de la Canardière en vidant les lieux. Ils étaient sous l'eau et sont réapparus à marée basse.

Un silence de mort s'ensuivit. Puis Phips éclata en violentes récriminations.

— Il ne nous manquait plus que cela ! Abandonner nos pièces d'artillerie à l'ennemi ! Nos amis d'en face vont nous canarder avec nos propres armes et en mourir de rire, ne croyez-vous pas, messieurs ? Je veux qu'on les récupère sur-le-champ ! Major Savage, voyez-y à l'instant !

L'amiral était mal rasé et avait les traits tirés. Il se croisa les bras et fixa ses hommes sans les voir. Il paraissait dépassé par les événements. Il reprit, d'une voix éteinte :

— Nous devons élaborer une nouvelle stratégie de débarquement. L'entrée de la rivière Saint-Charles est impraticable et les terrains de la Canardière impropres ; il faut prévoir autre chose.

— Lieutenant général Walley, qu'en pensez-vous ?

— Mon général, je me demande si la chose est réaliste, vu l'état actuel de nos troupes.

L'homme posa un regard interrogateur sur ses confrères qui opinaient. Encouragé, il poursuivit :

— À moins d'accorder quelques jours de repos aux hommes. Un grand nombre souffrent d'épuisement, d'engelures, de fièvres ou de maux de ventre. La petite vérole en a terrassé des dizaines. Ceux qui viennent de l'attraper sont hors d'état de combattre. Sans parler des blessés graves. Quant aux morts...

— Et vous, major Appleton ?

— Je me vois forcé d'abonder dans le sens de monsieur Walley, mon général. Beaucoup de mes hommes sont dans un état lamentable. Il leur faudra du repos avant de pouvoir combattre à nouveau.

— Monsieur Salthonstal ?

— Je suis du même avis, mon général.

— Bien. Nous profiterons des deux prochains jours pour faire des sessions de prières, messieurs, car je pense que nous avons de sérieuses raisons de nous interroger sur la cause de tous les malheurs qui n'ont cessé de s'abattre sur nos têtes depuis le début de cette détestable expédition.

Sir William semblait se recueillir. Il baissa les yeux, comme s'il entrait en lui-même.

— La Divine Providence n'est pas favorable à notre entreprise, commença-t-il d'une voix lasse. Trop d'éléments négatifs le confirment. À preuve, la persistance de ces vents contraires qui nous ont retardés de trois semaines tout en favorisant le retour des Français vers Québec; l'échec de l'armée de Winthrop qui devait attaquer Montréal avec trois mille hommes, ce qui nous aurait permis de prendre Québec sans difficulté; l'émergence de la petite vérole et des fièvres parmi nos troupes; le retour du comte de Frontenac trois jours seulement avant notre arrivée! Trois jours, messieurs, vous rendez-vous compte? Et cette température précocement froide et maussade que l'on n'a pas vue dans ces parages depuis des années et qui complique toutes nos manœuvres, en plus de faire abominablement souffrir nos soldats. Tout, messieurs, tout concourt à nous faire comprendre que le Seigneur a voulu nous humilier profondément et nous punir pour nos péchés. La colère de Dieu est sur nous. Il nous faudra nous pencher sur les raisons de cette colère et réformer nos vies en conséquence.

Ces paroles produisirent un effet-choc sur les officiers qui entouraient le général. Une telle convergence d'éléments négatifs était en effet troublante. Les hommes baissèrent la tête, ébranlés, et plusieurs se rangèrent à l'avis de Phips: quand la voie des armes a si pitoyablement échoué, ne faut-il pas que celle de la prière prenne enfin le relais?

Phips, posté à côté du capitaine Gregory Sugars, regardait se lever une aube glaciale et embrumée. Le froid était si mordant qu'ils avaient peine à articuler.

— J'ai longtemps navigué, croyez-moi, mais jamais je n'ai vu pareille froidure. Et regardez le thermomètre, le mercure est rentré dans la boule ! fit Sugars, l'air dégoûté, en indiquant de la main l'appareil fixé au gouvernail.

La colonne de mercure s'était en effet tellement contractée sous l'effet du froid qu'elle avait disparu. Le phénomène, pour le moins étonnant, paraissait lourd de mauvais présages.

Phips prit une mine d'enterrement. L'inquiétude le gagnait.

La nuit précédente avait été abominable. Une terrible tempête de vents s'était levée et avait rompu quelques amarres en libérant si brusquement les bateaux que certains avaient failli s'écraser contre la pointe de Lévy. Car l'hiver avait brusquement surgi dans le détroit de Québec.

Le capitaine Sugars reprit.

— Ce n'est pas pour vous presser, mais il va falloir mettre les voiles avant qu'il ne soit trop tard. Ce Saint-Laurent n'est plus navigable. La variabilité des courants et des vents, les nombreux écueils et les tempêtes sont des obstacles qui présentent trop de risques de naufrage pour y rajouter les difficultés de l'hiver. Et nous n'avons aucun pilote canadien pour redescendre le fleuve. Si nous ne nous hâtons pas de déguerpir, nous serons bloqués par les glaces. Quant à l'état de nos bateaux, vous savez mieux que moi à quoi vous en tenir à ce sujet...

Sugars avait terminé sa tirade par une moue révélatrice. L'homme parlait peu mais parlait juste. Phips lui en sut gré et prit la décision qui s'imposait.

348

— Monseigneur, les Anglais ont fui les rivages de la Canardière tellement vite qu'ils ont abandonné cinq canons, cent livres de poudre et une cinquantaine de boulets. Comme nous retirions leurs canons de l'eau, leurs chaloupes sont venues les quérir. Mais ils ont fait demi-tour dès qu'ils ont vu qu'on les attendait de pied ferme. Toute leur escadre est allée mouiller à deux lieues au-dessous de la ville.

L'escarmoucheur René Hertel, un long gaillard maigrelet aux traits rougis par le froid, était fébrile. Il ne tenait pas en place. Il portait le capot de laine à capuchon, la tuque et les mitasses du militaire en campagne.

Dans un élan de reconnaissance, Louis le prit par les épaules et le pressa contre sa poitrine. Le milicien se figea sur place, intimidé. Il entendit son général prononcer, d'une voix travaillée par l'émotion :

— C'est grâce à vous, escarmoucheurs et tirailleurs, que nous sommes encore maîtres de ce pays. Vous avez fait tout ce qu'on pouvait attendre de braves soldats et repoussé l'Anglais partout où il est descendu. Le peuple vous en saura gré. Portez donc mes félicitations à vos chefs et à tous vos compagnons. Et dites à Carré et à sa troupe d'emporter chez eux deux des canons abandonnés par les Anglais. Ils serviront de monument à leur bravoure.

Une étincelle de fierté s'alluma dans ses yeux sombres, pendant qu'un franc sourire s'épanouissait sur ses lèvres.

— Merci, monseigneur, balbutia Hertel en détournant le regard.

Pour faire diversion et masquer son embarras, il enchaîna une longue tirade où les mots se bousculaient à la sortie.

— On ne sait pas encore d'où viendra la prochaine attaque, mais pour l'heure, toute la flotte s'est retirée au bout de l'île d'Orléans. Les charpentiers s'activent au large et on entend les marteaux qui résonnent depuis le matin. Le vaisseau amiral est en piteux état et on s'affaire pour l'empêcher de couler. Le général Phips a même dû mettre des tuteurs à son grand mât. Il paraît qu'il a pensé perdre son bateau, la nuit dernière, tant le fleuve les a secoués. Certains disent l'avoir vu près des côtes de Lévy, tout retourné sur le côté et flanqué de deux bâtiments en aussi mauvaise posture. Il aura de la peine à regagner Boston et, s'il en vient à bout, il arrivera avec un câble, une ancre, cinq canons et son grand pavillon en moins.

Le jeune Hertel était surexcité, ce que Louis mit sur le compte de la fatigue.

— Vous devez être épuisé. Vous avez été combien de jours sans relève ?

— Cinq, monseigneur. Je suis sous le commandement du major La Hontan. On s'est battus pendant presque douze heures, hier. Comme l'avant-veille.

— Et comment cela a-t-il été ?

— Très dur, mon général. Jamais je n'avais vu un pareil feu. Chaque fois que je me relevais pour courir, j'étais accueilli par de la mitraille. J'ai pensé y rester. Mais on n'a jamais lâché. De ça, vous pouvez être sûr.

Louis hocha la tête en signe d'approbation.

— Oui, je sais de quoi vous parlez. J'ai connu bien des sièges, mais celui-ci a quelque chose de particulièrement... intense. De... désespéré, dirais-je.

Le regard qu'Hertel posa sur son gouverneur témoignait d'une immense admiration. Il avait hâte de raconter cela à sa famille.

Louis, de son côté, le trouvait rafraîchissant.

— Quel âge avez-vous ?

— Seize ans, mon général.

Il fut surpris, il l'aurait cru plus âgé. Il avait été trompé par la barbe forte et l'allure décidée.

— Et d'où êtes-vous ?

— De la côte de Beaupré. Je me suis pointé chez les miliciens avec mon père, François Hertel, malgré l'opposition de ma mère qui me trouvait trop jeune pour combattre.

— Eh bien, courez la rassurer, et dites à votre valeureux père qu'il y a lieu d'être fier de vous ! Mon intuition me dit que les Anglais ne s'y frotteront pas de sitôt... Le fleuve peut geler d'une nuit à l'autre dans cette terrible saison, ce que Phips sait aussi bien que moi. Croisons-nous les doigts pour que le froid persiste. Sinon, nous nous battrons comme nous l'avons fait ci-devant.

Et il renvoya le jeune milicien à son camp.

— Mais comment osent-ils nous réclamer une enfant si jeune et si bien adaptée à nos mœurs ? Elle n'a que huit ans, monsieur, et elle est déjà assez instruite de notre sainte religion pour faire sa première communion. Elle se plaît parmi nous. Ce serait cruel de la déraciner à nouveau, ne trouvez-vous pas ?

Le touchant plaidoyer adressé par mère de Saint-Ignace au capitaine des gardes de Frontenac fit chou blanc. La Vallières, qui avait pour ordre de négocier l'échange de prisonniers, devait rendre la petite Sarah Guerish. C'était la condition exigée par William Phips pour relâcher le père Trouvé, un prêtre acadien capturé quelque temps auparavant à Port-Royal. Cette jeune Anglaise avait été faite prisonnière lors de l'expédition lancée par Frontenac contre

Salmon Falls, en Nouvelle-Angleterre. Le seul survivant de la famille Guerish – son frère, qui agissait à titre d'officier sur le vaisseau amiral – réclamait l'enfant à cor et à cri.

— Je ne peux pas vous la laisser, madame, le gouverneur m'a ordonné de la remettre. C'est une jeune Anglaise de condition et ses parents étaient des amis personnels de sire Guillaume Phips.

Mère de Saint-Ignace baissa les yeux, attristée. Elle s'était attachée à cette enfant que madame de Champigny avait rachetée aux Iroquois et donnée à l'Hôtel-Dieu. Malgré son jeune âge, elle avait beaucoup d'esprit et le plus aimable naturel. Un petit air noble et des manières si engageantes que toutes les religieuses de la maison l'aimaient tendrement. Sarah affectionnait particulièrement celle qu'elle regardait comme sa maîtresse et lui confiait ses pensées avec une charmante naïveté. Quand mère de Saint-Ignace s'était étonnée de voir une fille aussi raisonnable qu'elle pâlir et trembler à la vue d'un pauvre sauvage alité, Sarah lui avait rétorqué, les yeux pleins de larmes : « Si vous aviez vu tuer votre père et votre mère par ces gens-là, comme je les ai vus tuer les miens, vous les craindriez autant que moi ! »

Quand Sarah Guerish s'avança devant La Vallières, elle lui fit une révérence et se mit à supplier, d'une toute petite voix :

— Monsieur, par pitié, laissez-moi avec mère de Saint-Ignace. Je ne veux pas retourner dans ma famille. Il n'en reste que mon frère aîné, que je ne connais pas. C'est ici qu'est ma vie, désormais.

L'enfant parlait un français sans accent. Elle pressait ses petites mains comme si elle implorait le Seigneur. Le capitaine fit une grimace de dépit et souleva les épaules en signe d'impuissance. C'est que la mignonnette avait des yeux si touchants ! Il détourna le regard vers l'hospitalière et trancha, d'un ton sans appel :

— Préparez son baluchon et conduisez-la dans une heure au quai. Une barque prendra les prisonniers libérés pour les conduire à bord.

La Vallières avait d'autres chats à fouetter. Il courait depuis le matin de la prison militaire au château, de l'Hôtel-Dieu à chez monsieur Le Ber, de chez l'intendant au délégué anglais pour arrêter une entente qui conviendrait aux parties. La veille, les négociations avaient failli achopper sur la libération du prêtre, que les Anglais refusaient de relâcher. Ils demandaient deux hommes pour sa remise en liberté, mais on avait fini pas s'entendre sur la jeune Guerish. Les autres prisonniers étaient agréés. On remettrait aux Bostonnais le capitaine Sylvanus Davis, fait prisonnier par Courtemanche à Fort Loyal, Louise et Mary, filles de son second, Thaddeus Clark, Sarah Guerish, les sept enfants de Clément Short, amenés à Québec après la mort de leur père à Schenectady, ainsi que trois autres Anglais pris à la baie d'Hudson par Pierre Le Moyne d'Iberville.

Du côté français, on récupérait le découvreur du Mississippi, Louis Jolliet, sa femme, Claire-Françoise Bissot, et sa belle-mère, Marie Couillard, tous trois capturés au moment où ils surveillaient l'avancée de la flotte anglaise. Phips leur remettait également le père Trouvé, trois Acadiens pris au même moment, ainsi que sept autres soldats.

À la brunante, on vit partir en direction du vaisseau amiral une barque pontée chargée de prisonniers anglais, cependant qu'une carriole bringuebalante montait en sens inverse la côte menant au château Saint-Louis. Elle était remplie de Français de retour de Boston ou d'ailleurs, loquaces et fort en joie.

Le matin du 24 octobre, par une journée glaciale et venteuse, le bruit courut que les Anglais quittaient enfin les parages. Leur flotte avait levé l'ancre, s'était laissée dériver avec la marée, puis avait mis les voiles en direction du large.

La petite chambre de l'Hôtel-Dieu était située à l'extrémité de la salle des hommes et se trouvait bondée de lits occupés par des officiers blessés, tombés pendant les combats de la Canardière. On avait dû y monter en vitesse deux nouvelles paillasses qu'on avait glissées au centre d'une pièce déjà si encombrée qu'elle était devenue presque impraticable. En plus de l'inconfort et du manque d'espace, une fétide odeur de pus et d'urine se dégageait de l'étroit réduit et prenait à la gorge.

Dans les trois lits placés le long des fenêtres donnant sur le jardin se trouvaient Juchereau de Saint-Denis, le bras fracturé d'une balle mais en voie de guérison, Louis le Cronier, touché au ventre et dévoré de fièvre, et Jacques de Sainte-Hélène, qui semblait vivre ses derniers moments, la jambe droite en charpie à la hauteur de la cuisse. Dès son arrivée à l'Hôtel-Dieu, sa famille s'était précipitée à son chevet. Il était entouré de sa mère et de deux de ses frères, Charles de Longueuil et Paul de Maricourt.

Catherine Thierry était penchée sur son fils et lui bassinait doucement le visage avec un linge imbibé d'eau. Des larmes qu'elle n'essayait plus de retenir inondaient ses joues et tombaient goutte à goutte dans les cheveux moites de Jacques. C'était son cinquième fils, le premier enfant qu'elle perdait, et sa douleur était si grande qu'il lui semblait ne pas pouvoir y survivre. Absent à tout ce qui l'entourait depuis des heures, Sainte-Hélène luttait contre la mort. À chaque inspiration qui lui arrachait un long râle d'agonie, il agrippait ses draps des deux mains et les serrait avec force. Son visage exsangue et crispé et ses yeux exorbités faisaient peine à voir, mais l'effort surhumain qu'il fournissait à intervalles rapprochés pour retenir quelques bribes de vie était encore plus insupportable.

— Foutre de Dieu, moi je n'en peux plus !

Charles de Longueuil sortit précipitamment sa gourde d'alcool, en versa dans le bouchon, puis approcha le contenant des lèvres du moribond. Il lui souleva la tête et lui fit ingurgiter le liquide par petites gorgées, avec une infinie patience. Puis il prépara une seconde ration qu'il lui fit avaler de la même façon. Il s'apprêtait à refaire l'exercice quand sa mère s'interposa.

— Mais arrêtez, Charles, vous allez l'achever.

— L'achever, maman ? Mais ne comprenez-vous pas que c'est ce que nous avons de mieux à faire ? Il souffre le martyre à chaque respiration. On ne peut pas rester les bras ballants sans rien tenter pour le soulager, il a déjà tellement pâti. Si ce n'était que de moi... j'aurais déjà mis un terme à ses tourments depuis longtemps !

— Charles ! Taisez-vous, vous blasphémez ! C'est péché mortel que de se substituer à la Volonté de Dieu ! Nous ne sommes ni des sauvages ni des mécréants !

Le jeune homme haussa les épaules et se pencha à nouveau sur son frère, qui poussait des gémissements encore plus aigus. Ne sachant plus que faire, il s'affaira à le replacer dans son lit en le soulevant doucement par les épaules, ce qui provoqua un hurlement strident. Il avait oublié sa jambe broyée, gonflée comme une outre, et dont le moindre déplacement produisait une abominable douleur. Charles jura entre ses dents. Rattrapé par son impuissance et épuisé par de longues heures de veille, il se mit à pleurer à son tour par petits sanglots brefs et saccadés, rapidement suivis de gémissements sourds et profonds. Il cachait sa peine dans ses larges mains calleuses comme s'il était honteux de s'y abandonner au grand jour. L'idée de perdre son frère le cabrait tellement qu'il en maudissait Dieu et la terre entière, tout en se jurant de le faire payer cher au premier Anglais venu.

Charles n'avait pas quitté Jacques depuis des jours, d'abord alité à ses côtés puis posté à son chevet aussitôt remis de sa propre commotion. Il voulait s'assurer que son frère ne manque de rien. L'état de débordement général était tel que les Hospitalières ne suffisaient plus à la tâche et réussissaient à peine à nourrir les malades. Le siège de Québec avait fait de nombreux blessés en provenance de l'extérieur et l'hôpital avait dû les prendre en charge, faute d'une famille pour les accueillir.

Longueuil se remémorait les derniers mots de Jacques. Une nuit où ses forces semblaient l'abandonner, son frère avait réussi à articuler, si faiblement qu'il avait dû coller son oreille à sa bouche : « Pour... moi, c'est... la fin... Je... ne re... grette rien... Soutiens... Pierre... et le clan, ... et Paul... et ses... rêves... »

Il n'avait pas pu saisir le reste. Il avait eu beau le secouer, le supplier, Sainte-Hélène était demeuré silencieux, le regard déjà absent. Ce n'était pourtant pas faute d'avoir reçu de bons soins, puisque le chirurgien de l'hôpital s'était dévoué sans relâche à son chevet : il l'avait d'abord purgé et saigné, puis, après avoir extrait la balle, avait appliqué sur la plaie des plumasseaux, l'avait bourrée de bourdonnets pour absorber le pus et bassinée aux deux heures avec de l'eau-de-vie camphrée et de la crème de tartre. Voyant que cela ne produisait pas l'effet escompté, il lui avait préparé un autre remède composé d'esprit de térébenthine et de laudanum, ce qui l'avait calmé pendant quelque temps.

Mais la nuit suivante avait été désastreuse, Sainte-Hélène s'étant mis à délirer sous l'effet d'une fièvre intense et maligne. Le surlendemain, sa jambe était tellement infectée qu'elle donnait des signes de gangrène, ce qui avait arraché au médecin une grimace de découragement. Il se demanderait longtemps, d'ailleurs, s'il n'avait pas commis une erreur en ne l'amputant pas dès son entrée à l'hôpital, la blessure étant si profonde et les dégâts si étendus – le fémur avait éclaté sous l'impact – que cela aurait peut-être été la voie la plus sage. Mais c'était aussi risqué d'amputer que de traiter, et la guérison était toujours une loterie dans ce genre de traumatisme...

— S'en sortira-t-il? lui avait demandé Charles, cette nuit-là, d'une voix tourmentée.

Le praticien n'avait pas répondu et s'était contenté d'avancer une moue embarrassée. Il avait pourtant fini par répliquer :

— Je ne vois plus qu'une dernière possibilité : le saigner à la tempe. Cela provoque parfois des guérisons spectaculaires. Autrement...

Il avait laissé sa phrase volontairement en suspens, pour faire comprendre à Longueuil qu'il avait abattu toutes ses cartes.

Pendant que Charles sanglotait toujours, tourné vers la fenêtre et le visage enfoui dans les mains, Paul de Maricourt avait passé le bras autour des épaules de sa mère et avait commencé à la bercer dans un lent mouvement cadencé, tête contre tête, ses cheveux épais et sombres emmêlés aux boucles grises et clairsemées. Sous le masque rassurant et apparemment impassible – il n'avait pas desserré les mâchoires ni versé une larme – se cachait une âme dévastée. Car très tôt, Sainte-Hélène l'avait pris en charge, comme l'aîné, Pierre Le Moyne d'Iberville, l'avait fait avec ses deux frères les plus proches, pour soulager une mère qui, à cette époque, était tellement féconde qu'elle mettait un nouveau garçon au monde chaque année. Dès que Maricourt avait pu marcher de longues heures sans se plaindre et tenir correctement un fusil, il avait suivi Sainte-Hélène en forêt et appris de lui les métiers de canotier, trappeur, coureur des bois, traiteur et truchement. Il parlait aussi bien les langues indiennes que son frère, et était aussi fin tireur que lui.

Mais si Maricourt avait abondamment vu mourir et avait lui-même donné la mort durant toutes ces années, il n'avait encore jamais assisté à l'agonie d'un proche : la fièvre et le délire, les humeurs nauséabondes, le pourrissement sur place, une souffrance vive et injustifiable et, pour finir, cette implacable dérive comateuse dans laquelle le mourant s'enfonçait sans retour... Mais il fallait donner à Sainte-Hélène le mérite d'avoir gardé un parfait contrôle sur cet amas de chairs souffrantes aussi longtemps qu'il était demeuré conscient, ne laissant s'échapper ni cri, ni lamentation, ni la moindre récrimination qu'il n'y ait consenti. Un courage dans l'adversité que Paul trouvait admirable et dont il s'empresserait de tirer leçon. Vraisemblablement, ce serait la toute dernière que lui donnerait Sainte-Hélène. Peut-être aussi la plus exemplaire...

Un brouhaha détourna soudain l'attention de Catherine Thierry et de ses fils. À entendre la précipitation des religieuses et les appels à l'ordre dans la grande salle attenante, il devint évident qu'un événement inhabituel se préparait. Des petites tables de chevet furent déplacées, certaines paillasses poussées au plus près du mur pour faciliter le passage, le plancher balayé d'urgence, lorsque retentit la voix flûtée et surexcitée de la directrice des Hospitalières :

— Mes chères sœurs, messieurs les officiers, messieurs les soldats, les familles de nos malades, nous avons l'immense honneur de recevoir la visite de notre bien-aimé gouverneur général, le comte Louis de Buade de Frontenac !

Un murmure de surprise parcourut les lieux, bientôt couvert par le cliquetis des armes et un fort claquement de bottes contre le parquet. C'était une véritable délégation d'officiers militaires et de fonctionnaires du roi qui s'avançait derrière Frontenac. Entouré de ses compères, le gouverneur s'arrêta devant chaque lit portant un soldat blessé, s'informa de son nom, son grade et son état de santé, et le félicita publiquement de sa vaillance au combat en l'assurant que c'était grâce à lui que le Canada était demeuré français. Lorsqu'il atteignit la petite salle des officiers – dont il connaissait chaque nom –, il ne ménagea pas ses paroles pour les louanger, les encourager et les remercier de leurs hauts faits d'armes. Les malades se redressaient avec fierté sur leur paillasse et bombaient le torse, émus d'un tel honneur et se sentant déjà revigorés.

Quand Louis posa le regard sur la couche où reposait Jacques de Sainte-Hélène, la dernière le long du mur nord, il ne put retenir une crispation du visage. Il le savait grièvement blessé mais ignorait qu'il fût déjà si près de sa fin. Les râles laborieux du mourant, les yeux rougis de Catherine Thierry, le regard défait de Charles de Longueuil et l'air perdu de Maricourt valaient mille mots. De tous les fils Le Moyne, c'était Sainte-Hélène que Louis préférait. C'était un officier doué et vaillant, de bon conseil, un canonnier hors pair – jamais il n'oublierait comment il avait fauché le pavillon de Phips ! – et un combattant émérite. Il avait d'ailleurs apprécié la rapidité avec laquelle les trois frères, à peine débarqués du vaisseau les ramenant de la baie d'Hudson, s'étaient précipités sur Québec quand ils avaient appris que les puritains l'assiégeaient.

Louis inclina la tête, enleva son large chapeau à plumes et dit d'un ton solennel, en s'adressant directement à la veuve Le Moyne :

— Vous avez, madame, des fils d'une grande bravoure, dont vous pouvez tirer fierté et qui font honneur à la nation tout entière. Je salue en messieurs de Sainte-Hélène, de Longueuil, de Maricourt, des officiers chevronnés et des combattants accomplis qui se sont battus avec intrépidité pour sauver le pays de la domination anglaise. J'ai su, par des témoins, avec quelle maîtrise monsieur de Sainte-Hélène a dirigé ses hommes dans les combats d'escarmouches menés sur les battures de la Canardière. Tous ceux qui l'ont vu se battre comme un lion n'ont que des éloges à lui adresser. On a pu apprécier également la rapidité et l'efficacité avec lesquelles les sieurs de Longueuil et de Maricourt ont attaqué et repoussé l'ennemi, en dépit de forces bien supérieures aux nôtres.

Louis cherchait le geste ou la formule qui pouvait «essuyer les larmes», selon l'expression évocatrice employée par les sauvages lors des rituels de consolation.

Les officiers serraient les rangs autour du gouverneur et faisaient silence, fascinés et révulsés à la fois par l'impitoyable travail de mort qui s'opérait sous leurs yeux, les râles de Sainte-Hélène devenant plus sifflants et plus espacés. Une forte émotion étreignait ses compagnons d'armes qui ne reconnaissaient pas, dans ce gisant, l'homme qui, hier encore, se lançait avec fougue à l'assaut de l'ennemi, rameutait ses troupes à grand renfort d'encouragements et courait avec témérité sous le feu, l'épée au baudrier et le fusil pointé devant lui. La chance seule et non le mérite, chacun en était conscient, avait fait que certains s'en étaient tirés indemnes, tandis que d'autres – comme Sainte-Hélène, peut-être le meilleur d'entre eux – étaient tombés. La Hontan était si troublé qu'il baissa les yeux pour ne pas pleurer, pendant que Vaudreuil serrait les dents et que Beaucours trompait son malaise en braquant toute son attention sur la respiration saccadée du mourant.

— En raison de l'exceptionnelle participation de votre famille à la lutte contre l'ennemi, continua Louis en s'adressant toujours à Catherine Thierry, nous nous engageons céans à faire accorder à vos trois fils ici présents la Croix de Chevalier. En attendant de pouvoir concrétiser cette promesse par lettre de cachet du roi, prenez, madame, cette épée.

Louis tira de son fourreau un splendide fleuret au pommeau sculpté à ses effigies et le lui remit avec solennité, en le présentant par la tête arrondie de la poignée.

Cette dernière se leva avec un air grave, prit des deux mains la belle arme que lui tendait le gouverneur et la coucha cérémonieusement aux côtés de son fils Jacques. Des larmes de reconnaissance mouillaient ses cils. Autour d'elle, des murmures d'empathie amplifiaient l'approbation générale.

— C'est pour moi, pour mes fils et pour... Jacques... un grand honneur dont je vous remercie, monsieur le gouverneur. Il aurait été comblé... s'il avait pu... vous le dire luimême, articula-t-elle seulement, brisée par l'émotion.

Madame Le Moyne savait ce que valait cette Croix de Chevalier, elle qui avait grandi dans une famille de militaires, en avait épousé un et en avait donné quatorze au pays. Longueuil et Maricourt s'empressèrent de remercier le gouverneur en posant le genou au sol et en baisant par deux fois la main gantée qu'il leur tendait.

— Il ne respire plus. Voyez... sa respiration s'est arrêtée.

Beaucours avait murmuré ces paroles dans un soupir. Les yeux grands ouverts, les traits figés, Sainte-Hélène avait enfin rendu les armes.

Catherine Thierry émit un grand cri d'animal blessé et s'abattit sur la poitrine de son fils. Si le calvaire de Jacques était terminé, le sien ne faisait que commencer... tant la hanterait désormais la peur viscérale d'apprendre la perte d'un autre de ses fils.

18

Québec, automne 1690

— Eh bien, capitaine. Nous avons cru ne jamais revoir aucun des vaisseaux envoyés dans nos parages par le roi. Vous l'avez échappé belle et nous aussi. Votre arrivée va nous soulager un peu du grand besoin où nous sommes de toutes choses, car la famine commence à devenir préoccupante. Tout manque, maintenant, dans ce pays.

Le capitaine Avismindy opinait. C'était un personnage imposant, grand et corpulent, dont la réputation d'excellent marin n'était plus à faire. Il dépassait Frontenac d'une tête et son tour de poitrine faisait bien deux fois le sien. Son bateau, *Le Glorieux*, était arrivé la veille avec deux autres navires marchands. Les six autres bâtiments qui avaient quitté La Rochelle au même moment avaient rebroussé chemin à la nouvelle du siège anglais et étaient retournés en France.

— Nous l'avons échappé belle, en effet. La traversée a été très éprouvante et je vous avoue que je suis venu à deux doigts de relâcher à l'entrée du Saint-Laurent. J'étais désespéré, parce que nous avions beaucoup dérivé au nord et que le froid commençait à cingler. Mais comme nos navires étaient chargés des biens de la colonie, nous avons continué notre route. Quand nous avons appris qu'une flotte anglaise assiégeait Québec, nous sommes retournés nous mettre à l'abri à l'entrée du fleuve Saguenay. Nous avons alors enfoui dans le sable cinq cent mille livres en espèces. Puis nous avons démâté et attendu les Bostonnais de pied ferme. Mais ils avaient d'autres fers au feu ! On les a vus passer devant nous sans même s'approcher. À la longue-vue, on a pu distinguer clairement les têtes bandées, les bras en écharpe et leurs manœuvres toutes rompues. Heureusement que Dieu nous a guidés. Car si les vents ne nous avaient pas tant retardés, nous serions tombés tout crus aux mains des Anglais !

— Si vous avez évité de tomber « tout crus aux mains des Anglais », comme vous le dites, vous n'en êtes pas moins pris « tout crus » par les glaces... Immobilisés comme le sont vos bâtiments au Cul-de-Sac, je crains fort que vous ne soyez obligés d'hiverner ici si la température ne se répare pas, fit Louis en jetant un œil inquiet sur le fleuve.

Le contraste qui se dessinait entre le centre du Saint-Laurent, sombre et violacé, et les rives, déjà barrées de larges bandes plus pâles, laissait peu d'espoir à une reprise de la navigation. La glace commençait déjà à se répandre en figeant les berges.

Un long pli de déception barrait le front de Louis. Le froid précoce risquait de mettre fin à la période de navigation, ce qui repousserait au printemps suivant l'occasion de faire connaître au roi ses hauts faits d'armes. Un contretemps qui réduirait d'autant leur impact auprès de la cour. Lui qui brûlait tant du désir d'être enfin reconnu ! Il aurait dépêché un courrier ailé si Mercure eût existé ailleurs que dans les fables, et il se mit à espérer un soudain redoux, par la grâce du dieu Borée.

Quand retentit le *Te Deum*, Louis sentit une espèce de frisson le parcourir. Le beau cantique, écrit en contrepoint et appuyé par l'orgue, la flûte et les violes, fut d'abord entonné à pleins poumons par monseigneur de Saint-Vallier et rapidement repris par les chantres, les officiers et les nombreux paroissiens qui avaient envahi la nef et les bas-côtés de l'église Notre-Dame de Québec. L'orgue, chauffé à blanc par le sieur Jolliet, retentissait de tous ses tuyaux dans l'immense arcade en plein cintre et inondait l'espace de vibrations mélodieuses. On avait laissé ouvertes les portes de la cathédrale pour n'exclure personne et tenter de préserver cet exceptionnel climat d'euphorie et de ferveur religieuse qui régnait dans la ville depuis le départ des Anglais.

Monseigneur de Saint-Vallier, portant mitre, crosse et anneau pastoral, avait salué Frontenac à la porte de l'église en lui présentant l'eau bénite et la croix, et l'avait conduit cérémonieusement au-devant de la nef où était dressé son prie-Dieu. Ses officiers d'état-major, les membres du conseil souverain et l'intendant Champigny prenaient place autour de lui, devant les ecclésiastiques et les marguilliers, qui étaient relégués, pour cette fois, au second rang. La cérémonie traditionnelle d'Action de grâces revêtait ce jour-là une importance particulière : on remerciait le ciel pour la victoire sur les Anglais et la libération de Québec, ainsi que pour le récent triomphe naval du comte de Tourville devant Beachy Head, dans la Manche. L'information faisait partie des bonnes nouvelles de la métropole apportées par la flotte de ravitaillement du capitaine Avismindy.

Louis était encore sous le charme du long sermon prononcé pendant la messe d'une voix chaude et inspirée et dont une grande partie avait été consacrée à dresser son

panégyrique. En plusieurs envolées lyriques grandilo-
quentes, le premier prélat avait salué en Frontenac « le guide
temporel de la nation », « le grand général qui a mené son
peuple à la victoire », « le protecteur de la sainte religion et
le rempart contre l'hérésie et l'antéchrist ». Tant d'épithètes
louangeuses de la part de quelqu'un qui s'était toujours
montré froid et circonspect à son égard avait de quoi faire
sourire, d'autant que Saint-Vallier y avait mis une ardeur
peu commune. Louis était certes flatté, ému même, mais
néanmoins assez lucide pour attribuer cette victoire sur les
Anglais autant à la chance qu'à la bonne conduite et au
courage exceptionnel des Canadiens. La Providence de
Dieu n'avait rien eu à voir dans tout cela ou si peu. Mais
quelle chance inouïe ! Il aurait suffi que les Bostonnais
débarquent trois jours plus tôt ou qu'ils persévèrent deux
semaines de plus, et c'en était fait de Québec... La résistance
des Canadiens se serait effondrée d'elle-même, faute de
munitions et de nourriture. Rien n'aurait pu empêcher la
capitale, et tout le Canada avec elle, de tomber aux mains
des puritains. Il n'ignorait pas non plus qu'en quittant
précipitamment les rives du Saint-Laurent, les Anglais
s'étaient juré d'y revenir.

— Nous vous rendrons une autre visite l'année prochaine, avait clamé l'officier anglais chargé de négocier
l'échange de prisonniers.

— Nous aurons certainement l'honneur de vous rencontrer avant cela, avait répliqué avec hauteur La Vallières.

Maintenant qu'ils avaient trouvé le chemin du Canada,
pourquoi ces infidèles se seraient-ils privés d'y faire irruption à nouveau ?

Louis préféra pourtant chasser ces pensées sombres
et se replonger dans la joie simple de ce beau jour de
gloire. De tels moments étaient si rares. Lorsqu'il releva les

paupières, ce fut pour porter le regard sur les deux pavillons arrachés à Phips et suspendus bien en évidence devant le maître-autel. Les beaux étendards aux armoiries de Saint-Georges chatoyaient à la lueur des cierges. On les avait placés là à dessein, afin que la population n'oublie ni sa victoire ni le péril qui continuait de peser sur sa destinée. Cette menace constante d'être assiégés, conquis, assimilés, soumis et foulés aux pieds, Saint-Vallier et tout le clergé allaient la marteler sans répit afin de forcer cette populace de pêcheurs à faire pénitence et à se soumettre à la volonté divine.

Quand l'évêque fut à nouveau devant lui, Louis prit le bras que lui tendait le primat, se leva et se plaça à ses côtés pour entreprendre une longue marche solennelle vers la sortie, portée par les chants et les accents triomphants de l'orgue. La procession qui se forma devant l'église fut accueillie par les tambours, les fifres et les coups de canon. Le long ruban humain se rendit d'abord chez les Hospitalières, puis chez les Ursulines, les Jésuites, et enfin, chez les Récollets en passant par la Grande Allée. À chaque arrêt était monté un reposoir où quelques pièces de litanies en l'honneur de la Vierge et différents psaumes étaient entonnés par les religieuses et leurs élèves. Quand le cortège fut revenu à son point de départ, Louis donna le signal des réjouissances. Un feu d'artifice se déclencha bientôt, illuminant le ciel des multiples panaches colorés des feux de Bengale. Des lampions s'allumèrent un à un dans les croisées du château Saint-Louis ainsi que dans les fenêtres des maisons de la ville. Tous ces joyeux lumignons se mirent à danser doucement au gré des vents. Un redoux inespéré que d'aucuns attribuèrent à la Vierge Marie donnait à cette liesse populaire un faux air de printemps.

Comme le beau temps persistait, Louis donna l'ordre, deux jours plus tard, de faire appareiller une petite frégate, *La fleur de mai*. Il fallait tirer rapidement profit de cette embellie imprévue qui avait libéré le fleuve. On fit tellement diligence qu'en quelques heures à peine le lest, les voiles, les cordages, les mâtures, enfin le vaisseau tout entier fut en état de lever l'ancre. Les trois navires échoués dans les glaces en firent autant et en profitèrent pour appareiller.

Louis choisit quelques hommes sûrs pour porter à Versailles la nouvelle de la défaite des Anglais. La Hontan implora l'honneur de l'annoncer lui-même à la cour. Il invoquait la nécessité urgente où il se trouvait de retourner en France pour remettre enfin de l'ordre dans ses affaires. Une permission que Louis lui avait retirée, l'année précédente, parce qu'il avait besoin de tous ses militaires pour faire face au péril iroquois. Surpris d'une telle requête de la part d'un homme amoureux et sur le point de prendre femme, Frontenac posa son bras sur l'épaule du jeune baron et lui demanda :

— Que vous arrive-t-il, mon cher ? Vous avez l'air de quelqu'un qui cherche à fuir. Auriez-vous fait quelque chose d'irréparable ?

— Irréparable, j'espère que non, mais définitif, je crains bien que oui, murmura-t-il, en détournant le regard.

Louis l'observa avec attention. Il craignait de se voir confirmer ce qu'il appréhendait déjà.

— Mais encore ? Auriez-vous... rompu... vos...

— Oui, monseigneur, s'empressa-t-il de répondre, tout en relevant sur lui des yeux décidés.

Le vert de ses prunelles virait au jaune sous l'effet de l'intense lumière qui traversait les fenêtres du château.

— Vous voulez dire que vous avez repris votre parole et rompu avec mademoiselle Damour ?

— Je ne dirais pas que j'ai repris ma parole, puisque je ne l'ai jamais donnée, mais j'ai rompu, oui, des fréquentations qui ne pouvaient mener nulle part.

— Mais pourquoi donc, misérable ! Cette jeune femme n'avait-elle pas tout ce qu'il faut pour rendre n'importe quel homme heureux ?

— Dieu sait qu'elle n'est pas en cause ! Peut-être regretterai-je le reste de mes jours de ne l'avoir pas choisie, mais c'est ainsi. Je... crains de n'être pas fait pour ce genre... d'engagement. Je ne pouvais me renier moi-même et me sentais de plus en plus ridicule et à l'étroit dans le rôle du soupirant indécis. Geneviève méritait mieux. L'honnêteté et le sens que j'ai de la droiture me commandaient de prendre cette décision.

— Et elle, nom de Dieu ! Comment a-t-elle pris la chose ?

— Plutôt mal, je le crains. C'est en tout cas l'impression que j'ai eue. Elle m'a tourné le dos pour que je ne voie pas ses beaux yeux se remplir de larmes et elle m'a souhaité bonne chance.

— Et alors ?

— Et alors quoi ?

— C'est tout ?

— Que voulez-vous qu'il y ait d'autre ! fit La Hontan, que cet interrogatoire commençait à irriter.

— Dans pareil contexte, je suppose que votre éloignement ne pourra que lui être salutaire, finit par marmonner Louis, profondément déçu.

Il se lissa la moustache en prenant un air contrit, tout en se demandant si le petit jeu de marchandage auquel il s'était prêté sur le dos du baron, ce fameux soir de canicule chez Callières, n'avait pas précipité les choses.

— Eh bien soit... puisque c'est ainsi, je vous accorde cette permission. Allez régler vos affaires et revenez-nous sans faute au printemps prochain. Le temps, je l'espère, aura fait son travail et adouci chez cette pauvre enfant un chagrin que je ne peux imaginer que profond. Allez, allez, partez, briseur de cœur.

Frontenac confia à La Hontan le soin de remettre en mains propres une lettre au ministre, une autre à cachet volant au roi, une troisième à madame de Maintenon pour l'informer de ses glorieux faits d'armes, et une dizaine d'autres à son épouse et à différents personnages de la cour. Il fit recopier en trois exemplaires la lettre destinée au ministre et la répartit sur autant d'embarcations, pour augmenter ses chances d'atteindre Versailles. Il y décrivait de long en large l'âpreté des combats, le courage des soldats et de la population, et la redoutable force de frappe des Anglais. Il insistait également sur les différentes gratifications, pensions et lettres de noblesse à dispenser aux uns et aux autres en reconnaissance de leurs mérites. Sans grand espoir d'être entendu, il reprenait le même vieux couplet sur la nécessité de s'attaquer à la source du mal :

Maintenant que le roi a triomphé de ses ennemis et par mer et par terre et qu'il est le maître de la mer, croirait-il mal employer quelques-unes de ses escadres de vaisseaux à punir l'insolence de ces vieux parlementaires de Boston, de les foudroyer aussi bien que ceux de la Nouvelle-York dans leur tanière et de se rendre maître de ces deux villes, ce qui mettrait en sûreté toutes ces côtes et les pêches du Grand Banc, dont la conservation n'est ni de petite importance ni d'une médiocre utilité? Car si la Nouvelle-York était une fois entre nos mains, il faudrait nécessairement qu'Albany et tout le pays tombassent, comme il serait arrivé du Canada si les Anglais se fussent rendus maîtres de Québec, qui est toute la communication de ce pays, comme la Nouvelle-York l'est de l'autre.

Louis terminait sa missive par une requête personnelle :

Il ne me reste donc plus, monseigneur, qu'à vous demander la continuation de votre protection et de vouloir bien songer à moi dans la distribution des grâces et des honneurs que le roi pourra faire, si vous jugez que j'en ai mérité par quelque chose qui ait pu lui plaire. Je ne laisse pas d'espérer que vous saurez bien employer en ma faveur la bonté que vous avez pour moi, quand vous en trouverez l'occasion.

Cette fois, le roi aurait mauvaise conscience de l'ignorer. Son éclatante victoire lui mériterait sûrement une pension ou quelque poste honorifique lui permettant de finir ses jours dans une relative tranquillité. C'était son souhait le plus cher.

La frégate et les trois autres bâtiments quittèrent le port à midi pile, sous un soleil lumineux. De la fenêtre de son bureau, Louis suivit longtemps des yeux leur course lente et ne détacha le regard que lorsqu'ils eurent complètement disparu derrière la pointe de Lévy. Que d'espoirs ne mettait-il pas dans le succès de cette expédition ! Comme s'il s'attendait à ce que, une fois publiées sa bonne tenue et la déconfiture de l'ennemi, on finisse enfin par lui rendre justice.

Louis s'arracha enfin aux supputations glorieuses dans lesquelles il se laissait entraîner et se tourna vers son secrétaire.

— Monseignat, allons rencontrer la délégation abénaquise.

Ce dernier l'avait à peine annoncé que Frontenac pénétrait en trombe dans le grand salon du château où l'attendaient ses visiteurs et un jeune interprète. Six hommes étaient debout face au feu et fumaient tranquillement leur pipe. Un nuage de fumée les enveloppait et ils parlaient à voix basse. Ils posèrent des yeux amusés sur le gouverneur et parurent étonnés de sa précipitation.

Louis leur souhaita la bienvenue avec cordialité et s'assura que leurs désirs étaient comblés. Puis il s'adressa avec déférence à Madokawando, un homme long et mince au port olympien et à la tête grisonnante, et dont le visage était empreint d'une tranquille sérénité.

Ce grand chef dirigeait depuis des décennies les destinées des Abénaquis, ce peuple de l'aurore boréale vivant du côté du soleil levant et dont le territoire couvrait toute l'Acadie française. C'était le beau-père du baron de Saint-Castin, qui terrorisait les villages anglais du littoral acadien à la tête de ses guerriers abénaquis. Madokawando avait fait ce voyage pour rencontrer le grand capitaine des Français avant de mourir, annonça-t-il à Louis, et renouer lui-même leur alliance. Il y avait quinze ans que les Abénaquis avaient accepté de se mettre au service du roi de France et jamais ils n'avaient renié leur engagement.

Frontenac et Madokawando évoquèrent la situation désastreuse de Port-Royal d'Acadie depuis le saccage de la ville par Phips. Puis l'Abénaquis prit la parole, en pesant chaque mot, d'une voix traversée d'une colère contenue.

— Depuis qu'une poignée de « pères pèlerins », ces puritains du Massachusetts, ont traversé la vaste mer et sont débarqués au cap Cod pour fonder une colonie, les choses ont commencé à s'envenimer. L'arrivée de ces Blancs qui n'ont prospéré qu'en nous arrachant nos terres et en nous exterminant, nous a acculés à une guerre que nous ne voulions pas. La soif de posséder, continua Madokawando, un sourire de mépris aux lèvres, est ce qui les pousse à agir, ainsi qu'un dégoût profond à notre égard, comme si nous étions moins que des hommes et à l'égal des chiens.

Le vieux chef prit une large bouffée de tabac, ferma les yeux un instant puis continua, d'une voix calme :

— L'avancée de ce peuple cruel et ambitieux se mesure à la trace sanglante qu'il laisse derrière lui. Quand les puritains ont convoité une terre indienne, ils l'ont prise de force et ont dépouillé son propriétaire de ses armes. S'il résistait, on lui tirait une balle dans la tête. Quand ils ont voulu fonder des villages, ils en ont fait autant. Deux mille guerriers, femmes et enfants, ont été tués et mille autres vendus comme esclaves, il y a quelques années, parce qu'ils refusaient de céder leurs terres. On a mis le feu à leurs *wigwams* avec des torches, on a poursuivi ceux qui réussissaient à s'échapper et on les a saignés à mort, comme le porc qu'on mène à l'abattoir. Au grand bonheur de leurs prêtres qui ont reconnu là un massacre voulu par leur Dieu pour céder place au « peuple élu ».

Madokawando fuma encore un bon coup. Louis était suspendu à ses lèvres et écoutait le récit de ces misères avec un intérêt grandissant. Des rumeurs avaient circulé en Nouvelle-France sur les exactions commises par les Anglais à l'égard des Abénaquis et on soupçonnait de criantes injustices, mais il n'avait rien entendu de comparable à ce qu'on lui révélait à l'instant. Le vieux chef reprenait déjà :

— Toutes les tribus se rallient maintenant derrière moi. L'injustice du traitement infligé à nos peuples a allumé la flamme de la colère, que seule la vengeance pourra désormais éteindre. Nous avons commencé contre eux une guerre qui ne cessera qu'avec leur disparition... ou la nôtre. L'orage a débuté par le saccage de Dover, puis de Pemquid, suivi de ceux de Sheepscote et de Kennebunk, puis de quatorze autres forts situés aux environs de Kinibequi, où nous avons tué pas moins de deux cents des leurs. Une fois lancés, nos guerriers ont continué à ravager la région en réduisant en cendres tout ce qui était à l'est ou à l'ouest de Scarborough : Saco, Black Point, Spurwink, Richmond's Island...

Puis Madokawando se tut à nouveau et baissa les yeux. Il paraissait lutter contre une émotion grandissante. Quand Louis croisa à nouveau son regard perçant, il y décela une tristesse mêlée de rage. Le vieux chef reprit son récit, avec encore plus de lenteur qu'auparavant, la voix durcie.

— Nous leur servirons désormais la même médecine. Les Anglais vendent nos captifs comme esclaves ? Nous avons commencé à vendre aussi les leurs. Nous avons détruit plusieurs villes jusqu'à deux jours de marche de Boston. Mais il nous faut faire un arrêt, parce que nous manquons de poudre et de fusils. De vivres aussi. Nous avons été tellement occupés à nous battre que nous n'avons pu ni chasser ni pêcher. Nous avons besoin de ton aide, mon frère. Cette guerre contre les Anglais est aussi la tienne. Nous reprendrons la hache de guerre quand nous aurons été ravitaillés, quitte à nous servir, s'il le faut, d'os de bêtes pour dards de flèches, comme l'ont toujours fait nos pères et leurs pères avant eux.

L'étincelle de haine qui brilla à nouveau dans les yeux vifs de l'Abénaquis ne laissait aucun doute sur sa détermination. Quand il apparut qu'il avait livré l'essentiel de sa pensée, Louis prit à son tour la parole.

— Nous continuerons à vous assister, comme par le passé. Nous vous devons d'ailleurs une fière chandelle ! Sans l'information que vous nous avez acheminée sur la présence des Anglais dans le golfe, nous serions déjà sous tutelle britannique. Mais le vent semble enfin tourner en notre faveur. Le fait que quatre cents Iroquois soient morts de la petite vérole lors de l'invasion ratée de Montréal, et que les autres se soient fâchés contre les Anglais au point d'aller ravager leurs champs et leurs villages, comme me le marquait le baron de Saint-Castin dans sa dernière lettre, me laisse espérer un répit pour la colonie. Ce que votre gendre m'a appris sur la guerre civile qui règne en Nouvelle-Angleterre me semble de bon augure. Voilà une situation que nous pourrons exploiter à notre avantage. Quant à Port-Royal d'Acadie, j'y ai déjà fait nommer un Canadien né ici, le sieur Robineau de Villebon. Il prendra davantage à cœur vos intérêts qu'un Français, qui n'y connaît rien. J'appuierai toutes ses représentations concernant l'Acadie : on reconstruira Port-Royal et on le dotera d'une véritable garnison, le roi vous accordera sa protection, vous fournira des munitions et vous assistera de ses conseils pour faire face à l'ennemi. En ce qui concerne vos besoins immédiats, je vous donnerai autant de balles et de poudre que vos embarcations pourront en porter, en attendant de pouvoir vous expédier un gros bateau, chargé de vivres et de fusils.

Louis fit tirer des magasins du roi tout ce qui pouvait être transporté dans l'immédiat. L'intendant rouspéta. Il arguait que la colonie n'avait été que partiellement ravitaillée et craignait d'épuiser ses réserves avant le retour du printemps. Il n'en fournit pas moins plusieurs fusils, des barils de poudre, des dizaines de poches de blé et des marchandises de première nécessité. Madokawando et ses hommes repartirent le cœur léger et les canots lourdement chargés.

— Mais ma mère, pourquoi ces supputations malsaines ? Ne suffit-il pas que mon cœur soit brisé ?

Geneviève Damour criait son indignation d'une voix trouée de larmes. Son noble visage d'innocente madone s'était durci et ses beaux yeux turquoise semblaient cracher le feu. N'eût été le respect qu'elle devait à sa mère, elle lui aurait attaché la langue tellement ses insinuations étaient outrageuses.

— Si tout le monde n'avait pas fait autant de pressions sur lui, à commencer par le gouverneur et l'évêque, sans parler de votre propre acharnement à le voir arrêter une date de mariage au point que je le sentais se raidir chaque fois que vous apparaissiez, nous n'en serions pas là aujourd'hui !

— Ingrate et méchante ! J'ai fait ce que n'importe quelle mère attentive et dévouée aurait fait à ma place. Il hésitait tellement qu'il fallait bien le brusquer un peu. Prenez-vous-en plutôt à votre attitude trop permissive, alors que vous auriez dû lui faire payer cher l'objet de son désir.

— Trop permissive, dites-vous ? Parce que j'ai voulu échapper aux échéances, dictées bien davantage par les obsessions des curés que par le bon sens ? Il fallait du temps pour nous apprivoiser, mais on ne nous en a pas laissé ! En le poussant si fort à s'engager, n'avez-vous pas sacrifié mon bonheur au qu'en-dira-t-on ? Nous n'étions même pas officiellement fiancés ! Je ne me suis ni imposée ni jetée à son cou par respect pour moi-même. Qu'eussiez-vous souhaité ? Que je le hale de force au mariage comme on traîne un veau au sacrifice ? Que je me roule à ses pieds en implorant sa pitié ou que je m'arrache les yeux en menaçant de me précipiter dans le premier puits venu ? Non, ma mère, on ne contraint pas à l'amour. J'ai une assez haute idée de moi-même pour vouloir que l'on me choisisse de son plein gré. Monsieur de La Hontan a préféré reprendre une liberté dont je ne l'avais jamais dépouillé, et je n'ai pu y opposer que des regrets et une peine infinie. Maintenant laissez-moi, vous m'avez assez torturée.

La voix de Geneviève se brisa sur ces dernières paroles et des larmes frangèrent à nouveau ses cils.

— Ah voilà, cela est de ma faute, à présent! J'aurais sacrifié votre bonheur au qu'en-dira-t-on? Mais que vous voilà injuste, ma fille! Vous aviez un fiancé qui dès le début était incapable d'engagement. Que ne le voyiez-vous pas? Et quand j'ai tenté de vous prévenir contre lui, vous avez sèchement refusé de m'entendre. Un homme amoureux et déterminé n'a pas besoin de tant tergiverser. Votre père, lui, m'a demandée en mariage après un mois de fréquentations. Et ce que vous appelez de façon si méprisante des «échéances», ne sont que des nécessités dictées par la décence et les bonnes mœurs. Par la faute de parents qui abdiquent leurs responsabilités, trop de jeunes filles, de nos jours, sont la proie de séducteurs de tout acabit. Je ne vous reconnais plus, ma fille, vous vous oubliez.

Geneviève fit mine de s'éloigner, mais madame Damour la retint par le bras.

— Geneviève, calmez-vous. Oubliez mes paroles injustes. Pardonnez-moi.

La mère, adoucie, prit entre ses mains le visage inondé de larmes de sa belle Geneviève et le baisa.

— Mon enfant chérie, comme vous souffrez...

Cette dernière laissa aller sa tête contre l'épaule de sa mère.

— Vous êtes tellement prompte à me jeter la pierre.

Le reproche fut prononcé dans un chuchotement. Madame Damour souffrait dans son cœur de mère comme si c'était elle qui avait été abandonnée. Elle imaginait trop la douleur que ressentait sa Geneviève, si excessive en tout, pour ne pas y compatir pleinement. Sa fille avait pleuré toute la nuit et s'avérait inconsolable, malgré les attentions dont on l'entourait.

La jeune fille se libéra doucement de l'emprise maternelle et s'engagea dans l'escalier menant à sa chambre. Elle se sentait flouée. Elle ressassait les mêmes interrogations depuis la veille. Qu'est-ce qui avait poussé La Hontan à provoquer cette rupture? Qu'avait-elle fait ou dit pour précipiter ainsi sa perte? Aurait-elle pu se protéger d'un pareil dénouement? Cette dernière question la révulsa. Elle ne pouvait concevoir que l'on puisse à la fois connaître l'amour, ce grand bonheur, et devoir en même temps s'en garantir.

En repassant par le détail l'attitude de La Hontan lors des dernières semaines, elle réalisa que l'issue s'annonçait déjà. Un épilogue qui transpirait dans les regards distraits et fuyants du jeune baron, dans ses propos hésitants sur leur avenir commun, dans ses récits de voyage empreints de nostalgie. Elle avait vu son beau visage s'assombrir parfois, se fermer même, comme si quelque chose d'inavouable le tourmentait. Autant de signes avant-coureurs qui auraient dû l'alerter si elle avait été plus aguerrie, mais auxquels elle n'avait pas prêté attention. Et quand, dans un souffle douloureux, il lui avait avoué vouloir reprendre sa liberté sous prétexte de n'être pas fait pour le mariage, elle avait baissé les yeux sans mot dire, comme si elle savait déjà que cet amour-là serait à sens unique. Elle l'avait laissé partir en lui tournant le dos, pour cacher les larmes qui sourdaient déjà en elle. L'homme de sa vie – personne, jamais, ne le remplacerait! – avait pris congé d'elle et déserté la pièce d'un pas infiniment plus leste qu'à l'arrivée. Il l'avait quittée, allégé du poids d'un amour qu'elle acceptait désormais de porter seule et qu'elle chérirait sa vie durant...

Le cœur encore plein de lui et la tête chavirée à l'idée de sa perte, Geneviève se blottit sous ses couvertures et se mit à fredonner les paroles d'une chanson triste qui lui remontait soudain en mémoire.

— Si ne revient mon ami, jamais... ne me marierai et vivrai dans le veuvage, amant... amant volage... vous que j'aimais... tant, tant, tant... amant volage si ne revient...

À force de répéter machinalement ces paroles, elle finit par être gagnée par un sommeil agité, entrecoupé de rêves obsédants où elle tendait la main vers une autre main, fugace, qui s'évanouissait chaque fois qu'elle la saisissait enfin.

Il faisait un froid humide si pénétrant depuis quelque temps que Louis avait dû abandonner ses appartements à l'étage et déménager au rez-de-chaussée, plus facile à chauffer. Un désagrément imputable à l'état de délabrement avancé du vieux château qui devenait, d'une saison à l'autre, de moins en moins habitable. Louis se promit de le faire rénover entièrement l'été suivant ou de le raser de fond en comble et de le reconstruire. Mais pour éviter de grelotter en permanence, il avait enfilé par-dessus ses vêtements une longue cape de laine des Pyrénées lui descendant aux chevilles. Anne lui en avait fait cadeau et le chaud lainage mariait astucieusement confort et élégance. Louis s'en était tellement entiché qu'il ne s'en départait plus. C'est ainsi accoutré qu'il reçut ses visiteurs, ce jour-là.

Il s'agissait de prisonniers français relâchés par le général Phips avant de quitter Québec. Ils pouvaient détenir des informations utiles, surtout le père Trouvé, qui avait été témoin, à titre d'aumônier, de la prise de Port-Royal d'Acadie. Le prêtre se présenta au château en début d'après-midi et fut introduit auprès de Frontenac. Il se lança aussitôt dans des explications minutieuses et détaillées, émises à un rythme précipité et d'une voix nasillarde, perchée deux tons trop haut.

Trouvé fournit d'abord à Louis des informations inédites sur les origines modestes et peu respectables de l'amiral Phips, venu assiéger Québec. Simple berger issu d'une famille de vingt-six enfants, l'homme s'était fait charpentier maritime, puis aurait fait fortune en épousant une veuve aisée et en repêchant le trésor d'un galion espagnol, naufragé quelques années plus tôt. Une fois riche, il s'était fait anoblir, titrer chevalier et nommer général.

— Quoi ? C'est un corsaire promu chevalier, un gardien de moutons anobli qui est venu me sommer de me rendre ! Ces Anglais ne respectent donc rien ! avait proféré Frontenac d'une voix cinglante.

Puis le jésuite avait narré par le menu les conditions épouvantables faites par Phips au gouverneur de Port-Royal d'Acadie, le sieur de Menneval, après sa reddition. Le général anglais s'était engagé à laisser sortir les soldats et à les conduire à Québec, à respecter les biens des habitants et du clergé et à leur laisser pratiquer leur religion. Mais Phips avait désarmé les militaires sous le premier prétexte venu, les avait fait enfermer et avait ordonné le pillage des habitations, des logements, de l'église et des prêtres.

— Tout a été détruit, c'est une vraie misère, monseigneur ! continua Trouvé. Nous avons tous été amenés prisonniers à Boston. Quant au malheureux sieur de Menneval, il s'est retrouvé à la merci d'un homme dont la rapacité défie l'imaginaire. Après avoir donné sa parole de gentilhomme, le général a refusé de lui restituer ses biens et a conservé cinq cents livres, son argenterie et sa vaisselle d'étain, ses pistolets et ses vêtements. Et jusqu'à sa literie ! Le pauvre Menneval a pétitionné le gouverneur Bradstreet qui a ordonné à Phips de tout remettre. Mais il n'a récupéré qu'un peu d'argent et quelques vêtements en mauvais état. Le pirate a gardé le reste.

— Comment pourrait-il en être autrement ? Un berger fait gentilhomme... Mais dites-moi plutôt où se trouve actuellement Menneval.

Frontenac commençait à s'agacer du verbiage de son invité et il avait la migraine.

— Au moment où l'on se parle, continua son interlocuteur, son bateau doit approcher des côtes de France. Car figurez-vous que le conseil l'a relâché, bien que Phips et une populace échauffée eussent insisté pour qu'on le maintienne prisonnier. D'honnêtes gens ont heureusement pris sa défense.

— Bravo ! Il s'agit là d'une bonne nouvelle. Et que savez-vous de la situation trouble qui régnerait chez nos voisins du Sud ?

— D'après ce que j'ai pu apprendre, monseigneur, les Anglais ont préparé le terrain de leur défaite, répondit Trouvé. Quand les gens ont appris qu'en Angleterre Jacques II le catholique avait été détrôné et remplacé par un roi protestant, ils ont capturé le gouverneur de la Nouvelle-Angleterre, considéré comme un agent du roi défait, l'ont fait jeter en prison, puis ont élu un nouveau gouverneur. Un changement qui s'est avéré désastreux. Le nouveau conseil s'est en effet empressé de retirer plusieurs garnisons, pendant que d'autres se mutinaient ou se débandaient en laissant les frontières sans défense.

— Oui, cela coïncide avec ce que me disait récemment un chef abénaquis. Une situation qui, sans que nous le sachions, nous a facilité les choses lors de nos petites incursions en Nouvelle-Angleterre.

— Saviez-vous également, monseigneur, enchaîna l'intarissable jésuite, que nos alliés abénaquis ont remporté une éclatante victoire à Dover, dans le Massachusetts ? Les événements s'y seraient cependant déroulés d'une façon singulière. Car figurez-vous que...

Trouvé parlait et parlait, et ses yeux mobiles roulaient sans cesse dans leur orbite. Louis n'écoutait plus et sa douleur aux tempes empirait. Il leva les mains par deux fois dans l'espoir de faire cesser cette logorrhée, mais en vain. Son interlocuteur continuait sur son erre d'aller.

— Mais taisez-vous, à la fin, vous m'affolez ! finit par lancer Frontenac, complètement excédé. Reprenons un peu notre souffle, si vous le permettez, monsieur Trouvé... Voici d'ailleurs mon bon Duchouquet qui arrive avec quelques gâteries.

Trouvé resta coi de surprise. Le gouverneur n'avait pas l'air de plaisanter. Il en prit note et se tut.

Le serviteur déposa un plateau sur une table basse et se saisit de la cafetière fumante. Il remplit deux tasses de porcelaine d'un liquide foncé et parfumé, ajouta plusieurs cuillerées de sucre et recouvrit le tout d'un généreux trait de crème. Puis il les tendit au gouverneur et à son invité. Il leur offrit ensuite des beignets chauds, étalés avec soin sur un plat d'argent fin. Ronds et dodus, ils semblaient fort appétissants. Trouvé échappa un sourire crispé et s'enfonça plus confortablement dans son siège.

— C'est un café que nous importons des îles. Son arôme et son goût sont exquis.

Louis engloutit trois beignes et se mit à siroter longuement son breuvage. Son vis-à-vis mit un temps fou à y tremper les lèvres. Le café ne lui était pas familier et avait toujours été hors de portée de sa maigre bourse. Il dut reconnaître cependant que c'était délicieux. Il y prit si bien goût qu'il vida rapidement sa tasse et en redemanda. Louis, gêné de voir son invité avaler d'un trait une boisson si prisée des connaisseurs, le servit à nouveau avec lenteur et solennité.

— Mais prenez soin de le boire à lentes gorgées pour bien tirer partie de sa riche fragrance. Appliquez-vous-y bien !

Le jésuite trouva amusant de se prêter à l'exercice, d'autant qu'il découvrait que le beignet, trempé méticuleusement dans le café, s'avérait encore meilleur.

Louis observait son hôte tout en se demandant comment on avait pu l'affubler d'un nom pareil. Trouvé, quelle drôle d'idée... À moins que ce ne soit un enfant de la charité, abandonné par sa mère et trouvé par des religieuses ? Comme son mal de crâne commençait à s'atténuer et que le café lui faisait grand bien, Louis finit par avoir pitié de son interlocuteur. Il le remit en piste, d'une voix plus engageante :

— Vous disiez donc, monsieur Trouvé ?

Le prêtre se redressa, posa rapidement sa tasse sur la desserte et laissa de côté la pâtisserie qu'il venait à peine d'entamer.

— Oui, oui... à Dover, disais-je... les Abénaquis avaient une vengeance à assouvir, articula-t-il avec lenteur, de peur de se faire à nouveau rabrouer. Il y a quinze ans, un certain major Waldron les a trahis en faisant lâchement pendre huit sauvages et vendre en esclavage des dizaines d'entre eux. Pour se venger, les Indiens envoyèrent récemment quelques femmes chez le major, pour demander l'asile. Elles furent introduites dans la maison palissadée et, la nuit venue, ces dernières firent entrer leurs complices. Vous vous doutez bien que tout fut mis à feu et à sang. La famille et les domestiques de Waldron furent tués et le major torturé et cruellement exécuté. Je vous épargne les détails...

— Vous faites bien, monsieur Trouvé. Ce genre de raffinements me bloque la digestion.

Ce disant, Louis prit un quatrième beignet qu'il attaqua avec délectation. Décidément, pensa-t-il, sa cuisinière s'était encore surpassée. Lorsqu'il eut tout avalé, il s'empressa de commenter :

— Notez que ce Waldron s'était attiré ses malheurs. Même si les méthodes sont critiquables, on ne peut que se réjouir que justice ait été faite.

Trouvé opinait. Puis il s'agita sur son siège en secouant l'index vers le ciel.

— Oh ! il y a quelque chose que je tiens à vous montrer à tout prix, monseigneur, avant que je n'oublie. Permettez.

Le jésuite plongea la main dans sa besace et en tira une affichette froissée, recouverte d'une écriture grossière à l'encre un peu délavée.

— Tenez, monseigneur, lisez plutôt. C'est à peine croyable !

Le prêtre tendit le papier à Louis qui y jeta un œil rapide, pour le lui remettre aussitôt.

— Je n'entends pas l'anglais, cette langue de demi-civilisés. Faites-m'en la traduction, s'il vous plaît.

— Il s'agit d'une résolution votée récemment par la cour générale du Massachusetts. C'est un prisonnier qui se l'est procurée, je ne sais trop comment, et qui m'a demandé de vous la remettre. En fait, cette résolution accorde douze louis pour chaque ennemi tué ou ramené vivant, entendons un Français et un sauvage allié, bien sûr, et huit louis pour chaque prisonnier anglais arraché de nos mains. Il est amusant de constater que l'Anglais vaut moins que le Français ou l'Indien, ne trouvez-vous pas ?

— Qu'est-ce que vous me racontez là ! Ils ont osé voter un tel décret ? Mais ce sont des barbares !

Louis avait arraché le feuillet des mains de Trouvé pour le brandir devant lui, d'un air courroucé. Il fronçait les sourcils en tentant de déchiffrer le gribouillis de mots inintelligibles qui s'alignaient devant ses yeux, puis il laissa éclater son indignation. Elle claqua comme l'orage en plein cœur de juillet.

— Ce sinistre écriteau a dû être placardé à la devanture de tous les étals de Boston, et on a dû le lire aux portes des abattoirs et des boucheries ! Cette mise à prix de notre sang a dû tirer l'œil du client et élever les enchères. Manger du Français, quelle aubaine ! Et le reste, que dit le dernier paragraphe de ce torchon ?

Connaissant de mémoire le contenu, Trouvé s'empressa de préciser.

— Le reste est un privilège de haute morale, si je puis m'exprimer ainsi, monseigneur. Il assure à tout puritain de bonne volonté le droit d'user et d'abuser à bon plaisir des femmes, enfants et butin pris sur l'ennemi tué ou capturé : « ...*they shall be allowed what benefit they can make of their women and children and plunder* ». On ne peut être plus clair.

— Comment donc ! Mais qu'ils viennent donc ici, s'ils en ont le courage, ces Judas, ces sépulcres blanchis, étudier nos édits et ordonnances ! Ils ne trouveront rien d'aussi infamant ni d'aussi déshonorant, eux qui ont l'audace de nous traiter de barbares ! De pareils invitatoires au meurtre, de comparables appels à l'assassinat n'existent pas chez nous. Ah ! il est beau, leur pieux Boston ! Je mettrais ma main au feu que de pareilles injonctions ont été décrétées dans la virginale Nouvelle-York ! L'occasion était trop belle !

Louis faillit s'étouffer de colère. Le rouge lui montait aux joues et exaspérait le réseau de veinules éclatées qui y fleurissait. Il serrait les poings et tout son corps frémissait d'indignation. Il brandit le placard injurieux à bout de bras et vociféra :

— Je l'enverrai au ministre et au roi ainsi qu'à nos ambassadeurs pour qu'ils le portent en Angleterre ! Nos amis anglais, qui n'ont que les mots de « civilisation » et de « progrès » à la bouche, pourront se torcher le derrière avec !

Trouvé se félicita de son initiative.

— Mais dites-moi donc, fit Louis, changeant subitement de sujet et d'humeur selon son accoutumée, puisque vous semblez si bien renseigné, auriez-vous par hasard entendu parler d'une poignée de Français qu'on aurait emprisonnés dans les geôles de Boston, l'hiver dernier ?

— Une poignée de Français ? L'hiver dernier ? Non... je ne vois pas, fit d'abord Trouvé en fronçant nerveusement le front et les sourcils, tout en roulant des yeux embarrassés. Vous pensez à combien d'hommes, monseigneur ?

— À cinq, tout au plus. Il s'agit de la délégation du chevalier d'O, que j'ai envoyée chez les Iroquois pour négocier et dont je n'ai plus eu de nouvelles.

— Le chevalier d'O ? Attendez, attendez... Je sais qu'un homme était incarcéré dans la section à haute sécurité et qu'il s'agissait d'un officier que les gardes appelaient... « *Daouw* », si ma mémoire est bonne. « *Daouw* » peut très bien être d'O, si on tient compte de la propension qu'ont les Anglais à déformer notre langue. Plusieurs gardes se relayaient à sa porte pour l'empêcher de s'évader à nouveau. Il semblait être un prisonnier d'importance, plus important que nous, assurément.

— C'est d'O ! Il s'agit bien de notre homme, ce ne peut être que lui ! Les Iroquois l'auront épargné et remis aux Anglais. Ils n'ont pas osé le mettre à mort, en quoi je reconnais leur sens politique. Des voix plus modérées ont dû se faire entendre au sein des conseils. Quant aux autres... si on n'a plus entendu parler d'eux, c'est qu'ils ne sont vraisemblablement plus en vie.

Louis baissa la tête, soudain penaud. Il s'attendait un peu à cela. Colin, La Beausière, Bouat, La Chauvignerie, tous sacrifiés et probablement torturés à mort. Il avait commis une grave erreur en les expédiant chez les Onontagués. Mais qu'y pouvait-il, maintenant ? Il pensa à d'O, qui avait tenté de s'évader, et se dit qu'il ferait l'impossible pour l'échanger contre rançon. Quant aux familles des autres malheureux, il essaierait de leur faire accorder une petite pension, histoire de réparer un peu.

19

Québec, printemps 1691

Marie-Madeleine de Champigny posa son petit ouvrage de tapisserie sur le guéridon dressé à proximité de son fauteuil et se leva.

Elle tendit l'oreille aux bruits de la salle à manger où s'affairaient les domestiques. Les pas feutrés, le claquement répété des portes, l'entrechoquement des plats d'argent et des coupes de cristal qu'on posait sur la table annonçaient l'imminence du repas. Elle lissa les bandeaux de sa coiffure et serra plus étroitement son châle autour de ses épaules. Il faisait froid, malgré ce soleil du dehors qui éclaboussait les arbres et irisait le fleuve. Elle détestait cette pièce humide comme un caveau leur servant de salon. Elle y passait quand même le plus clair de son temps, occupée à lire, tricoter, faire sa tapisserie ou échanger avec ses enfants les jours où ses occupations caritatives ne la sollicitaient pas à l'extérieur. Son mari avait acheté l'ancienne brasserie de l'intendant Talon en arrivant au pays et l'avait fait aménager en palais de l'intendance. Ils occupaient les six pièces les plus confortables, le reste étant transformé en salle d'audience pour le conseil, en officines et en prison.

Elle ne pouvait pas se plaindre. Elle était privilégiée et sa famille était largement à l'abri du besoin. Il y avait néanmoins tellement de misère autour d'elle qu'elle essayait de se rendre utile, dans la mesure de ses faibles moyens. Aussi avait-elle appuyé de toutes ses forces son mari quand il avait fait établir par le conseil des bureaux des pauvres à Québec, Trois-Rivières et Montréal. Convaincue que sa place était à ses côtés dans cette lutte contre l'adversité, elle avait offert ses services avec enthousiasme pour implanter le premier bureau des pauvres de Québec. Il fonctionnait maintenant sans dérougir. Les dons recueillis auprès des gens fortunés étaient distribués aux plus démunis, on offrait du travail à ceux qui y étaient aptes, et la mendicité était désormais interdite. L'implantation s'était faite en étroite collaboration avec le clergé, une réalisation dont elle était fière. Car les temps demeuraient difficiles à cause de cette terrible guerre avec l'Iroquois qui imposait à la colonie un lourd tribut. Et les Anglais avaient promis de revenir...

— Quand cela va-t-il finir, mon Dieu ? s'interrogea-t-elle à voix basse, comme elle le faisait si souvent depuis quelque temps.

Mais la vie de la colonie n'était pas faite que de grands malheurs. Elle avait aussi son lot de petites chicanes. Marie-Madeleine échappa un sourire en pensant à la question des subsides royaux qui avait failli faire voler en éclats l'entente qui régnait jusque-là entre son mari et monseigneur de Saint-Vallier. La dispute avait été si bruyante qu'elle avait pu en saisir chaque mot depuis ses appartements. Il s'agissait des subsides annuels octroyés au clergé pour l'entretien des prêtres et des églises. L'évêque voulait exercer une discrétion totale sur ces sommes, alors que son mari recommandait au conseil de retenir huit mille livres et de lui confier la gestion de ces fonds si le prélat refusait de créer des cures fixes. L'évêque, hors de ses gonds, avait hurlé que cela était du chantage et qu'on empiétait sur les droits de l'Église. Il l'avait même carrément menacé d'excommunication. Mais

Jean n'avait pas cédé d'un pouce. Une force de caractère qu'elle avait toujours louée chez lui. La controverse s'était néanmoins réglée par un compromis qui avait permis l'instauration rapide de trois nouvelles cures fixes.

Elle s'était avancée devant la fenêtre et observait pensivement le fleuve, à présent, où des milliers de vaguelettes moutonnaient à perte de vue sous un clair ciel printanier. Deux militaires marchaient d'un pas rapide le long de la rive, auréolée de volées de goélands. Elle repensa à Charles, l'aîné de ses fils, qui rêvait d'une carrière navale et voulait être enseigne de vaisseau dans les Compagnies franches de la Marine. Il souhaitait être accepté à l'école d'art maritime de Brest, la meilleure, à ce que l'on disait. Comme on n'y admettait que deux Canadiens par année, elle avait requis différentes lettres de recommandation pour appuyer la candidature de son fils. Il rompait, certes, avec la tradition des Bochart, qui étaient des gens de justice, mais ne fallait-il pas suivre son cœur et son inclination ? Les membres influents de leurs familles respectives, les Montmorency, Tronson, La Porte, tous issus de la noblesse de robe, feraient certainement l'impossible pour favoriser son ascension.

Mais elle s'inquiétait autrement pour son mari, qui s'attachait depuis quelque temps à convaincre Frontenac de monter une véritable expédition contre les Iroquois.

— La guerre, toujours la guerre, comme s'il n'y avait pas d'autres façons de régler les différends, s'entendit-elle déplorer à nouveau d'une voix marquée par l'impuissance.

Elle savait trop combien elle avait tremblé pour la vie de son époux lors de l'expédition lancée par Denonville contre les Tsonontouans, quatre années plus tôt. Jean avait cru de son devoir d'accompagner et même de précéder les troupes jusque chez l'ennemi, au mépris de tout danger. Il n'était pourtant pas un soldat de métier, mais un homme de robe et un plaideur, Dieu du ciel! Elle était persuadée que ses fonctions d'intendant n'avaient jamais exigé qu'il risquât ainsi sa vie. Et il fallait voir avec quelle exaltation il s'était porté à l'aventure, comme un tout jeune homme à son premier combat.

«En tout cas, on ne pourra jamais l'accuser de lâcheté», se dit-elle encore en se demandant pourquoi les hommes étaient toujours si prompts à choisir la confrontation plutôt que la diplomatie. Qu'y avait-il chez eux qui les portait à tant de violence et pourquoi l'histoire des peuples était-elle jalonnée de si fréquentes traînées de sang? Jusqu'à cette pauvre Europe qui était encore enlisée dans une guerre totale dont on ne savait pas comment elle allait finir...

Marie-Madeleine hocha la tête en signe de perplexité. «Les choses risquaient-elles de changer si les femmes menaient un jour le monde?» s'interrogea-t-elle tout à coup, un peu effrayée par l'audace de son raisonnement. Elle se prit à se moquer d'elle-même. Mais à quoi pensait-elle donc? Comment la femme, faible de constitution et faite essentiellement pour donner la vie, pourrait-elle jamais prétendre exercer un pareil pouvoir? Le côté inusité de l'idée l'amusa quand même assez pour qu'elle se plaise à camper les femmes de sa connaissance dans le rôle de leur mari. Puis sa pensée se porta sur sa petite Jeanne et son cœur se serra. Non, elle ne se laisserait pas aller sur cette voie, c'était trop douloureux... Elle s'interdit d'y songer davantage et balaya ses appréhensions.

Un appel lancé d'une voix brève la tira de ses rêveries. Elle se détourna de la fenêtre, lissa à nouveau ses cheveux d'un geste instinctif et se dirigea d'un pas rapide vers la pièce attenante, où le dîner était déjà servi.

෫ඁ

Jean Bochart de Champigny travaillerait encore fort avant dans la nuit.

Marie-Madeleine lui avait fait préparer un goûter avant de quitter la maison pour aller chez le curé. La servante le déposa sur la desserte jouxtant sa table de travail et se retira sur la pointe des pieds. Ses tâches étaient si lourdes qu'il lui fallait souvent dix à douze heures par jour pour s'en acquitter. Il y avait six ans déjà qu'il exerçait ses fonctions d'intendant. À l'époque, l'idée de gérer une colonie d'outre-mer l'avait séduit. Sitôt arrivé au pays, il s'était plongé avec passion dans des responsabilités qui, bien que nouvelles, lui avaient semblé familières. Peut-être parce que son propre père avait été durant de longues années intendant de la ville de Rouen?

Sa formation de juriste et ses nombreux contacts à Paris lui ménageaient toutefois une certaine marge de manœuvre. Advenant un rappel, il pourrait se replacer rapidement dans la magistrature. Une indépendance bien utile, en vérité, et qui lui laissait les coudées franches face aux exigences souvent déraisonnables de certains fonctionnaires du roi. Il tenait justement en main une lettre du ministre de la Marine, Louis Phélippeaux de Pontchartrain, dont la lecture l'avait jeté dans une telle colère qu'il en avait blanchi jusqu'aux oreilles. Les récriminations et les reproches constants devant la montée vertigineuse des coûts de la colonie étaient monnaie courante et il ne s'en formalisait plus. Mais cette fois, le ministre avait poussé l'arbitraire jusqu'à le menacer de lui faire payer la facture s'il n'arrivait pas à réduire les frais de la guerre en Amérique. Comme s'il lui avait incombé d'empêcher les dépenses de cette année-là d'atteindre les deux cent mille livres !

Il plongea rageusement sa plume dans l'encrier et entreprit de rédiger d'une main tremblante un long texte bien senti, exposant pourquoi le coût des opérations militaires était si élevé en Nouvelle-France et pourquoi il était impossible de le réduire, *à moins que vous ne décidiez d'abandonner carrément la colonie en la laissant en proie à l'ennemi, ce que je ne crois pas que vous soyez disposé à faire*, précisa-t-il malicieusement, la colère embuant ses besicles.

Il inspira lentement dans l'espoir de se calmer, puis reprit patiemment la plume. Il expliqua par le détail comment chaque parti de guerre devait être équipé de canots et de raquettes, d'armes, de munitions, de nourriture et de vêtements appropriés, et qu'il pouvait être expédié en tout temps en Acadie, dans les Illinois, à Michillimakinac, vers les Grands Lacs ou bien au-delà. Et que les énormes distances et la rigueur du climat soumettaient l'équipement à une usure si prodigieuse qu'il fallait bientôt rééquiper les hommes de pied en cap. Il tempêtait. Ce n'était pourtant pas la première fois qu'il faisait cet exercice !

— Hélas ! je prêche dans le désert. Ces gratte-papiers n'y comprendront jamais rien.

Il poursuivit, en appuyant tellement sur sa plume qu'on l'entendit crisser sèchement sur le papier : *Si tout cela et une infinité d'autres dépenses pouvaient se faire sans fonds, dans un pays nouveau et à moitié ruiné par les guerres, ce serait un formidable secret... que je désirerais de tout mon cœur avoir trouvé pour le contentement de Sa Majesté et pour vous être agréable.*

Il éprouva une légère excitation. Il était assez fier de sa tirade et ne la retirerait sous aucun prétexte. Même s'il savait qu'aucun intendant ne pouvait se permettre de tenir un tel langage à un ministre sans risquer d'être démis aussitôt.

— Je persiste et signe. C'est un luxe que je décide de m'offrir, ironisa-t-il tout en plaquant sèchement sa signature au bas du document, sans l'accompagner des incontournables politesses et fioritures de style habituelles.

Il s'était fait des ennemis chez les fonctionnaires du ministère de la Marine et certains de ses amis parisiens commençaient à craindre pour lui. Des rumeurs concernant son renvoi imminent auraient couru dans les couloirs de Versailles. « Fort bien, s'était dit avec cynisme Champigny, je les mets au défi de trouver un intendant capable de faire des miracles et de changer le sable en or. Qu'ils essaient de faire mieux, avec des crédits dix fois inférieurs aux coûts. On verra bien qui avait raison... »

Il n'avait rien à se reprocher et c'est ce qui lui donnait autant d'aplomb. Il faisait chaque jour l'impossible pour maintenir la colonie en état de survie. Depuis l'incendie des magasins du roi, on manquait de farine pour nourrir les soldats, et les mauvaises récoltes, combinées à d'abondantes pluies d'automne, avaient créé un état de famine endémique. Les colons en étaient réduits à se nourrir une partie de l'année de racines et de poissons. On manquait aussi d'armes et de munitions, au point de devoir faire fondre le plomb des fenêtres et des gouttières pour faire des balles. La situation était à ce point grave qu'il avait dû envoyer à deux reprises la majorité des troupes vivre chez l'habitant, sans pouvoir fournir à ce dernier la moindre compensation. Sans parler des nombreuses fois où les miliciens avaient été contraints de laisser filer l'ennemi par manque de munitions et d'équipements pour engager une poursuite.

Jean Bochart releva la tête et laissa glisser son regard sur le fond de la pièce, là où le mur était lézardé. Son œil se posait toujours sur ce réseau de veinures qui semblait prendre chaque jour plus d'expansion.

Il était perplexe. «Ne devrais-je pas donner ma démission et retourner en France?» se demanda-t-il encore une fois, déchiré entre un sens aigu de la responsabilité et un amer désenchantement. Il jonglait avec cette idée depuis quelque temps. Sa tâche était lourde, mais il était habitué à travailler avec acharnement. Par contre, ses prises de bec constantes avec Frontenac l'épuisaient et le jetaient dans le plus grand agacement. S'il n'était jamais allé jusqu'à la rupture complète avec le gouverneur, leurs relations étaient néanmoins tendues et difficiles. Courtisan jusqu'au bout des ongles, le comte l'irritait. Jean Bochart prisait peu ses frasques de grand aristocrate, ses colères de vieil enfant gâté, et l'insatiable besoin de flatteries qui en faisait la proie des flagorneurs de toutes espèces. Non plus que ce train de vie somptuaire dont il s'enorgueillissait et qui générait des dépenses exorbitantes en fêtes, spectacles, frais de garde-robe et de bouche. Il sentait bien, par ailleurs, le mépris du gouverneur pour ses fonctions de commis du roi et son respect de l'autorité, lui qui avait toujours ignoré les directives contraires à ses intérêts et n'en avait jamais fait qu'à sa tête.

Jean Bochart se prit à regretter une fois de plus la complicité qui l'avait uni au marquis de Denonville durant leurs quatre fructueuses années d'administration commune. Un âge d'or apparemment révolu...

Il prêta l'oreille. Il lui semblait avoir entendu un léger craquement. Il ébaucha un sourire.

— Janou, mon pauvre poussin.

Il attendit de voir l'enfant paraître, comme elle le faisait chaque fois qu'elle réussissait à tromper la vigilance de sa nourrice. La petite Jeanne s'avança en trottant sur ses faibles jambes et lui tendit ses bras maigres en souriant de ses quatre dents. Il la souleva en riant, l'installa sur ses genoux et s'alarma à nouveau de la trouver si légère. Malgré ses deux ans, elle ne profitait pas au même rythme que les autres enfants. Ses magnifiques yeux noirs, sous lesquels s'agrandissaient des cernes bleutés qui mangeaient ses joues pâles, s'attachèrent à lui avec obstination. Mal remise d'une coqueluche qui avait traîné, l'enfant était affligée depuis lors d'une langueur toussotante dont on craignait qu'elle ne s'apparente à la phtisie. De fortes fièvres la terrassaient par intervalles, la laissant chaque fois plus affaiblie. Marie-Madeleine et lui ne cessaient de trembler pour sa vie. Tous les docteurs et chirurgiens de la colonie avaient défilé devant sa couche avec des succès mitigés. Tisanes et décoctions, lotions apaisantes, fomentations et cataplasmes chauds, ventouses, sirops, loochs pour les affections pectorales, poudres, pilules, tout avait été tenté. La minuscule pièce où on avait fini par isoler la petite malade était devenue une infirmerie où s'entassaient les fioles, potions, onguents, liniments, sondes, compresses et pansements de toutes sortes.

Jeanne supportait tout de bonne grâce, à la condition qu'on ne lui enlève pas sa poupée de chiffon qu'elle traînait avec elle en la pressant maternellement contre son sein. La fillette effleura la joue de son père d'un délicat revers de la main et prononça de sa petite voix câline :

— Papa Janou ?

— Oui, je suis bien ton papa, ma chérie, lui répondit-il en caressant ses boucles brunes, légères et soyeuses comme le duvet du cygne.

La petite lui mit sa poupée dans les mains et il fit mine de la bercer doucement pour l'endormir. Elle éclata de rire et se mit à chanter « do do l'enfant do », en imitant la berceuse que lui fredonnait sa nourrice. Jean Bochart fut consterné de réaliser que le front et le visage de la fillette étaient encore tout chauds. Ces poussées de fièvre que le médecin de l'hôpital croyait avoir enrayées recommençaientelles déjà ? Il se leva, le petit corps toujours lové dans ses bras, quand Antoinette, sa nourrice, entra en trombe en s'exclamant :

— Voilà où elle était, cette petite coquine. Je me doutais bien, aussi. Elle m'a échappé quand j'ai refait son lit. Donnez-la-moi, monsieur, c'est l'heure du dodo.

— Mais elle est encore brûlante de fièvre, Antoinette. Touchez son front.

— Oui, monsieur. Cela vient par bourrées et disparaît sans avertir. Mais c'est bientôt l'heure de sa potion.

— Non, ce soir, je la garde un peu. Apportez-moi son remède, je vais le lui donner et tenter de l'endormir. Et baillez-moi quelque chose de chaud pour l'envelopper.

Antoinette s'exécuta. Quand elle revint, elle s'immobilisa sur le seuil, prise d'attendrissement : l'intendant berçait tendrement sa fille en chantonnant un vieil air d'autrefois. Jeanne fixait son père avec une intensité dévorante, avec ce terrible regard qui effrayait tant sa nourrice. À cause de cette espèce de prescience, de lucidité froide et résignée qu'elle croyait y déceler parfois. La servante en eut la gorge nouée. Elle aussi se faisait un sang d'encre pour cette petite qu'elle aimait comme sa propre fille.

Antoinette se ressaisit, recouvrit Jeanne d'un épais châle de laine et déposa le flacon sur la table. Comme l'enfant était entre bonnes mains, elle se retira discrètement.

« N'empêche, se dit-elle, il est bon père, notre monsieur, étonnée encore une fois de cette tendresse qu'elle découvrait chez lui. Et juste, avec ça, car toujours il a tenu à me verser des gages, contrairement à d'autres qui ne baillent jamais un sou à leurs domestiques. »

Jean Bochart accentua son balancement tout en continuant à fredonner à mi-voix. La petite fermait les yeux par moments puis sursautait et les rouvrait en cherchant aussitôt les siens, comme si elle craignait de le voir partir. Elle serrait son index d'une menotte et sa poupée de l'autre.

«Mon Dieu, ne nous l'enlevez pas, celle-là aussi!»

Leur autre fille, Catherine, s'était éteinte dans sa première année. On l'avait trouvée morte au petit matin dans son ber, froide et déjà si lointaine. Marie-Madeleine avait poussé un cri déchirant et s'était effondrée sur le carrelage. Il avait fallu des mois avant que ne reparaisse un sourire sur ses lèvres. La peur de perdre Jeanne la torturait à nouveau, il le sentait bien, mais par une espèce de superstition, ils s'interdisaient l'un et l'autre d'en faire mention, de crainte que le seul fait de parler du malheur ne l'attire sur eux.

La fillette, emmitouflée et amoureusement bercée, finit par s'endormir profondément. Son petit corps se détendit et sa respiration prit une cadence plus régulière. Jean Bochart ne pouvait détacher les yeux de ce visage délicat et diaphane où perlait une sueur de fièvre. Il lui rappelait tellement celui de sa malheureuse Catherine. La même bouche espiègle, le même regard intransigeant qui ne vous lâchait pas une fois qu'il vous avait entrepris, avec la différence que son autre fille respirait la force et la santé. Tandis que ce pauvre poussin poussif... Il s'arrêta de chanter et s'immobilisa. Jeanne ne bougea pas d'un cil.

Il leva les yeux sur les papiers disséminés sur son pupitre et se dit qu'il fallait pourtant qu'il se remette au travail. Comme l'enfant dormait toujours, il la porta à son lit où il la déposa avec précaution. Une fois bien bordée, il la contempla en silence un long moment. Puis il s'en retourna à sa correspondance.

Dehors, la nuit était tombée pour de bon. Marie-Madeleine ne tarderait pas à rentrer. Il se remit fiévreusement à la tâche, dans l'espoir de chasser les idées noires qui avaient encore ressurgi, bien malgré lui.

20

Montréal, été 1691

Frontenac occupait depuis plusieurs semaines déjà les deux pièces hautes et claires que Callières lui réservait dans son spacieux château, en bordure du Saint-Laurent. Monseignat lui avait remis ce soir-là une lettre qu'il était impatient de lire. Rédigé de la main d'Anne, le pli avait transité en canot depuis Québec. Sa fidèle alliée l'informait régulièrement et par le détail de tout ce qui grouillait et grenouillait à Paris, Versailles et Saint-Germain. Comme il n'avait rien reçu d'elle depuis un certain temps, la soif de nouvelles fraîches le tenaillait.

Il s'installa dans la bergère placée près de la fenêtre ouverte à pleins volets et décacheta. L'épaisse liasse de feuillets qu'il retira de l'enveloppe libéra une bouffée odorante, à nulle autre pareille. Louis fut aussitôt envahi de nostalgie. Il ferma les yeux et respira à pleines narines. Des images floues, puis de plus en plus précises, s'éveillaient et se bousculaient, sollicitées par la magie des arômes : Anne, la femme d'hier se confondant avec celle d'aujourd'hui, les multiples décors de sa vie mouvementée, ses nombreux visages, les salons où elle avait toujours brillé... Louis s'attarda à ces lointains souvenirs, agité de sentiments contradictoires. Quand il ouvrit enfin les yeux, ce fut pour compter fébrilement les pages qu'il serrait entre ses doigts noueux.

Anne en avait noirci dix bien tassées. Il ébaucha un sourire. Il ferait durer le plaisir.

Il posa les pieds sur un tabouret et se cala confortablement dans son siège. Le papier fin et lisse était recouvert d'une écriture régulière et élégante, sans ratures, ce qui indiquait qu'Anne recopiait ses lettres avant de les expédier.

Il déplia la première page et lut.

À monsieur le comte de Frontenac, mon cher grand ami,

J'ai reçu trois lettres de vous il y a quelque temps et qui portaient trois dates différentes. Pardonnez le retard à vous répondre, mais j'ai eu fort à faire auprès de madame d'Outrelaise qui a été affligée de flux de ventre qui l'ont forcée à garder le lit de longues semaines. J'ai été à son chevet assidûment et je puis vous dire que la pauvre âme a fort souffert et sans se plaindre de toutes ces purgations et saignées que lui ont imposées nos « médicastres », comme vous le dites si à propos. Elle a pourtant survécu à tout cet acharnement et se porte un peu mieux, malgré une température maussade qui maintient Paris sous une cloche d'humidité et des froids si continuels que l'on se croirait plutôt en automne qu'au printemps. Le soleil ne luit plus depuis des jours, ce qui nous fait craindre un autre été aussi pourri que celui de l'an dernier. Croirez-vous que le setier de blé, qui valait dix livres, est grimpé à dix-huit, cette année ? Nous devrons vivre maigrement des récoltes de l'an passé et la disette commence à se répandre dans les campagnes, où l'on a vu des bandes de loups affamés attaquer de petits pâtres et des jeunes filles. Le roi a réquisitionné des blés pour nourrir Paris et l'armée. Il a chassé les spéculateurs, prohibé les exportations et fait distribuer du pain gratuitement pour les plus démunis. La cour du Louvre s'est transformée en une gigantesque boulangerie en plein air, où l'on cuit chaque jour pas moins de cent mille rations de pain du roi, à deux sols la livre ! Ces mesures n'empêchent pas l'afflux de miséreux et des débuts de révolte place Maubert, au Marché-Neuf ou rue des Gravilliers. Des mères hurlantes réclament du pain, des bandes de voleurs masqués parcourent la campagne et des manifestations spontanées éclatent un peu partout à Lyon, Toulouse, au Havre. Les hôpitaux généraux se multiplient pour enfermer ces populations dangereuses, promises au fouet, au carcan ou aux galères.

Les chemins n'étant plus sûrs, je ne sais si je me rendrai prochainement à Maintenon, comme m'en a priée madame. Ma grande amie vit en ce moment, comme je vous le marquais dans ma dernière lettre, mille affres et humiliations qui mettent sa patience et sa pudeur à dure épreuve. Comme son mariage avec le roi est demeuré secret et qu'elle ne peut se défendre de tous les princes persifleurs et libraires hollandais qui médisent à son sujet, elle est sur des charbons ardents. Tantôt elle trouve un petit libelle rempli de fiel sur le coin d'une table ou sous un coussin, ou entend dans la rue une chanson diffamante, quand il ne s'agit pas d'ouvrages qui parlent de sa naissance de basse extraction, l'accusant d'avoir empoisonné mademoiselle de Fontanges ou d'entretenir à Saint-Cyr un harem pour les plaisirs du roi ! On la met aussi sur le théâtre, où Paris et Versailles courent applaudir des comédies italiennes qui la traînent dans la boue.

À propos de Saint-Cyr, sachez que madame subit de fortes pressions, en ce moment, pour transformer ce pensionnat de filles nobles désargentées en monastère régulier. Il semblerait que la dissipation, la vanité et l'orgueil se soient emparés des jeunes pupilles de Saint-Cyr au point de justifier, du moins d'après les ecclésiastiques qui surveillent de près cet établissement, un virage radical. Monsieur de Chartres, supérieur diocésain de l'Institut, l'a fort chapitrée à ce sujet. Notre amie a pu gagner un peu de temps en alléguant la nécessité où elle était de consulter, avant de prendre une telle décision. Je plains fort ces pauvres jeunes filles qui seront obligées bientôt de prononcer des vœux et d'entrer dans *une vie religieuse qu'elles n'ont certes pas souhaitée, et à laquelle on ne les a jamais préparées.*

Pour ce qui est des affaires du Canada, dont vous m'avez mandé d'informer madame de Maintenon afin qu'elle puisse infléchir favorablement le roi, je lui ai envoyé plusieurs requêtes et un mémoire écrit de ma main sur la situation tragique de ce pays, et sur le grand besoin où il se trouve de troupes fraîches, de munitions et d'argent pour faire face à la guerre constante qu'il subit aux mains de deux ennemis puissants et coalisés. Croyez bien, aussi, que j'ai écrit à tous vos amis et alliés à la cour pour les inciter à faire pression et à parler en votre faveur chaque fois que le roi en viendra sur ce sujet. Depuis votre grande victoire contre le général Phips, Sa Majesté est mieux disposée que jamais à votre égard et à l'égard des Canadiens.

Louis échappa un petit rire sifflant. La belle victoire sur Phips qu'il avait été si impatient de claironner à Versailles et que La Hontan lui-même était allé raconter à la cour ne lui avait valu que des louanges et une lettre de félicitations écrite de la main de Louis XIV. Il est vrai qu'on lui avait envoyé aussi six mille livres, mais qu'était-ce, dans l'océan d'obligations financières qui l'assaillaient? Le monarque avait aussi fait frapper une médaille d'or portant l'inscription *Kebeca Liberata*, mais il y avait fait graver son propre profil et non le sien. Anne avait fait des pieds et des mains pour obtenir une copie de la fameuse médaille, mais sans y parvenir. Nulle décoration, nulle pension ou sinécure à l'horizon cependant pour le vainqueur de Phips. Rien que des mots pour quelqu'un qui ne se payait plus de mots. Comme quoi le grand roi savait aussi être petit et mesquin, à ses heures.

Louis secoua son amertume et se remit à sa lecture.

La mort tragique de monsieur Louvois, foudroyé d'une crise d'apoplexie à cinquante ans, a eu des effets qui ne surprennent pas pour qui s'entend au mécanisme de la cour. Sans y être jamais, j'y ai des oreilles et des yeux, et ces amis fidèles m'ont rapporté à quel point ce ministre était devenu insupportable à son maître. Il était rude et dur, présomptueux au-delà de tout ce que l'on peut imaginer, et, sans la guerre, il aurait essuyé une disgrâce. Vous ne pouvez savoir à quel point le roi semble leste et libéré depuis sa disparition. Il a remplacé Louvois par son propre fils, le marquis de Barbezieux, âgé de vingt-trois ans. Pour l'assister, il a aussi nommé six ministres qui se sont partagé l'administration de la guerre, des finances, des postes, des fortifications, des haras, des manufactures et des bâtiments. Tout l'empire de Louvois a été démembré au profit du roi qui a pris en main le détail de l'administration. Désormais, tout passe par lui. Il peut convoquer indifféremment un maréchal de France, un intendant des finances, un grand officier comptable ou un lieutenant de police sur un sujet donné, et le régler directement. Il travaille de huit à neuf heures par jour et sans se lasser. Il a récemment passé ses troupes en revue : cent vingt mille hommes, cavaliers et fantassins, étaient alignés sur quatre rangs et s'étiraient sur bien près de trois lieues. Un spectacle impressionnant et qui donne une haute idée de la grandeur de notre puissance terrestre.

Louis bougonna. Une armée si nombreuse et dont le roi ne pouvait détourner mille hommes pour sauver sa colonie du Nouveau Monde ! Il n'arrivait pas à comprendre. Il secoua plusieurs fois la tête, les lèvres serrées, la mine songeuse.

Il continua néanmoins.

Mais nous avons encore une bonne partie des États coalisés sur le dos, et ces derniers unissent leurs forces pour venir à bout de la France et la ramener dans ses frontières des Pyrénées. Fasse le ciel que cette guerre se termine sans trop de pertes ou de dégâts irréparables ! Pour en revenir à vos affaires, croyez bien que je les pousse du mieux que je peux et sans relâche, mettant à profit toutes les intelligences que nous avons. Monsieur de Lagny et monsieur de Pontchartrain m'ont assuré que nous aurions des hommes et des fonds dès que possible, et qu'ils n'attendent que le moment propice pour amener le roi à considérer favorablement cette demande.

« Chère Anne, que ferais-je sans son indéfectible soutien ? » se dit Louis, tout en relevant des yeux mélancoliques sur la fenêtre derrière laquelle les hémérocalles ocrées, les roses en bouton, les pavots et les géraniums rivalisaient de beauté avec les framboisiers et les gadelliers. Le jardin de Callières était en pleine effervescence et il ne l'avait jamais vu aussi chargé ni aussi luxuriant. Louis ferma les yeux et s'imagina le parcourant lentement avec Anne, bras dessus, bras dessous, déambulant sous la tonnelle et remontant la grande allée bordée de plantes aromatiques, tout en discourant gaiement. Comme il aurait aimé lui faire découvrir ce si beau pays ! La femme et l'amie, sa complicité, sa force tranquille et rassurante lui faisaient cruellement défaut.

Par un effort de volonté, il parvint à se tirer de ces rêveries stériles dont il croyait pourtant s'être définitivement sevré. Il savait par expérience que de pareils espoirs n'étaient propres qu'à le jeter dans le désenchantement et la tristesse. Anne n'était plus là et ne reviendrait jamais auprès de lui... Il s'appliqua à déchiffrer la suite.

Pour moi, je fréquente toujours un cercle d'amis intimes que vous connaissez bien et que je vois tantôt chez moi, tantôt chez mademoiselle d'Aumale ou chez madame de Fiesque. Tout le monde vieillit, moi la première... La marquise de Sévigné a souffert de fortes fièvres qui l'ont laissée très affaiblie et dont elle se remet à peine, et le duc de Lude a été légèrement blessé dans un combat. Rien de grave, heureusement... Oh ! que je vous dise avant d'oublier, c'est trop cocasse... Figurez-vous qu'une amie à moi assistait à un prêche à Versailles récemment, et que le curé Hébert qui y officie régulièrement (un drôle de bougre, ignorant et fruste comme le peuple dont il est issu), voulant inciter les paroissiennes aisées à augmenter leurs aumônes aux pauvres, leur tint cet invraisemblable discours : « Mesdames, nous savons que vous êtes bas-percées (une expression des gens du commun pour dire que leur bourse est mal garnie), mais voyez nos membres roidis ; nos besoins sont si grands, attendrissez-vous, laissez-nous entrer, ouvrez-vous enfin... » Je n'exagère rien, ce furent bien ses paroles. Elles produisirent un effet si prodigieux qu'un rire contagieux se propagea aussitôt parmi les fidèles. Des éclats qui se prolongèrent si longtemps que la cérémonie en fut troublée pour de bon.

Un excès de rire incoercible secoua Louis. Plus il imaginait la surprise des dames devant des paroles aussi égrillardes prononcées en pleine chaire par un membre du clergé, et plus son rire s'amplifiait. Il ne put que s'y abandonner un long moment, les larmes aux yeux. Il se dit que l'évêque avait dû passer un terrible savon à son trublion de curé et le jeter à la porte, sans autre forme de procès, ce qui le fit rire de plus belle. Il sortit enfin son mouchoir et se moucha bruyamment.

...votre neveu, Louis Habert de Montmort, finit-il par continuer à lire en s'épongeant les yeux, évêque de Perpignan, se porte à merveille, à ce que j'ai appris, et l'écho de ses si beaux sermons à la Bossuet nous arrive encore quelquefois jusqu'ici. Figurez-vous qu'en déambulant l'autre jour Quai des Célestins, j'ai croisé votre beau-frère Claude de Bourdeille, comte de Montrésor. Ce qu'il a changé ! S'il ne m'avait saluée le premier, je crois que j'aurais passé mon chemin, tant il était méconnaissable : voûté, le teint gâté et les bajoues pendantes, avec l'œil si

creusé qu'on avait peine à saisir le regard. Mais il a conservé intacts sa vivacité d'esprit et son humour, de même que sa vieille habitude de tout tourner en dérision et en moquerie, comme autrefois dans les salons.

Louis eut un sursaut d'attendrissement. Bourdeille, le confident de Gaston d'Orléans. Bourdeille, le raisonneur avec lequel il avait croisé plus d'une fois le fer dans des controverses à n'en plus finir sur le sens de la vie, de la mort et de l'au-delà. Les Bourdeille étaient d'ailleurs des libres penseurs qui ne croyaient pas en Dieu et bornaient l'éternité du souvenir à la durée, toujours brève, d'un dictionnaire ou d'une encyclopédie. Une position philosophique séduisante et que Louis n'avait jamais vraiment écartée. Il regretta tout à coup d'avoir négligé Montrésor et se promit de reprendre un échange épistolaire avec lui. Mais le passage suivant de la lettre d'Anne le secoua bien davantage.

Il m'a appris une nouvelle si extraordinaire, si époustouflante, si furieusement inattendue que les bras m'en sont tombés d'incrédulité! Le chevalier de La Rivière, votre grand ami, votre complice de toujours, cette fidèle copie de vous-même, eh bien... il serait entré à l'Oratoire! Vous avez bien lu. La Rivière aurait choisi de devenir moine! Rien de moins....

Les feuilles lui tombèrent des mains. Il n'arrivait pas à y croire. Le larron s'était payé une autre de ses facéties pendables. La Rivière au monastère, La Rivière déguisé en moine mystique... C'était proprement... impensable, choquant, voire même sacrilège. La farce était trop bonne pour durer. Une crise religieuse avait dû le secouer ou il avait voulu partager l'ascèse d'une belle moniale dont il se serait follement épris. La Rivière en Abélard se mourant d'amour pour une envoûtante Héloïse! Ce souvenir lui fut douloureux tant il rappelait à Louis sa jeunesse en allée... C'est qu'ils l'avaient menée tambour battant, leur vie mondaine, ces deux lurons-là ! « Se battre et s'ébattre », tel avait été leur cri de ralliement, leur devise. Ils étaient si semblables, presque des jumeaux : mêmes goûts, mêmes succès amoureux, mêmes aptitudes et mêmes ambitions, une fougue identique dans le caractère et dans l'exécution de leurs folies !

— Je plains le temps de ma jeunesse... où sont les gracieux galants que je suivais au temps jadis... si bien chantants si bien parlants... si plaisants en faits et en dits... les aucuns sont morts et roidis... les autres sont entrés en cloître... de Célestins et de Chartreux.

Que de fois l'avaient-ils déclamée ensemble cette ballade de François Villon, la bouteille à la main et de belles garces pendues à leurs basques ! Militaires ou galantes, leurs escapades étaient si pareilles qu'ils auraient pu se les attribuer réciproquement. Innombrables furent leurs aventures romanesques, d'aucunes belles, certaines rocambolesques, d'autres pendables, mais toutes vécues avec le même sentiment d'urgence et de fébrilité. Ces viveurs délicats et raffinés avaient pourtant fini par se ranger et prendre femme. Mais, cherchant toujours la saveur du fruit défendu jusque dans les plaisirs les plus légitimes, tous deux avaient amené leur fiancée à s'insurger contre l'autorité légitime, à les épouser malgré leurs parents. Comme cela avait pimenté la noce ! En bons militaires, ils avaient approché le mariage comme on monte à l'assaut... pour finalement essuyer les mêmes défaites. Car similaires avaient été leurs déboires domestiques, Louis ne comptant que quelques années mouvementées de vie commune, La Rivière, guère plus.

Il revoyait le visage de ce fol ami, de cet autre éclopé de la vie conjugale repoussé dans le célibat par la force d'un malheureux destin. Eux qui avaient tant raillé les autres, s'étaient tellement moqués de leurs travers et de leurs manies, quelle tête ridicule ils faisaient à leur tour. Lui, vieil éclopé, reclus au bout du monde, et La Rivière, solitaire et claustré dans une froide cellule de monastère... Non ! Il n'y croyait pas davantage qu'à ses propres accès de piété fugace, à ses crises sporadiques d'ascétisme vertueux. La Rivière se sortirait de là et mettrait fin à ce quiproquo. Il lui écrirait, il le convaincrait !

Il ramassa la lettre d'Anne, étalée à ses pieds, retrouva la page où il s'était arrêté, et s'y remit :

Je vous dirai, en terminant, que mes affaires ne sont pas reluisantes et que j'ai eu à essuyer des coûts imprévus avec la maladie de madame d'Outrelaise, et à cause du prix du bois de chauffage qui est devenu exorbitant par ces temps de froidure qui sévissent actuellement sur la France. Sans compter les vivres, la chandelle et le pain, dont les prix ont tant grimpé qu'il devient difficile de s'approvisionner comme on le voudrait. Nous restons souvent sur notre faim et ne brûlons de bois ou de chandelles que lorsque nous avons des invités.

Les derniers fonds que je dois retirer de l'héritage de ma mère ne m'ont pas encore été versés, et vous savez que mademoiselle d'Outrelaise n'a pas de revenus en propre, ce qui pourrait alléger mes soucis financiers. Aussi me permettrais-je de recourir, une fois de plus, à votre générosité. La dernière lettre de change que j'ai reçue de votre attaché à Londres m'a grandement soulagée de toutes ces misères, aussi vous demanderais-je de m'en faire parvenir une deuxième par les mêmes voies, si tant est que vous puissiez le faire sans trop vous mettre dans l'embarras. Je sais bien que la vie coûte extrêmement cher pour vous aussi et que nous semblons nés, tous deux, pour être esclaves de ces viles nécessités pécuniaires... Qu'y pouvons-nous ?

Ne m'assure-t-on pas de toutes parts que plaie d'argent n'est pas mortelle ? Des assurances qui proviennent toujours,

évidemment, de gens que la fortune met à l'abri de telles inquiétudes. Peut-être ont-ils raison, en effet, mais Dieu que cela nous
use les nerfs! Inutile, ce me semble, monsieur mon mari, de vous
faire de nouvelles protestations des sentiments d'affection et
d'amitié que j'ai pour vous et qui ne changeront jamais, quoi qu'il
advienne.

Votre épouse fidèle et dévouée, à la vie à la mort,

Anne de la Grange-Trianon,
comtesse de Palluau et de Frontenac

21

Québec, printemps et été 1692

L'homme qui lui faisait face avait tout du revenant. Louis eut peine à reconnaître dans ce vagabond hirsute le beau gentilhomme désinvolte qu'il avait envoyé, sans le vouloir, à l'abattoir, deux années plus tôt. Il avait le visage terreux, l'œil cerné, le dos voûté et le regard désenchanté, autant d'éléments témoignant mieux que mille mots de la dureté des malheurs qu'il avait traversés ces derniers temps.

Et quel accoutrement, bougre de Dieu !

Le fier officier toujours inondé de parfums, arborant avec vanité les cravates froufroutantes et les chapeaux à plumes, les chausses de satin et les tuniques à parements brodés, était ce jour-là attifé comme un gueux et il puait comme un bouc. Sa redingote élimée d'un bleu douteux cachait un habit de toile revêche, mal coupé et flottant sur son corps amaigri, et sa tuque de marin mangée aux mites était enfoncée sur sa tignasse d'où s'échappaient en bataille des mèches sales et prématurément blanchies.

Mais le chevalier d'O était tellement heureux d'être enfin à Québec que son apparence lui importait peu. Louis le conduisit d'abord dans la cuisine du château, afin qu'on lui baille un vin chaud et de quoi se mettre sous la dent.

Mathurine et Duchouquet parurent surpris de voir entrer un pareil hère. Quand Louis leur dit qu'il s'agissait pourtant de Pierre d'O de Jolliet, dit le chevalier d'O, la cuisinière mit la main devant sa bouche et s'exclama :

— Doux Jésus ! On l'aurait pas reconnu, notre monsieur d'O. C'est qu'ils vous ont drôlement arrangé la binette, les Anglais !

— Allez, allez, laissez-le s'attabler et préparez-lui un petit goûter, Mathurine. Duchouquet, vous aiderez monsieur le chevalier à faire sa toilette. Emplissez le sabot d'eau chaude et choisissez-lui dans mon armoire une chemise, des hauts-de-chausse et une redingote.

La cuisinière posa tellement de plats sur la table que le chevalier jeta à Louis un appel au secours muet. Il avait si peu mangé en prison qu'il avait peine à se réhabituer aux portions abondantes. Louis se servit copieusement, histoire de mettre son invité à l'aise et de combler une petite faim qui venait opportunément de poindre. Étonnée de voir le chevalier picorer dans son assiette au lieu de faire honneur à ses plats, Mathurine le gronda affectueusement :

— Mangez, mangez. Y va falloir vous remplumer là, monsieur d'O, vous êtes maigre comme un clou. Y vous reste tout juste les quatre poteaux pis la musique !

D'O fit son possible, mais il avait plus envie de parler que de manger. Il fit davantage honneur au vin chaud et l'ingurgita si rapidement qu'il sentit bientôt une douce ivresse le gagner. Puis il se lança dans un récit circonstancié de ses aventures depuis son départ de Québec : l'arrivée à Onontagué, l'accueil aussi peu courtois qu'inattendu réservé à sa délégation, son transfert vers la Nouvelle-York, son incarcération et son évasion spectaculaire d'une des geôles les mieux gardées de la Nouvelle-Angleterre. Il avait essayé par deux fois de fausser compagnie à ses geôliers et n'avait réussi qu'à sa troisième tentative, aidé de deux prisonniers abénaquis qui avaient fui avec lui. Il avait suivi ses compagnons d'aventure en Acadie, chez le baron de Saint-Castin, où il avait séjourné quelques jours avant de reprendre la route du Canada. L'équipée avait duré sept semaines. Il lui tardait tant de rentrer qu'il avait voyagé jour et nuit. Comme le chevalier disait détenir des informations de première importance, Louis décida de l'accompagner à sa toilette.

La petite baignoire sabot de Louis fut roulée près du feu qu'on venait d'attiser, car la pièce était froide et humide. Ce meuble servait peu, Louis étant convaincu que le fait de tremper trop souvent dans l'eau affaiblissait le corps et ouvrait la voie aux maladies. On ne l'utilisait que dans les cas exceptionnels et le chevalier était si crasseux que cela en justifiait amplement le recours. D'O se glissa dans l'eau avec bonheur et ferma les yeux. Il n'avait pas pris de bain depuis une éternité. La sensation de détente totale que procurait la chaleur de l'eau lui plaisait. Duchouquet, agenouillé derrière lui, commença à lui savonner avec vigueur la tête et les épaules.

— Alors, d'O, quelles sont donc ces nouvelles que vous tenez de première main et qui intéressent grandement l'avenir de la colonie? fit enfin Louis, curieux et inquiet tout à la fois de savoir ce qui lui pendait encore au bout du nez.

Il s'était installé dans un fauteuil près de la cheminée et se lissait nerveusement la moustache, tout en fixant le feu qui crépitait doucement dans l'âtre. Dehors, quelques rayons plus persistants avaient réussi à percer timidement la masse compacte des nuages. C'était un printemps instable qui chavirait du chaud au froid sans prévenir.

— J'ai bien peur que nous ayons à essuyer un second assaut anglais, mais un assaut organisé à grande échelle et autrement menaçant, cette fois, répondit l'officier d'une voix lente.

Ses yeux attentifs luisaient dans la semi-pénombre de la pièce.

Louis secoua la tête et poussa un long soupir. Il fallait bien s'y attendre. La colonie ne vivait-elle pas, depuis le siège de Québec, dans la hantise du retour des Anglais ? Une menace qui justifiait auprès de la cour des demandes d'hommes et de munitions auxquelles on n'accédait jamais ou que l'on repoussait à l'année suivante, pour des raisons toujours plus pressantes. Mille hommes pour le pays le plus populeux d'Europe, ce n'était pourtant pas la mer à boire ! Au lieu de quoi, le roi s'amusait à élaborer des projets fantaisistes de prise de la Nouvelle-York en se gardant bien, cependant, d'y prévoir la moindre nouvelle recrue pour le Canada.

Louis prit le tisonnier et brassa vigoureusement les braises. Un bouquet d'étincelles en jaillit et une flamme vive s'éleva.

— Qu'est-ce qui vous permet d'avancer cela ?

— Des conversations que j'ai eues avec quelques prisonniers anglais et dont les dires m'ont été confirmés par le baron de Saint-Castin. De grands préparatifs ont lieu à Boston depuis quelques mois. Nos charmants voisins sont en train de monter une expédition punitive contre le Canada, qui regrouperait quelque dix mille hommes, Anglais et Iroquois confondus, dont la moitié attaquerait Montréal, et l'autre, Québec. Le gouverneur de la Nouvelle-York, Benjamin Fletcher, se serait même rendu jusqu'au Conseil privé de Londres pour obtenir de l'aide. À la suite de quoi le roi d'Angleterre a donné l'ordre à ses colonies d'Amérique de s'unir, pour une fois, et de fournir des hommes et des munitions.

— Ce maudit Fletcher... marmonna Louis, jamais en retard d'un coup bas et toujours en quête d'un moyen de nous bouter hors de ce pays. Si par malheur il réussit à convaincre les autres colonies du Nord de se joindre à la Nouvelle-York, ainsi qu'aux Cinq Nations, nous sommes perdus. Mais, d'un autre côté, monter une pareille coalition ne doit pas être chose si facile, sinon il y serait parvenu depuis belle lurette...

Louis réfléchissait tout haut, selon son habitude.

— Vous avez raison sur ce point, reprit le chevalier, car j'ai entendu dire que la situation devenait difficile pour la Nouvelle-York. Ils commencent à manquer de tout et leur commerce des fourrures périclite. Il n'y aurait d'ailleurs jamais eu beaucoup d'entraide entre des colonies qui se jalousent et se combattent mutuellement depuis toujours. C'est au point que d'aucuns auraient suggéré à Fletcher de pousser les Iroquois à ravager la Pennsylvanie et le Maryland, comme ils l'ont déjà fait à quelques reprises, pour ramener ces États récalcitrants à de meilleurs sentiments.

— Fasse le ciel qu'ils n'arrivent jamais à s'entendre, ventredieu! Tout cela nous démontre qu'il est grand temps de mieux fortifier nos villes et en particulier Québec et Montréal, qui sont encore beaucoup trop exposées aux insultes de l'ennemi. Je vais encore une fois écrire au ministre pour réclamer avec plus d'insistance – Louis fit une grimace éloquente, l'air de dire qu'il y croyait de moins en moins – des hommes et des fonds pour mieux protéger le pays d'une menace qui se précise de jour en jour.

— Sans compter que nos alliés abénaquis commencent à baisser la garde.

Ce disant, d'O avait incliné la tête vers l'avant pour que Duchouquet lui rince les cheveux.

— Comment cela? Vous dites que nos alliés abénaquis...

Le chevalier releva la tête et s'épongea le visage. Il avait meilleure mine qu'à l'arrivée. Restait à lui faire la barbe et à le coiffer. Duchouquet, qui était aussi maître-barbier, s'y ingénia.

— Oui. J'ai appris de Saint-Castin que la situation s'était envenimée en Acadie, où certaines tribus commerceraient ouvertement avec les autorités du Massachusetts. Il semble que ce serait à cause du sieur de Beaubassin, votre capitaine des gardes, qui, au lieu de distribuer les fusils et les présents que vous avez envoyés aux Abénaquis, les a réquisitionnés pour son profit personnel.

— Que me dites-vous là ! Ce misérable aurait détourné des provisions destinées à ravitailler nos alliés ?

Louis faillit s'étouffer d'indignation. Il donna un grand coup de tisonnier dans le mur de pierre de taille. Il aurait volontiers étranglé ce Beaubassin s'il s'était trouvé à sa portée.

— Comment savoir ce qui se passe si loin, aussi ? Je le relèverai de ses fonctions et le remplacerai par quelqu'un de moins cupide ! Ce scélérat aura des comptes à me rendre !

Le chevalier observa longuement le gouverneur. Le regard toujours rivé sur les flammes, il avait l'air dépité et sa bouche avait pris un pli amer. D'O se risqua pourtant à lui poser la question qui l'obsédait depuis des mois.

— Monseigneur, saviez-vous dans quelle gueule de loup vous nous jetiez en nous expédiant à Onontagué ?

Louis tressaillit et releva les yeux sur d'O. Il s'attendait à cette question et avait mille fois imaginé le contexte dans lequel elle lui serait un jour posée. Le silence qui s'ensuivit parut s'éterniser. Duchouquet activa un peu plus vite son rasoir sur les poils de menton du chevalier, qui retenait son souffle. Un long moment s'écoula avant que Louis ne trouve le ton et les mots justes.

— J'ai été... habité... durant des semaines par la peur de voir mes... appréhensions se réaliser. Savez-vous que j'ai failli vous retenir et vous dire de laisser tomber, que cela pouvait être dangereux, surtout que vous étiez la dernière personne au monde que j'aurais voulu voir dans une aussi... terrible... situation. Le baron de La Hontan, que j'avais d'abord pressenti pour cette mission parce qu'il avait plus d'expérience des Indiens que vous, l'avait refusée aussitôt, sous prétexte que c'était trop aléatoire. Je regrette amèrement ce qui s'est passé pour... vous, que je considère un peu comme mon... fils, et pour... Colin... La Beausière, Bouat... La Chauvignerie. J'ai mal évalué l'inconstance iroquoise, leur côté imprévisible, et j'en porte le remords. J'ai cru, à tort, leur inspirer assez de respect et de peur pour les forcer à négocier, comme j'ai pensé que le fait d'épargner les Iroquois surpris à Schenectady allait leur donner un message clair de ma neutralité à leur égard. C'était prématuré et... vous en avez été les malheureuses victimes.

Louis baissa la tête, l'air profondément malheureux.

— Mais comment cela a-t-il été pour... Je veux dire... Colin... a-t-il...

— Souffert ? Au-delà de tout ce que l'on peut imaginer. Les Illinois mis à mort avant eux ont gardé leur sang-froid jusqu'à la fin, contrairement à nos hommes... qui ont rapidement perdu pied. La Beausière surtout. Les tourments infligés dépassent l'entendement. Nous ne sommes pas préparés à ce genre de souffrances qu'il faut une vie d'entraînement, je suppose, pour apprendre à dominer. Cela a été pour moi une cruelle initiation et je me suis demandé longtemps si on n'aurait pas dû aussi me mettre à l'échafaud.

— Allons, allons, vous ne pouvez pas regretter de ne pas avoir été torturé ni d'être toujours en vie ! Peu de gens ont assez de ressources pour résister à de pareils traitements. Certains de nos hommes y sont quand même parvenus, quelques femmes aussi, étrangement... mais ce sont des exceptions. Et cessez de vous mettre martel en tête. Vous avez obéi à un ordre, comme l'excellent officier que vous êtes, et vous n'avez pas à porter le poids d'une décision que vous n'avez pas prise. C'est à moi d'en assumer la responsabilité.

Louis repensa aux deux Iroquois dont il avait été forcé d'ordonner la mise à mort sur le Cap-aux-Diamants, quelques semaines avant cette conversation. Bien que la torture le répugnât profondément et lui semblât le fait de sociétés peu civilisées, il l'avait autorisée. Pour servir d'exemple et inspirer de la crainte à l'ennemi. Les deux hommes avaient été brûlés à petit feu par les sauvages alliés et mangés à la manière traditionnelle. Louis n'avait voulu assister ni à la torture ni au banquet qui avait suivi, alors qu'un Pierre d'Iberville l'eût probablement fait sans sourciller...

Pour secouer le malaise qui commençait à l'envahir et parce qu'il n'avait jamais été particulièrement porté sur les *mea culpa* ou les attendrissements de femelle, Louis s'en sortit avec une pirouette :

— Que vous voilà rajeuni, mon cher ami! s'exclama-t-il devant un chevalier frais rasé et bien coiffé, émergeant de sa baignoire tel un Neptune triomphant jailli de la mer.

Bien astiqué, le visage net et lisse, la tignasse ramassée dans une bourse à cheveux, d'O reprenait allure de civilisé et s'avérait toujours bel homme. Louis fit signe à Duchouquet, qui scrutait sa penderie, de lui bailler sa redingote de satin pourpre et les hauts-de-chausse assortis.

— J'espère que vous nous honorerez de votre présence, ce soir, monsieur d'O. Nous donnons un petit souper en votre honneur. Quelques invités joindront leur compagnie à la vôtre. Je compte sur vous.

Sans plus de cérémonie, Louis s'esquiva. Il avait encore du travail à abattre et comptait mettre à profit les dernières heures de lumière avant la tombée de la nuit.

⤳

Les rires moqueurs fusaient et la rumeur des conversations s'enflait de toutes les réparties joyeuses lancées à la volée. Une quinzaine d'officiers se récréaient bruyamment, avec d'autant plus de laisser-aller qu'aucune dame ne partageait leur compagnie. Les femmes étaient encore si peu nombreuses que les hommes se voyaient forcés de se divertir entre eux ou chez des particuliers, quand ce n'était dans des lieux de perversion, ces tripots improvisés qui poussaient comme des champignons à Québec comme à Montréal. Frontenac aurait réclamé un nouveau contingent de filles du roi si la guerre n'avait pas sévi en Europe, car la colonie comptait encore si peu de femmes à marier que les tentatives de fixer les hommes au pays s'avéraient toujours aussi difficiles.

— Alors messieurs, qui de vous n'a pas encore effeuillé la Marguerite? Maupon, Lamothe, Mareuil, Bourdon? Ne faites pas ces têtes d'éperlan frit! Osez donc soutenir sans rire que vous n'avez pas tâté au moins une fois de cette garce-là!

La remarque du baron de La Hontan, de retour de France depuis une bonne année, suscita de vives réactions. Les hommes niaient bruyamment mais sans conviction.

— Taisez-vous, malheureux, et n'allez pas dévoiler nos petits secrets devant monsieur de Frontenac. Un homme de son âge et de sa qualité... lui rétorqua Lamothe-Cadillac, d'un air faussement scandalisé.

Mais Frontenac désarçonna tout le monde lorsqu'il répliqua :

— Vous croyez peut-être que j'ignore avec qui vous batifolez, messieurs, et que je ne pourrais vous décrire celle qui est devenue la coqueluche de tous mes militaires ? Marguerite Rattier, une plantureuse brune de vingt ans, bien en chair et galbée juste aux bons endroits, et qui a la cuisse si légère qu'elle se donne au premier venu. Une racoleuse qui a quitté son mari pour courir les rues. Elle est d'ailleurs la fille de Jean Rattier, condamné à mort pour le viol et l'assassinat de Jeanne Couc, une faible d'esprit. Un assassin notoire qu'on a remis en liberté parce qu'il a accepté la charge de bourreau, les autorités judiciaires n'ayant personne d'autre sous la main.

Les convives restèrent d'abord bouche bée, puis s'abandonnèrent à un rire contagieux et tonitruant : le vieux Frontenac était drôlement bien informé. On trinqua à l'ouverture d'esprit du gouverneur ainsi qu'au retour du chevalier d'O, qui comptait de nombreux amis parmi ses confrères officiers. Comme c'était la fête, Louis demanda à Duchouquet d'apporter d'autres cruches de rhum.

— J'ajouterais cependant un correctif d'importance, monseigneur : la garce dont vous parlez ne se donne pas mais se vend à prix fort, je puis en témoigner, corrigea Mareuil lorsque les clameurs se furent suffisamment atténuées pour que l'on pût entendre ses paroles.

Le commentaire déclencha un autre accès de gaieté.

La Hontan chuchota quelques mots à l'oreille du plaisantin, qui se fendit aussitôt d'un rire de bossu. D'O, pour sa part, adressait aux uns et aux autres un regard attendri. Il avait peu bu, mais l'alcool lui était tout de suite monté à la tête. La confusion était telle que Louis se crut obligé d'élever la voix et de demander le silence, avant d'interroger

La Hontan sur la raison de leur petite messe basse. Ce dernier rit encore plus fort, sans oser répéter. Mais comme le gouverneur insistait, il concéda :

— J'expliquais à mon voisin que ce n'était pas la première femme qui vivait la bride sur le corps, dans ce pays. Et que d'autres aussi, que je ne nommerai pas, en font autant...

— Il fait allusion aux ribaudes arrivées dans les contingents de filles du roi. Elles vivent de la prostitution dans des cahutes près des remparts, comme vous le savez sûrement, vous qui savez tout, précisa Mareuil, le sourire en coin.

Celui qui venait de parler était loin d'être lui-même un modèle de vertu et une sulfureuse réputation de coureur de jupons le précédait. Il était aussi reconnu pour ses blasphèmes et sa propension à lever un peu trop souvent le coude.

— Je sais ce que vous répandez sur les filles du roi, La Hontan, reprit Louis. Vous les qualifiez « d'amazones de lit » ou de « troupes femelles d'assaut amoureux ». Prenez garde de ne pas confondre les ribaudes dont vous parlez avec ces bonnes filles tirées des orphelinats parisiens et triées sur le volet par nos religieuses. Elles arrivent ici pourvues d'un certificat de bonnes mœurs attestant qu'elles sont libres de toute attache et propres au mariage. Mais comme tout nouvel arrivage compte aussi son contingent de pommes avariées, certaines filles de mauvaise vie ont pu se glisser parmi le lot...

Louis savait pertinemment qu'il y avait autant de marchandes d'amour dans la colonie que dans n'importe quelle province du royaume. Un mal nécessaire sur lequel il préférait fermer les yeux, autant pour protéger la vertu de l'honnête femme que pour permettre aux soldats de s'amuser.

Mais la conversation était déjà repartie dans une autre direction et on riait de plus belle.

— Comment d'O, reprit La Hontan, vous n'avez pas entendu parler de cette autre amazone de chez nous, la Madeleine de Verchères? Une luronne par qui je n'aurais pas aimé me faire mettre en joue. Elle fait mouche à tout coup, d'après ce que l'on raconte.

Le chevalier haussa les épaules en signe d'ignorance.

— Une fille de la région de Verchères, dites-vous? Mais que lui reproche-t-on?

— Mais il ne s'agit pas de reproches. Ce serait plutôt une héroïne, si on peut se fier à ce que l'on raconte à son sujet. Oui, oui, messieurs, une héroïne, quoi que vous en pensiez.

La remarque de La Hontan s'adressait surtout à Mareuil, qui arborait déjà une moue dépréciative.

— Et qu'a donc fait cette égérie? le relança d'O.

— Elle a tenu tête à l'Iroquois en commandant le fort paternel jusqu'à l'arrivée des réguliers.

— Le fort paternel, dites-vous? S'agit-il d'une des filles de François Jarret de Verchères?

— Tout juste, tout juste.

— Et où étaient donc les soldats?

— Au champ, à travailler, répondit La Hontan. On n'avait laissé au fort que deux jeunes militaires, deux vieillards et une poignée de femmes et d'enfants. La jeune fille travaillait à l'extérieur avec un engagé, un nommé Laviolette, quand elle entendit des bruits de tirs en provenance de l'endroit où étaient regroupés les troupes et les habitants. Laviolette lui cria aussitôt: «Fuyez, mademoiselle, fuyez vite!» En se retournant, elle vit des Iroquois à portée de mousquet. Ne faisant ni une ni deux, elle se précipita vers le fort et fut prise en chasse par quelques sauvages. Comme ils n'arrivaient pas à la rattraper, ils firent feu sur elle. Notre héroïne sentit les balles lui siffler aux oreilles, comme elle le raconta par la suite, mais n'en continua pas moins sa course en criant à pleins poumons : « Aux armes ! Aux armes ! » Elle poussa à l'intérieur du fort deux femmes affaissées sur le cadavre de leur mari et referma la lourde porte derrière elle. Puis ce fut le branle-bas de combat : elle inspecta l'étroit périmètre, aida à remonter les palissades et à boucher les interstices, quand elle réalisa que les deux soldats manquaient à l'appel. Elle les trouva dans le magasin à poudre, tellement désespérés qu'ils tenaient une allumette à la main et s'apprêtaient à tout faire sauter.

— Que des mauviettes, ces soldats de malheur !

La remarque était venue de Mareuil. Quelques autres officiers émirent des grognements d'approbation.

— C'étaient des gars peu expérimentés d'à peine quatorze ou quinze ans. Et seuls avec une poignée de femmes et de vieillards... Ils ont cru la mort préférable à la torture. Mais écoutez plutôt la suite, rétorqua le conteur qui reprit son récit :

— Notre brave Madelon leur cria : « Vous êtes de misérables lâches. Sortez d'ici et courez vous battre comme des hommes ! » Après quoi elle arracha son bonnet, s'enfonça un chapeau d'homme sur la tête, se saisit d'un fusil et, s'adressant à ses deux jeunes frères, leur martela : « Battons-nous jusqu'à la mort ! Souvenez-vous des paroles de père, qui nous a enseigné que le gentilhomme était né pour répandre son sang au service de Dieu et de son roi ! » Tout le monde tira si bien sur l'ennemi qu'il crut la place trop protégée pour s'y risquer plus longtemps et se rabattit sur les malheureux soldats et habitants qui n'avaient pas réussi à se réfugier dans le fort ou à fuir assez vite. Ils furent massacrés jusqu'au dernier. Notre héroïne fit aussitôt tirer du canon pour avertir les villages avoisinants, et intima l'ordre aux femmes de prendre un fusil et de vendre chèrement leur peau.

D'O parut impressionné. Il savait les femmes de ce pays courageuses, mais un pareil exemple de fermeté et de pugnacité était rare et méritait d'être souligné.

— Mais ce n'est pas tout, attendez la suite...

— C'est assez, n'en jetez plus ! Et d'ailleurs, êtes-vous certain qu'il s'agit bien d'une femme ? N'était-ce pas plutôt un homme déguisé en femme ou une espèce de garçon manqué, plat comme une planche à repasser ?

Mareuil ne croyait pas à cette histoire. Dès qu'il l'avait entendue, il avait douté de sa véracité.

— Que non, monsieur, que non ! La jeune fille n'a que quatorze ans et elle est plutôt mignonne, à ce que l'on dit.

— À quatorze ans, les filles de ce pays sont des femmes faites, fit remarquer Louis. Cette aventure prouve que la bravoure peut aussi se rencontrer chez le sexe faible, figurez-vous. J'ai d'ailleurs l'intention de féliciter personnellement cette demoiselle pour son sang-froid et son courage.

— Quant à la suite de cette histoire, elle démontre assez bien que la fille tenait du père, continua La Hontan.

— Ou de la mère, reprit Bourdon. Car il me semble avoir déjà entendu parler d'une mésaventure semblable à propos de la mère Jarret de Verchères. Enfin, je ne saurais en jurer, mais...

— Vous avez raison. La mère a également tenu tête aux sauvages, il y a quelques années. Comme quoi le bon exemple peut toujours servir. Mais poursuivez donc, La Hontan !

Louis trouvait l'aventure édifiante et il lui plaisait de l'entendre raconter à nouveau. Surtout que le jeune baron y rajoutait des détails croustillants qui n'avaient probablement rien à voir avec la réalité, mais qui l'embellissaient.

— La fille donc, puisqu'il est question d'elle ici, poussa encore plus loin la témérité. Comme un canot mené par un nommé La Fontaine tentait de rejoindre le fort avec sa famille et qu'aucun soldat ne semblait vouloir lui porter secours...

Un tollé interrompit le récit. La Hontan n'en continua pas moins :

— ... Madelon leur ordonna de la couvrir et sortit pour aller à la rencontre de La Fontaine. Elle paria que les Iroquois croiraient à une ruse pour les attirer dans une embuscade et se méfieraient. Elle se rendit donc hardiment à la plage, aida l'habitant à tirer ses enfants du canot et les poussa devant elle avec tellement de confiance que les sauvages crurent qu'ils avaient plus à craindre qu'eux et ne bougèrent pas. C'est à la nuit tombée, cependant, que la situation se corsa... Le vent s'éleva et la grêle commença à claquer si fort que les Iroquois en profitèrent pour s'approcher du fort et tenter de se glisser à l'intérieur. Notre spartiate assembla alors sa troupe d'à peine six personnes et leur dit ceci : « Dieu nous a épargnés aujourd'hui, mais il faudra nous garder de l'ennemi cette nuit. Je veux que vous sachiez que je n'ai pas peur. Je vais assumer la garde de nuit avec nos vieillards, pendant que vous, La Fontaine, vous allez vous réfugier dans la redoute avec La Bonté, Gachet, les femmes et les enfants. Si jamais j'étais prise, ne vous rendez sous aucun prétexte, même si on me coupait en pièces et qu'on me brûlait sous vos yeux. Tant que vous continuerez à faire le feu, l'ennemi ne pourra rien contre vous. Mes deux frères vont occuper deux bastions, moi le troisième, et nos deux vieux, le quatrième. » Et il en fut ainsi. Toute la nuit, en dépit du froid, du vent et de la neige qui tombait à plein ciel, on entendait d'incessants « Tout va bien ? », de sorte que l'ennemi se persuada que ce fort était bourré de soldats et qu'il valait mieux s'en tenir éloigné. Le jour finit par se lever, ce qui rendit aux assiégés tout leur courage. Sauf à mademoiselle Marguerite... Non, messieurs ! il ne s'agit pas de la même Marguerite, et bien qu'elle porte le même prénom, elle n'a pas les mêmes mœurs que notre racoleuse préférée...

Une remarque qui déclencha une cascade de ricanements complices.

— ... je disais donc que le courage manqua à cette Marguerite, parisienne de son état et épouse de La Fontaine, qui implorait son mari de les tirer de là, tellement elle tremblait de peur. Ce dernier finit par lui jeter : « Jamais je n'abandonnerai ce fort tant que mademoiselle Madelon y sera. Je sais qu'elle préférerait mourir plutôt que de le céder à l'ennemi, et je pense comme elle que si nous perdons un fort, les Iroquois croiront pouvoir nous en enlever d'autres et seront mille fois plus arrogants. »

— Ha ! Voilà qui est bien parlé !

Des exclamations de soulagement ponctuèrent ces propos : enfin un mâle digne de ce nom ! Non seulement La Fontaine remettait sa femme à sa place, mais il s'avérait aussi courageux que cette Madeleine qui n'était certainement qu'une exception. Il était temps, car cette invraisemblable histoire de castrats conduits par une pucelle commençait à irriter l'auditoire.

— Et alors, comment se termina cette incroyable saga ?

Le chevalier d'O trépignait de connaître la fin.

— Ils furent en état d'alarme pendant sept jours et ne furent relevés qu'au matin du huitième par La Monnerie et son détachement.

— Ha ça, c'est une histoire pour le moins surprenante, risqua Maupon, qui ne voulait pas accuser La Hontan d'être un menteur, mais se demandait s'il n'avait pas un peu maquillé la vérité.

Car le beau baron avait la réputation de ne reculer devant aucune contrevérité pour enjoliver son propos. Les officiers étaient aussi sceptiques que lorsqu'on leur avait narré l'aventure pour la première fois. Le récit leur paraissait trop beau pour être vrai, et le courage viril de cette Jeanne d'Arc de quatorze ans était dérangeant.

— Mais il y a d'autres exemples de courage féminin, et je vais vous raconter une équipée qui a tourné au désavantage de nos alliés abénaquis, cette fois, rétorqua le chevalier d'O.

Toutes les têtes se tournèrent vers lui.

— Si la chose vous intéresse, bien sûr.

— Allez, d'O, ne te fais pas prier. Tu vois bien que nous sommes tout oreilles !

Mareuil lâcha un juron, puis se resservit une pleine rasade de rhum. Louis en prit note et fit signe à Duchouquet de rapporter le dernier pichet à la cuisine. Ses hommes commençaient à être passablement ivres et il ne tenait pas à avoir des bagarres sur les bras.

— Figurez-vous que cela s'est passé après la prise de Pemaquid par les Abénaquis, près du village de Haverhill, dans une famille de puritains dont j'ai oublié le nom. Ce sont les sauvages eux-mêmes qui m'ont raconté cela. L'homme travaillait dans un champ avec ses enfants lorsque des coups de feu retentirent aux abords de sa maison. En s'y précipitant, il réalisa que des dizaines d'Abénaquis encerclaient sa demeure et qu'il était trop tard pour sauver sa femme. Il retraita prudemment et conduisit ses enfants en sûreté dans une maison palissadée des environs. Son épouse, appelons-la Hannah pour les besoins du récit, venait d'accoucher, aidée de sa voisine, quand les Indiens firent irruption dans la maison, tuèrent le nouveau-né et traînèrent les deux femmes en captivité. Elles furent remises à une famille abénaquise composée de deux guerriers, trois femmes et sept enfants, qui prit aussitôt la direction du nord. Un jeune garçon capturé à Worcester se joignit au groupe. Hannah, bien décidée à échapper à ses geôliers, forma rapidement un projet et s'assura de la complicité des deux autres. Une nuit où tout le monde dormait à poings fermés, les trois acolytes se levèrent en silence, prirent chacun une hache et l'abattirent sur leurs victimes avec une telle rapidité que personne n'eut le temps de réagir. Dix sauvages furent tués sur douze. Nos puritaines laissèrent s'échapper une Indienne gravement blessée et un jeune enfant, puis attendirent l'aube. Quand les premiers rayons du soleil pointèrent, elles enlevèrent les chevelures de leurs victimes et quittèrent les lieux. Après de longs jours de marche, elles finirent par retrouver leur village et réapparurent triomphalement, brandissant fièrement au bout de piques les dix scalps ennemis. On raconte qu'elles acquirent une telle notoriété qu'on leur offrit cinquante livres par chevelure et qu'entendant parler de leur exploit, le gouverneur du Maryland les gratifia d'un superbe présent.

— Charmante histoire... et qui donne à penser que nous ne nous méfions jamais assez. Telle femme soumise et effacée peut se transformer en un rien de temps en une dangereuse furie brandissant fièrement, comme Judith, la tête décollée d'Holopherne !

La remarque de La Hontan déclencha un chapelet de rires désabusés et de pointes cyniques sur la duplicité de la gent féminine.

— Toutes des sorcières, des putains ou des hommasses, que je vous dis... renchérit Mareuil, qui était de plus en plus éméché.

— Heureusement que nous sommes plus civilisés que nos voisins du Sud, enchaîna d'O. Ils ont une façon toute particulière de traiter les récalcitrantes. Croirez-vous que des femmes accusées de sorcellerie ont été récemment brûlées vives sur la place publique dans différents villages de la région de Boston?

— Des sorcières brûlées vives? Ces ânes bâtés de puritains nous auraient ramené l'Inquisition en Amérique?

Louis n'en fut pas réellement surpris. Il savait les puritains de la Nouvelle-Angleterre capables de fanatisme. L'incrédulité se lisait pourtant sur les visages qui l'entouraient. On avait peine à imaginer qu'une telle chose fût encore possible. D'O continua:

— Il semblerait qu'une vague de sorcellerie se soit emparée des esprits à Salem, une petite localité située près de Boston, et se soit étendue à une grande partie du comté d'Essex et de la province du Massachusetts. Il y a quelques semaines, on a longuement flagellé la fille et la nièce d'un ministre pour s'être livrées à des tours de magie. Elles ont prétendu avoir été ensorcelées par une sauvagesse. Il n'en a pas fallu davantage pour que l'on découvre partout des sorcières que l'on s'est empressé de traîner devant les tribunaux. Le gouverneur Bradstreet, ne trouvant rien qui justifiait l'emprisonnement, les a renvoyées chez elles. Mais la nomination de Guillaume Phips comme gouverneur général a fait basculer les événements dans le sens opposé.

Les hommes froncèrent les sourcils, intrigués. Ce nom-là leur était familier.

— Oui, il s'agit bel et bien du même William Phips, celui qui a tenté de prendre Québec. Phips a fourni un appui inconditionnel à son ami Cotton Mather, un influent ministre calviniste en lutte ouverte contre les sorciers, ce qui a rapidement envenimé les choses. Mather s'en est pris à une inoffensive vieille femme, une Irlandaise pauvre et délaissée soupçonnée d'être papiste, à ce qu'il paraît, et dont le spectre aurait fustigé une femme avec des verges de fer, figurez-vous. Je le tiens de la bouche même de Saint-Castin, qui est toujours bien informé du moindre soubresaut qui agite ses voisins puritains. La vieille a été déclarée sorcière et malgré ses protestations d'innocence, a été conduite au bûcher.

— Incroyable histoire ! Et ne sont-ce pas ces mêmes Anglais qui viennent nous traiter de papistes attardés ? Sacredieu, je ne donne pas cher de nous si jamais nous tombons entre les mains de pareils doctrinaires !

La Hontan fit une grimace lourde de sous-entendus. Quant à Louis, ces paroles le ramenèrent à son obsession de mettre le pays en état de résister à un second siège.

D'O continua néanmoins :

— Plusieurs personnes auraient péri de la même manière, accusées faussement de sorcellerie par des parents obligés de mentir sous la torture. Un ministre du culte a eu le courage de s'opposer, un certain Burroughs, si ma mémoire est bonne. Mal lui en prit. Après avoir dénoncé la conduite des juges et leur folie meurtrière, on l'a convaincu à son tour de sorcellerie. Il a également fini dans les flammes.

— Diable ! Ce Cotton Mather est digne des grands inquisiteurs et donne froid dans le dos. Fasse le ciel que nous n'ayons pas affaire à lui de sitôt !

Ce souhait naïf de La Hontan fit réagir Louis, qui échangea un regard de connivence avec le chevalier.

— Malheureusement pour nous, il se peut que nous ayons affaire aux puritains plus vite que prévu... Le chevalier d'O m'en a informé aujourd'hui. Ils armeraient une grosse flotte et se prépareraient à venir de nouveau attaquer

Montréal et assiéger Québec avec des milliers d'hommes, appuyés par les Iroquois. Voilà pourquoi nous devons être fin prêts et toujours sur un pied de guerre, messieurs.

La nouvelle eut l'effet d'une gifle et ramena les officiers à des considérations plus réalistes. Les visages se tendirent et s'assombrirent, mais quelqu'un beugla aussitôt : « Qu'ils viennent s'y frotter, ces hérétiques de malheur, et nous les bouterons à la mer ! » La saillie fut bientôt appuyée par le reste de la tablée qui l'entonna bruyamment, avec la conviction des soûlards. Louis n'avait cependant plus l'esprit aux réjouissances et ses hommes commençaient à l'ennuyer.

— Messieurs, votre présence est agréable, mais je me vois obligé de vous fausser compagnie. Il est tard. Je vous souhaite une bonne fin de soirée.

Après un moment de flottement, certains choisirent de regagner leur couchette, d'autres, d'entreprendre plutôt une dernière virée dans les cabarets de la ville.

22

Montréal, été 1692

— Je te plains dans l'âme, mon frère. Crois-moi, fais-toi Huron. Car je vois la différence de ma condition à la tienne. Je suis maître de mon corps, je fais ce que je veux, je ne crains personne et ne dépends que du Grand Esprit, alors que ton corps et ta vie sont entre les mains de ton grand capitaine; il dispose de toi comme d'un serviteur et tu dépends de mille gens que les emplois ont mis au-dessus de toi. Est-il vrai, oui ou non ?

Le baron de La Hontan, à qui s'adressait la tirade de Kondiaronk, riait en hochant la tête.

En cette tiède soirée d'août, la grande salle du château de Callières était bondée de convives bruyants et passablement émoustillés. Comme leur nombre était élevé, seuls quelques-uns avaient pu prendre place à table, tandis que les autres étaient assis à même le sol devant des chaudrons remplis de bouilli de bœuf et de chien, agrémenté de prunes et de raisins. Le rhum coulait modérément, mais la guildive, un dérivé de moindre qualité, était généreusement distribuée. Frontenac avait déménagé son gouvernement à Montréal pour l'été, comme il le faisait chaque année au moment de la foire des fourrures. Ce soir-là, il tenait à honorer la poignée de Hurons et de Têtes-de-Boule* venus lui présenter des dizaines de chevelures prises sur l'ennemi.

Kondiaronk essuyait avec application ses mains poisseuses sur sa tunique de peau. Le grand chef huron mangeait comme dix, mastiquait avec bruit et parlait en mangeant, mais il discourait avec autant d'élégance qu'un sénateur romain. Le débat animé qui s'était engagé entre La Hontan et lui suscitait parmi les convives un immense intérêt, de par le clivage frappant qu'il faisait ressortir entre les parties. Tous étaient suspendus aux lèvres du sieur de Valrennes, qui suait sang et eau pour traduire et rendre toute la verdeur et le cinglant de l'argumentation. Ces joutes oratoires amusaient le vieux *sachem*, particulièrement en verve ce soir-là. Son visage mataché, ridé comme une pomme desséchée et percé d'yeux vifs, déroutants de malice et d'intelligence, luisait sous l'éclat des candélabres.

— Ha, mon frère, continua-t-il, tu vois bien que j'ai raison. Oh! le bel homme, ce Français, avec ses belles lois! Si ce sont choses justes et raisonnables, comment se fait-il alors que vous ne les suiviez jamais? Tu me dis que pour qu'elles soient suivies, il faut châtier les méchants et récompenser les bons. Quelle sorte de créatures êtes-vous donc, qui faites le bien par rétribution et n'évitez le mal que par crainte des châtiments? J'appelle un homme celui qui a un penchant naturel à faire le bien et qui est malheureux de faire le mal. Pourquoi, nous autres Hurons, n'avons-nous point de juges? Parce que nous n'avons ni procès ni condamnés, et que nous apaisons plutôt nos querelles par le dialogue et la réparation. Mais surtout, parce que nous ne voulons ni recevoir ni connaître l'argent, ce serpent des Français! Et cet argent maudit, ce démon des démons, d'où vient-il donc que certains en aient autant et d'autres si peu? Vouloir vivre ainsi et conserver son âme, c'est comme se jeter au fond du lac dans l'espoir d'y trouver du feu. Cet argent est le ferment du mensonge, de la trahison, bref, de tous les maux qui rongent votre beau monde.

Malgré la justesse de tels propos et la portée séditieuse d'une pareille charge, elle s'atténuait du fait qu'elle provenait de la bouche d'un sauvage. On en riait plus qu'on ne s'en offusquait. Et Kondiaronk, que les Français surnommaient « le Rat », était précédé d'une réputation si sulfureuse et paraissait si changeant qu'on ne le prenait pas toujours au sérieux.

La Hontan était néanmoins sensible aux remarques du vieil homme et prenait un vif plaisir à le voir relever les travers des sociétés civilisées. Il répliqua donc avec une hauteur feinte, en dissimulant sa connivence sous un air faussement dédaigneux.

— Vraiment, mon ami, tu fais là de belles distinctions. Pour ce qui est des lois, heureusement que tout le monde ne les observe pas, car autrement, ces juges que tu as vus à Québec et à la Nouvelle-York mourraient de faim. Mais comme le bien de la société consiste dans l'observance de ces lois, il faut châtier les méchants et récompenser les bons, sans quoi tout le monde s'égorgerait, se pillerait, se diffamerait, et nous serions les gens les plus malheureux du monde.

— Ha ! railla Kondiaronk dans un large sourire vainqueur. Mais parlons-en, de ces lois dont on nous vante sans cesse les merveilles. N'y a-t-il pas plus de cinquante ans que les gouverneurs du Canada prétendent que nous tombons sous leur juridiction, lors même que nous ne dépendons que du Grand Esprit ? Nous sommes nés libres et frères et aussi maîtres de nos vies les uns que les autres, alors que vous êtes tous les esclaves d'un seul homme. Car sur quel droit et quelle autorité fondez-vous vos prétentions ? Nous sommes-nous jamais rendus à votre grand capitaine ? Avons-nous été en France vous chercher ? Ou n'est-ce pas plutôt vous autres qui êtes venus ici nous trouver ? Qui vous a donné tous les pays que vous occupez ? De quel droit pouvez-vous prétendre les posséder ? Ces terres nous appartiennent depuis toujours !

Kondiaronk s'échauffait mais ne perdait pas le fil de sa pensée, car il revint aussitôt à la charge.

— Et tu blâmes notre manière de vivre. Les Français nous prennent pour des bêtes et les Jésuites nous traitent d'impies, de fous, d'ignorants et de vagabonds. Écoute-moi bien, mon frère, je te parle sans passion : plus je réfléchis à vos vies et moins je trouve de bonheur et de sagesse parmi vous. Il y a bien dix ans que je ne sais que penser à votre sujet. Je ne vois rien dans vos actions qui ne soit autrement qu'indigne d'un homme, et il en sera ainsi tant que vous ne vous réduirez pas à vivre sans distinguer le tien du mien, comme nous le faisons nous-mêmes.

Frontenac, Callières, les officiers, les invités sauvages, tout le monde suivait le débat avec attention et restait accroché aux lèvres de l'interprète, dès que Kondiaronk faisait une pause. C'était la première fois qu'il livrait le fond de sa pensée avec autant de sincérité et allait aussi loin dans ses récriminations, ce qui rendait l'affrontement plus intéressant que prévu.

— Mais mon pauvre ami, raisonneras-tu toujours aussi mal ? Au moins, écoute-moi une fois avec attention, répliqua La Hontan qui s'amusait ferme. Ne vois-tu pas que les nations de l'Europe ne pourraient pas vivre sans l'or ou l'argent, ou quelque autre substance précieuse ? Sans cela, les gentilshommes, les prêtres, les marchands et mille autres sortes de gens qui n'ont pas la force de travailler la terre mourraient de faim. Comment nos rois seraient-ils roi ? Quels soldats pourraient-ils recruter ? Qui voudrait travailler pour eux ou pour qui que ce soit ? Qui fabriquerait les armes pour d'autres que pour lui-même ? Crois-moi, nous serions perdus, sans ressources, ce serait le chaos, la plus épouvantable confusion qui se puisse imaginer.

— Vraiment, tu fais de beaux contes quand tu parles des gentilshommes, des marchands et des prêtres, bondit Kondiaronk, piqué au vif. Est-ce qu'on en verrait s'il n'y avait ni tien ni mien ? Vous seriez tous égaux comme le sont les Hurons entre eux, et ceux qui ne sont propres qu'à boire, manger, dormir et se divertir mourraient en langueur, abandonnés de tous. Mais assez parlé de sagesse et d'équité, toutes qualités que la cupidité détruit chez vous. Voyons plutôt ce que doit être un vrai homme.

— Si tu continues à raisonner de façon aussi fantaisiste, nous ne sommes pas sortis de l'auberge.

Cette remarque fit rire l'assistance. On apporta de nouvelles boissons, mais Kondiaronk repoussa d'un revers de la main le pichet qu'on lui tendait. Il ne voulait pas perdre ses moyens. Il condamnait d'ailleurs avec force l'usage abusif qu'on faisait de l'eau-de-vie et recommandait à ses guerriers de n'y point toucher. Des préceptes que personne ne semblait suivre, ce soir-là, puisque les cruches de guildive couraient de main en main.

— Voyons donc ce que tu appelles « un vrai homme ».

— Premièrement, il doit savoir marcher, chasser, pêcher, tirer un coup de flèche ou de fusil, savoir conduire un canot, faire la guerre, connaître les bois, être infatigable, vivre de peu dans l'occasion, construire des cabanes et des canots, faire en un mot tout ce que fait un Huron.

— Le contraire m'eut étonné !

Nouveaux rires à la remarque du baron. On s'égayait en se poussant du coude.

Kondiaronk fit un geste magistral, les mains largement ouvertes devant lui.

— Voilà ce que j'appelle un homme! Car, dis-moi, je te prie, combien de gens y a-t-il en Europe qui, s'ils étaient à trente lieues dans une forêt avec un fusil ou des flèches, ne pourraient ni chasser de quoi se nourrir ni même trouver le chemin d'en sortir?

Frontenac se mit à rire en se faisant remplir un autre verre. Il avait un peu trop bu et se sentait agréablement ivre.

— Fort bien dit! répliqua-t-il. Nos jeunes recrues ne peuvent passer plus de deux heures en forêt sans se perdre corps et biens.

Mais l'Indien continuait.

— Tu vois que nous traversons cent lieues de bois sans nous égarer, que nous tuons les oiseaux et les animaux à coups de flèches, que nous prenons du poisson partout où il s'en trouve, que nous suivons les hommes et les bêtes à la piste dans les bois les plus impénétrables, été comme hiver, que nous vivons de racines quand nous sommes aux portes des Iroquois, que nous savons manier la hache et le couteau pour faire mille ouvrages nous-mêmes. Si nous faisons toutes ces choses, pourquoi ne les feriez-vous pas vous-mêmes? N'êtes-vous pas aussi grands, aussi forts, aussi robustes que nous? Votre richesse serait comme la nôtre d'acquérir de la gloire dans le métier de la guerre: plus on prendrait d'esclaves, moins on travaillerait. En un mot, vous seriez aussi heureux que nous.

Tout en parlant, Kondiaronk avait poussé une motte de tabac dans le tuyau de sa longue pipe. Il se l'enfonça prestement dans la bouche et y aspira fortement. Il en tira de longues bouffées qui parurent le combler d'aise. De légers crépitements trouèrent le silence qui s'ensuivit.

Mais La Hontan fourbissait déjà ses armes.

— Est-ce le bonheur d'être obligé de gîter sous une misérable cabane, de dormir sur de mauvaises couvertures de castor, de ne manger que du bouilli, d'être vêtu de peaux, d'aller à la chasse dans la plus rude saison de l'année, de faire trois cents lieues à pied dans le bois épais, de risquer chaque jour de périr noyé dans vos petits canots, de coucher sur la dure à la belle étoile lorsque vous approchez l'ennemi, d'être contraint de courir sans boire ni manger, nuit et jour, à toutes jambes, quand on vous poursuit? Bref, vous en seriez réduits à la dernière des misères si, par amitié et par commisération, le coureur des bois n'avait la charité de vous porter fusils, poudre, plombs, fils à faire les filets, haches, couteaux, aiguilles, alênes, hameçons, chaudières et toutes autres marchandises que vous êtes incapables de produire!

Cette fois, les acquiescements fusèrent du côté des Français. Mais le futé Huron n'avait pas dit son dernier mot, car il reprit, délaissant à regret son calumet.

— Tout beau, n'allons pas si vite, la nuit est encore jeune.

Il se redressa, l'air de vouloir engager une longue bataille. Ses yeux de braise brillaient avec une extraordinaire intensité. Une fierté et une grande noblesse émanaient du personnage et forçaient le respect. Frontenac fut pris d'admiration pour la sagesse de ce philosophe nu, tiré des bois, et capable de raisonner aussi bien que le plus raffiné des courtisans.

— Tu trouves, à ce que je vois, nos conditions de vie bien dures, reprit le vieux sage. Il est vrai qu'elles le seraient pour des Français qui ne vivent comme les bêtes que pour boire et manger, et qui n'ont été élevés que dans la mollesse. Mais dis-moi, je t'en conjure, quelle différence y a-t-il de coucher sous une bonne cabane ou dans un palais, de dormir sur des peaux de castor ou sur des matelas entre deux draps, de manger du bouilli plutôt que de sales ragoûts préparés par de pauvres marmitons crasseux? En sommes-nous plus malades ou plus incommodés que les Français qui ont ces palais, ces lits, ces cuisiniers? Et surtout, combien y en a-t-il parmi vous qui couchent sur la paille humide, sous des toits ou dans des greniers que la pluie traverse de toutes parts, et qui ont de la peine à trouver du pain et de l'eau? Il serait à souhaiter pour le bien du Canada que vous eussiez nos talents: les Iroquois ne vous égorgeraient pas au milieu de vos habitations, comme ils le font maintenant.

Certains convives hochaient la tête, l'air songeur. L'algarade de Kondiaronk visait juste et ses arguments étaient solides, même si La Hontan, en se faisant l'avocat du diable, les récusait avec habileté. Mais avant que ce dernier ne reprenne la parole, le Huron continua, d'une voix où tremblait une indignation contenue.

— Tu en conclus que les Français nous tirent de la misère par la pitié qu'ils ont de nous. Mais comment, crois-tu, vivaient nos pères il y a cent ans? Ne prospéraient-ils pas aussi bien sans vos marchandises? Au lieu de fusils, de poudre et de plomb, ils se servaient d'arcs et de flèches, comme nous le faisons encore. Ils faisaient des filets avec du fil d'écorce, se servaient de haches de pierre, faisaient des couteaux, des aiguilles, des alênes avec les os de cerf ou d'élan. Au lieu de chaudières, ils prenaient des seaux d'écorce ou des pots de terre. Si nos pères se sont passés de toutes ces marchandises pendant tant de siècles, je crois que nous pourrions bien nous en passer plus facilement que les Français ne se passeraient de nos castors, en échange desquels, par bonne amitié, ils nous donnent des fusils qui estropient davantage leur serveur que leur cible, des haches qui cassent en taillant un arbrisseau, des couteaux qui s'émoussent en coupant une citrouille, du fil à moitié pourri et de si méchante qualité que nos filets sont usés sitôt achevés, des chaudières si minces que la seule pesanteur de l'eau en fait sauter le fond. Voilà, mon frère, ce que j'ai à te répondre sur la misère des Hurons !

Quelques rires embarrassés ponctuèrent ces propos. Mais le vieillard reprit aussitôt un air placide et se remit à fumer sa pipe. Il inhalait profondément de grandes lampées qu'il rejetait par la bouche en un long chapelet de ronds de fumée. Un épais nuage âcre flottait au-dessus des têtes.

La Hontan refusait de lâcher prise et reprit, sur un ton légèrement cynique :

— Il me semble que tu manques de discernement pour ne pas préférer l'état des Européens à celui des Hurons. Y a-t-il vie plus délicieuse que celle des gens à qui rien ne manque ? Ils ont de beaux carrosses, d'immenses maisons ornées de tapisseries et de tableaux magnifiques, de grands jardins où se trouvent toutes sortes de fruits, des parcs remplis d'animaux paisibles, des chevaux et des chiens bien dressés, de l'argent pour faire bonne chère, pour aller à la comédie et aux jeux, pour marier richement leurs enfants. Ces gens sont adorés par leurs dépendants. N'as-tu pas vu nos princes, nos ducs, nos maréchaux de France, nos prélats et tous ces gens qui vivent comme des rois et à qui rien ne manque ?

— Si je n'étais si informé de ce qui se passe en France par ce que m'en ont rapporté d'autres qui y sont allés – Kondiaronk jeta un œil complice à Oureouaré, assis à sa droite –, je pourrais me laisser aveugler par ces apparences de félicité que tu me représentes. Mais ce prince, ce duc, ce maréchal et ce prélat, qui sont les premiers que tu me cites, ne sont rien moins qu'heureux. Car ces grands seigneurs se haïssent les uns les autres, perdent le sommeil, le boire et le manger pour faire leur cour au roi, et se font telle-ment violence pour feindre, déguiser ou souffrir toutes ces

443

hypocrisies que la douleur que ressent leur âme surpasse l'imagination. En un mot, ils sont esclaves de leurs privilèges et de leur roi, qui est sans doute l'unique Français heureux, puisqu'il est le seul à connaître cette adorable liberté dont jouissent pourtant tous les Hurons.

De tonitruants « Ho ! Ho ! » d'approbation jaillirent à l'unisson de la bouche des Hurons, des Indiens christianisés et des Têtes-de-Boule présents autour de lui. Kondiaronk se tourna vers eux avec une mine satisfaite, l'air coquin et le rire plein les yeux.

Puis il pivota sur sa chaise pour fixer Frontenac, qui paraissait méditer ses dernières paroles. Voyant que La Hontan s'était redressé et semblait prêt à lancer une autre salve, Kondiaronk s'empressa d'ajouter :

— Tu vois que nous sommes plusieurs dizaines d'hommes dans notre village, que ce qui est à l'un est à l'autre, et que les chefs de guerre, de nation et de conseil n'ont pas plus de pouvoir que les autres. Voilà, mon frère, la différence qu'il y a entre nous et ces princes et ces ducs, laissant à part tous ceux qui, étant en dessous d'eux, doivent par conséquent avoir plus de peines et d'embarras.

La Hontan était d'autant plus sensible à ce type de raisonnement qu'il était lui-même hautement critique à l'égard de la monarchie et de la courtisanerie, qu'il considérait lui aussi comme des formes d'esclavage. Sans compter que ses expériences de vie répétées auprès des Indiens l'avaient souvent exposé à ce qu'il appelait « la tentation de l'ensauvagement », bien qu'il ait fini par y renoncer. Il était beaucoup trop français et européen pour se contenter d'un mode de vie qu'il jugeait, par certains côtés, fort limité. Mais comme la joute était passionnante et que les convives paraissaient en redemander, il enchaîna avec fougue :

— Il faut que tu croies, mon cher ami, que comme les Hurons sont élevés dans la fatigue et la misère, les grands seigneurs le sont de même dans le trouble et l'ambition, et ne vivraient pas sans cela. Comme le bonheur se nourrit d'imagination, ils se repaissent de vanité et, dans leur for intérieur, chacun d'eux s'estime autant que le roi. Ne faut-il pas avoir toujours quelque chose à souhaiter pour être heureux ? Un homme qui saurait se limiter serait Huron. Or, personne ne veut l'être. La vie serait ennuyeuse si l'esprit ne nous portait à désirer à tout moment quelque chose de plus que ce que nous possédons, et c'est ce qui fait le bonheur d'exister !

— Ha ! reste donc dans tes chaînes, puisque tu ne comprends rien ! s'exclama Kondiaronk en riant cette fois à belles dents et en prenant son entourage à témoin. Pour moi, si je me faisais Français, je devrais me faire chrétien, un point dont nous avons assez parlé il y a peu, et il faudrait aussi que je me fasse la barbe tous les trois jours, car, apparemment, dès que je serais Français, je deviendrais velu et barbu comme une bête. Cette seule incommodité me paraît rude.

Sur quoi Kondiaronk fit comme si des poils lui sortaient de partout à la fois, des oreilles, du nez, de la bouche et qu'il n'en venait plus à bout, en poussant de petits cris plaintifs et en faisant de telles grimaces de dégoût que la chose était du plus haut comique. Il se leva ensuite et se planta au milieu de l'assistance en se dandinant de droite et de gauche.

— N'est-il pas plus avantageux de n'avoir jamais de barbe ni de poils au corps ? As-tu jamais vu de sauvage qui en ait eu ? Pourrais-je aussi m'accoutumer à passer deux heures à m'habiller, à m'accommoder, à mettre un habit bleu, des bas rouges, un chapeau noir, un plumet blanc, des rubans verts et une perruque ? Je me regarderais moi-même comme un fou. Et comment pourrais-je chanter dans les rues, danser devant les miroirs, jeter ma perruque tantôt devant, tantôt derrière ?

Ce disant, et dans un geste de dérision, l'orateur saisit la perruque d'un Français assis non loin de lui et se l'enfonça prestement sur le crâne. Puis il se l'enleva comme une calotte en s'inclinant bien bas devant un seigneur imaginaire, puis l'enfila de nouveau, pour se l'enlever plusieurs fois d'affilée en se penchant si bas qu'il balayait le sol, en bégayant dans un français à peine intelligible : « Moseigneur, escusemoé, je vousipri... escusemoé... je vousipri. »

La pantomime était si cocasse que toute l'assistance s'étrangla de rire. Devant le succès de ses pitreries, le vieux lascar enchaîna tout de suite une succession de pas de menuet en faisant des ronds de jambe avec ses mocassins à grelots, la perruque tombée sur l'oreille gauche et le panache de griffes d'ours pendant de façon ridicule sur la droite, tout en étalant le bas de sa robe de peaux comme s'il s'agissait de larges jupes.

Pour s'amuser et ne pas demeurer en reste devant un Kondiaronk déchaîné, Frontenac se leva à son tour et vint prendre la main du plaisantin, qu'il fit pivoter sur lui-même à plusieurs reprises comme s'il s'agissait d'une partenaire en vertugadin*.

Le ballet désopilant et burlesque se poursuivit encore pendant quelque temps, au grand plaisir d'une assistance qui battait des mains, riait et gesticulait avec tellement de frénésie qu'il devint bientôt impossible d'y poursuivre le moindre palabre. Une agitation bon enfant s'était emparée des gens sous l'effet du rire, de l'excès de table et d'alcool, et du franc coude à coude qui régnait dans l'assistance. L'étrange et insolite bouffonnerie se continua, les uns dansant, les autres chantant ou mimant tantôt des airs sauvages, tantôt des airs de France, qui s'entremêlaient dans une totale cacophonie.

Cette fois, la mesure était comble. Cent fois Louis s'était entendu raconter ces histoires à dormir debout et cent fois il avait feint de n'y pas prêter attention, mais ce dernier récit rapporté par des Montréalistes outrés dépassait les bornes. On verrait bien qui était le gouverneur et à quelle enseigne il logeait, sacredieu ! Saint-Vallier aurait beau hurler à l'ingérence et le ministre lui rappeler sa promesse de vivre en bonne intelligence, il les enverrait paître. S'il laissait ces dévots compassés sévir et pourchasser le péché jusque dans l'honnête chaumière, c'en était fait de la tolérance en ce pays !

Plus il avançait et plus sa fureur enflait. À chaque nouvelle enjambée, sa canne donnait durement contre le pavé. Il en avait déjà cassé trois dans le mois, et celle qu'il lançait en cet instant devant lui semblait promise au même sort.

Tout virait en eau de boudin depuis quelque temps, au point que Louis commençait à en avoir assez. Cet été-là avait été pourri. Il avait essuyé une terrible désillusion lorsqu'il s'était précipité de Montréal vers Québec, fin juillet, pour accueillir les bateaux chargés de nouveaux contingents. Il s'était buté à des bâtiments ne transportant que des munitions, des ballots et des marchandises. Il n'y avait pas l'ombre de la queue de casaque d'une nouvelle recrue... Il avait failli s'étouffer de colère et de dépit. Il aurait jeté l'éponge et se serait rembarqué pour la France *illico*, s'il avait pu, mais s'était contenté de reprendre le chemin de Montréal, la rage au cœur.

Rue Notre-Dame, il accéléra le pas, ses gardes du corps s'ajustant tant bien que mal à son rythme. Il ne leur avait pas versé leur solde depuis plusieurs semaines, faute de fonds, et les dettes recommençaient à s'accumuler. Heureusement que Tonty s'amènerait bientôt avec une cargaison de fourrures. Car les quatre cents Indiens alliés venus de Michillimakinac et rameutés par Tilly de Saint-Pierre n'avaient ramené aucune pelleterie. Rien que des scalps! Une centaine de chevelures prises sur l'ennemi et pour lesquelles Louis avait dû verser des primes, en plus de devoir héberger et régaler tout ce beau monde, en particulier Kondiaronk et ses guerriers, ce qui laissait ses goussets à nouveau bien dégarnis.

«Mais comment éviter tous ces déboursés, ressassait-il, quand la colonie dépend à ce point de l'aide des alliés?»

Leur conduite était, de plus, irréprochable. Depuis un an, ils n'avaient cessé de harceler les bourgades iroquoises pour les empêcher de chasser et avaient forcé leurs guerriers à rester chez eux pour protéger leur famille. Il y aurait eu, d'après la dernière lettre du commandant Louvigny, au moins huit cents Indiens alliés toujours en campagne autour de Michillimakinac. Un appui qui n'avait cependant pas empêché Montréal et ses environs d'être tout l'été la proie de contingents agniers qui arrachaient des vies par ci, brûlaient du bétail et des maisons par là. Bref, depuis des mois, tout semblait tourner sur des roues carrées et Louis n'en finissait plus de ravaler sa frustration. Alors ces histoires de Tartuffes ensoutanés tombaient plutôt mal...

La haute maison des Sulpiciens, à l'immense façade s'étendant jusqu'à la rue Saint-François-Xavier, se devinait déjà au détour d'un bosquet. Elle était construite à côté de l'église paroissiale et dominait les quelques constructions aisées qui s'échelonnaient de part et d'autre de la rue Notre-Dame. Louis se dirigea de ce côté. Ce deuxième séminaire était constitué d'un corps de logis, de deux ailes latérales de trois étages flanquées d'une tour carrée, le tout jouxtant un immense jardin enchâssé bien à l'abri derrière une solide enceinte de pierre. C'était une construction imposante, plus pratique que magnifique, mais qui n'en sentait pas moins la prestance seigneuriale.

Louis pressa le pas. Il n'aimait pas les Sulpiciens. Il avait eu de nombreux démêlés avec eux par le passé et leurs relations avaient toujours conservé un parfum de vinaigre. D'autant qu'avec la sortie qu'il leur préparait, il risquait peu d'améliorer le bouquet.

Mais cela lui était égal.

Il s'engagea d'un pas militaire sous le grand porche menant directement au jardin. Quand le portier vit s'avancer le gouverneur, encadré de sa garde en livrée vert et or, il s'inclina et s'effaça aussitôt, l'air ahuri. Comme il n'était pas question de faire de politesses au supérieur et que la surprise faisait partie de sa stratégie, Louis ne s'arrêta pas pour se faire annoncer et continua sa course. Il marchait vite et était en nage, malgré les vents d'automne qui parcouraient le jardin. Les soirées étaient déjà étonnamment fraîches pour un début de septembre.

Les hautes enceintes recelaient un éblouissant enchevêtrement de trésors que Louis découvrait chaque fois avec le même mélange d'admiration et d'envie. Ce jardin de prestige signait, plus sûrement que n'importe quelle bâtisse, le rang social et la richesse de ces messieurs. Tout ici respirait l'aisance et le confort : l'aqueduc alimentant plusieurs bassins, le canal et la fontaine en maçonnerie de grès, le puits couvert d'un toit octogonal, les multiples lits de

449

plantes découpés en damier et l'immense carré central rempli de fleurs décoratives. Sans compter les plates-bandes de légumes et de fruits comestibles, de fines herbes, de plantes aromatiques qui se révélaient au fil de sa promenade, les nombreux tilleuls, noyers, lilas, et enfin, tout au fond, comme le secret le mieux gardé, la superbe tonnelle réservée au recueillement et à la lecture et d'où pendaient de généreux rameaux de vigne, dans leur flamboyante robe d'automne.

«Il n'y a jamais que les Ursulines pour les battre à ce genre de raffinement», pensa-t-il. Ses propres jardins ne supportaient pas la comparaison, même s'il s'évertuait à les meubler du mieux qu'il pouvait et selon ses maigres ressources. Le jour baissait et il hâta le pas.

— Là, prenez le passage qui mène tout au fond. On m'a dit que c'était dans cette partie abandonnée du vieux séminaire que cela se passait. Pressons, pressons, je ne veux pas manquer mon entrée.

Et ses gardes d'enfiler dans le petit sentier qui menait au vieux séminaire. Louis aurait pu s'y rendre directement par la rue Saint-Paul, mais il avait préféré faire ce détour par le jardin pour ne pas attirer l'attention. Quand ils furent assez proches, ils purent saisir des bruits de voix et des cris étouffés.

— Nous sommes visiblement sur la bonne piste.

Louis prit les devants, poussa brusquement la porte et fit irruption sur une scène assez saugrenue. Dans une grande salle voûtée et faiblement éclairée s'agitaient des soldats, quelques hommes ensoutanés et quatre femmes en pleurs. L'une d'elles, une bourgeoise en qui Louis reconnut l'épouse d'un marchand respectable de la rue Saint-Paul, était retenue par deux soldats qui l'immobilisaient, jupes relevées, pendant qu'un troisième la fessait durement avec une branche de saule. Son jupon était taché de sang et elle criait à fendre l'âme.

— Cela suffit! Laissez cette honnête femme!

Louis fonça sur le militaire, lui arracha son bâton et le lança rageusement sur le sol. Puis il le frappa de sa canne à coups répétés, furibond, le traitant de lâche et de vil batteur de femmes. L'autre resta coi de stupeur et se protégea le visage de la main. Les prêtres parurent tellement surpris par la brusque apparition du gouverneur qu'ils en demeurèrent interdits, figés comme des plantes en pots.

Louis se tourna enfin vers eux, rouge de colère.

— C'est vous qui encouragez ces menées inquisitrices, espèces de sépulcres blanchis? On m'avait bien renseigné, mais je ne m'attendais pas à de pareilles abominations. Alors, messieurs, on aime bien retrousser les jupons des dames?

Les religieux se montrèrent scandalisés. Le curé Rémy de Lachine se défendit.

— Mais enfin, monseigneur, vous vous méprenez sur nos intentions... Ces paroissiennes ont une conduite répréhensible que... enfin que... que nous réprouvons... Oui, que nous punissons... afin de donner l'exemple... pour éviter de futurs débordements... que... qui...

— Je ne tolèrerai pas d'actions qui sont contraires au respect et à la dignité des personnes! Espèces de culs-bénits! On ne fera pas de Montréal une autre Salem! Je ne sais ce qui me retient de vous servir le même traitement! L'Inquisition et la chasse aux sorcières, c'est terminé, m'entendez-vous?

Il hurlait tellement fort à la tête du curé que celui-ci grimaça. Mal lui en prit, car Louis leva aussitôt la canne sur lui. Il l'aurait passé à la bastonnade si la jeune bourgeoise de tantôt ne s'était jetée à ses pieds en lui enserrant les jambes des deux mains.

— Monseigneur, vous êtes notre sauveur, mille mercis à vous. Nous n'avons rien fait d'autre que d'assister hier soir au bal donné par le sieur Deschambault. Nous avons dansé une partie de la nuit avec nos époux, mais quel mal y a-t-il à cela ?

Lorsque la pécheresse repentante leva sur Louis son beau regard noyé de larmes, il se sentit tout retourné.

— Relevez-vous, ma pauvre dame, et soyez certaine que cela ne se reproduira plus.

Dans un geste ostensiblement galant, il la prit doucement par le bras et l'aida à se relever. Elle le dépassait d'une tête et sa taille était fine et élancée. Il pensa aussitôt qu'il aurait bien fureté dans ces jupons-là lui aussi, mais avec autre chose qu'un misérable fouet...

La colère le reprit aussitôt.

— À peine des galères ! À peine des galères, m'entendez-vous, messieurs ! fit-il encore en dardant un regard furibond sur les prêtres.

Ils se taisaient, de peur d'attiser la fureur légendaire du gouverneur.

— Si jamais une telle ignominie se reproduisait, comptez sur moi pour vous faire enchaîner à votre tour, tribunal ecclésiastique ou pas ! Ne vous suffit-il pas de nous casser les oreilles avec les interdits et les excommunications que vous brandissez en chaire à chaque office religieux ? Faudra-t-il en plus souffrir vos interventions directes dans la vie privée de braves épouses et mères que vous arrachez à leur famille et que vous fessez jusqu'au sang, sous prétexte qu'elles ont le malheur de danser, de porter une coiffure seyante ou une robe un tant soit peu décolletée ? On m'a rapporté en plus que des curés refusaient l'absolution à des femmes de qualité pour avoir porté une simple dentelle et qu'ils faisaient la ronde, l'été, avec des soldats, pour obliger les femmes et les filles à se cloîtrer chez elles dès neuf heures du soir! Cela se peut-il vraiment, messieurs les curés, dites-moi? En êtes-vous rendus à ce sommet de puritanisme?

L'abbé Rémy protesta aussitôt vivement: cela n'était que purs racontars pour les discréditer. Les autres étaient prêts à jurer, la main sur les Saints Évangiles, que jamais l'idée d'une telle patrouille ne leur avait même effleuré l'esprit.

— Mais ne savez-vous plus distinguer l'honnête femme de la gueuse, l'inoffensive coquette de la femme de petite vertu? continuait Louis en pointant les malheureuses qui remettaient de l'ordre dans leur toilette tout en lui jetant des regards embués de reconnaissance. Passe encore qu'on emprisonne les coupables de mauvaise conduite, et nous avons les Hospitalières pour s'en occuper, bien que je ne sache pas qu'elles leur aient infligé les moindres sévices, mais d'honnêtes citadines! Je ferme cet antre de malheur, m'entendez-vous? Qu'on vide ces lieux et que toute trace de ce honteux cachot disparaisse à jamais. Sortez d'ici, sortez tous, messieurs, et que l'on mette les scellés sur la porte.

Louis fit signe à ses soldats de pousser les hommes dehors pendant qu'il s'empressait de faire sortir les dames.

François Dollier de Casson surgit sur l'entrefaite et s'interposa. Le supérieur des Sulpiciens était un homme grand, au front haut et à la mâchoire volontaire. Il était reconnu pour ses qualités de diplomate et de conciliateur.

— Je vous en prie, monsieur de Frontenac, calmez-vous. Laissez-moi vous expliquer, vous vous méprenez... Laissez-moi vous expliquer, enfin.

— Il n'y a rien à expliquer. Ce que j'ai vu ici me suffit amplement. Ôtez-vous de mon chemin! fit Louis, qui leva sa canne et la pressa contre Dollier de Casson en avançant sur lui. Ce dernier la saisit d'une main et y opposa le poids de son corps, tout en essayant de le raisonner.

— Je ferme cette prison sur-le-champ et personne, ni vous ni aucun autre, ne m'en empêchera. Et lâchez cette canne ou je demande à mes gardes d'intervenir !

Ces derniers ne savaient trop à quel saint se vouer et assistaient, impuissants, à cette joute dont l'enjeu les dépassait et où le ridicule le disputait au comique. Le gouverneur, hissé sur la pointe des pieds et tout tremblant de colère, poussait une canne inoffensive contre un géant qui l'aurait renversé d'un coup, s'il avait osé. Mais Dollier de Casson ne pouvait pas bousculer le comte de Frontenac sans risquer de s'attirer, ainsi qu'à sa communauté, de graves ennuis.

Comprenant qu'il n'en pourrait rien tirer dans l'état de fureur avancée dans lequel il se trouvait, le supérieur des Sulpiciens lâcha prise et laissa passer le gouverneur. Louis ordonna à ses hoquetons de rester sur place, le temps qu'il leur envoie du renfort, puis il tendit la main aux dames en déclarant d'une voix cinglante :

— Mesdames, quittons ce lieu infâme. Il me tarde de retrouver la civilisation.

Et Frontenac se remit en marche dignement, la tête haute et le torse bombé, fier de sa prestation et aussi convaincu de son bon droit qu'un Christ chassant les vendeurs du Temple.

Des représentants des nations christianisées du Saint-Laurent se pressaient, nombreux, autour du grand feu de Kahnawake dont la flamme, haute et puissante, montait dans un ciel plombé de septembre. Il faisait un froid vif et un furieux vent d'automne disséminait les feuilles en tous sens,

couchait les blés, cassait les branches ou rabattait brusquement les flammes au sol, dans de longues traînées fumeuses.

Il y avait là des émissaires agniers, onneiouts, hurons,
des représentants algonquins, nipissingues et abénaquis,
réunis dans la Fédération des sept feux. Ils avaient demandé
cette rencontre pour soumettre une pétition au représentant
du roi. Frontenac, requis ailleurs, avait délégué l'intendant
pour le remplacer. Après qu'on eut fait circuler le calumet
et échangé les palabres d'usage, la cérémonie des condo-
léances débuta. On pleura d'abord la mort de Le Moyne de
Bienville, le deuxième fils de Catherine Thierry tombé
récemment au combat, après Jacques de Sainte-Hélène,
ainsi que la disparition de trois chefs de guerre christianisés,
hautement appréciés dans leur communauté.

Lorsque vint le temps de présenter la requête, Oureouaré
s'avança devant l'intendant, qu'encadrait une poignée d'officiers. Il agissait à titre de porte-parole de la Fédération.

Le discours qu'il prononça était un rappel brutal d'une
réalité que les Français avaient tendance à oublier, à savoir
que les sauvages christianisés constituaient un rempart sans
lequel ils auraient été incapables de tenir tête à l'Iroquois.
Et qu'en conséquence, il était primordial de les considérer
autant que les alliés des Grands Lacs et de leur attribuer
leur juste part des bénéfices alloués par le roi.

Oureouaré ne mâcha pas ses mots lorsqu'il déclara que
si les Français ne leur versaient pas leur dû, les guerriers se
détourneraient de l'alliance et renieraient les engagements
de leurs ancêtres. Car, précisa-t-il, ils voyaient chaque jour
partir sous leurs yeux de longs convois de canots chargés
de provisions pour les tribus de l'Ouest, pendant qu'eux,
leurs plus fidèles alliés, manquaient de tout. Il termina sa
harangue en exhortant l'intendant à rétablir l'équilibre en
leur faveur.

Un discours qui suscita un tonnerre d'approbations enthousiastes. Il avait bien parlé et résumé avec force l'ensemble de leurs doléances. Champigny prit note de la menace voilée de rébellion et ne manqua pas d'être impressionné par la justesse de la revendication, de même que par l'allusion directe à l'importance de l'aide militaire fournie par les domiciliés. Il fut forcé d'admettre qu'ils étaient pleinement justifiés de le rappeler à l'ordre. Il était vrai que les distributions de présents prenaient plus souvent la route des Grands Lacs que celle de Kahnawake ou de Lorette, et que les Indiens christianisés étaient toujours les premiers sur la ligne de feu et, par conséquent, ceux qui perdaient le plus grand nombre d'hommes. Il était également vrai que la survie de la colonie dépendait directement de la continuité de leur appui.

Il n'était que de voir leur nombre pour s'en convaincre. En cette fin de siècle, la population iroquoise de Kahnawake et du village de la Montagne équivalait à celle de Montréal et regroupait environ mille cinq cents habitants. Quant aux six cents Abénaquis regroupés à la chute de la Chaudière, ils surpassaient le total d'immigrants français débarqués dans la ville de Québec lors des dix dernières années. Sans parler des Hurons et des Nipissingues...

L'esprit et le ton du message délivré indiquaient bien, d'ailleurs, que les dons réclamés constituaient une compensation dont il n'était pas question de priver les christianisés. Aussi Champigny s'empressa-t-il de les rassurer sur la bonne réception qu'on ménagerait à leur demande, et s'engagea-t-il à leur faire distribuer sur-le-champ de la farine, des raisins secs, du tabac et quelques couvertures en attendant de pouvoir faire mieux.

— Je pourrai répondre à vos requêtes d'ici quelques jours et vous fournir autant de vivres et de munitions que nécessaire, fit-il, assez laconiquement d'ailleurs, les longues envolées lyriques n'étant pas dans sa manière. Veuillez croire, continua-t-il pourtant, que notre grand roi, Louis le quatorzième, est éminemment reconnaissant de vos fidèles services, qu'il est fort touché par votre héroïsme et qu'il portera désormais autant d'attention à combler vos besoins que ceux des Français, puisque vous êtes également ses enfants.

Une promesse que Champigny n'aurait pas trop de difficulté à tenir, cet automne-là, car les fonds spéciaux expédiés par le roi avaient été augmentés du tiers et se chiffraient, en cadeaux de toutes sortes à offrir aux Indiens, à dix-sept mille neuf cent cinquante-huit livres. Un montant inégalé jusqu'à ce jour. Sans parler des provisions de bouche, des munitions et des fusils dont les bateaux étaient chargés et qui leur seraient distribués.

Lorsque l'intendant fit mine de se retirer, Oureouaré s'avança vers lui. Champigny avait changé d'avis sur le compte de ce Goyogouin, dont il s'était méfié dans les premiers temps. La conduite qu'il avait adoptée ces dernières années ne laissait aucun doute sur son allégeance inconditionnelle aux Français.

Champigny lui donna l'accolade avec chaleur et s'enquit de lui. Il savait que le Goyogouin avait épousé une Huronne, dont il avait eu deux enfants. Il avait pris racine au village de Jeune Lorette, près de Québec, et participait avec les Hurons à toutes les guerres d'embuscade menées contre les Cinq Nations. Il avait fini par se résoudre à faire la guerre aux siens, bien que cela le répugnât profondément. Quand il lui arrivait de tomber sur une patrouille goyogouine, il s'arrangeait pour ne pas s'en mêler, de peur que s'y trouvent des membres de sa famille. Il lui était aussi arrivé d'exiger la libération de chrétiens onneiouts qui avaient participé au sauvetage du père Millet, que l'on savait maintenant en vie. En vie, et toujours actif pour la cause de la paix.

— Monsieur l'intendant, j'ai pour toi quelque chose qui t'intéressera et qui sera cher aux familles concernées.

Oureouaré tira de sa besace deux épouvantails hirsutes qu'il lui tendit fièrement.

— Qu'est-ce que c'est? fit Champigny d'une voix hésitante, en reculant d'un pas.

— Je les ai trouvés dans les bagages d'un Tsonontouan abattu récemment près du lac Champlain. Tu les remettras à leur famille, mon capitaine.

Champigny eut un haut-le-cœur lorsqu'il réalisa qu'il s'agissait de deux chevelures enlevées à la mode indienne et dont l'odeur de chairs pourries prenait aux narines.

— Ce sont les scalps d'un Français de Sorel et de son fils, tués pendant qu'ils chassaient dans les îles du lac Saint-Pierre.

L'intendant était perplexe. Il se demandait bien comment transporter ces choses-là sans tout empester autour de lui. Constatant son malaise, Oureouaré fit aussitôt glisser de son épaule la gibecière d'où il avait tiré les chevelures et la lui tendit. Il s'inclina avec souplesse, un bref éclat d'amusement dans l'œil.

— Tu les porteras dans ce sac, mon capitaine. Les parents pourront faire leur deuil et apaiser l'âme de leurs morts, puisque vengeance a été faite.

L'intendant prit la sacoche dans laquelle Oureouaré avait prestement enfoui les deux dépouilles et la refila à l'un de ses gardes.

— Tu sais, mon capitaine, que les Onneiouts sont très près de signer une paix séparée avec les Français? Et que les quatre autres tribus iroquoises sont de plus en plus déchirées entre la paix et la guerre ? Leurs conseils sont interminables et houleux, et les amis d'hier se maudissent et se renient maintenant sur la place publique. Ne sont-ils pas comme le lièvre traqué par deux gros renards et qui sait que, tôt ou tard et quoi qu'il fasse, il disparaîtra pourtant ?

— Nous n'avons jamais voulu leur disparition, mais leur neutralité. Et s'ils ne comprennent pas, nous userons de la manière forte. Quant à la paix séparée, il n'en est pas question. Ou le traité de paix sera signé par les Cinq Nations avec tous nos alliés, ou il n'y aura pas de traité et ce sera la guerre à outrance. Dis-le-leur !

Oureouaré connaissait la position de Champigny et son désaccord avec Frontenac sur la question des négociations de paix. Aussi n'insista-t-il pas. Pourtant, il savait que les choses évoluaient, en dépit des apparences. Le parti de la paix avançait inexorablement, même si c'était à pas de tortue, avec autant de reculs que de gains. Il avait ouï dire que le père Millet était en train de gagner des modérés du côté des Tsonontouans et des Onontagués, mais il n'était pas temps de parler de ces choses. On ne l'aurait pas cru. Et s'il était vrai que ces progrès étaient encore bien timides, ils étaient aussi prometteurs.

Quand Champigny quitta Kahnawake, en fin d'après-midi, le froid était mordant. Il lui sembla qu'il avait commencé de figer la terre et de geler les champs, où un maïs famélique résistait péniblement au vent d'automne. L'hiver serait difficile pour leurs alliés si les Français ne les aidaient pas, car les récoltes tardaient et s'annonçaient maigres, une situation qu'il avait aussi remarquée du côté de Kanesatake et d'Akwasasne, comme dans la plupart des villages sauvages. « Ces pauvres gens manquent en effet de tout, la guerre les dévore, se dit l'intendant. Une misère à laquelle on pourra au moins remédier cette année. Que le ciel en soit loué ! »

23

Québec, automne 1692

— Mais ma parole, c'est un complot! Figurez-vous que je sors justement d'une conversation soporifique avec monsieur de Champigny, où je me suis fait assourdir pendant plus d'une heure avec les mêmes critiques spécieuses.

Louis parcourait nerveusement et d'un pas excédé les quelques mètres qui séparaient sa table de travail de la fenêtre. Il était hors de lui. Callières ne sourcilla pas, prit la bergère qui lui paraissait la plus confortable et la plus rapprochée du feu et s'y laissa choir pesamment. La chaise émit un craquement sinistre.

«À croire qu'il va m'esquinter jusqu'au dernier fauteuil encore en état», se dit Louis, tout en grimaçant.

Le gouverneur de Montréal constata que le foyer tirait insuffisamment et que la pièce était une véritable glacière. Il approcha néanmoins son corps du feu et persévéra jusqu'à ce qu'une douce chaleur monte enfin le long de ses jambes. Cela lui fit grand bien. S'il avait entrepris ce voyage jusqu'à Québec, c'était pour aborder une question importante avec Frontenac. «Cette fois, se dit-il, le vieux renard est surpris au terrier et ne peut plus m'échapper.» Il avait tout son temps et se préparait à un siège en règle. Il n'avait pas l'intention de lui dorer la pilule et s'était assuré de la complicité de Champigny, comme de celle de Rigaud de Vaudreuil, commandant des troupes. Une bonne majorité de militaires canadiens abondait d'ailleurs dans son sens.

— La «petite guerre*», mon cher Frontenac, a eu de nombreux mérites, dont celui de nous faire respecter de nos alliés et craindre de nos ennemis, mais je crois qu'il est temps de passer maintenant à quelque chose de plus offensif. Nous avons mené depuis trois ans de nombreuses et sanglantes guerres d'escarmouches qui ont fauché beaucoup d'adversaires mais aussi, hélas! beaucoup trop des nôtres. Ces combats, ces luttes perpétuelles, ces partis toujours en mouvement ont épuisé nos soldats, nos officiers et nos miliciens. Sans parler de nos Indiens, qui ont fourni un tel effort ces dernières années que leurs troupes se sont décimées de façon inquiétante. Il est à craindre que nous n'ayons plus les moyens de pratiquer cette stratégie, sans compter qu'il devient évident que les Iroquois nous trompent avec des négociations qui ne sont que comédies, à seules fins de gagner du temps, de se renforcer et de débaucher nos sauvages.

Callières avait prononcé ces dernières paroles sans cesser de fixer la flamme qui montait à l'assaut d'une énorme bûche, la mordait et la léchait en s'y entortillant comme un ver. Son crépitement rassurant tranchait sur le silence qui s'ensuivit.

Derrière lui, planté devant la fenêtre donnant sur la ville haute, Louis s'était immobilisé. Il regardait les dernières feuilles fuser dans toutes les directions sous les rudes coups de boutoir du vent. Au sol, un épais humus coloré s'épaississait à vue d'œil. À ce rythme, ses trois superbes érables argentés seraient bientôt complètement dénudés, se dit-il distraitement, le visage buté. Ce dépouillement programmé de l'automne le désenchantait. Un sentiment de solitude le saisit, mâtiné d'une espèce de lassitude à l'idée d'avoir encore à se battre pour faire accepter ce qui lui semblait pourtant relever de l'évidence.

Callières reprit, du même ton froid et déterminé :

— Le but caché des propositions de paix des Iroquois n'a jamais été que de nous empêcher d'élaborer un plan nous permettant d'envahir massivement leurs cantons, comme l'ont fait avec succès, il y a quelques années, les gouverneurs La Barre et Denonville.

Les propositions de paix auxquelles Callières se référait n'avaient jamais cessé depuis le retour de Frontenac, malgré d'incessantes et meurtrières attaques ennemies. Les Iroquois reparaissaient dès que les arbres étaient en feuilles, se postaient le long de l'Outaouais pour couper les communications, intercepter les Français et les Indiens alliés et piller leurs cargaisons. Et pourtant, des émissaires iroquois, « ces forcenés de la négociation » comme les qualifiait Callières, apparaissaient invariablement au milieu des granges brûlées et des maisons éventrées pour présenter des ouvertures de paix.

Bien que profondément contrarié, Louis se tenait coi. C'était là première fois que Callières ouvrait si ostensiblement son jeu, et il était bien forcé de tenir compte de l'opinion du maître d'œuvre de la politique de résistance à l'Iroquois. Car si les décisions étaient prises par le gouverneur général en conseil de guerre, c'était le gouverneur de Montréal qui les exécutait, puisque les attaques ennemies se déployaient dans une région où Callières avait carte blanche pour organiser et gérer la riposte.

— Pour vous dire bien franchement, mon cher Frontenac, continua Callières du même ton imperturbable, je n'ai jamais véritablement cru en votre politique de pacification iroquoise, non plus qu'à leur intérêt d'y participer.

Les Cinq Nations sont encore trop puissantes pour y être sensibles. *Si vis pacem, para bellum*, ne dit-on pas? Une guerre massive avec le gros de nos forces, cela seul leur facilitera l'entendement et les amènera à davantage de souplesse. Je ne vois malheureusement pas d'autre solution pour le moment. Nous reparlerons de paix par la suite...

Louis secoua la tête dans un mouvement de dénégation, le regard toujours rivé sur la frondaison des arbres. Il désapprouvait. Après un long silence où il apparut que Callières se tairait à son tour, il finit par desserrer les dents.

— Je vois que vous avez été travaillé à chaud par mes ennemis et je...

— Vos ennemis n'ont rien à voir ici, mon cher, le coupa sèchement Callières. Il s'agit de stratégie militaire et je n'ai besoin de personne pour me souffler que nous allons à notre perte si un coup de barre n'est pas donné et promptement!

Le gouverneur venait de hausser le ton, fait inusité chez lui et trahissant une vive irritation.

Louis changea de tactique.

— Je ne peux que vous donner raison sur certains points, mon cher Callières. La sincérité des négociateurs iroquois peut paraître douteuse, en effet, mais on ne peut pas refuser d'y prêter une oreille attentive. Je crois, au contraire, que certains d'entre eux sont de bonne foi, mais que les conditions ne sont pas encore réunies pour permettre à des chefs tels que Téganissorens de se manifester. Mais ils y viendront et j'ai confiance. Le tout est de savoir attendre. Les Agniers et les Onneiouts ont déjà perdu beaucoup d'éléments importants aux mains de nos sauvages chrétiens, ces derniers temps, et j'ai ouï dire par des éclaireurs que leurs pertes se chiffreraient à pas moins de quatre-vingt-dix hommes. Toutes les bourgades agniers ne pourraient aligner désormais que cent trente guerriers!

— Mais les Agniers ne sont ni les Tsonontouans ni les Onontagués, lui rétorqua vivement le gouverneur de Montréal, et Téganissorens ne s'est pas encore montré le bout du nez, malgré vos demandes répétées. Il ne le fera d'ailleurs que le couteau sur la gorge, et ses guerriers ne le suivront que lorsqu'ils auront assez peur de nous. Or, pour leur inspirer une telle frayeur, il faut frapper fort et droit au cœur. Le fait de remettre à plus tard une attaque à large échelle ne fera qu'envenimer les choses. Il faut aller les assiéger dans leurs villages avec le gros de nos troupes et au plus tard cet automne. J'entends que vous en preniez aujourd'hui la résolution.

Cette fois, Callières se tourna franchement vers Frontenac. Il le fixait avec insistance, comme s'il attendait un engagement dans l'instant. Louis para le coup en reprenant, d'une voix conciliante :

— Nous avons en effet perdu beaucoup d'hommes et parmi nos meilleurs éléments, je vous le concède aussi. C'est pourquoi on ne peut pas lancer d'expédition massive avant d'avoir reçu au moins cinq cents à mille nouvelles recrues, des canons, des boulets, des mousquets, de la poudre, et enfin de l'argent pour terminer les fortifications de Québec, Trois-Rivières et Montréal. Ce dont j'implore le roi dans chacune de mes lettres. J'ai d'ailleurs mis ma femme et mes meilleurs alliés sur ce dossier. Ce serait une folie, dans l'état actuel, d'envoyer tous nos hommes chez les tribus iroquoises supérieures. Cela viderait littéralement le pays de ses défenseurs et le laisserait à la merci des Anglais. Je crois plus prudent, pour le moment du moins, d'y aller par petits détachements. Voyez le grand succès de la bataille de Repentigny, sans parler de celle que nous venons de remporter sur l'Outaouais !

Callières, bon joueur, opina.

— Il est vrai que les batailles de Repentigny et de l'Outaouais ont été de belles victoires, même si nous y avons aussi perdu huit de nos meilleurs officiers. Une perte irrémédiable pour le pays. Mais la bataille de la Prairie-de-la-Madeleine a été autrement dévastatrice. L'auriez-vous oubliée, celle-là ?

Louis se mordit la lèvre. Comment effacer de sa mémoire une aussi cuisante défaite ? Une attaque-surprise menée par le maire d'Albany, Pieter Schuyler, au moment où la moitié des troupes avait été retirée. Comme la nuit était sans lune, les réguliers n'avaient pas vu venir l'ennemi qui leur avait fauché une vingtaine d'hommes. Heureusement que le commandant Valrennes s'était jeté à leur poursuite et leur avait bloqué la route. L'affrontement s'était rapidement transformé en corps à corps sanglant, où l'on s'était battu à coups de baïonnettes, d'épées, de couteaux et de haches, pour en finir aux mains nues.

— Je dois admettre que ce combat a été fort meurtrier. Il aura au moins eu pour mérite de forcer ce Pieter Schuyler de malheur à y réfléchir à deux fois avant de revenir s'y frotter. Il faut dire que nos hommes sont devenus des escarmoucheurs accomplis, aussi habiles que les Iroquois eux-mêmes.

— Bien sûr... bien sûr. Ils leur sont même supérieurs, par la discipline et l'esprit d'équipe qui les animent bien davantage que les sauvages. Remarquez que dans un tel pays, ils n'ont pas le choix. Ceux qui n'apprennent pas vite ne font pas de vieux os. Mais là n'est pas la question, enfin ! lui rétorqua le gouverneur de Montréal sur un ton agacé.

Ce jeu de chat et de souris commençait à l'énerver. Le fin filou esquivait encore toute forme d'engagement.

— La « petite guerre », s'obstina Louis, est une stratégie qui continue de porter fruits. J'ai peu de confiance dans les

expéditions à la Denonville. À chaque fois que mes prédécesseurs ont fait marcher de gros corps de troupes, ils ont
éprouvé d'énormes problèmes de logistique et de ravitaillement. Et les résultats se sont toujours avérés bien au-dessous
de leurs attentes. On s'y bornait à incendier des villages et
des récoltes, sans jamais réussir à mettre la main sur un seul
damné Iroquois. S'il faut continuer à se battre de la manière
qui est désormais la nôtre, pour le moment du moins, je
vous ferai toutefois la concession suivante : je m'engage à
envoyer dès le printemps prochain une troupe de cinq à six
cents hommes ravager les villages agniers. Cette maudite
tribu, que l'on ne cesse de combattre et qui revient toujours
à la charge en commettant à elle seule plus de déprédations
que les quatre autres réunies, est une terrible épine à mon
pied. Je suis fermement résolu à m'en débarrasser pour de
bon en allant la surprendre comme un rat dans son trou !

Le gouverneur de Montréal quitta l'impassibilité dans
laquelle il s'était campé et se redressa sur sa chaise. C'était
une demi-victoire, mais c'était mieux que rien. Poussant
plus loin l'audace, il rétorqua :

— Mais pourquoi pas dès cet automne ? Le plus tôt sera
le mieux.

— Parce que je n'aime pas la précipitation. Ce genre
d'expédition doit se préparer avec le plus grand soin et je
manque de ressources en ce moment.

— Vous voulez dire que nous manquons d'hommes
parce que trop d'entre eux ont été envoyés traiter chez les
peuplades de l'Ouest avec des canots chargés de biens de
contrebande ?

Callières faisait allusion aux cent vingt-huit miliciens et
coureurs des bois expédiés récemment chez les Outaouais
avec plusieurs centaines de livres de marchandises, ainsi
qu'à d'autres qui sillonnaient sans arrêt des territoires qui

étaient jusque-là des chasses gardées outaouaises. Des voyages qui privaient la colonie d'un grand nombre de défenseurs pendant une année entière et qui détournaient d'eux les Outaouais, habitués à fournir les marchandises à ces tribus lointaines.

— Ah non! Vous n'allez pas me rebattre encore une fois les oreilles avec cette histoire? Nous en avons suffisamment parlé, ce me semble, et je connais par le long et par le large votre désaccord sur la question, figurez-vous! Je continue à penser qu'il faut continuer de ravitailler nos alliés, surtout en période de pénurie, justement pour ne pas leur laisser croire que nous sommes aux abois et manquons de tout. Même s'il devient difficile d'écouler nos fourrures en Europe. Vous savez pourtant aussi bien que moi, Callières, que l'enjeu en Amérique est de savoir qui, de nos marchands ou de ceux d'Albany, s'appropriera le monopole de la traite. La nation qui s'imposera sur le marché des fourrures établira sa mainmise politique définitive sur les sauvages. Mais ma foi, j'ai l'impression de radoter. D'ailleurs, je refuse d'en discuter plus avant!

— Bon, puisque c'est ainsi. Mais nous en reparlerons, fiez-vous à moi. En attendant, mon cher, permettez que je me retire.

Callières basculait déjà vers l'avant, tout en rassemblant assez de forces pour s'extraire de la bergère en se cramponnant au manteau de la cheminée. Il transféra sa masse sur ses jambes ankylosées et se dirigea ensuite vers la porte d'un pas court et mesuré, sans même daigner gratifier son hôte d'un regard.

Il bouillonnait intérieurement.

Mais il l'aurait à l'usure, le vieux buté, la tête de Gascon. Il le travaillerait au corps, il se le promettait bien. Il était d'ailleurs persuadé que les événements le pousseraient un jour jusque dans ses derniers retranchements et que cela ne saurait tarder.

Louis jeta un œil attentif sur le spectacle qui s'étalait à ses pieds, dans toute la luminosité de ce clair matin d'automne. De son nid d'aigle surplombant le Cap-aux-Diamants et grâce à l'orientation particulière du château, on pouvait embrasser de la fenêtre de son bureau une large partie de la basse-ville. Chaque fois qu'il posait l'œil sur la petite agglomération, il en tirait autant de fierté que s'il l'avait construite de ses propres mains. Il l'affectionnait particulièrement, même si elle était étranglée entre le fleuve et la falaise. Il y sentait battre le pouls de la population plus intensément que dans la ville haute, plus aérée, avec ses beaux monuments conventuels et ses rues convergeant vers le château Saint-Louis.

Depuis l'incendie qui avait complètement rasé la place Royale, tout avait été rebâti en plus beau et plus solide. Les nouvelles constructions, souvent assises sur d'anciennes fondations, étaient plus élevées et désormais en pierre. Les carrés de maison s'étaient agrandis en profondeur et possédaient un second étage, et les cours logeaient des bâtiments annexes : latrine privée, boulangerie, boucherie, étable ou boutique. Les aménagements et les façades s'alignaient de façon coordonnée, selon un courant à la mode en Europe et en accord avec les règlements que Frontenac avait lui-même édictés. Mais comme les maisons étaient plus spacieuses et les lots inchangés, l'espace urbain s'en trouvait plus densément occupé qu'auparavant. Cela donnait l'impression d'une section de ville fortement peuplée, alors qu'elle ne comptait qu'une centaine d'habitations côtoyant vingt bâtiments commerciaux, des magasins, des ateliers d'artisan et quelques brasseries.

L'essor particulier de Québec, sa prodigieuse vitalité, en dépit de l'isolement, de la guerre constante et de la menace d'un nouveau siège, ne cessaient d'ailleurs de l'étonner. Louis y reconnaissait la volonté de vivre et l'acharnement particulier de ce petit peuple français transplanté comme un bourgeon fragile en terre d'Amérique et déjà acclimaté, prospère, et vigoureusement enraciné à son nouveau terreau.

Il était de merveilleuse humeur, ce matin-là. Les ébats de la nuit précédente lui avaient redonné le sommeil de ses vingt ans. Perrine s'était révélée si ardente et si passionnée qu'il avait craint de ne pouvoir la satisfaire et avait dû jouer sur des cordes nouvelles, ce dont elle s'était trouvée enchantée. Mais il ne rajeunissait pas... alors que sa maîtresse, plus jeune de trente ans, en redemandait. Il échappa un sourire. Il la soupçonnait d'avoir eu vent de ses approches récentes auprès d'une femme de bonne naissance, fraîchement débarquée de France. Cette madame Bertou était une vieille jeune fille désargentée qui avait connu la vie parisienne et s'en souvenait. Louis se sentait plein d'affinités avec elle. Ils avaient parlé littérature, arts, théâtre, ce qui était rafraîchissant, et la dame était élégante. Certains appas étaient encore beaux, en particulier la taille et la chute de rein. Côté poitrine, elle ne pouvait surclasser Perrine. Peu de femmes lui faisaient d'ailleurs ombrage à ce chapitre, fut-il obligé d'admettre. Il lui semblait pourtant qu'une petite incursion en territoire inconnu lui ferait grand bien. Il avait besoin de nouveauté, que diable ! Quel homme pouvait se contenter de creuser toujours le même sillon ? Et Perrine ne serait-elle pas la première à en profiter ? acheva-t-il de se convaincre alors que Monseignat entrait dans son bureau.

Le jeune secrétaire était particulièrement rayonnant depuis son récent mariage avec Claude de Sainte, une jeune fille de bonne famille, née en Canada. Comme Louis n'avait pu assister aux épousailles, il avait déposé cinq cents livres dans la corbeille de noces du jeune homme. La somme était méritée et s'ajoutait à la part de profits sur les congés de traite que Louis avait commencé à lui verser. Une générosité dont se plaignait Champigny. C'est que le salaire de Monseignat était ridicule en regard de ses qualifications : avant de venir au pays, il s'était formé à la Chambre des comptes de Paris, dans l'économique et le juridique, et avait travaillé pour l'administration publique. Et il avait une excellente plume qu'il mettait inconditionnellement au service de la bonne réputation de Frontenac. Sa *Relation de ce qui s'est passé de plus remarquable en Canada*, rééditée chaque année et expédiée à madame de Maintenon ainsi qu'à la comtesse de Frontenac, connaissait un incroyable succès à la cour. En particulier le récit émouvant qu'il avait fait du siège de Québec et dans lequel il attribuait au gouverneur le mérite exceptionnel d'avoir sauvé la Nouvelle-France. Des services qui ne s'oubliaient pas...

Louis n'avait pourtant pas encore réussi à faire accorder de gratifications à Monseignat, bien qu'il ait pesé de toute son influence pour y parvenir. Le ministre avait refusé à deux reprises les demandes d'avancement réclamées par le jeune homme et Louis commençait à se demander si sa mauvaise réputation ne déteignait pas sur celle de son secrétaire particulier. Il comptait bien cependant réclamer pour lui la charge de commissaire de la Marine, puisque Monseignat avait les compétences pour occuper le poste. Sans solde, bien entendu, comme charge honorifique, le prestige menant souvent à des responsabilités plus lucratives.

— Monsieur le chevalier Boisberthelot de Beaucours réclame audience, monseigneur.

— Faites-le entrer, Charles.

Un homme de petite taille mais vif et droit, l'œil clair et le teint rosé, s'avança dans la pièce d'un air décidé. C'était un capitaine réformé qui s'y entendait en fortifications et que Louis avait engagé pour achever les travaux de l'année précédente.

— Monsieur de Beaucours, je vous attendais avec impatience. Alors, comment avance notre chantier ?

Louis n'avait pas suivi les travaux de très près, cet été-là, ses obligations l'ayant beaucoup retenu à Montréal, mais il avait l'intention de reprendre les choses en main. Il se pencha sur la carte que Beaucours s'occupait à déployer sur une table.

— Tout va du mieux qu'il est possible, monseigneur, étant donné l'importance des tâches à accomplir. Voyez vous-même. J'ai scrupuleusement appliqué les principes de monsieur de Vauban pour les proportions à donner au tracé de la ligne magistrale, la manière de déterminer les flancs et la courtine, le rempart, et l'angle des bastions qui ne doit pas dépasser soixante degrés. Vous remarquerez aussi que le flanquement est en deçà de la portée maximale du tir de mousquet, précisa ce dernier en montrant du doigt les éléments qu'il énumérait. Notez que le fossé, qui constitue un des éléments-clés d'une bonne fortification, est plus profond que large, comme il convient dans un lieu élevé et rocheux. Parce qu'il ne contient pas d'eau, il faut le faire plus profond pour éviter les surprises et l'escalade. Celui-ci mesure de treize à quatorze mètres.

— Fort bien, fort bien. Et l'enceinte me paraît satisfaisante.

Louis déplaça son index le long d'une ligne irrégulière, coupée de redoutes en forme de bastion.

— La nouvelle ligne de défense englobe une partie des hauteurs du Cap-aux-Diamants et se prolonge presque en ligne droite jusqu'au-dessus de la falaise surplombant la Potasse. Ce secteur est aussi entouré de palissades qui sont déjà fort avancées. Nos maçons y travaillent quasi jour et nuit. Comme vous le voyez, ce nouveau rempart est secondé par deux autres ouvrages défensifs. Le premier, la redoute du Cap, se situe sur l'escarpement des hauteurs du Cap-aux-Diamants, alors que le second se trouve, selon vos indications, à l'extrémité ouest de la rue du Mont-Carmel. La ville sera ainsi entièrement fermée par une enceinte de terre revêtue d'une palissade et entrecoupée de bastions. Vous remarquerez que je ne peux pas éviter de couper en deux la propriété des Ursulines.

— Ont-elles été averties de ce désagrément ?

— Oui, et elles l'ont déploré, sans toutefois s'y opposer. Elles ont compris qu'il était difficile de faire autrement, étant donné la topographie particulière de Québec.

— Braves filles. Mais dites-moi, quand comptez-vous terminer ?

— Franchement, monseigneur, je ne pourrais vous assurer que tout sera terminé avant l'hiver. Le temps nous manque. Cela a déjà exigé jusqu'ici, tant en maçonneries, terrasses et ouvrages de charpenterie, pas loin de quarante-cinq journées de deux cents hommes. Et il en faudra bien davantage pour finir les travaux. Les grands froids vont bientôt tout paralyser...

Louis se rembrunit.

— Faites le plus vite possible. Prolongez la ligne de défense le plus loin qu'il se peut et terminez au moins l'enceinte du fort, qui a été commencée l'année dernière.

Nous risquons d'être assiégés dès le mois d'avril par un important contingent d'Anglais et d'Iroquois. Des rumeurs qui me viennent de partout à la fois confirment cette menace. Il faut pousser les travaux, monsieur de Beaucours. Quitte à doubler la main-d'œuvre. Je vais d'ailleurs imposer des amendes plus sévères aux corvéables qui rechignent à coopérer. Sans compter que le gouvernement n'a aucun endroit où se retirer en cas de situation extrême. Quant au corps de logis lui-même, je me contenterai de faire consolider quelques murs, en particulier ceux de la façade nord, tout en espérant qu'ils ne me tombent pas de nouveau sur la tête... Vous savez que j'ai récemment failli y laisser la vie ?

Le chevalier fit signe que oui. Toute la ville en avait parlé et tous s'en étaient inquiétés.

Louis avait vécu un véritable cauchemar, cette nuit-là, puisque c'est dans sa chambre et juste au-dessus de son lit que le plafond avait fait mine de s'effondrer. C'était pendant un violent orage et au beau milieu d'ébats amoureux dignes de passer aux annales. Perrine et lui étaient engagés si à fond dans leur besogne qu'ils s'étaient retrouvés soudainement engloutis sous un déluge de plâtre et d'eau glacée. Perrine avait hurlé à pleins poumons puis s'était tue en se couvrant la bouche des deux mains, pétrifiée à l'idée que son cri ait pu ameuter la maisonnée. Dégrisés et brutalement ramenés à la réalité, les amants s'étaient séparés aussitôt.

— Retirez-vous, ma mie, avant qu'on nous surprenne, lui avait-il jeté dans un souffle. Duchouquet et les autres vont bientôt se pointer.

La servante ne se l'était pas fait dire deux fois et s'était lancée comme une folle dans les corridors glacés, nue et le cheveu en désordre. Louis avait eu la présence d'esprit de glisser dans un tiroir sa robe de nuit avant d'appeler au secours. Le plafond n'en finissait plus de dégorger son trop-plein, et les craquements insolites qui accompagnaient ce déversement intempestif donnaient à penser que tout l'édifice allait s'écrouler.

— J'ai dû faire venir des manœuvres en pleine nuit pour installer d'urgence des étançons afin de soutenir le toit. À certains endroits, les murs sont tellement pourris qu'ils ne tiennent que par la peur. Un vrai château de cartes, cette foutue bicoque. Enfin... pour ce qui est de la basse-ville, continua-t-il, achevez au moins la plate-forme qui la fermera en entier et flanquera celle que nous avons faite l'année dernière. Et avant que je ne l'oublie, je tiens à arrêter avec vous une date et une heure pour faire insérer dans un des angles de la nouvelle muraille, entre deux fortes pierres monumentales, une plaque en cuivre. Cela ne sera possible que dans quelques semaines, je suppose, mais je tiens à préparer la chose, voyez-vous...

— Une plaque en cuivre ? fit Beaucours, étonné, en plissant le front.

— Oui, une plaque commémorative, en cuivre, s'empressa de répéter Louis d'un air entendu, en priant Monseignat de la lui apporter.

Lorsqu'il l'eut présentée à Louis, ce dernier la déposa avec d'infinies précautions sur sa table de travail comme si elle risquait de se briser à tout moment, alors qu'elle était coulée d'un métal si épais qu'elle pouvait résister à dix siècles d'érosion.

— Voyez plutôt cette merveille, fit Louis à Beaucours en couvant la chose en question d'un œil ému.

Et Louis de commencer à lire avec solennité et de sa plus belle voix la longue inscription latine moulée dans le cuivre.

— *Anno separatae salutis, millesimo sexcentesimo nonagesimo tertio Regnante Augustissimo, Invictissimo et Christianissimo...*

Voyant que le chevalier ne partageait pas son enthousiasme, il lui dit:

— Vous n'entendez pas le latin, à ce que je vois? Je vais donc vous traduire: *L'an du salut mil six cent quatre-vingt-douze, sous le règne du très-auguste, très-invincible et très-chrétien roi de France, Louis-le-Grand, quatorzième du nom. Le très-excellent Louis de Buade, comte de Frontenac, pour la seconde fois gouverneur de toute la Nouvelle-France, ayant repoussé mis en déroute et complètement vaincu les habitants rebelles de la Nouvelle-Angleterre lorsqu'ils assiégeaient cette ville de Québec, et qui menacent de renouveler le siège cette année, a fait construire aux frais du roi cette citadelle avec les fortifications qui y sont jointes, pour la défense de toute la patrie, pour le salut du peuple, et pour confondre de nouveau cette nation perfide et envers son Dieu et envers son roi légitime. Et il a placé cette première pierre.* Et dans les siècles futurs, on pourra lire cette inscription qui fera revivre un des moments les plus glorieux de l'histoire de ce pays. N'est-ce pas extraordinaire?

Monseignat et Beaucours opinèrent de conserve.

Louis avait enfin trouvé le moyen d'immortaliser ses exploits, bien qu'ils fussent passés presque inaperçus à Versailles et que le roi s'en fût attribué seul le mérite. Douce vengeance et petit baume propres à soulager quelque peu ses innombrables égratignures d'orgueil et plaies d'amour-propre.

— Non, non, non, ne prenez pas encore une fois la défense de ce personnage trouble, monsieur l'intendant!

J'ai assez réfléchi à la question pour me persuader que Pierre Le Moyne d'Iberville est un fourbe. Il n'est pas ce qu'il prétend être et je ne comprends pas comment le roi et ses ministres ont pu encore se laisser berner par cet imposteur. Cela fait au moins trois fois qu'on lui confie le commandement d'une expédition pour reprendre les forts anglais de la baie d'Hudson, et qu'a-t-il réussi à faire jusqu'ici? Rien d'autre que des hésitations et des retards. Tout a été bon pour justifier ses lamentables échecs. La première fois, souvenez-vous, il a quitté ces rivages équipé jusqu'aux dents pour aller déloger définitivement les Anglais de Fort Bourbon, et qu'en est-il résulté? Une traite fructueuse, il est vrai, la prise de trois bâtiments anglais et la destruction de Fort Severn, il est vrai aussi, mais l'ennemi se maintient toujours aussi solidement à Fort Bourbon. Et l'année suivante, il a fait pire encore... en arrivant ici trop tard pour entreprendre une quelconque expédition vers le nord.

— Équipé jusqu'aux dents, vous y allez un peu fort, ce me semble, mon cher comte, lui rétorqua aussitôt Champigny, agacé de voir encore Frontenac égratigner son protégé. N'êtes-vous pas un peu injuste à son égard? Vous savez comme moi que s'il n'a pas réussi à prendre Fort Bourbon la première fois, c'est justement parce qu'il n'était pas assez bien équipé. Iberville l'a mis en lumière dans le mémoire adressé au roi. L'ennemi les attendait et bloquait l'entrée de la rivière Sainte-Thérèse avec trois gros navires, dont l'un de quarante canons, et un brûlot*, alors que notre homme n'avait à leur opposer que deux petits voiliers armés de dix-huit et douze canons. Cela aurait été une pure folie de s'attaquer à aussi forte partie, aussi a-t-il eu l'intelligence de cingler plutôt vers Fort Severn, qu'il a complètement incendié. Et l'année dernière, si ma mémoire est bonne, monsieur d'Iberville n'est pas arrivé trop tard. Le sieur du Tast, qui devait se joindre à lui et mettre son navire sous son commandement, est arrivé à Québec le 13 juillet et a prétendu qu'il était trop tard pour repartir. Il trouvait son bateau trop mal équipé pour entreprendre une telle expédition, alors que les navigateurs consultés sur le sujet ont estimé que la saison n'interdisait en rien l'entreprise.

Louis se souvenait très bien de ce du Tast, qui l'avait poussé à bout.

Ce petit personnage prétentieux et hautain était arrivé ici avec des exigences démesurées. Monsieur le commandant des vaisseaux du roi prétendait à rien de moins que de se faire attribuer la part du lion dans les profits de la Compagnie du Nord et refusait de se placer sous le commandement de Pierre d'Iberville, qu'il méprisait d'ailleurs ouvertement pour n'être ni officier de la Marine ni issu d'une noblesse de souche. Et parce qu'il n'avait pas obtenu gain de cause, l'intrigant avait osé invoquer le prétexte de la saison trop avancée pour faire échouer l'expédition. Louis était alors entré dans une colère si vive qu'il lui avait ordonné d'une voix blanche de se placer *illico* sous l'autorité de Pierre d'Iberville, pour aller croiser dans les parages de l'Acadie. Comme l'autre prenait de grands airs offensés et répugnait à s'exécuter, Louis l'avait carrément menacé de le mettre aux fers, ce qui l'avait calmé net. Pour une fois, Champigny avait totalement approuvé.

— Mais cette année, continua Louis, Iberville n'a-t-il pas traîné trop longtemps à La Rochelle pour pouvoir remplir sa mission ? Il devait partir au plus tard le 10 avril, il a pris la mer le 14 mai, pour ne mouiller devant Québec que le 19 d'août. Imaginez ! Vous me direz, bien sûr, que les complications, les retards de dernière minute, les vents contraires, les tempêtes, les corsaires... et que sais-je encore... ont dû ralentir sa course ?

— Mais certes, certes, je vous dirai tout cela et bien davantage...

Champigny ne lâchait pas prise lui non plus, irrité par cette propension qu'avait Frontenac à toujours blâmer le moindre geste de l'explorateur, par une espèce de hargne malsaine difficile à expliquer chez un homme au faîte de sa carrière et que le succès d'Iberville ne menaçait pourtant d'aucune façon.

— ... oui, bien davantage, et notamment que s'il devait partir le 10 avril, le 24 du même mois il était toujours immobilisé à La Rochelle avec seulement soixante-cinq hommes à bord et des préparatifs qui traînaient en longueur, à cause de l'insouciance des fonctionnaires et armateurs de tout acabit ; que les navires marchands qu'il devait escorter le ralentirent considérablement ; qu'à la hauteur de l'île de Fer, sa flotte rencontra une frégate hollandaise chargée d'alcools et une flûte espagnole bourrée de sel et de sirops à qui Iberville dut donner la chasse jusqu'à ce qu'elles se rendent. Et je vous dirai surtout qu'une fois arrivé à Québec, notre patient navigateur dut attendre plus d'un mois votre retour de Montréal pour prendre vos ordres avant de partir.

— À croire que vous ne faites que cela, suivre avec passion les moindres allées et venues de votre César des mers ? Vous me direz tout ce que vous voudrez, monsieur de Champigny, jamais vous ne m'enlèverez de l'idée que trois échecs consécutifs, c'est beaucoup pour un seul homme. Et que cela donne à penser qu'il n'est pas très intéressé par l'expédition de la baie d'Hudson, peut-être parce qu'il y a plus de profits à tirer du côté de l'Acadie que du côté de la mer du Nord, ou qu'il répugne à s'éloigner trop longtemps de sa belle Marie-Thérèse Pollet, dont il est si follement épris qu'il en perd jusqu'au sens des responsabilités.

La mesquinerie de l'accusation sidéra l'intendant. Il préféra ne pas relever la remarque et demeura silencieux.

— Enfin, fit Louis, en adoucissant le ton, souhaitons au moins qu'il réussisse l'expédition que nous lui avons confiée en dernier recours. Je crois que si Pierre d'Iberville et Bonaventure arrivent, avec leur armada et leur petite armée, à se rendre à la baie Française pour embarquer trois cents de ces Abénaquis qui font trembler les villages de la Nouvelle-Angleterre, ils seront en état d'exécuter de vigoureux coups de main du côté de Boston et de la Nouvelle-York.

— Vous avez de ces mots, monsieur le comte! Deux frégates ne font pas une armada, et les troupes d'Iberville ne forment pas non plus une armée. Ils ont à peine une soixantaine d'hommes et leur force ne repose que sur l'élément de surprise.

— Mais avez-vous donc entrepris de me chicaner systématiquement, mon cher intendant? lui rétorqua Louis avec un rire bonhomme. Vous cherchez visiblement la confrontation en ergotant sur des détails, mais vous ne me ferez pas sortir de mes gonds, m'entendez-vous? Pas aujourd'hui.

Se sentant détendu, Louis le prenait sur un ton badin. Il voguait toujours sur son bel élan de la nuit précédente et refusait de se laisser assombrir. Une attitude qui ne manqua pas de déconcerter Champigny. Quelle mouche avait donc piqué Frontenac pour qu'il se montre si désinvolte à son égard, alors qu'il sombrait d'ordinaire dans une colère noire chaque fois qu'il ouvrait la bouche? Encouragé par ces dispositions nouvelles, Jean Bochart s'enhardit à lui rappeler que le ministre avait demandé qu'ils rédigent tous deux une lettre exposant l'ensemble des arguments pour et contre la reconstruction de Fort Cataracoui. Avant de donner son accord définitif, le roi souhaitait entendre une dernière fois les raisons des deux partis.

Louis sourcilla. Il lui semblait pourtant avoir déjà expliqué le tout de long en large et dans plusieurs placets.

— Pour faciliter les choses, voyez, monsieur le comte, j'ai déjà rédigé la partie qui me concerne, en laissant assez d'espace pour que vous inscriviez vos arguments dans la marge de droite. Qu'en pensez-vous?

Jean Bochart tendit à Louis trois pages séparées en deux par un long trait vertical et remplies, du côté contre, d'une longue liste de raisons couchées sur le papier d'une petite écriture dense et pointue. Louis y jeta un œil distrait puis, relevant la tête, fixa Champigny droit dans les yeux pendant un long moment, pour finir par lui souffler sur un ton doucereux et à deux doigts du visage.

— Vous avez donc tant de motifs de rejeter ce projet, mon cher ami? À croire que vous en faites une affaire personnelle. Ou êtes-vous plutôt piloté par ce Denonville de malheur qui continue son travail de sape jusque dans les couloirs de Versailles?

L'intendant prit la mouche et lui opposa:

— Vous ne voulez rien entendre des raisons pourtant solides qui justifient mon opposition. Je n'ai besoin de personne, ni même de monsieur de Denonville dont, soit dit en passant, je respecte grandement les opinions, pour être convaincu qu'il est coûteux, dangereux et inutile de maintenir un fort aussi éloigné et impossible à ravitailler en temps de guerre, et qui a été le tombeau de trop de nos meilleurs éléments. Nous n'avons plus les moyens de ce fort, vous le savez comme moi!

Dans un geste impulsif, Louis lui arracha les pages des mains. Son visage était redevenu crispé, comme s'il peinait à retenir sa colère.

— Eh bien, figurez-vous, mon cher petit monsieur, que ce fort, je le reconstruirai, plus grand et plus solide que jamais, malgré tous les pisse-vinaigre qui tentent de m'en empêcher. Et avec l'appui du roi, en prime. En dépit des plumitifs à la vue courte comme vous qui pratiquent une minable politique de repli frileux sur le Saint-Laurent, sans rien comprendre des enjeux auxquels nous sommes confrontés dans ce pays. Sans nos forts, il n'y a pas de commerce durable avec les Indiens, sans commerce pas d'alliances, et sans alliances pas de Nouvelle-France. Il me semble que c'est simple à comprendre, nom de Dieu !

Louis cracha ses arguments en hurlant à pleins poumons, puis il froissa rageusement les feuilles qu'il tenait en main. Au sommet de sa colère, il en fit une boule qu'il jeta sur le sol et se mit à la piétiner avec fureur, tel un dément, en lançant à Champigny, qui s'apprêtait à quitter la pièce :

— Voilà ce que j'en fais de vos arguties. Je les foule aux pieds, m'entendez-vous ? Je... les... foule... aux... pieds !

Louis se sentait piteux. Il avait encore cédé à son penchant naturel, alors qu'il s'était juré de rester calme. C'est que les trop fortes émotions lui réussissaient mal depuis quelque temps. Sa dernière grosse sortie concernant ce lieu infâme où on punissait les bourgeoises de Montréal trop portées sur la danse lui avait coûté cher. Son cœur s'était affolé pendant des heures, après l'événement, et quand il avait enfin repris son rythme normal, Louis s'était retrouvé sur le carreau. Il avait dû dormir une journée entière et la moitié d'une autre avant de se sentir à nouveau fonctionnel. La vieille machine donnait des signes évidents d'usure, ce qui commençait à l'inquiéter. Il n'avait jamais eu particulièrement peur de la mort et l'avait défiée avec cynisme tant qu'elle n'était demeurée qu'une lointaine éventualité, mais le fait d'en être maintenant si rapproché le troublait malgré lui. Diable, il avait encore trop de choses à réaliser pour envisager si tôt sa fin !

C'était la faute de ce bougre d'intendant, aussi. Qu'avait-il tant contre la reconstruction de Fort Cataracoui ? Il avait un grand pouvoir de nuisance et son insistance à s'opposer au projet risquait d'en retarder encore longtemps la réalisation. La liste d'objections qu'il lui avait présentée était longue et bien étayée et il devait les contrer avec habileté. Il s'installa devant son pupitre et appela Monseignat. Le jeune homme se pointa aussitôt, écritoire en main, et s'assit devant le petit meuble à tiroirs placé le long de la fenêtre.

— Vous avez tout entendu, n'est-ce pas ?

Il s'était tissé au fil des ans une connivence particulière entre Louis et son secrétaire, une espèce de familiarité faite de confiance réciproque. Charles de Monseignat avait été associé si étroitement à la vie de Frontenac, depuis son retour au Canada, qu'une intimité cordiale s'était développée entre eux deux.

— Bien malgré moi, monseigneur.

— Allons, ne faites pas de chichis, Charles. De par vos fonctions de secrétaire, vous êtes ma main droite et ma plume, et le témoin obligé de tout ce qui se vit ici. Cela est normal. Mais dites-moi franchement, que pensez-vous de moi ?

— De vous, monseigneur ? fit le jeune homme, fort étonné.

C'était bien la première fois que Frontenac lui posait une telle question. Il était embarrassé. Que fallait-il comprendre au juste ?

— Que voulez-vous dire, monseigneur ? Ce que je pense de vous comme homme... ou comme gouverneur ?

— Les deux. Mais bon, je vais vous simplifier la tâche. Dans ce cas précis, trouvez-vous que j'ai eu tort d'agir comme je l'ai fait avec l'intendant ?

— Je ne sais pas si vous avez eu tort, mais je crois que ce n'est certainement pas la bonne façon de vous l'amadouer ni de le mettre de votre côté, lui répondit finement ce dernier.

Un sourire flotta sur les lèvres de Louis. Il appréciait l'intelligence du jeune homme.

— Me trouvez-vous si difficile à vivre, Charles ? Ont-ils raison, tous les autres, de me dire agressif, hargneux, colérique et monté sur mes grands chevaux pour des riens ? Suis-je donc si détestable et ai-je donc tort de m'acharner à ce point ? Allez, allez, soyez honnête, je ne vous en tiendrai pas rigueur.

Monseignat était surpris de cette propension soudaine à l'autocritique chez un homme d'habitude si peu porté aux confessions. Frontenac était-il malade ou profondément abattu ? Inquiet, il ne savait trop quel parti adopter. Il opta pourtant pour la franchise, tout en pesant soigneusement ses mots.

— Il est certain que vous n'êtes pas une personnalité... facile ni... disons... malléable. Et que vous menez souvent vos dossiers avec... autorité et... de façon pour le moins... impérieuse... un brin intransigeante, peut-être parfois. Ce qui vous a souvent réussi mais... qui vous dessert aussi quelquefois. Comme dans le cas présent, par exemple. Puisque vous me demandez mon avis, je vous le donne. Avec monsieur l'intendant, j'oserais avancer, sauf votre respect, que si vous le traitiez avec davantage de douceur ou de... disons... gentillesse, peut-être y gagneriez vous. Feindre d'être de l'avis de quelqu'un et ne pas le contredire systématiquement peut parfois s'avérer plus fructueux que de lui tenir carrément tête.

— Ce sont là des principes que Machiavel n'eût pas désavoués. Est-ce ainsi que vous faites avec moi, Charles, dites-moi ? lui rétorqua Louis en riant.

Le secrétaire pouffa de rire à son tour. Il était évident qu'il s'était habitué à se taire, à tourner trois fois sa langue dans sa bouche avant de parler ou à faire mine d'approuver, surtout quand Frontenac était de méchante humeur. Ainsi, dans le cas d'Iberville, s'il épousait entièrement l'attitude de Champigny vis-à-vis de l'explorateur, il se serait fait hacher menu plutôt que de s'en ouvrir à Frontenac. Car sa jalousie maladive à l'égard de cet homme était viscérale et semblait échapper à toute raison.

Louis tourna le regard vers l'âtre et se mit à parler tout haut, comme s'il était seul. Sa voix s'était nouée.

— Bien sûr, j'ai commis beaucoup d'erreurs dans ma vie... et je me suis attiré bien malgré moi beaucoup... d'inimitiés. Mais comment aller à l'encontre de son tempérament, quand il est aussi incommode, impérieux et révolté que le mien ? J'ai été élevé par un père impitoyable qui me poussait à me dépasser et me fouettait lorsque je le décevais, et par une mère soumise qui s'inclinait avec admiration devant les manières autoritaires de son mari. Quant aux précepteurs qui m'ont pris en charge, d'aussi loin que je me souvienne, jamais aucun n'a eu le moindre geste... d'estime ou de... gentillesse à mon égard. Il n'y a qu'Henriette-Marie, en fait... qui a su me consoler... et me cajoler, comme l'enfant que j'étais.

La voix de Louis vacilla sur ces dernières paroles.

Monseignat détourna le regard. Il ne se reconnaissait pas le droit de pénétrer si avant dans les confidences du gouverneur, et le fait d'être témoin d'un tel moment de vulnérabilité le mettait mal à l'aise. Il ignorait tout de la relation que Frontenac avait entretenue avec ses parents, en particulier avec son père, dont il avait pourtant toujours parlé de façon admirative. Quant à Henriette-Marie, sa sœur aînée, il ne s'étonna pas de le voir encore si profondément attaché à sa mémoire, quelque vingt-cinq ans après son décès, parce que Frontenac l'avait toujours considérée comme sa véritable mère.

Un silence s'installa que le secrétaire se garda bien de rompre. Louis s'était tu, tout en continuant à fixer le feu qui se colorait de mille lueurs et crépitait bruyamment. Il finit pourtant par s'arracher à ses souvenirs en faisant mine de s'ébrouer.

— Quel idiot je fais, ne trouvez-vous pas ? Me voilà à m'apitoyer sur de vieilles histoires qui n'intéressent personne, alors que le travail nous presse. Foin de ces jérémiades ! Monseignat, je veux que vous ajoutiez ce petit bout à la dernière lettre que je vous ai dictée pour le ministre : Quand je vous ai parlé, monseigneur, de Fort Cataracoui et de l'utilité que j'en aurais pu tirer dans la continuation de cette guerre, cela n'a pas été dans la pensée de le rétablir incessamment et aussitôt que j'en aurais la permission de Sa Majesté. Je sais bien que je ne suis pas en état de le faire présentement, par le peu de troupes que j'ai, et qu'il ne faut ni séparer ni diviser. Mais j'ose vous dire et le soutenir contre qui que ce soit, au péril de ma tête, que quand l'occasion s'en présentera, je ne saurais rendre un plus grand service au roi, ni rien faire de plus avantageux pour la colonie que de rétablir ce poste, et que toutes les personnes qui diront le contraire ou sont fort ignorantes des affaires de ce pays ou n'ont guère profité du séjour qu'elles ont pu y faire. Enfin, monseigneur, pour le dire en un mot, c'est un entrepôt nécessaire pendant la guerre pour les expéditions éloignées, car il sert de retraite pour les partis des pays d'en haut qui viendraient plus souvent harceler les Iroquois dans leur chasse s'ils étaient assurés de pouvoir s'y retirer en cas de poursuite. Et pendant la paix, c'est le seul endroit où un gouverneur puisse assembler les sauvages afin de les maintenir dans de bons sentiments.

Louis repensa aux arguments déjà avancés et crut bon de revenir, en terminant, sur l'élément suivant :

— Rappelez donc aussi une dernière fois au ministre, Charles, que Cataracoui et les autres forts de l'Ouest sont essentiels pour maintenir un commerce actif avec nos alliés. Si le commerce se tarit, nos Indiens, qui en ont besoin pour survivre, vont nous délaisser et s'allier aux Anglais et aux Iroquois. Et ajoutez donc, *in fine* : Pardonnez-moi, s'il vous plaît, la chaleur trop grande avec laquelle il vous paraîtra peut-être que je vous parle..., pour dissiper l'impression que je réagis davantage par amour-propre que pour le bien du pays. Et dites au ministre que je pourrai lui envoyer un avis plus détaillé de mes raisons dans une prochaine dépêche. Terminez-moi cela, avec tout le tralala protocolaire habituel et apportez-moi la lettre pour que je la signe. Elle doit absolument partir par le dernier vaisseau.

24

Notre-Dame-des-Anges, automne 1692

C'était jour d'inauguration. Monseigneur de Saint-Vallier ne se tenait plus de joie. Son hôpital général étant enfin prêt, ses pauvres et ses invalides auraient désormais un toit bien à eux.

« Dieu que le chemin pour y parvenir a été long et semé d'embûches ! » se disait-il, tout en portant un regard compatissant sur l'ânesse qui peinait à faire avancer la charrette dans laquelle il avait pris place. Cet attelage, qu'il avait offert aux Hospitalières, servait à voiturer leurs herbages du jardin et tout ce qu'elles ramenaient de la basse-ville. L'évêque l'utilisait régulièrement dans ses déplacements entre Notre-Dame-des-Anges et Québec. Il appréciait la lenteur et le côté humble de ce moyen de transport si peu protocolaire. Comme la gelée avait commencé à recouvrir les chemins, il se dit qu'il faudrait bientôt remplacer l'ânesse par des chiens. S'il était chaudement vêtu ce matin-là, c'était parce que les religieuses avaient conseillé à son domestique de ne lui présenter sa grosse capeline et son écharpe de laine que par grand froid. Autrement, il s'en serait départi, comme le reste de sa garde-robe, au profit de plus démunis que lui.

L'évêque se rendait officier dans la chapelle attenante à l'hôpital érigé tout près de la basse-ville, sur les bords de la rivière Saint-Charles. Après la messe, une petite fête était prévue dans la sacristie avec les sœurs et quelques hauts dignitaires de la colonie.

Tout juste de retour de France où il avait passé de longs mois à convaincre le gouvernement royal de céder à ses exigences, l'évêque triomphait enfin. Mais c'était une victoire gagnée de haute lutte, le roi ne se rendant à ses raisons qu'à la dernière minute. Au surplus, il avait exigé que l'hôpital général soit une maison de renfermement destinée à supprimer la mendicité et à donner du travail aux nécessiteux.

Saint-Vallier n'avait pas répliqué, bien décidé à n'en faire qu'à sa tête une fois de retour au pays. Son nouvel établissement ne serait ni une prison ni un moyen de supprimer la mendicité, mais plutôt une maison d'accueil, une providence. Il aimait trop passionnément ses pauvres pour leur imposer d'aussi cruelles conditions. Mais pour loger ses vieillards, ses infirmes, ses enfants abandonnés et ses invalides, il avait fallu trouver un endroit propice, situé en campagne et non loin de la ville : le petit monastère récollet de Notre-Dame-des-Anges s'était avéré parfait pour ce genre de projet. Saint-Vallier l'avait acheté, autorisant en échange la communauté à transformer sa retraite de la haute-ville en couvent régulier.

Il avait ensuite cherché des religieuses pour prendre soin de ses nécessiteux. Mais elles n'étaient pas nombreuses et montraient des signes de surmenage. D'où les interminables négociations qui s'étaient ensuivies. Il avait d'abord tenté de s'en remettre aux filles de Marguerite Bourgeoys, mais celles-ci n'avaient accepté que temporairement. L'enseignement et l'éducation avaient des exigences trop différentes de celles requises pour prendre soin des nécessiteux et des infirmes. Les Hospitalières de Saint-Joseph, vers qui l'évêque s'était tourné en second lieu, s'y étaient opposées avec la dernière énergie. Elles avaient argué qu'il n'était pas non plus dans leur mission de s'occuper des pauvres et des invalides, alors qu'elles étaient formées pour le soin des malades. Par souci de compromis, elles avaient tout de même proposé d'agrandir leurs locaux et de combiner les deux vocations. Une offre que Saint-Vallier avait refusée net. Puis il avait joué de toute son influence pour les forcer à céder. Ce qu'elles avaient fini par faire... En attendant qu'une élection vienne désigner les partantes et parce que les besoins pressaient, quelques filles de Marguerite Bourgeoys avaient pris temporairement le chemin de Notre-Dame-des-Anges avec leur petit baluchon. Elles assureraient l'intérim en attendant les Hospitalières.

Saint-Vallier encouragea par des paroles douces sa pauvre monture qui renâclait d'épuisement. Après le dernier raidillon, tout en haut, surgissait d'un coup la masse sombre de l'église et du couvent, dont les contours tranchaient sur le camaïeu de bleu du Saint-Laurent.

L'évêque craignait de n'être pas très aimé des prêtres du séminaire, ni des Jésuites, et encore moins des Sulpiciens. Et même s'il se souciait peu de plaire, il lui arrivait parfois de se sentir bien seul. Le fait était qu'il avait contrecarré tellement d'intérêts que sa popularité en avait pris un dur coup.

La position de l'Église était d'ailleurs plus précaire dans cette colonie que dans n'importe quelle province de France, ce qui inquiétait Saint-Vallier. Le clergé était pauvre et trop peu nombreux pour répondre aux besoins grandissants de la population. Seul le roi pouvait soutenir l'Église de ce pays. Une dépendance qui avait son prix...

« À quel degré de soumission faudra-t-il se rendre pour conserver le privilège de desservir cette singulière population ? » se demanda distraitement le prélat, tout en encourageant son ânesse à franchir la dernière étape.

La petite grille de fer forgé, tirée par un pensionnaire faisant office de portier, grinça longuement sur ses gonds. L'attelage s'engagea aussitôt dans l'entrée, contourna le long bâtiment conventuel et s'avança jusqu'à la ménagerie où il s'immobilisa. Des porcs et quelques poules couraient en tout sens, pendant que, dans leur enclos, deux bœufs piétinaient et qu'un cheval piaffait bruyamment. C'était le petit cheptel qu'une vieille dame de l'île d'Orléans avait donné à l'établissement en s'y installant. Il y avait de quoi constituer un embryon de ferme.

Saint-Vallier mit pied à terre et conduisit prestement sa bête à l'étable. Après quoi, il se dirigea vers l'église le cœur léger, porté par l'enthousiasme et un délicieux sentiment de plénitude.

La petite sacristie était une pièce blanche aux trois quarts dégarnie de ses meubles. Une longue table recouverte d'une nappe écrue brodée de motifs floraux, un emprunt aux Hospitalières, était poussée contre un mur et portait quelques flacons de vin de cerise, plusieurs cruches de vin de muscat – un cadeau de Frontenac – et quelques douceurs : des poires confites, des biscuits à la cuillère, de la gelée de coing et un gâteau à la citrouille.

Après l'office, une tournée des lieux avait été organisée par Saint-Vallier. Guidés par les religieuses et suivis d'une petite cohorte de pensionnaires, les invités, Frontenac en tête, avaient traversé successivement les salles du chapitre, le cloître, le dortoir, la cuisine, le réfectoire, les caves et le grenier. L'évêque n'avait cessé de louer les Récollets pour leur construction toute de beauté et de sobriété. Les convives étaient ensuite entrés dans la maison de monsieur le comte. C'était un petit bâtiment fait de matériaux légers, érigé entre l'église et le principal corps de logis.

— Voici l'antre du gouverneur. C'est ici que vous venez vous recueillir et penser à vos vieux péchés, monseigneur? se moqua Saint-Vallier en poussant affectueusement Frontenac du coude.

Ce dernier, l'œil volontairement égrillard, lui rétorqua aussitôt:

— Des vieux péchés, Votre Éminence? Jamais! Je veille toujours à renouveler l'inventaire de mes fautes. Il faut bien avoir du nouveau à confesser pour faire vivre nos curés, n'est-ce pas? D'ailleurs, pour me faire pardonner mes plus graves offenses, je lègue à votre hôpital les quelques meubles et ustensiles ici présents, en particulier ce pupitre, les chaises et la table attenante, les commodes et le lit, ainsi que les tableaux qui ornent ces murs.

La richesse de l'ameublement de cette partie du couvent contrastait avec le dénuement des autres salles. Les Récollets n'avaient pas laissé grand-chose: que le retable et le balustre de l'autel, les lambris du chœur, les deux confessionnaux et les bancs d'église.

— Grand merci pour votre générosité, monsieur le comte, je n'en attendais pas moins de vous. Ce mobilier servira à nos sœurs, n'est-ce pas, sœur Sainte-Ursule?

Saint-Vallier se tourna vers une toute jeune femme au pas vif qui répondit timidement, l'air de vouloir se faire oublier:

— Oh, Votre Éminence, nous ne nous installons que temporairement, en attendant nos remplaçantes. Nous n'avons besoin de rien. Mais peut-être que mère Marguerite

Bourdon pourrait vous conseiller mieux que moi sur l'endroit où placer ces meubles, puisqu'elle est hospitalière et devrait emménager prochainement avec ses compagnes?

— Eh bien, répondit cette dernière d'une voix décidée en se rapprochant du prélat, nous trouverons sûrement un endroit où les mettre. La belle table et les tableaux pourraient aller dans la sacristie et le réfectoire, et le reste dans les salles de nos pensionnaires. Croyez bien qu'ils nous seront grandement utiles, monsieur le comte de Frontenac, vu la pauvreté de notre communauté et le peu de meubles dont nous disposons.

C'était une forte femme d'une quarantaine d'années, déléguée par les Hospitalières pour assister à l'inauguration. Elle avait accepté de participer à cette nouvelle œuvre dès qu'elle avait compris dans quelle pénible situation l'évêque plongeait sa communauté. Si toutes les religieuses étaient attristées de l'intransigeance de leur chef spirituel, elles se mirent néanmoins d'accord sur un point: les partantes ne constitueraient qu'une extension de l'Hôtel-Dieu, jamais une nouvelle communauté. Que Saint-Vallier refuse cette exigence et elles se retireraient aussitôt.

La visite terminée, le petit groupe se dirigea vers la sacristie où l'on commençait à servir les vins et les douceurs. Portée par l'euphorie, sœur Sainte-Ursule accepta un verre et le leva au succès du nouvel établissement. Quand on répéta le rituel, elle en fit autant et vida sa deuxième coupe sans se méfier de cette boisson de cerise qui paraissait si inoffensive. Elle qui ne buvait jamais que de l'eau claire... Elle sentit rapidement une douce chaleur lui monter à la tête et une espèce de tournis la gagner insidieusement. C'est sans doute ce début d'ivresse qui lui donna le courage de confier ses inquiétudes à sa consœur.

— Vous savez peut-être... ma mère... se risqua-t-elle en s'adressant discrètement à Marguerite Bourdon, que nous aussi avons eu quelques... démêlés... avec monseigneur l'évêque ?

— Ah oui ? lui rétorqua cette dernière, étonnée.

Elle n'en avait pas eu vent et cela piqua sa curiosité. Pour éviter que l'on surprenne leur conversation, elle prit le bras de sa compagne et l'entraîna à l'écart, près du couloir menant à l'église. Elle continua, en baissant le ton et en suggérant à soeur Sainte-Ursule d'en faire autant.

— Mais à quel sujet, ma soeur ?

— Oh, cela n'a été abordé qu'une seule fois mais... depuis lors, nous sommes toutes fort inquiètes. J'étais avec mère Bourgeoys, notre directrice, quand monseigneur l'évêque lui en a touché mot. C'est à propos de voeux que Son Éminence souhaiterait nous voir prononcer, de règlements de sa composition qu'il voudrait nous voir adopter, et surtout, du cloître qu'il prétendrait nous imposer... comme à la majorité des communautés féminines. Ne nous répète-t-on pas depuis toujours qu'à une femme il faut un mari ou une clôture ? Mais cela va très clairement à l'encontre de notre mission. Nous sommes une communauté de séculières et nous allons dans le monde enseigner aux filles, en imitant la vie voyagère de Notre-Dame. Nous cloîtrer reviendrait à nier notre raison d'être.

Mère Bourdon fronça les sourcils en secouant la tête, d'un air catastrophé.

— Et comment a réagi mère Bourgeoys ?

— Avec un aplomb qui m'a fort impressionnée, elle lui a répondu que tout cela ne pouvait se régler sans en appeler à notre maison-mère en France, et que pour le moment, elle avait bien d'autres préoccupations. Il est vrai que nous avons traversé tellement de deuils, depuis quelques mois, que cela donne froid dans le dos. Comme si le Seigneur nous abandonnait. Nous avons perdu dix de nos compagnes en quelques mois. Des femmes dans la jeune trentaine, pour la plupart, mortes d'épuisement et de maladies. Heureusement que vous autres, Hospitalières, avez accepté de nous relayer et de prendre cette institution en charge !

— Accepté... est un bien grand mot, ma chère sœur... chuchota mère Bourdon en lui prenant les mains et en poussant un soupir d'impuissance. Mais gardez confiance, Dieu ne vous abandonne pas, il vous met à l'épreuve. Votre directrice a eu le bon réflexe. Vous savez, avec Son Éminence, un saint homme s'il en est, il faut savoir manœuvrer. S'il est une chose qui peut vous aider, c'est de faire tous les efforts pour le gagner par le cœur. Il vaudrait mieux donner d'abord dans son sens sans résister à sa première proposition, pour ensuite lui montrer doucement les inconvénients qu'on y trouve, lui témoignant néanmoins qu'il en sera comme il le voudra. En tout cas, c'est l'avenue que nous avons adoptée dans notre communauté. L'avenir nous dira si nous avons eu raison...

Sœur Sainte-Ursule était impressionnée par le bon sens et l'honnêteté du propos, mais ne s'en trouvait qu'à demi rassurée.

— Vous en faites une tête, ma sœur ! Allez, ne vous découragez pas, lui rétorqua mère Bourdon en riant, notre évêque n'est pas un monstre mais un saint homme, qui saura dédommager votre communauté de tous les sacrifices qu'elle lui aura consentis de bonne grâce. Ayez confiance. Mais retournons avec les autres avant qu'on ne s'inquiète de nous.

L'hospitalière prit le bras de la jeune nonne pour la ramener à la sacristie, en lui soufflant à l'oreille de délaisser le vin pour s'attaquer plutôt au merveilleux gâteau à la citrouille que ses compagnes avaient confectionné à leur intention. Sœur Sainte-Ursule eut un petit rire de couventine, balaya ses dernières appréhensions et emboîta énergiquement le pas à son aînée.

Satisfait de la transaction passée entre les Récollets et monseigneur de Saint-Vallier, Frontenac pavoisait. Les pères Hyacinthe Perreault et Daniel du Moulin le poussaient d'ailleurs dans ce sens. C'étaient deux robustes moines en froc de bure, aux joues empourprées par les nombreux verres enfilés un peu trop vite les uns derrière les autres. Ils ne tarissaient pas d'éloges à son égard et lui juraient une reconnaissance éternelle. Il est vrai que Frontenac avait joué un rôle déterminant dans la vente de Notre-Dame-des-Anges en agissant comme syndic des frères mendiants. Il avait multiplié les lettres auprès du définitoire de la province des Récollets de Saint-Denys et représenté assidûment les intérêts de la petite communauté de frères mendiants, tout au long des négociations.

— Frère Perreault, vous conviendrez avec moi que cette affaire avantage drôlement votre communauté, non? fit Frontenac.

— Mais je le crie sur tous les toits, monseigneur. Avec les sommes que Son Éminence nous versera en échange de notre cession, nous pourrons enfin réunir le couvent à l'hospice de la haute-ville et y construire un véritable monastère, un rêve que nous caressons depuis longtemps.

Hyacinthe Perreault était commissaire provincial et gardien du couvent. C'était aussi le doyen de la communauté.

— Et vous pourrez sonner le clocheton pour appeler les fidèles à l'office religieux sans craindre les foudres de monseigneur l'évêque.

Une remarque qui fit rire les deux moines et tous ceux qui gravitaient autour de leur petit groupe. Le clocheton dont parlait Frontenac était celui que les Récollets avaient suspendu au clocher de leur église de la ville haute. L'humble infirmerie qu'elle était à ses débuts avait rapidement pris une telle expansion qu'elle avait bientôt pu offrir à la population toute la gamme des services religieux. Au grand dam du clergé séculier qui avait ainsi perdu, au profit des Récollets, une partie de ses paroissiens. La querelle politique qui en avait résulté avait été douloureuse. Faute de pouvoir faire fermer l'église des frères mendiants, l'évêque avait au moins réduit au silence la fameuse cloche. Une interdiction que l'actuelle transaction venait de lever.

— Votre situation dans cette colonie s'affermit chaque jour, ce dont je ne suis pas fâché. Nous continuerons à travailler dans ce sens. Votre établissement montréalais pousserait d'ailleurs comme un champignon, à ce qu'il paraît ?

— Par la vigilance et le savoir-faire du père Joseph Denys, qui fait des merveilles, monseigneur.

Le père du Moulin, qui venait de prendre la parole, était la copie conforme de Perreault. Mêmes cheveux rasés autour de la calotte, même carrure forte, même allure résolue.

Louis opina. Il connaissait personnellement le père Denys. C'était le premier frère récollet né dans la colonie. Il avait dirigé avec succès les fondations récollaises de Trois-Rivières, Plaisance et Percé.

— Après avoir résilié le contrat passé avec les Sulpiciens, frère Denys a acquis un nouvel emplacement plus sécuritaire et entrepris une collecte de fonds auprès de la population de Montréal.

— Vous voyez comme vous êtes aimés des gens d'ici ?

Louis se réjouissait de voir ses protégés prendre enfin racine au pays. Une présence forte des Récollets pouvait faire pièce aux menées dominatrices des Jésuites et des Sulpiciens.

— Ce qui nous donne chaud au cœur, monseigneur. Car sans leur appui, nous n'aurions pas progressé si vite.

— C'est un miracle de vous voir en moins de deux mois plus commodément établis à Montréal que vous ne l'êtes à Québec, continua Louis, avec un si grand emplacement que dans peu, vous en ferez un couvent aussi imposant que ceux que l'on trouve dans les plus riches provinces de France.

Il était vrai que les choses allaient bien pour eux, pensa le père du Moulin, mais il ne se berçait pas d'illusions. Leur présence n'avait jamais été acceptée par les autorités ecclésiastiques de cette colonie et il s'attendait à de nouveaux conflits. On les tolérait, tout au plus, et s'ils étaient revenus en Canada en 1670, c'était bien parce que l'on manquait de prêtres et que les habitants, las de l'étouffant rigorisme moral des Sulpiciens et des Jésuites, les réclamaient à cor et à cri.

Monseigneur de Saint-Vallier, qui se promenait d'un groupe à l'autre, s'approcha. Il dut saisir quelques bribes de leur conversation, puisqu'il enchaîna aussitôt :

— Vous ne sauriez mieux dire, monsieur le gouverneur. L'établissement montréaliste de nos moines franciscains progresse de façon étonnante. Ils ont acquis une église et une maison qui, malgré sa petitesse, contient toutes les commodités nécessaires à une communauté religieuse. Et cela est bien, fit-il, en posant sa main sur l'épaule du père Perreault et en plantant un regard chaleureux dans le sien.

En ces tristes temps de guerre que nous vivons, les habitants de Montréal ont besoin plus que jamais du secours de vos frères.

Perreault émit un grognement approbatif et s'inclina devant Saint-Vallier, tout en s'amusant de la soudaine mansuétude de l'évêque. Lui qui, hier encore, les raillait sans pitié. Il avait récemment cité devant des séminaristes hilares le vieux dicton disant qu'il fallait un pinceau pour faire un jésuite, un ciseau pour faire un prêtre, mais que la hache suffisait amplement pour faire un récollet...

Saint-Vallier exprima encore une fois aux moines sa satisfaction pour le parfait état de conservation du monastère, des jardins et des dépendances que leur communauté lui avait cédés.

— Votre ordre tire admirablement parti du moindre lopin de terre et du plus petit pécule qu'on lui confie, par une espèce de génie de la frugalité et du vivre de peu que je ne cesse de donner en exemple à mes séminaristes, ajouta-t-il.

Si Saint-Vallier était prêt à louer leurs talents de gestionnaires, il n'avait pas de compliments à leur faire sur leur attitude vis-à-vis de son autorité. Leur ordre peu dévot préférait un clergé assujetti à l'autorité royale plutôt que livré à la tutelle épiscopale. Une attitude qui créait une division au sein d'une Église qui aurait eu intérêt à parler d'une seule voix pour contrer les empiétements répétés de la cour. C'était une épine au pied de l'évêque et un malheureux ferment de dissension, qu'il soupçonnait d'ailleurs le comte de Frontenac d'alimenter dans le sens de ses intérêts. Mais comme l'évêque ne voulait pas gâcher une si belle journée, il fit taire ses appréhensions. Il aurait le loisir d'y revenir bien assez tôt...

D'un geste décidé, il se saisit du dernier cruchon et l'offrit à la ronde.

— Ne laissons pas se perdre une seule goutte de ce fameux élixir, monsieur le gouverneur ne nous le pardonnerait pas. Buvons donc une dernière fois à la nouvelle providence de nos déshérités, buvons à notre hôpital général !

Et le prélat emplit les verres de ses invités, s'en versa un, le choqua avec force contre celui de ses hôtes et le vida d'un trait, sans même prendre le temps d'en savourer le contenu.

25

Montréal, hiver 1693

Le soudain redoux qui faisait alterner la grêle et le verglas depuis une quinzaine de jours n'avait rien de rassurant et laissait présager le pire. Ce réchauffement inopiné donnait à penser que les difficultés auxquelles les hommes du sieur Nicolas d'Ailleboust de Manthet étaient confrontés, là-bas, si loin de Montréal, devaient être particulièrement éprouvantes.

Et on n'était pourtant qu'en février.

Mais dans ce pays d'extrêmes et de démesures, les brusques et imprévisibles variations de température étaient un élément avec lequel il fallait compter et qui décidait parfois du succès ou de l'échec d'une entreprise. Louis le savait mieux que personne. Aussi battait-il la semelle sans arrêt devant les fenêtres de la grande salle du château de Callières, impatient et bourru. Il se sentait impuissant et l'inquiétude le rongeait. Un va-et-vient apparemment incontrôlable et qui commençait à agacer son entourage.

Au contraire de son acolyte, Callières conservait une attitude résolument calme. Il était assis en ce moment devant un petit secrétaire et scrutait une carte avec application.

— Cette précoce température de printemps risque de tout faire échouer. Je n'aurais jamais dû permettre cette entreprise. C'était trop hasardeux à cette époque de l'année.

M'entendez-vous, Callières ? fit Louis d'une voix de stentor.

L'impatience du ton avait quelque chose d'agressif.

— Mais l'on n'entend que vous, monsieur !

Le piquant de la réplique ainsi que le contraste saisissant entre l'attitude mesurée de Callières et l'agitation stérile de Frontenac arrachèrent un sourire las à Champigny. Louis saisit l'échange d'intelligence entre les deux hommes et s'échauffa. Il secoua dans leur direction un index accusateur.

— Vous avez fait des pressions indues pour que j'autorise cette expédition, vous et les autres, mais mon instinct me disait que c'était prématuré. Et dangereux !

Détachant lentement le regard de son texte, Callières répliqua :

— Prématuré, dites-vous ? Vous avez bien mis trois longues années à vous décider à entreprendre cette incursion chez les Agniers, lors même qu'ils nous causaient plus de torts à eux seuls que les quatre autres cantons iroquois. Je ne vois là rien de particulièrement prématuré. Quant au danger, monsieur, dites-moi donc par quel miracle une entreprise contre un ennemi aussi redoutable pourrait s'avérer autrement que dangereuse ? Et depuis quand nous embarrassons-nous d'une pareille considération ?

Le gouverneur de Montréal défiait Frontenac d'un œil frondeur, le binocle glissé sur le bout du nez. Ce huis clos qui s'éternisait commençait à lui taper sur les nerfs. Voilà six longs jours déjà qu'il se trouvait enfermé avec le gouverneur général et l'intendant, en attente de nouvelles apportées au compte-gouttes par leurs éclaireurs, et ces dernières s'avéraient chaque jour plus alarmantes.

— Je n'ai jamais eu confiance en ce type d'expédition, vous le savez, s'obstina Louis, sans daigner relever la remarque assassine de son interlocuteur. Par contre, il est vrai que cette fois, contrairement aux campagnes des gouverneurs La Barre et Denonville, les trois plus importants villages agniers ont été pris par surprise. Mais nos hommes n'en sont pas moins embourbés jusqu'au cou avec des centaines de prisonniers qu'ils doivent surveiller et ramener à Montréal. N'y a-t-il pas de quoi s'inquiéter? Où sont-ils, à présent, et pourquoi diable ont-ils pris tout ce retard?

C'étaient des questions auxquelles personne n'avait de réponse. Cette ignorance les obsédait. Autant Champigny que Callières. Car l'intendant s'était donné beaucoup de mal pour que les expéditionnaires ne manquent de rien, tant pour les provisions de guerre que pour les vivres. Il avait fait fabriquer plus de trois cents toboggans, et autant de paires de raquettes. Mais voilà qu'il faisait tellement doux que ces équipements s'avéraient à peine utilisables. Qui aurait pu prédire un tel réchauffement au cœur de l'hiver, se demandait Champigny, quand la température était si rigoureuse, en France même, que la Seine avait gelé et que les corps des miséreux morts de froid s'empilaient par centaines aux portes des villes?

Callières, de son côté, ruminait des pensées à peine plus optimistes. C'était pourtant une expédition parfaite, autant dans sa conception que dans sa réalisation, se répétait-il depuis quelques jours, à la recherche de la faille dans ce beau plan. Car le climat trop doux ne pouvait tout expliquer. Il fallait que quelque chose d'autre ait cloché quelque part, mais quoi?

Les troupes avaient quitté Chambly le 25 janvier, suivi la rivière Richelieu, longé le lac Champlain et progressé à marche forcée par la piste Kayadrosseras, guidées par des sauvages qui connaissaient le pays de fond en comble. Le

16 février, elles avaient atteint les deux premières bourgades ennemies qu'elles avaient prises sans résistance. Après avoir brûlé la première, elles s'étaient installées avec leurs prisonniers dans la seconde. Les Agniers n'avaient rien pressenti du danger, ce qui était exceptionnel. Le troisième village avait été appréhendé de la même manière et passé par les flammes, avec toutes ses réserves de maïs. Jamais une tribu iroquoise ne s'était laissé surprendre de cette façon, même dans les expéditions les mieux préparées des Indiens alliés. Ce parcours sans faute avait cependant achoppé sur le problème des prisonniers. Des dizaines d'Agniers s'étaient rendus à discrétion, enthousiasmés, assuraient-ils, par l'idée de venir vivre avec leurs compatriotes du Sault et de la Montagne. Callières savait d'expérience que s'il était facile de tuer un homme dans le feu de l'action, il était autrement difficile de l'exécuter de sang-froid, une fois désarmé. Les officiers de l'expédition étaient donc encombrés d'un nombre imprévu de prisonniers qu'il fallait nourrir, alors que les vivres étaient comptés. En pareilles circonstances, il était clair qu'un repli rapide s'imposait, mais aucune indication ne donnait à penser que cela s'était fait. Les communications étaient coupées depuis trois jours et on avait perdu trace d'eux.

Des officiers entraient et sortaient dans un branle-bas incessant. Callières avait envoyé la veille une équipe au-devant de Manthet, avec mission de rejoindre l'avant-garde des troupes pour les ravitailler. On supposait qu'ils avaient dû enfouir des réserves de nourriture dans des caches, mais on doutait qu'elles fussent encore utilisables, avec toute cette pluie.

Louis ne cessait de ressasser les mêmes idées obsédantes, incapable de dominer le pessimisme qui le rongeait. Les raisons qui avaient justifié cette entreprise étaient pourtant fondées. Il s'agissait d'annihiler la capacité de nuisance des Agniers juste avant l'assaut majeur que préparaient les Anglais contre le Canada.

La terrible menace qui pesait sur l'avenir de la colonie était préoccupante. Les espions canadiens et abénaquis dépêchés en Nouvelle-Angleterre étaient formels : une flotte imposante constituée de nombreux vaisseaux mouillait devant Boston et n'attendait que le signal du départ. Louis avait même appris du ministre de la Marine que Guillaume d'Orange avait ordonné aux douze colonies de lever des troupes et de constituer une gigantesque force de combat. On parlait de six à huit mille hommes, pour le moins. Et où se dirigeraient-ils, sinon vers Québec ? Allaient-ils renouveler le pacte conclu quatre ans plus tôt avec les Cinq Nations et attaquer en même temps Montréal, par voie de terre ?

Frontenac, Callières, Champigny, Vaudreuil et les officiers d'état-major avaient eu beau virer la question dans tous les sens, force leur était d'admettre que la situation du pays était à nouveau terriblement précaire. Tous étaient assujettis à la même fatalité et liés par la même appréhension de voir bientôt fondre sur eux le péril anglais. Une angoisse que l'on n'osait nommer minait leur esprit.

Louis dormait peu depuis quelque temps. Il avait moins de sang-froid qu'autrefois et gérait mal les pressions qui fusaient de toutes parts. Callières, de son côté, ne mangeait presque plus, au point que Louis s'en inquiéta.

— Seriez-vous souffrant, mon cher ? Vous picorez dans votre assiette. Je ne vous reconnais pas, lui avait-il dit la veille. Il n'est pas propice de tomber malade quand nous sommes dans de si mauvais draps. Mangez donc, avait-il ajouté en lui tendant un morceau de viande que l'autre avait repoussé d'un air dégoûté.

— Non, je n'ai guère d'appétit ces jours-ci.

Callières n'en jonglait pas moins avec les problèmes et trouvait des solutions originales aux situations les plus inextricables. Une qualité que Louis avait eu l'occasion d'apprécier à maintes reprises. Il était d'ailleurs persuadé qu'il n'attendait que son départ – ou sa fin – pour le remplacer à la tête de la colonie. « Et pourquoi pas ? se disait-il. Si quelqu'un doit me succéder, aussi bien que ce soit lui. » Une candidature qui lui plaisait davantage, en tout cas, que celle de Vaudreuil. Callières nourrissait d'ailleurs de la méfiance à l'égard de ce subordonné qu'il considérait comme un dangereux rival.

Des clameurs venues du dehors se firent entendre. Un officier fit irruption dans la pièce.

— Un nommé Claude Bizaillon, messeigneurs, prétend porter un message du sieur de La Noue.

— Faites-le entrer.

Un homme d'une pâleur de déterré s'avança sur le pas de la porte. Il salua brièvement en prononçant des paroles inaudibles, regarda les gens à la ronde d'un air hagard, puis s'effondra de tout son long en cognant durement le sol. Quelques officiers le portèrent sur un canapé. Il respirait à peine et semblait avoir trépassé.

— De l'alcool. Qu'on m'apporte de l'alcool ! clama Louis en se tournant vers un officier. Et préparez-lui un bouillon.

Champigny s'était penché sur l'homme inconscient et tentait de lui dégager le col. Comme on le serrait de trop près, Louis obligea les autres à reculer.

On remit le flacon d'eau-de-vie à l'intendant qui en imbiba un mouchoir et le pressa sur le nez de Bizaillon. Il refit le geste jusqu'à ce que l'autre fasse mine de revenir à la vie : il toussait et reniflait bruyamment. Champigny lui souleva la tête et lui fit ingurgiter quelques gouttes d'alcool. On supposa qu'il avait marché de longues heures sans dormir ni manger, ce qui expliquait son extrême faiblesse. Quand l'homme put enfin articuler quelques mots, l'intendant le fit asseoir et l'aida à avaler le bouillon, trempé de pain, qu'il se mit bientôt à engloutir avec voracité. Son état laissait présager celui des autres restés là-bas...

Les mines étaient basses et un silence lourd s'était installé. On ne pouvait qu'imaginer le pire. Quand il eut bien mangé et suffisamment récupéré, Louis se planta devant le rescapé et commença à le presser de questions.

— Dites-moi, où sont les autres et dans quel état ?

— Dans un... état périlleux... pour le moins, monseigneur. Nous manquons de tout et... nous sommes échoués pour la plupart à la rivière Chazi, à l'embouchure du Richelieu. Nous avons des blessés.

— Combien ?

— Je dirais... pas loin d'une quinzaine... et plusieurs morts.

— Mais que s'est-il passé, diable, pour que vous soyez dans ce triste état ?

— C'est nos sauvages, monseigneur. Ils ont décidé de laisser en vie ceux qu'ils n'ont pas tués dans le feu du combat... ce qui fait qu'on s'est retrouvés avec des centaines de prisonniers.

— Nous savons cela. Malgré les belles assurances qu'ils m'ont données d'être impitoyables envers les Agniers, nos Iroquois n'en ont fait qu'à leur tête, comme d'habitude. Cette nation promet volontiers ce qu'on lui demande et s'en réserve l'exécution selon son caprice ou son intérêt. Mais que s'est-il passé par la suite ? Pourquoi avoir mis tout ce temps à vous replier ?

Bizaillon fit mine de se lever afin d'être en meilleure posture pour répondre à son général, mais il chancela et retomba lourdement.

— Restez assis, mon ami. Vous êtes encore trop faible, lui ordonna Louis en le retenant par le bras.

L'autre reprit la parole, dans un filet de voix.

— En plus des prisonniers... nos sauvages se sont tellement enivrés le deuxième jour qu'ils ont fait des massacres inouïs. Il a fallu réparer les dégâts avant de reprendre la route. Le malheur a voulu qu'un Hollandais capturé dans un village agnier réussisse à s'enfuir et à aller tout raconter aux Anglais. À partir de ce moment-là, on était sur nos gardes... On savait que l'ennemi allait nous prendre en chasse... Ce qui fait que messieurs de La Noue et de Manthet ont décidé de ne pas attaquer Albany et de rentrer au plus vite. C'est ce qu'on a fait... mais...

— Mais quoi ? Qu'est-ce qui vous a ralentis ?

C'est Callières qui venait de poser la question. Il s'était approché de Bizaillon et le fixait avec insistance. L'autre cherchait son souffle pour continuer.

— C'est que... des Iroquois sont apparus, le troisième jour... avec un message de première importance qu'ils disaient... pour nos Iroquois catholiques. Ils ont parlementé longtemps entre eux. Monsieur de Manthet a voulu savoir de quoi il retournait, mais il a dû attendre de longues heures avant d'être reçu.

— Abrégez, continua Louis, pressé de connaître le fond de l'histoire. Que disait donc ce fameux message ?

— Qu'ils avaient des propositions de conséquence à soumettre de la part des Anglais.

— Mais encore ?

— Ils ont dit qu'une paix venait d'être conclue en Europe entre la France et l'Angleterre. Et que des messagers anglais s'apprêtaient à nous rejoindre pour nous annoncer officiellement la nouvelle.

— Quoi ? Ne me dites pas que nos officiers sont tombés dans un piège aussi grossier ?

— Non, monseigneur, point du tout. Bien au contraire ! Les sieurs de Manthet, de Courtemanche et de La Noue ont tenté chacun leur tour et par tous les moyens de faire comprendre à nos Indiens que cela n'était qu'une ruse des Anglais pour gagner du temps et réussir à nous rattraper. Mais ça a été peine perdue. Nos sauvages ont dit que si la paix était conclue, ils n'avaient pas de raison de continuer à se battre. Ils ont dit préférer attendre l'arrivée des délégués anglais avant de prendre une décision. Ils ont fait la sourde oreille à toutes nos supplications. Butés, ils se sont installés et ont commencé à construire des retranchements avec des arbres. Deux jours plus tard, ils étaient encore là, retardant la retraite et faisant tout pour nous entraver. Ils n'ont pas voulu voir que les vivres s'épuisaient, que pendant ce temps l'ennemi s'organisait et que ses forces grossissaient, ni que chaque minute perdue jouait contre nous. Avec pour résultat qu'après quatre jours, pas moins de quatre cents Iroquois et une poignée d'Anglais nous tombaient dessus à l'improviste et défonçaient brutalement notre arrière-garde.

— Bougres d'abrutis ! Mais c'est de la trahison pure et simple ! La perte de ces quatre précieuses journées a mis la vie de tout le monde en danger. Je vous assure que c'est la dernière fois que je me fie à eux, fit Louis en se tournant vers Callières et Champigny pour les prendre à témoin. J'aurais dû me méfier, aussi. Ils semblaient peu convaincus, malgré leurs belles paroles et leurs maudites simagrées.

Louis était hors de lui et Callières fulminait en silence. Champigny prit à son tour la parole.

— Et par la suite, que s'est-il passé ?

— Un deuxième détachement anglais et iroquois est apparu le jour suivant et s'est joint au premier. Il était dirigé par Schuyler. On se retrouvait face à plus de huit cents combattants, avec trois cents prisonniers et des dizaines de blessés.

— Schuyler... encore ce Schuyler de malheur, marmonna Louis, nous le trouverons donc toujours sur notre route, l'animal !

Callières eut la même pensée. Le maire d'Albany était un ennemi dangereux et rusé, qui leur tendait sans arrêt de nouveaux pièges.

— ... puis, reprit Bizaillon, ça a été une terrible mêlée... le 21 février, à huit heures du matin. Les clameurs de guerre ont retenti de partout à la fois. Les nôtres ont d'abord attaqué par deux fois les retranchements ennemis. Et on a engagé une troisième charge pour les forcer à reculer et les empêcher de s'installer. Mais en vain.

— Et nos Indiens, comment se sont-ils battus ?

— Pour vous dire franchement, monseigneur, on ne s'est pas sentis beaucoup secondés par eux. On aurait dit qu'ils n'avaient plus le cœur à l'ouvrage. Les hommes tombaient pourtant des deux côtés. Nous, on a perdu pas moins de quatre soldats et trois miliciens, et on a eu une dizaine de blessés. On n'avait rien d'autre à manger qu'un restant de farine, un peu de gras, nos ceintures et quelques sacs de peau dont on a fini par faire un bouillon. Faut voir qu'on était encore de l'autre côté de l'Hudson, à la merci d'un corps imposant qu'on n'arrivait pas à repousser et encombrés de prisonniers hostiles.

— Quel merdier ! Mieux vaut avoir dix ennemis qu'un tel allié !

Louis s'était remis à marcher pour ventiler sa rage. Callières continua.

— Comment vous en êtes-vous sortis ?

Bizaillon s'était redressé sur les coudes et son visage commençait à retrouver des couleurs. Le fait d'avoir survécu à de si terribles traverses et de pouvoir en témoigner devant un aussi prestigieux parti faisait naître en lui une fierté bien légitime.

— Là, je peux vous dire que ça a joué dur. Nos commandants ont rejoint nos sauvages dans leurs retranchements pour les forcer à lever le camp. Je ne connais pas le détail des arguments, mais ça a drôlement chauffé. Pendant des heures. Nous autres, de notre bord, on priait comme des madones. Faut croire que ça a été assez convaincant parce qu'un peu avant l'aube, on décampait enfin. Trop contents de se tirer de là... Une retraite qui s'est faite dans le plus grand silence et par une nuit sans lune. On a appris par la suite que les troupes de Schuyler avaient refusé de nous poursuivre et s'étaient mutinées, faute de provisions. Mais... la traque a repris de plus belle le lendemain, quand un groupe d'Iroquois et d'Anglais est réapparu sur nos arrières. Comme la situation se corsait encore, monsieur de Manthet a libéré quelques prisonniers pour faire porter le message aux Anglais que s'ils continuaient à nous serrer de trop près, on massacrerait les femmes et les enfants. Ça a eu l'air de les calmer un peu parce qu'ils nous ont laissé prendre de l'avance. Puis on a enfin atteint l'Hudson, qu'il fallait traverser avant d'être rejoints par des troupes fraîches de Schuyler, réapparues soudainement sur notre droite et se hâtant de nous barrer la route. C'est alors que le miracle s'est produit !

— Le miracle, quel miracle ?

Callières avait accompagné sa question d'une moue dubitative. Il se méfiait autant que Frontenac des histoires de curés.

— C'est un miracle, monseigneur, un vrai. Y'a pas d'autre mot. On ne peut pas s'expliquer la chose autrement. Figurez-vous qu'un embâcle s'est produit juste au moment où nos troupes se sont avancées sur la rivière. Des glaces «providentielles», c'est le mot du père Sénécal, se sont amoncelées juste à l'endroit où nous étions, alors que partout autour, l'eau coulait à flots d'enfer. Et le plus beau, c'est qu'une fois nos troupes rendues de l'autre côté, l'embâcle s'est défait de lui-même. Comme ça, par enchantement. Laissant les Anglais bredouilles, incapables de nous rejoindre alors qu'on s'éloignait tranquillement sous leur nez. Si c'est pas un miracle, ça, je me demande bien ce que c'est!

— Laissons les miracles aux théologiens si cela ne vous importune pas, monsieur Bizaillon.

Callières échangea un bref regard avec Louis. Ni l'un ni l'autre n'était prêt à entériner la thèse du miracle. Tout au plus pouvait-on parler d'une chance inouïe, qui aurait aussi bien pu servir les Anglais que les Français. C'étaient les aléas de la guerre...

— Et où sont nos combattants, exactement? demanda Champigny, toujours pratique, supputant déjà la quantité de vivres et de munitions à envoyer à la rescousse.

— À peu près tous à la rivière Chazi, monseigneur. À environ une lieue de l'embouchure du Richelieu. Ils manquent de tout. Nos caches sont inutilisables et toutes gâtées par l'eau. Il faut leur envoyer des vivres et des munitions au plus vite. Quand je les ai quittés, il ne restait plus qu'une cinquantaine de prisonniers, surtout des femmes et des enfants. Les autres s'étaient enfuis. Certains de nos hommes, les plus jeunes surtout, commençaient à flancher. La neige est si molle qu'on s'enfonce à chaque pas jusqu'au genou. Il faut leur envoyer des toboggans plus légers et beaucoup de renforts pour transporter les blessés.

— Je vous remercie, monsieur Bizaillon. Nous allons faire vite pour les sortir de là.

Forts de ces informations, Callières et Champigny quittèrent la pièce et s'en furent donner des ordres précis afin que les secours soient acheminés dans les plus brefs délais.

Frontenac était installé avec Callières devant le feu et venait d'enfiler coup sur coup trois coupes de vin. L'alcool commençant à produire son effet, la douleur s'estompait dans son bras et la tension des derniers jours retombait peu à peu.

— Vous reconnaîtrez, mon cher, que c'est un dur coup pour les Agniers, fit le gouverneur de Montréal sur un ton enjoué. Leur nation est dispersée à tous les vents du ciel, ils ont perdu plus de soixante-quinze de leurs meilleurs guerriers et leurs bourgades sont entièrement détruites. Nos combattants ont ramené une cinquantaine de prisonniers qui nous serviront de monnaie d'échange en temps opportun. Quant à leurs réserves de maïs, elles sont inutilisables. Ils devront désormais compter sur l'aide des autres cantons ou sur celle des Anglais pour survivre. De quoi les calmer pour un bon bout de temps et les forcer à prendre plus au sérieux nos offres de paix. Jamais une tribu iroquoise n'aura été frappée aussi durement. Ni Tracy, ni Courcelle, ni La Barre, ni Denonville n'ont pu faire aussi bien lors des opérations précédentes. Nos Indiens alliés eux-mêmes, pourtant habitués à ce genre d'attaques-surprises, n'y sont pas davantage parvenus. Cette victoire va sûrement les rassurer sur notre capacité de combattre l'Iroquois et devrait solidifier notre alliance avec eux. Quant à nos pertes en hommes, elles sont, au bout du compte, moins importantes que prévu. Me concéderez-vous enfin, mon cher comte, que ce type d'expédition peut s'avérer d'un bon rapport et que c'est sur ce genre d'intervention, beaucoup plus massive toutefois, qu'il faudra à l'avenir concentrer nos efforts ?

À son corps défendant et malgré ce qu'il avait toujours prétendu, Louis se voyait forcé de donner en partie raison à son compère. Il mit pourtant un certain temps à répondre.

Maintenant que tous les hommes étaient rentrés à Montréal, il devait reconnaître que le décompte s'avérait moins tragique que prévu : on dénombrait treize morts dont sept soldats, deux miliciens et quatre sauvages, ainsi que quelque quinze blessés, dont six gravement. Ces derniers avaient été conduits à l'Hôtel-Dieu où on s'était empressé de leur dispenser les premiers soins. Quant aux autres miliciens et soldats revenus indemnes de cet enfer, leur état général paraissait satisfaisant. Mais quand leur cortège pathétique avait paru, au matin du 6 mars, on aurait dit une procession de morts-vivants sortis tout droit de leur tombeau. Louis gardait encore en mémoire cette terrible apparition : des silhouettes chancelantes, des visages hagards aux traits tirés et défaits, amaigris, brûlés par le froid et le vent, des regards vides, des démarches hésitantes et d'une rare lenteur, des pieds bandés et bourrés de pus, des doigts couverts d'engelures. Les souffrances que ces gens avaient endurées défiaient l'imaginaire. Ils avaient marché pendant des jours sur des centaines de lieues sans manger ni dormir, gelés et mouillés jusqu'aux os, pressés par un ennemi sans cesse à leur trousse, la faim au ventre et dans un état d'épuisement sans nom, avec, en prime, la peur obsédante d'une mutinerie.

Frontenac et Callières étaient particulièrement fiers de leurs hommes. Et pour une fois, ils n'avaient pas ménagé leurs louanges. Le fait était que, bien malgré eux et au fil des nombreuses batailles qu'ils avaient dû mener, les Canadiens étaient devenus de redoutables combattants, aussi aguerris que les sauvages, mais peut-être plus dangereux encore, parce qu'à une solide résistance physique ils joignaient un grand esprit de discipline.

— Le bilan que vous faites de cette expédition est, ma foi, fort juste, mon cher Callières, finit par concéder Louis. Il me semble en effet que cette manière de faire s'avère plus rentable que je ne l'aurais cru. Nous laissons loin derrière les performances des gouverneurs précédents. Nous pourrions éventuellement faire fond sur ce type d'opération. Mais l'entêtement et l'indiscipline de nos Iroquois catholiques auraient pu nous être fatals. Une erreur qu'il faudra éviter à l'avenir.

— Une façon d'y parvenir serait de les exclure désormais de toute entreprise contre les Agniers. Mais je tiens à m'assurer de votre accord sur la stratégie à adopter dorénavant. La prochaine offensive contre les Iroquois devra se faire avec nos forces vives. Et je ne pense plus à six cents hommes, mais à toutes nos ressources combinées, réguliers, miliciens et sauvages inclus.

Conforté par le ton conciliant de Frontenac, le gouverneur de Montréal avait prononcé ces paroles d'un ton acéré, tout en s'enroulant dans une épaisse couverture de laine. Il avait froid. Il était d'ailleurs en train de faire installer dans sa chambre et sa salle de travail des petits poêles de fonte importés d'Angleterre, afin de suppléer aux déficiences de ses foyers qui ne chauffaient jamais assez à son goût.

Louis eut un mouvement de recul. Cette idée le révulsait.

— Toutes nos forces! Dégarnir la colonie et la laisser sans défense face aux Anglais? Cela est téméraire, Callières, et dangereux, vous le savez comme moi. À moins que le roi nous envoie des troupes fraîches qui pourront protéger nos arrières, ce dont j'ai prié de Lagny dans ma dernière lettre. Je lui ai demandé au moins mille hommes.

— Si le roi nous expédie des recrues l'été prochain, vous engagez-vous enfin à entreprendre cette campagne massive?

Callières s'était tourné vers Louis et le fixait avec attention.

— Je ne ferme pas la porte à cette éventualité. Si nous survivons à la menace anglaise qui pèse sur nous... Mais revenons d'abord à nos moutons. Vous me disiez qu'il faudrait écarter à l'avenir nos Iroquois christianisés de toute entreprise contre les Agniers? Je suis d'accord avec vous. Si nous avions le choix, j'exclurais même carrément tout sauvage de nos campagnes militaires. Ils sont trop imprévisibles pour que l'on puisse s'y fier.

— Les sauvages sont libres et imprévisibles par nature, mon cher comte. Leur façon de mener la guerre semble incompatible avec toute forme de discipline. Ils me confondront toujours. Mais nous avons trop besoin d'eux pour les exclure. Et il faut se garder d'être injustes envers nos Iroquois chrétiens qui ont porté quantité de coups victorieux contre les Cinq Nations ces dernières années. Sans eux, nous ne serions plus dans ce pays. Mais il ne fallait pas tenter le diable. On ne pouvait pas leur demander d'éliminer de sang-froid des frères agniers dont plusieurs sont de proches parents.

— Je sais tout cela aussi bien que vous, Callières. Il ne s'agit pas de leur enlever leur mérite, encore moins de leur reprocher d'avoir été miséricordieux. Mais leur absence de discipline et leur réticence à se plier à notre commandement sont de dangereux écueils sur lesquels nous risquons toujours d'échouer.

Callières approuva. Il se réjouissait néanmoins de voir le gouverneur général se rendre à ses raisons et consentir enfin, ne serait-ce que du bout des lèvres, à considérer l'expédition massive comme une façon de faire plus efficace que la « petite guerre », qu'il affectionnait tant. Il se chargerait de le lui rappeler en temps opportun.

Les deux hommes cherchaient à éviter la controverse et misaient plutôt sur ce qui pouvait les rapprocher, en ces temps difficiles. Mais Louis était fatigué et assez enclin au découragement.

— Nous ne sommes pas au bout de nos peines, avec ce qui nous pend au nez.

Cette remarque paraissait si lourde de lassitude que Callières s'en alarma.

— À mon tour de m'inquiéter de vous, mon cher Frontenac. Je ne vous reconnais pas, vous d'habitude si pugnace. Vous semblez déconfit. Que se passe-t-il ?

— N'avez-vous pas l'impression que les choses seront toujours à recommencer, dans ce pauvre pays ?

— Si, parfois... répondit Callières, mais n'est-ce pas là l'essence même de la vie ?

— Croyez-vous sincèrement que nous réussirons un jour à sortir cette colonie de son marasme ? L'avenir me semble à nouveau tellement bouché, avec ces damnés Anglais qui s'apprêtent à relancer toutes leurs forces contre nous. J'avoue que cette perspective me glace l'âme et m'empêche de dormir. J'ai l'impression d'une lutte perdue d'avance.

— Je vous confesserai moi aussi, puisque nous sommes entre nous, que la menace de guerre totale que font peser sur nous nos voisins du Sud ne m'enchante guère. Pour vous dire franchement, cette perspective me... terrifie. J'ai beau échafauder différentes stratégies, je ne vois pas comment nous pourrons réussir à repousser une coalition de huit à dix mille Anglais et Iroquois, fermement décidés à nous rayer de la carte. Il faudrait un miracle. N'y a-t-il pas une limite à ce que peut un petit peuple contre un autre, quinze fois supérieur en nombre ?

Louis leva un regard étonné sur son interlocuteur. Ainsi, il osait avouer sa peur et parlait même de terreur. Cette confession le rendait soudainement plus humain, plus vulnérable et plus proche à la fois. Encouragé par cette soudaine preuve de confiance, il osa lui poser la question qui l'avait toujours tourmenté.

— Mais voulez-vous bien me dire, Louis-Hector, ce que fait un homme tel que vous dans un pareil pays ? Vous ne manquez pas de relations à la cour, votre propre frère, François de Callières, est un diplomate fort prisé du roi. Votre famille est riche et influente, et vous pourriez occuper un poste autrement avantageux que celui-ci. Pourquoi vous accrocher à ce coin perdu aux antipodes du monde civilisé et qui ne semble rien générer d'autre que des troubles sans fin ?

La question indiscrète de Louis fit naître un sourire amusé chez Callières.

— Pour être honnête... je ne saurais vous dire exactement, répondit enfin ce dernier. Peut-être, en effet, parce que j'aime les situations en apparence insolubles. Je serais tenté de vous dire, avec Racine, qu'à « vaincre sans péril, on triomphe sans gloire ». Il y a certainement, en tout cas, ce sentiment d'avoir à relever un défi auquel je ne peux me soustraire. Suis-je en train de pécher par orgueil, comme diraient nos bons Jésuites ?

Louis se détendit. La tournure que prenait la conversion lui plaisait assez.

— Il ne s'agit pas d'orgueil mais de folie, mon cher, n'en doutez point, lui rétorqua-t-il. Nous sommes, vous et moi, des chevaliers de l'impossible, condamnés à vivre éternellement sur le fil du rasoir. Mais je vous avouerai que l'âge et les difficultés sans nom auxquelles on est confrontés en ce pays commencent à émousser en moi ce goût du dépassement et des actes d'éclat. Si j'avais le choix, je m'en retournerais à Blois cultiver sans remords mes roses trémières, si vous voyez ce que je veux dire...

— Et pourquoi ne le faites-vous pas ?

— Soyez assuré que j'en implore le roi dans chacune de mes requêtes. Mais je devine qu'il n'a pas l'utilité d'un vieux militaire estropié et colérique, qui récite des poèmes, se prend pour son égal tout en lui réclamant sans cesse des gratifications, qui n'a de cesse de se faire haïr de tout ce qui bouge autour de lui, de l'intendant au gouverneur de Montréal en passant par les Jésuites et le clergé en général, ainsi que d'une forte proportion de marchands et de commerçants de tout acabit.

Callières se laissa aller à un franc rire. Il aimait cette disposition qu'avait Frontenac à se moquer de lui-même. Il sonna son homme de pied et lui demanda d'apporter un vin de Cognac.

— N'exagérez-vous pas un peu, mon cher ?

— Si peu que pas. Mais dites-moi donc encore, Callières, puisque nous en sommes au chapitre des confidences, pourquoi êtes-vous resté vieux garçon ? Il me semble que la présence d'une femme aimante aurait pu adoucir vos jours et vous aider à tromper votre solitude. À moins que vous ne cachiez des tares et des manies inavouables ? Ne me dites pas que vous seriez atteint vous aussi de ce fameux vice italien ?

Callières se laissa aller à un rire immense et incoercible. Quand le serviteur entra dans la pièce, il trouva deux compères se tapant sur les cuisses, secoués d'une même gaieté contagieuse.

— Vous me voyez dans l'état où je suis, malade, bouffi, hydropique et peinant à me déplacer, en train de conter niaisement fleurette ? continua le gros homme lorsqu'il se fut calmé. Évitons de sombrer dans le grotesque, je vous en prie. Mais j'ai eu, quoiqu'en moins grand nombre que vous si j'en crois les aventures de cœur dont vous vous réclamez volontiers, quelques conquêtes autrefois… *J'aimais quand j'étais jeune, et ne déplaisais guère : Quelquefois de soi-même on cherchait à me plaire…*

— *Je pouvais aspirer au cœur le mieux placé : Mais hélas ! j'étais jeune, et ce temps est passé*, s'empressa de déclamer Louis, l'œil réjoui. Une tirade de Sertorius dans *Pulchérie*, n'est-ce pas ? La complainte d'un vieillard amoureux d'une femme trop jeune pour lui. Tristesse de vieillir quand le cœur reste vert. Ah ! Corneille, notre maître à tous. Je pourrais vous réciter de mémoire une grande partie de son œuvre.

— Figurez-vous que j'ai aussi cette faiblesse. Et je vous étonnerai en vous apprenant qu'à un âge tendre, j'ai fait du théâtre. Ma mère en était férue et faisait monter régulièrement dans ses appartements différentes pièces dans lesquelles il m'est arrivé de tenir le rôle du jeune premier.

Louis riait, incrédule.

— Moquez-vous, moquez-vous, mais je vous assure que j'avais, comme on dit, une voix de théâtre. Et que mon allure d'alors était tout autre.

Louis avait peine à imaginer Callières en jeune premier récitant des vers. Pour la voix, il pouvait comprendre, mais pour le reste… Le temps et la maladie l'avaient précocement marqué, gonflé et estropié, si on considérait que Callières n'avait pas tout à fait quarante-cinq ans.

— Nous avons tous été jeunes autrefois, se borna-t-il à commenter.

— Je me suis d'ailleurs laissé dire que vous aviez l'intention de monter *Mithridate* et *Nicomède* avec le sieur Mareuil et une poignée d'officiers ? Et même de confier des rôles à des interprètes féminines ? continua Callières, amusé.

— De fait. Sitôt que le château Saint-Louis sera remis en état, et... à condition que les Anglais ne le rasent pas complètement, je m'engage à diriger moi-même les acteurs. Il est temps de donner au théâtre et à nos modernes la place qui leur revient dans ce pays. Et de permettre à mes officiers de se mettre quelque chose de plus relevé sous la dent que les dés, les masques, les jeux d'ombres et de cartes.

— Préparez-vous à essuyer les foudres de Saint-Vallier. Il perd tout jugement et tout sens de la mesure dès qu'il est question de théâtre.

— Nous ferons avec, que voulez-vous ? Il vient justement de dénoncer dans son dernier mandement les spectacles et comédies impures ou injurieuses au prochain, pour employer sa triste formulation, et qui ne tendraient, selon lui, qu'à inspirer des pensées contraires à la religion et aux bonnes mœurs. Bien sûr, il vise Molière, même s'il considère Corneille et Racine à peine plus fréquentables et d'une probité non moins douteuse. Il raconte en chaire que les œuvres de notre génie national de la comédie sont criminelles et va jusqu'à faire défense à quiconque de même les lire, sous peine de commettre un péché mortel. L'affaire est bonne.

— Ne craint-il pas *Le Tartuffe* davantage que toute autre comédie ?

— C'est, hélas ! là où le bât blesse. Une pièce qui se joue pourtant depuis des lustres à Paris et Versailles sans pour autant susciter de tempêtes ni de débordements irrationnels. L'évêque craint comme la peste la seule mention de cette œuvre, de quoi me tenter de la mettre sur la liste de mes prochaines soirées de théâtre. Il n'en faudrait pas beaucoup plus pour que je relève le défi.

Callières prit un air incrédule.

— Ne me dites pas que vous oseriez monter *Le Tartuffe*?

— Je ne sais pas encore si je le ferai, mais je pourrais m'amuser à le laisser croire...

— Vous êtes terriblement rusé, mon cher comte. Mais si jamais vous passez à l'acte, vous aurez sur le dos une guerre à outrance avec le clergé.

— C'est à voir...

— Paris et Versailles ne sont pas le Canada, répliqua le gouverneur de Montréal en poussant un soupir qui en disait long sur l'agacement qu'il éprouvait devant le zèle intempestif du clergé. Voyez les proportions qu'a prises récemment cette affaire du prie-Dieu. Aurions-nous vécu pareille absurdité en France?

— Oh, je crains bien que oui, mon cher. Si vous aviez séjourné à la cour autant que moi, vous penseriez différemment. Sachez que ces questions d'étiquette ne sont pas à prendre à la légère. Elles définissent l'appartenance de chacun et distinguent clairement les positions sociales. J'ai vu à Versailles telle comtesse ignorante des us et coutumes déplacée trois fois, ravalée sans pitié devant tout le monde au dernier rang et condamnée à rester debout le long du mur parce qu'elle avait osé s'asseoir sur un tabouret réservé aux princesses du sang. Les règles de préséance sont minutieuses, tatillonnes, portent sur d'infimes détails à première vue risibles et dérisoires, mais qui obéissent à des impératifs politiques. Voyez comme Saint-Vallier s'est acharné à vous tenir tête et à vouloir à tout prix que vous quittiez votre prie-Dieu. Il tentait ainsi de marquer la prééminence de l'Église sur l'État. Vous avez bien fait de lui tenir tête et j'en aurais fait tout autant.

L'affaire en avait écorché plusieurs. L'un des éléments déclencheurs avait sans doute été l'affection clairement marquée de Callières pour les Récollets. L'incident s'était déroulé dans leur église de Montréal, lors d'une cérémonie de prise d'habit de deux novices à laquelle Saint-Vallier et Callières avaient été conviés. Ce dernier s'était agenouillé tout naturellement sur le prie-Dieu situé au-devant de l'église, quand Saint-Vallier, assis derrière, l'avait aperçu. Il s'était levé aussitôt et s'était précipité sur Callières en lui signifiant devant toute l'assistance qu'il n'avait pas le droit de s'y agenouiller, puisque c'était celui du comte de Frontenac.

— Cette place me revient à titre de représentant du gouverneur général. Je n'en bougerai pas, avait sèchement répliqué Callières.

— Vous ne pouvez pas vous y maintenir. Si vous ne laissez pas ce prie-Dieu, c'est moi qui devrai quitter cette église, lui avait répliqué le prélat, rouge de colère et parfaitement outré.

— Vous êtes libre de faire comme bon vous semble, mon cher, lui avait-il rétorqué, avec son calme habituel.

En catastrophe et d'un pas précipité, Saint-Vallier s'était alors replié vers la sacristie, sans plus d'égards pour la cérémonie. Il avait ensuite ordonné aux Récollets d'enlever l'exécrable prie-Dieu. Mais un officier de Callières avait surgi et l'avait remis en place. Le petit jeu avait dû reprendre trois ou quatre fois avant que l'évêque, hors de ses gonds, lève un interdit contre l'église des Récollets, la ferme et la prive du droit d'y célébrer tout rite religieux. Il était même allé jusqu'à édicter un mandement pastoral contre le supérieur de la communauté, l'accusant de s'être fait l'entremetteur d'une intrigue amoureuse entre madame de La Naudière et le gouverneur de Montréal. Une accusation ridicule et sans fondement.

— Mais au fait, Callières, cette dame de La Naudière vous ferait sûrement une parfaite épouse. Elle est veuve et paraît bien disposée à votre égard. Pourquoi ne pas la courtiser?

— Vous et votre propension à jouer l'entremetteuse de village! Avec les résultats douteux que l'on sait... J'espère au moins que vous touchez une prime au mariage? Mais laissons cela, je vous prie.

Louis ricanait dans sa moustache. Il s'amusait aux dépens de Callières qu'il imaginait bien mal, en fait, avec cette dame de La Naudière, une vieille fille sans appas et du genre punaise de sacristie.

— Je vivrais, ma foi, bien maigrement, si je devais compter sur une prime au mariage. Mes hommes sont si endurcis au célibat que j'arrive à peine à en caser un de temps en temps. Ils semblent plus intéressés, pour le moment, à effeuiller la marguerite qu'à la porter à la boutonnière. L'insécurité actuelle y est peut-être aussi pour quelque chose, je suppose. Mais trêve de plaisanteries, Callières, vous qui avez reçu de votre frère des nouvelles détaillées sur la guerre en Europe, auriez-vous quelque nouveauté à m'apprendre que je ne connaisse déjà?

— J'ai quelques détails croustillants sur le siège de Steinkerkes, dont vous n'avez peut-être pas entendu parler. Ils datent de quelques mois, mais sont tout de même intéressants. Vous plairait-il d'en entendre le récit?

— Certes, mes informations s'arrêtent à celui de Namur.

— Namur fut un succès total. La ville ne tint pas plus de six jours, mais Vauban dut mettre un bon mois pour venir à bout...

— ... du vieux château, juché sur un piton rocheux. Ma femme me le marquait dans une de ses lettres.

— Vous ne savez peut-être pas que Louis XIV, qui s'est fort dépensé pendant le siège de Steinkerkes, a fait une telle crise de goutte qu'il a dû se retirer à Versailles et confier la suite des opérations au maréchal de Luxembourg?

— Ah bon? Louis de Bourbon et le prince de Conti y étaient-ils aussi?

— Oui, comme lieutenants généraux. Vous savez qu'à titre de petit-fils et petit-neveu du grand Condé, ils furent appelés par la voix publique au commandement des armées, mais que le roi ne permit pas qu'ils y fussent nommés?

— À cause de la trahison de Condé pendant la Fronde, assurément. Notre grand roi a le pardon bien petit. Remarquez que Condé s'en est mieux tiré que le regretté Nicolas Fouquet, que j'ai connu et fréquenté autrefois dans les salons, figurez-vous. Il est d'ailleurs décédé à peu près à cette époque-ci de l'année, il y a treize ans, dans cette infâme prison de Pignerolles où le roi l'avait fait jeter. Après dix-neuf ans d'incarcération! La nouvelle de son décès m'est toujours restée sur le cœur. Le malheur de cet homme, qui n'a pas toujours démérité, fut de s'être trouvé sur le chemin du roi au moment où celui-ci entreprenait sa fulgurante ascension. Il a tout simplement été broyé et sacrifié à son ambition dévorante.

— En effet, ainsi peut s'expliquer la chose, fit Callières, perplexe. Mais faut-il pour autant ignorer la jalousie et le désir de vengeance bien légitimes d'un roi qui s'est vu déposséder de mille façons par les grands commis de l'État que furent Richelieu et Mazarin? Et ce Fouquet, une créature de Mazarin, n'était-il pas scandaleusement riche et puissant lors de sa chute ?

Un silence lourd de sous-entendus s'installa. Les deux hommes n'avaient manifestement pas la même affection pour Fouquet, et la poursuite de la discussion risquait de mettre fin au moment de complicité qu'ils goûtaient tous deux.

— Il paraît qu'en ce moment, en France, reprit Callières en changeant de sujet, il est devenu aussi difficile de trouver des recrues que de l'argent. Sans parler de ces froids sibériens qui détruisent les biens de la terre et font tomber les paysans comme des mouches. Bref, on périt de misère au son des *Te Deum* et des acclamations.

— Un sombre portrait qui ne laisse rien présager de bon pour nous et nous donne peu d'espoir de recevoir l'aide et les nouveaux soldats dont nous avons cruellement besoin. Cet interminable conflit européen draine toutes les ressources. Eh bien, mon cher Callières, fit Louis en lui tapant sur la cuisse, il nous faudra affronter les Anglais avec autant de génie et de fougue que les grands généraux du roi, mais sans les moyens ni les hommes. Sur ce, permettez que je me retire, je suis épuisé. Puisque les situations impossibles et désespérées vous éperonnent encore, allez-y, divertissez-vous, car vous voilà servi sur un plateau d'argent. Moi, je passe la main, en vous souhaitant une bonne et fructueuse nuit.

Louis se leva avec une lenteur inhabituelle et se dirigea d'un pas lourd et traînant vers l'escalier menant à l'étage.

26

Québec, printemps 1693

À l'embellie inopinée de février avaient succédé de violentes gelées et de terribles bourrasques de neige. Elles avaient sévi tout le long du mois de mars, repoussant la venue du printemps. C'était au point que les gens de Québec commençaient à murmurer, mi-sérieux mi-taquins, que le temps était si chamboulé qu'il avait oublié la saison chaude et s'en retournait tout bonnement vers l'automne. Jusqu'à ce qu'apparaissent enfin les premiers signes annonciateurs. Le soleil se fit plus insistant, les rivières commencèrent à bondir hors de leur lit et à inonder les basses terres, les carouges réapparurent par volées entières le long des terrains vagues et des rivages découverts. Mais la grande rivière, elle, restait figée dans son carcan de glace, insondable et immobile, attendant patiemment son heure... qui sonna pourtant par un beau matin de fin avril, sous un soleil incandescent.

Louis eut un tel sursaut qu'il en échappa ses papiers. Un bruit sourd éclata soudain et un fracas épouvantable comme le tonnerre ou l'avalanche commença à gronder, ponctué de terribles déflagrations qui paraissaient surgir des tréfonds de la terre. Laissant tout en plan, il se précipita sur la terrasse où il fut bientôt rejoint par Monseignat et Champigny. Duchouquet apparut ensuite, la mine réjouie, Perrine et

Mathurine sur les talons. D'autres domestiques se pressaient devant les fenêtres du château, curieux. Partout, dans la haute comme dans la basse-ville, les gens sortaient des maisons pour ne rien manquer du spectacle qu'on espérait depuis si longtemps.

Devant eux et à perte de vue, le pont de glace se rompait brutalement, se morcelait en immenses glaçons et se mettait laborieusement en branle, sous les yeux ébahis des passants qui criaient de joie en se bousculant vers les hauteurs de la ville. Un grondement d'enfer amplifié par l'écho et témoin de la lutte mortelle que se livraient des forces antagonistes montait de la vaste plaine enneigée qui, hier encore, soudait Québec à Lévy. Les eaux de printemps, poussées par un courant impétueux, luttaient furieusement pour reprendre leur cours normal et se libérer enfin de la masse de glace qui les emprisonnait. L'immense surface, tantôt si lisse, se hérissait peu à peu de blocs hirsutes qui s'entrechoquaient et dérivaient vers l'estuaire en arrachant tout sur leur passage. Les chemins d'hiver, les rangées d'épinettes balisant la traversée, les cabanes, les carcasses d'animaux abandonnées, tout était emporté par les crues qui travaillaient le fleuve.

— Quel grandiose, quel extraordinaire spectacle ! Tout est en mouvement jusqu'à l'estuaire, tout se bouscule, se broie, se disloque, s'écrase et avance en désordre vers le golfe et la mer. Une force monstrueuse, une impitoyable machine de destruction que plus rien ne peut arrêter désormais et qui se précipite vers son accomplissement, s'extasia Louis.

L'intendant semblait perdu pour sa part dans une fascination silencieuse, subjugué par la singulière beauté du phénomène.

« Est-il habité par la même pensée ? » se demanda Louis. « Voit-il, lui aussi, que la fonte des glaces va libérer les eaux et concrétiser la menace d'invasion anglaise suspendue au-dessus de nos têtes ? Tandis que ces malheureux battent des mains et crient de joie, nous savons, lui et moi, quel danger mortel nous guette. »

Tous les rapports d'espions et d'éclaireurs, Blancs et Indiens confondus, étaient unanimes : on parlait d'une attaque massive dès le début de la période de navigation. Et ces informations entérinaient la menace dont avait parlé le chevalier d'O le printemps précédent. Mais quand donc se déclencherait cette vaste opération ? Nul ne le savait. Louis comptait sur les espions abénaquis de Saint-Castin pour le prévenir du départ de la flotte ennemie.

L'intendant croisa le regard de Frontenac. Il avait l'air inquiet, lui aussi. Pour sûr qu'il était travaillé par la même appréhension. Champigny avait besogné tout l'hiver pour préparer la colonie à une éventualité qu'il craignait plus que tout. Il avait veillé à rassembler les munitions, équiper les hommes en armes et en poudre, approvisionner les magasins du roi au cas où Québec serait assiégée. Louis avait tout mis en œuvre, de son côté, pour fortifier la ville. Trois cents hommes avaient peiné pendant des mois avec l'ingénieur Beaucours pour terminer les fortifications. Certains détails manquaient encore, mais cela achevait. Il entreprendrait bientôt la visite de l'île d'Orléans et de la côte de Beaupré pour y préparer la défense en cas d'invasion et faire construire des refuges dans la forêt. Il devrait organiser des corvées et soumettre tout un chacun à un dur travail. Callières se préparait à en faire autant à Montréal, de même que Ramezay, du côté des Trois-Rivières. On avait également fortifié les forts de Chambly et de Sorel.

Frontenac avait dû chasser ses appréhensions de février dernier pour mieux se concentrer sur la tâche à accomplir. Avec fatalisme et sans illusions. La victoire sur Phips devait beaucoup à la chance, mais la chance ne jouait pas à tout coup...

Il y avait au moins un élément d'espoir du côté des Iroquois : les Agniers n'étaient pas encore réapparus à la tête de l'île de Montréal. La leçon qu'on leur avait infligée avait dû les faire réfléchir... Callières lui avait cependant appris dans sa dernière lettre qu'ils avaient été remplacés par huit cents Onontagués, qui avaient néanmoins été repoussés. Ils étaient si enragés contre les Français depuis la défaite des Agniers qu'ils juraient de ne plus leur faire de quartier et de les mettre au bûcher sans pitié. Quant aux trois autres tribus, on ne les avait pas revues non plus. Peut-être se préparaient-elles à surgir en force aux côtés des Anglais ? À moins qu'elles ne soient en train de préparer des offres de paix ? Louis revenait sans cesse à cette idée obsédante : la paix. Il l'avait toujours préférée à la guerre. Un compromis bien négocié lui avait toujours semblé préférable à n'importe quelle guerre. Mais il se savait en terrain miné. Ni Callières, ni Champigny, ni Vaudreuil, ni aucun officier ne l'encourageaient à poursuivre dans cette direction.

Pendant qu'il nourrissait ces idées lancinantes, les habitants menaient un train d'enfer et fêtaient la débâcle. Des grappes de gens massés sur le Cap-aux-Diamants et sur les remparts dansaient et chantaient au son des violons. Quelques soldats avaient quitté leurs redoutes pour se mêler aux fêtards et cela prenait tournure de charivari.

Louis finit par se laisser gagner par la bonne humeur ambiante. Ce peuple le surprendrait donc toujours. Si les Canadiens étaient de bons combattants et des travailleurs passablement acharnés, ils se caractérisaient surtout par leur étonnante propension à tirer prétexte de tout pour faire la fête. C'étaient de grands viveurs, de joyeux drilles et des boute-en-train hors pair. Une bonhomie et une joie de vivre qu'il n'avait rencontrées à ce degré nulle part ailleurs. Louis décida de laisser ses hommes s'amuser quelque temps ; il fallait savoir à l'occasion donner du lest.

En réintégrant ses quartiers, il réalisa que malgré les fenêtres fermées à double tour, le grondement de fond, sourd et caverneux, persistait. Ni matelas, ni traversins, ni oreillers, ni bonnets ne pourraient masquer un pareil bruit. Comme le dégel durait de deux à six jours, il faudrait faire avec. Mieux valait donc profiter de l'effervescence du printemps, tout en gardant l'esprit assez alerte pour faire face aux périls qui s'annonçaient.

Cet été-là avait été particulièrement fébrile. Comme la menace d'une invasion anglaise planait toujours sur la colonie, Frontenac avait jugé plus prudent de demeurer à Québec. Il se rendrait à Montréal à l'automne, si la situation le permettait. Contre toute attente, les nouvelles recrues étaient enfin arrivées. À force de les réclamer en vain, Louis avait fini par ne plus y croire, et pourtant, trois vaisseaux du roi les avaient bien débarquées devant Québec par une froide et brumeuse nuit de mi-avril.

Sur quatre cents hommes, trente-sept manquaient malheureusement à l'appel. La fatigue de la longue traversée et la maladie avaient eu raison de leur résistance et une poignée d'autres étaient morts, peu de temps après leur arrivée. Louis avait dû en faire hospitaliser une bonne centaine et en avait réparti temporairement une centaine d'autres sur les côtes. Seuls les plus vigoureux avaient été expédiés à Montréal. C'étaient encore des soldats peu entraînés, mal nourris et incapables d'entreprendre une campagne nécessitant de l'endurance. Louis n'avait pas caché sa déception. Il avait pourtant demandé des hommes particulièrement aguerris. Avec une si pitoyable relève, il voyait mal comment tenir tête à la nuée d'Anglais qui menaçait à tout moment de s'abattre sur les côtes.

On avait attendu l'ennemi sur un pied de guerre permanent pendant des semaines. Mais plus le temps passait et plus on commençait à douter de la réalité de cette menace. Louis avait pourtant appris le départ de la flotte de Boston au début de mai, mais depuis lors... rien ne s'était produit, aucune embarcation anglaise n'avait paru. C'était à n'y rien comprendre. Le Saint-Laurent avait pourtant été patrouillé sans relâche jusque dans le golfe, de jour comme de nuit.

Le mystère persistait toujours à l'aube de ce matin d'août, quand on vit se pointer dans l'entrée de l'estuaire une grande voile, suivie de quelques autres, plus petites. On sonna rapidement l'alarme, pour réaliser bientôt que ce n'étaient que des navires marchands battant pavillon français. La correspondance destinée au gouverneur général lui fut expédiée avant le déchargement. Louis fit rapidement sauter les scellés et s'empressa de décacheter d'abord les lettres du ministre. Il y en avait une bonne dizaine. Il s'installa en hâte devant son pupitre et commença par la plus ancienne.

Hormis les affaires courantes, Pontchartrain lui apprenait que l'attaque anglaise prévue contre Québec avait bel et bien été confirmée par différents rapports circonstanciés, et qu'il n'y avait guère lieu de douter de sa survenue. Cela avait justifié l'envoi des troupes actuelles.

Louis se gratta le crâne en signe de perplexité.

« Fort bien, se dit-il, déconcerté. J'ai les soldats – si on peut appeler ainsi cette poignée de malheureux maigres comme des clous et incapables de tenir une arme par le bon bout – mais je ne trouve pas l'ennemi. La flotte ne peut pourtant pas s'être abîmée en mer corps et biens ! Où sont donc passés les Anglais ? »

Il apprit par contre avec étonnement que le roi renvoyait Pierre Le Moyne d'Iberville à la baie d'Hudson. Il enjoignait Frontenac de lui envoyer par le retour des vaisseaux quelques hommes fiables pour rafraîchir son équipage, et de lui expédier aussi le mortier et les bombes laissés à Québec l'année précédente.

— Il s'entête encore à le dépêcher là-bas ? Par quel miracle cet histrion réussit-il à se faire pardonner ses échecs répétés ? rumina-t-il en se carrant dans sa chaise.

Il parcourut rapidement le reste du texte, l'œil mauvais. Il sentait monter en lui un sentiment d'exaspération.

— Qu'a-t-il donc de plus que moi pour être tenu en si grande faveur ?

La remarque, lancée d'un ton incisif, avait fusé malgré lui. Comme si chaque point marqué par Iberville était autant de perdu pour lui. La lettre suivante le fit bondir. Elle annonçait laconiquement qu'étant donné les vents contraires, il se pourrait que la flotte d'Iberville soit retardée et arrive trop tard pour cingler vers la baie d'Hudson. Auquel cas le ministre demandait à Louis de décider s'il conviendrait de renvoyer l'homme en France ou de le garder dans les parages de Terre-Neuve pour lui faire piller les rivages anglais.

— On lui ménage toujours une porte de sortie. Quoi qu'il fasse, il demeure en haute estime. Notre César des mers est effectivement arrivé trop tard, encore une fois !

Pour être honnête, Louis devait admettre que l'aventurier n'était pas responsable de ce nouvel échec, des vents exceptionnels ayant retardé de plusieurs semaines sa flotte.

Mais il était perplexe. La réputation d'Iberville auprès du roi ne cessait de croître, alors que la sienne déclinait. À preuve, cette troisième lettre qui lui refusait encore le brevet de lieutenant général des armées de terre, réclamé pour le Canada : *Sa Majesté n'a pas jugé à propos de vous donner ce brevet de lieutenant général pour la raison que vous n'en avez pas besoin dans le pays où vous êtes, et qu'Elle n'a accoutumé de donner ces sortes de dignités qu'à ceux qui servent dans les armées en France.* On ne pouvait être plus clair. Les années de service dans ce pays n'équivaudraient jamais à celles passées dans la métropole.

Louis s'adoucit néanmoins lorsqu'il prit connaissance du passage suivant concernant sa demande d'appointements pour son aumônier, son secrétaire et son chirurgien, une requête formulée à plusieurs reprises et dont il n'espérait plus de réponse. Mais voilà que le roi lui accordait une gratification de six mille livres, soit bien davantage que ce qu'il réclamait. Il eut un franc sourire. C'était là une fort bonne nouvelle. Il se sentit en de meilleures dispositions et ne put que bénir la générosité royale, aussi parcimonieuse fut-elle.

La suite s'avérait encore plus réconfortante.

Le ministre Pontchartrain se disait bien aise de lui donner avis *que les Anglais, ayant envoyé une escadre aux îles de l'Amérique avec deux régiments d'infanterie, et y ayant joint les milices de leurs îles, ont fait attaquer la Martinique le 11 du mois d'avril dernier et ont été obligés d'en sortir honteusement avec une perte considérable, comme vous le verrez plus au long par le mémoire ci-joint; cette même escadre est celle que les Anglais disaient avoir destinée pour attaquer le Canada, ainsi je suis persuadé que vous n'avez rien à craindre d'elle, et d'autant plus que le grand secours que le roi vous a envoyé d'hommes et de munitions arrivera avant eux et vous mettra en état de remporter sur eux les mêmes avantages qu'on a faits à la Martinique, s'ils osaient vous attaquer. J'ai cru devoir vous donner cette nouvelle, étant persuadé qu'elle vous fera beaucoup de plaisir et qu'elle rassurera les peuples du Canada.*

— Voilà donc où étaient passés ces sacrés Anglais ! C'est à peine croyable !

Louis fit une longue pause pour goûter son soulagement. Ainsi le péril était détourné et le mystère de la disparition de l'ennemi enfin résolu. Il se jeta sur le mémoire joint à la lettre et se mit à le parcourir fébrilement. Les détails de la défaite anglaise le firent grogner de plaisir. Ne se contenant plus de joie, il se leva d'un bond et se mit à crier son bonheur à tout venant.

— Monseignat, la menace anglaise est écartée pour cette année ! Les Anglais sont allés se jeter bêtement contre la Martinique et ont été défaits par les nôtres comme des débutants. Le ministre me le marque à l'instant. Que leur incompétence soit bénie ! Monseignat, où êtes-vous, bon Dieu ! M'entendez-vous, Monseignat ?

Le jeune homme finit par entrer en trombe dans le bureau de Louis, l'air effaré. Il avait mal saisi ses dernières paroles.

— Quoi donc, monseigneur ?

— Quoi donc ? C'est tout ce que vous trouvez à dire ? Mais nous sommes sauvés, malheureux ! M'entendez-vous ? Sauvés ! Par la bêtise des Anglais qui sont allés se jeter contre la Martinique et ont été balayés comme fétu de paille. Pontchartrain me le marque à l'instant. Leur flotte est démantelée, ils ont perdu des centaines d'hommes et ruiné les fonds extraordinaires qu'ils ont engagés dans l'expédition. Ils se sont repliés en catastrophe et sont rentrés chez eux sans demander leur reste. Et dire que ces aigrefins, ces retors, ces escrocs, que dis-je, ces filous, ces pirates, nous ont laissé croire jusqu'à la dernière minute qu'ils visaient le Canada ! Ils ne s'y reprendront pas cette année, soyez-en assuré, et nous serons tranquilles pour un bon bout de temps. C'est la meilleure nouvelle que j'ai reçue depuis des lunes. Monseignat, courez avertir les autres, tous les autres. Et Champigny, n'oubliez pas Champigny. Et revenez-moi vite pour que je vous dicte une lettre à l'intention de Callières, de Ramezay et des autres gouverneurs de poste !

Son enthousiasme était débordant. Une fois cette menace écartée, il aurait les coudées franches pour poursuivre ses démarches de paix. Il jubilait et l'avenir lui sembla à nouveau prometteur. Il tira de son armoire une bouteille de Cognac et s'en servit une généreuse ration qu'il se mit à siroter debout devant sa fenêtre, le regard vissé sur la basse-ville.

« Il faudra fêter l'événement, car c'en est un de taille », songea-t-il, tout à sa joie.

Puis il se rappela les lettres abandonnées sur son pupitre. Il s'y remit en vitesse, retrouva le passage qu'il avait délaissé dans son excitation et le relut à tête reposée. La victoire était éclatante, écrasante, infamante pour les Anglais. La leçon allait certainement porter.

« De quoi les dégoûter à tout jamais des attaques par mer ! »

La missive suivante le combla d'aise.

Sa Majesté, lui écrivait le ministre, *est fort satisfaite de vos services, Elle a entendu avec plaisir le compte que je Lui ai rendu de ce qui s'est passé en Canada l'année dernière, et que nonobstant ses grands besoins pour la guerre qu'Elle a à soutenir contre la plus grande partie des puissances de l'Europe, Elle ne s'est particulièrement résolue à ordonner des fonds si considérables pour les dépenses de votre gouvernement, que dans l'espérance qu'Elle a conçue du bon emploi que vous en ferez pour la conservation de*

la colonie, le dommage de ses ennemis, et l'honneur de ses armes.
Elle a aussi gratifié tous ceux que vous lui avez recommandés, et
il n'a rien été omis de tout ce qui peut servir à vous mettre en
état de repousser les ennemis s'ils vous attaquent, et de les attaquer
fortement, s'ils vous en laissent la liberté.

Il buvait du petit-lait. Jamais le roi ne lui avait exprimé
son contentement de façon aussi claire. Son étoile n'avait
donc pas encore pâli autant qu'il le craignait. Louis put
encore apprécier la faveur dans laquelle on le tenait toujours
lorsqu'il lut, quelques paragraphes plus bas à propos de Fort
Cataracoui, *le roi approuve vos raisons sur ce sujet.*

Louis en eut le souffle coupé. Le roi approuvait la
reconstruction du fort. C'était écrit en toutes lettres. Il avait
gagné la partie.

— Champigny ne pourra que se plier à ma volonté.
J'enverrai trois cents hommes, dès que possible, et je
reconstruirai Fort Cataracoui, plus grand et plus solide que
jamais !

Cette saison mouvementée, pendant laquelle on apprit
que les Anglais avaient subi une cuisante défaite en Martinique, fut également le théâtre de la première véritable
ouverture de paix de la part des Iroquois. Une offre que
Frontenac reçut avec sérieux, mais que son entourage décria
de façon unanime. Il entendait encore les hauts cris et les
exclamations outrées de Champigny et des autres officiers
qui prétendirent que le délégué onneiout n'était qu'un
imposteur. Même Callières, dans une lettre bien sentie,
implora Louis de ne pas prêter foi à de pareilles offres et de
renvoyer l'émissaire sur-le-champ. Refusant de se laisser

impressionner par de telles mises en garde, il accepta de le recevoir, tout en s'assurant de la présence des pères Bruyas et de Lamberville. Les deux jésuites escortèrent la délégation jusqu'à Québec. Bruyas avait longuement séjourné chez les Onneiouts, de Lamberville chez les Onontagués, de sorte qu'ils connaissaient bien les us et coutumes de ces peuples.

Un chef onneiout nommé Tareha se présenta donc à Québec vers la fin d'août. Un prisonnier français, quatre membres de sa tribu et une poignée d'Iroquois christianisés l'accompagnaient.

L'homme affichait un regard direct et un sourire engageant. Bruyas remarqua la croix d'or qu'il arborait et assura Louis que c'était celle du père Millet. Tareha se présenta comme un proche parent du jésuite, que sa tribu avait adopté et fait revivre sous le nom d'un ancien chef héréditaire. Il offrit d'abord un collier pour essuyer les yeux, dégager les oreilles et éclaircir la gorge, et en présenta d'autres de la part des principales cabanes ou familles onneioutes. Il tendit ensuite à Louis une lettre du vieux missionnaire.

Le père Millet lui marquait que l'homme qui lui remettrait la missive était fiable. C'était son frère et son hôte, et un fervent chrétien qui portait au col sa croix d'or. Tareha avait été choisi par des anciens et des femmes du clan du Loup pour lui porter son message. Le jésuite implorait Louis de l'écouter, même s'il ne présentait qu'une offre partielle, et de le rassurer sur son ouverture à l'égard de sa nation. Le jésuite lui annonçait aussi la venue prochaine d'une délégation de femmes conduites par la fameuse chrétienne convertie qui lui avait sauvé la vie. Elle souhaitait vivement rencontrer le gouverneur et visiter le Canada. Ainsi rassuré, Louis fit signe à Tareha de continuer.

— Parle, mon fils, parle sans crainte, nous t'écoutons.

Louis repoussa vers l'arrière les pans de sa redingote et s'assit. L'Iroquois préféra rester debout.

— Mon Père, je te ramène ce prisonnier.

Tareha poussa devant lui Pierre Payet dit Saint-Amour, demeuré jusque-là en retrait.

Frontenac fit signe à ce dernier de s'approcher. L'homme devait avoir dans la mi-trentaine et avait été enlevé quatre ans plus tôt par des Onneiouts, lors d'une incursion à Chambly. Pierre Payet paraissait néanmoins vigoureux et bien portant, ce qui indiquait qu'on l'avait bien traité. Les Iroquois avaient dû l'adopter et l'intégrer à un clan. Il n'était pas difficile cependant d'imaginer les moments cruels qu'il avait dû traverser, séparé brutalement de sa famille et de son pays, à la merci de gens dont on ne savait jamais ce qu'ils allaient faire de vous. Payet mit un genou à terre et Louis posa une main sur son épaule, tout en saluant sa ténacité, son courage et son merveilleux instinct de survie. Les yeux de Payet s'embuèrent. L'émotion le prit si bien à la gorge qu'il eut peine à formuler des remerciements. Il se releva, puis essuya du revers de sa manche les larmes qui baignaient sa joue.

Tareha aussi paraissait touché. Louis supposa qu'une amitié avait dû se développer entre eux deux, mais que des considérations politiques le forçaient à le donner en échange. L'émissaire iroquois reprit aussitôt:

— Je propose d'échanger cet homme pour mon neveu, prisonnier des Iroquois de Kaknawage. J'ai promis à sa mère de clan de le ramener. Mes frères sont d'accord pour me le rendre si toi, Onontio, tu le permets.

Louis se tourna aussitôt vers les Iroquois christianisés qui accompagnaient l'Onneiout et demanda à son interprète de vérifier s'il avait leur accord. Après consultation, l'un d'eux acquiesça.

— C'est bien. Tu reprendras ton neveu en quittant le pays. Mais dis-moi plutôt quelles sont ces offres que tu es venu me faire aujourd'hui.

— Je tiens à t'aviser d'abord, mon Père, pour ta protection et celle des tiens, que huit cents à mille guerriers onontagués ont promis de revenir troubler les récoltes du côté de Montréal. Méfie-toi.

— Il n'y a rien là de bien nouveau. Callières en a repoussé autant qui prétendaient perturber les semailles. Dis à tes frères onontagués que nous les attendrons de pied ferme. Et que je ne leur ferai pas de quartier tant qu'ils ne déposeront pas les armes. Dis-leur qu'Onontio a reçu des troupes fraîches, tandis que vous autres, vous ne faites que vous décimer de jour en jour. Nous sommes plus nombreux et plus aguerris. Armés jusqu'aux dents, aussi. Dis-le-leur.

— Mon Père, je ne suis pas dans le même esprit belliqueux que les Onontagués. Et je t'assure que les autres cantons ne sont pas si éloignés de la paix que cela peut paraître. Les *sachems* savent que je suis devant toi aujourd'hui et pourquoi. Les familles onneioutes qui m'ont député souhaitent la paix avec ardeur depuis longtemps. Si nous avons différé à la demander plus tôt, c'est uniquement par crainte de paraître devant un père justement irrité. Si je me risque aujourd'hui à me présenter devant toi, c'est pour le bien de nos communautés. J'espérais que la franchise serait ma sûreté et je ne crois pas m'être trompé.

Malgré les bons sentiments dont elles témoignaient, ces paroles n'impressionnèrent pas Frontenac. Il avait entendu bien des affirmations de sincérité de la part des Iroquois, qui n'avaient jamais débouché que sur la guerre. Pour laisser de l'espérance à Tareha et aux siens, il lui répondit néanmoins :

— Ma colère contre les Iroquois est justifiée par leur perfidie à l'égard du chevalier d'O et de ses hommes. Quand ces derniers se sont présentés pour négocier en vous ramenant des prisonniers libérés des galères de France, ils ont été battus, torturés et brûlés à petit feu. Les Onontagués en ont mis deux à la chaudière et ont donné l'autre aux Anglais, mais vous autres, Onneiouts, n'avez-vous pas brûlé les dénommés Bouat et La Chauvignerie ? N'ai-je pas raison d'être en colère, quand vous exercez journellement des cruautés inouïes sur les prisonniers français ? Je serais mille fois justifié d'user de représailles sur ta personne et de te faire mettre à mort, mais j'éviterai de tomber dans pareille barbarie. Ne crains ni pour ta vie ni pour ta liberté. Je veux bien exprimer encore un reste de tendresse pour des enfants qui ne méritent plus ce nom et leur donner une seconde chance. À la condition que vos Cinq Nations m'envoient une délégation de deux députés chacune, dirigée par le grand chef Téganissorens. Avec tous les prisonniers français retenus dans vos villages. Pour ma part, je m'engage à vous remettre aussi les vôtres, ainsi que ceux faits par mes alliés. Si les tiens veulent la paix, ils devront nécessairement inclure tous les Indiens alliés dans le traité. M'entends-tu bien, Tareha ? Je consens à patienter jusqu'à la mi-octobre. Pas plus tard que la mi-octobre. Après quoi, je n'écouterai que ma juste indignation et suspendrai la chaudière de guerre, la vraie grande chaudière. Et alors je vous plains, mes enfants, je vous plains ! Va maintenant, va, et prends ces colliers qui porteront mes paroles.

Louis fit également remettre à Tareha quelques présents de parures et de vêtements destinés aux chefs.

— Mon Père, sois certain que je reviendrai avec mes frères délégués, comme tu le veux, et avec Téganissorens lui-même, d'ici deux lunes.

L'émissaire iroquois parti, Louis se tourna vers les jésuites. De Lamberville et Bruyas étaient demeurés silencieux, mais n'avaient rien manqué du détail des discussions.

— Père Bruyas, que pensez-vous de tout ceci ?

— Nous semblons aller vers une paix négociée. Cela peut prendre encore du temps, mais nous sommes sur la bonne voie. Les Onneiouts ne sont sûrement que l'avant-garde des autres cantons. Je les crois fondamentalement sincères dans leur désir de paix. Il y a chez eux suffisamment de chrétiens convertis et de francophiles pour que ce parti l'emporte. D'autant que la peur d'être notre prochaine cible, après les Agniers, a dû les convaincre d'accélérer les choses. D'autres hommes parmi les plus influents des cantons pourraient aussi souhaiter pousser leur tribu vers la paix ou la neutralité.

— Ces tractations doivent être entretenues à tout prix, fit à son tour de Lamberville, ne serait-ce que pour maintenir cette épée de Damoclès au-dessus de la tête des Anglais. Sait-on quel impact cela peut avoir sur eux ? En attendant, vous créez de la division chez les Cinq Cantons, ce qui est une bonne chose. Et j'ai l'intime conviction qu'ils viendront, un jour prochain, s'asseoir à votre table. Le tout est de ne pas fléchir et de tenir toujours le même langage, tout en incluant systématiquement nos alliés dans les projets d'entente.

— Mais chaque fois que nous nous rapprochons de ces foutus Iroquois, ils font en même temps courir le bruit dans l'Ouest que nous tentons de négocier une paix séparée qui exclurait nos alliés. Des rumeurs qui les mettent sens dessus dessous et nous causent bien des désagréments.

— Eux aussi tentent de nous diviser. Cela est de bonne guerre.

De Lamberville avait raison, Louis le savait pertinemment. Il savait aussi que les Anglais en faisaient autant, en
accusant les Français de duplicité à l'égard des Indiens alliés
et en allant leur livrer à Michillimakinac des marchandises
à des prix défiant toute concurrence.

— Tant que vous continuerez à rassurer les Outaouais,
les Hurons et tous les autres, nous serons saufs, reprit
Bruyas. Les foires de fourrures auxquelles vous participez
annuellement sont d'un grand rapport à ce chapitre. Les
gages d'amitié, les présents et les bonnes paroles que vous
leur prodiguez les confortent dans la légitimité de leur
alliance avec nous. Vous leur fournissez un contrepoison
imparable à la propagande anglaise et iroquoise.

— Croyez bien que je ne saurais y manquer cette année
encore, si tant est que nos Indiens réussissent à se faufiler
jusqu'à nous, bien que la rivière Outaouais soit à nouveau
investie sur toute sa longueur par ces diables d'Onontagués.
Mais je vous remercie de ces conseils, que je m'emploierai
à mettre à profit.

Fort satisfait de cette rencontre, Louis fit monter les
jésuites dans une de ses meilleures barques et les fit escorter
d'un détachement d'officiers jusqu'à Montréal.

Dans la quiétude de son cabinet de travail, Louis se
plongea dans la lecture du dernier pli d'Anne, arrivé avec la
liasse de lettres en provenance du ministre de la Marine.
Outre les nouvelles habituelles, la comtesse de Frontenac lui
rapportait une incroyable histoire de lettre anonyme adressée
au roi, un pamphlet dévastateur qui aurait circulé sous cape
à la cour parmi certains initiés. Le billet compromettant avait

été remis à madame de Maintenon pour qu'elle le transmette au roi, mais avant de s'exécuter, cette dernière l'avait lu à Anne et à d'autres intimes, qui lui avaient conseillé de le garder pour elle. Étant donné le caractère impérieux du monarque, l'auteur de la satire risquait d'être foudroyé sur place, avaient-ils allégué.

Par mesure de prudence et pour ne pas nuire à sa grande amie – épouse légitime bien que non régnante de Louis XIV –, Anne avait retranscrit tout ce qui avait trait à cette histoire en lettres codées. Un procédé qu'elle et Louis utilisaient depuis de nombreuses années pour dérober certaines informations aux regards indiscrets. Louis tira d'un coffret fermé à clé un bout de papier jauni et plié en quatre sur lequel était inscrit un code qui inversait certaines lettres, en décalait d'autres ou les remplaçait par des chiffres. Cryptographie en main, il s'employa à retranscrire méthodiquement chaque mot de l'audacieuse missive. Lorsque le texte litigieux apparut enfin dans son entièreté, il eut peine à en croire ses yeux.

Vous êtes né, Sire, osait écrire le pamphlétaire en guise d'introduction, *avec un cœur droit et équitable, mais ceux qui vous ont élevé ne vous ont donné pour science de gouverner que la défiance, la jalousie, l'éloignement de la vertu, la crainte de tout mérite éclatant, le goût des hommes souples et rampants, la hauteur et l'attention à votre seul intérêt... vos principaux ministres ont ébranlé et renversé toutes les anciennes maximes de l'État pour faire monter jusqu'au comble votre autorité... on n'a plus parlé que du roi et de son plaisir. On a poussé vos revenus et vos dépenses à l'infini, on vous a élevé jusqu'au ciel pour avoir effacé, disait-on, la grandeur de tous vos prédécesseurs ensemble, c'est-à-dire pour avoir appauvri la France entière, afin d'introduire à la cour un luxe monstrueux et incurable. Vous avez cru gouverner parce que vous avez réglé les limites entre ceux qui gouvernaient. Ils ont bien montré au public leur puissance, on ne l'a que trop sentie... et n'ont connu d'autre règle que de menacer, que d'écraser, que d'anéantir tout ce qui résistait...*

Louis était pris d'une espèce de jubilation vengeresse. La charge contre la monarchie était puissante et impitoyable. Cette seule entrée en matière était déjà plus que ce que le roi avait essuyé, comme critique, durant tout son règne. Et le téméraire continuait, de la même plume vitriolée :

... on fit entreprendre à Votre Majesté, en 1672, la guerre de Hollande... Je cite en particulier cette guerre parce qu'elle a été la source de toutes les autres. Elle n'a eu pour fondement qu'un motif de gloire et de vengeance... d'où il s'ensuit que toutes les frontières que vous avez étendues par cette guerre sont injustement acquises dans l'origine. Il faut donc, Sire, remonter jusqu'à cette origine de la guerre de Hollande pour examiner devant Dieu toutes vos conquêtes. Il est inutile de dire qu'elles étaient nécessaires à votre État : le bien d'autrui ne nous est jamais nécessaire.

Louis était partiellement d'accord avec la critique concernant cette terrible guerre de Hollande, qui avait été une erreur de jeunesse du roi, mais il ne pouvait endosser les conclusions que le libelliste en tirait : c'eût été adopter intégralement le point de vue de l'ennemi et en revenir, au nom de la charité chrétienne, aux frontières incertaines de 1672 ! C'était une position de néophyte, qui ne prenait pas en compte la complexité de la situation internationale d'alors, avec les appétits espagnol et germanique et l'ambition démesurée d'une puissance comme l'Angleterre.

« Mais qui donc a osé écrire ce pamphlet ? » s'interrogeat-il, de plus en plus titillé par la curiosité. « De deux choses

547

l'une, ou l'homme est suicidaire, ou il est téméraire. Dans un cas comme dans l'autre, il ne fera pas bon être dans ses souliers quand le roi découvrira qui est l'auteur de la diatribe, si jamais elle lui vient aux oreilles. »

Il se remit fébrilement à sa lecture.

... Cependant vos peuples, que vous devriez aimer comme vos enfants, et qui ont été jusqu'ici passionnés pour vous, meurent de faim. La culture des terres est presque abandonnée, les villes et les campagnes se dépeuplent, tous les métiers languissent et ne nourrissent plus les ouvriers. Tout commerce est anéanti. Par conséquent, vous avez détruit la moitié des forces réelles du dedans de votre État pour faire et pour défendre de vaines conquêtes au-dehors... La France entière n'est plus qu'un grand hôpital désolé et sans provisions. C'est vous-même, Sire, qui vous êtes attiré tous ces embarras.

La critique sur la pauvreté et la misère du peuple français visait juste et Frontenac pouvait difficilement en nier la véracité. Se mourant d'envie de connaître enfin la clé de l'énigme, après avoir passé en revue différentes hypothèses sans en retenir aucune, Louis sauta enfin aux dernières lignes.

— Ah! ce Fénelon, cet abbé de malheur! s'exclama-t-il sur le ton de la surprise la plus totale. C'est donc lui qui se cache derrière cet anonymat!

Il était abasourdi. Il avait croisé le jésuite avant son départ pour le Canada, dans l'entourage de madame de Maintenon, et s'en était méfié dès l'abord. L'ecclésiastique venait d'être nommé précepteur du petit-fils du roi, le duc de Bourgogne. C'était un homme grand, maigre, sec et pâle, du genre visionnaire exalté, et dont le regard de feu était saisissant. Il tenait à la fois du galant, du docteur et du grand seigneur, mais Louis n'avait pas tardé à déceler chez lui une ambition dévorante. Il ne lui aurait pas donné le bon Dieu sans confession, et se doutait bien que l'amitié nouvelle qu'il affectait pour la marquise de Maintenon n'était pas désintéressée... Ce libelle dévoilait ses cartes : il était plein de fiel, et prétendait à rien de moins que de réformer le gouvernement.

« Un fol, se dit Louis, un naïf qui va beaucoup trop loin. Avec ses airs de saint, ce n'est qu'un bigot qui croit pouvoir gouverner l'État par la religion, et qui est assez candide pour croire que la joue gauche tendue en réponse à la gifle sur la joue droite peut fonctionner en politique. Que Dieu nous préserve de cette engeance maudite ! »

Il pensa que la Nouvelle-France était loin d'être à l'abri d'une pareille race. Les dévots n'avaient jamais manqué ici et leur ambition de mener le pays était une menace toujours présente.

« Heureusement qu'il se trouve encore des hommes comme moi, se rassura-t-il, capables de brider le clergé et de le maintenir à sa place, sous la tutelle énergique d'une autorité civile éclairée. »

— Aïe ! le fieffé butor, fit Louis dans une grimace, mais il va m'achever !

Cette fois, il n'avait pu s'empêcher de rouspéter. La douleur était trop aiguë. Pourtant, le frère Brouat faisait de son mieux pour réduire cette espèce de furoncle qui lui avait poussé sur la fesse gauche.

Le récollet avait été chirurgien et barbier avant de prendre la tonsure et depuis lors, il soignait toute la communauté. Louis le trouvait moins dangereux que la majorité des charlatans qui se vantaient d'être médecins sans posséder le moindre diplôme. Comme Brouat était analphabète, il ne risquait pas de lui casser la tête avec de pompeuses tirades latines ou d'obscures théories sans fondement. Il était efficace et sans prétention. Quand il ne savait pas traiter, il le disait sans ambages. Mais il avait la main dure... Cet abcès bourré de pus qui bourgeonnait fâcheusement sur son arrière-train depuis des jours lui donnait du fil à retordre.

— Il va finir par aboutir, monseigneur, je vous le dis. Il va aboutir.

— Mais aboutissez, justement, Brouat, aboutissez, je ne demande que cela. Ça fait bien trois jours que vous vous acharnez sur ce phlegmon. Vous me l'avez enduit de pommades, de lotions désinfectantes, de dessiccatifs, vous me l'avez comprimé, ponctionné, vidé et tripoté, tordu et trituré de tous bords tous côtés, et ne voilà-t-il pas qu'il enfle de plus belle. Bougre de Dieu, le voilà gros comme une pomme, à présent ! Comment vais-je pouvoir me tenir assis dans une barque et me voiturer jusqu'à Montréal avec une protubérance pareille ? Faites quelque chose, à la fin !

— Si monseigneur insiste, je crois bien que je vais employer les grands moyens. « Aux grands moyens les grands remèdes », ne dit-on pas ?

— « Aux grands maux les grands remèdes », Brouat !

L'homme était un peu sourd et Louis était obligé de forcer la voix pour se faire entendre.

— C'est ce que je disais, monseigneur.

Étendu sur le ventre et appuyé sur le bras gauche, la chemise retroussée jusqu'à la taille, Louis commençait à s'énerver.

Callières l'attendait à Montréal. Des dizaines de canots chargés de fourrures et conduits par Perrot et Du Lhut étaient annoncés. Il fallait qu'il y soit, tant pour accueillir les Indiens alliés que pour toucher sa part de la récolte. Il devait également récupérer le cinquième des fourrures de Tonty et de La Forest, eux aussi du voyage ; c'était la condition négociée en échange du monopole qu'il leur avait fait attribuer sur la traite dans les Illinois. Il attendait impatiemment cette entrée de fonds providentielle. Une entente qui serait fort profitable aux deux parties, ainsi qu'à Lagny, l'intendant du commerce chargé des affaires en Canada et suppléant du ministre Pontchartrain. Louis lui versait secrètement pas moins du cinquième de ses profits, moyennant quoi ce dernier poussait ses idées à la cour et faisait jouer les contacts en sa faveur.

Duchouquet, mandé par Brouat, apparut enfin.

— Qu'est-ce que je peux faire ?

— Tenez-le bien, mon brave. On va tenter une solution de dernier secours, dit-il en replaçant ses lunettes.

— « Recours », Brouat, de dernier « recours ».

— C'est ce que je disais, de dernier secours. Êtes-vous prêt, monseigneur ? Je vais tenter de le vider d'un coup. Ça va péter dur, mais aux grands remèdes les grands moyens, comme on dit chez nous. Vous l'entravez bien là, Duchouquet ?

— Autant qu'on peut entraver quelqu'un d'aussi remuant.

— Mais allez-y qu'on en finisse, Brouat... mais... Ha !

Louis faillit s'évanouir sous l'impact de la douleur. Le coup s'était abattu sur lui avec une telle force que le souffle lui manqua. Et le cœur fit mine de s'arrêter. Puis il sentit gicler un liquide chaud et visqueux.

— Ça y est ! Ça a tellement jailli que j'en ai plein mes bésicles. Ça, c'est du bon travail. Vous allez vous requinquer sur un temps riche, à présent.

— En effet, répondit Louis dans un hoquet, je me sens aussi « requinqué » que si vous m'aviez battu à coups de rondins et assis de force dans une bassine d'eau bouillante. Mais bon Dieu, avez-vous coutume de soigner les bœufs, vous ? Et avec quoi m'avez-vous asséné ce coup de grâce ?

— Rien qu'avec mes mains, monseigneur, fit l'autre, l'air de s'en excuser. Ou plutôt avec mon poing.

Brouat s'esclaffa, d'un rire rond et généreux. Il essuya ses lunettes avec le coin de sa cape de laine et les remit promptement. Puis il étendit devant Louis deux mains larges et fortes qui, une fois repliées, étaient grosses comme des potirons.

— Avec de pareils battoirs, vous n'avez pas besoin d'armes, en effet. Mais bon... il me semble que la douleur diminue. Espérons que vous aurez réussi à purger ce bubon maudit.

Brouat s'employa ensuite à désinfecter la plaie en la nettoyant de guildive, ce qui fit à nouveau grimacer Louis.

Après son départ, le gouverneur enfila sa robe d'intérieur, que Duchouquet l'aida à boutonner. Il se redressa d'abord sur les genoux et se leva, un peu étourdi. Un malaise sourd persistait pourtant. « Normal, se dit-il, après un traitement aussi délicat. » Le remède de cheval de Brouat lui paraissait au moins efficace. Il n'aimait pas les indispositions qui traînaient en longueur et la maladie, sous toutes ses formes, le répugnait.

Une fois dans son bureau, il appela Monseignat et lui recommanda de finaliser les préparatifs de départ. Il quitterait Québec dès qu'il aurait reçu la délégation de femmes onneioutes annoncée par le père Millet. Elles avaient été hébergées par les Hurons de Lorette et, aux dernières nouvelles, s'étaient mises en marche pour venir le rencontrer au château.

— Nous aurons bien une barque, cette fois ?

— Oui, monseigneur. Nous en avons même quatre. Solides et bien étanches. Elles ne couleront pas, rassurez-vous.

Louis ébaucha un sourire. Sans trop savoir pourquoi, il se sentait extrêmement serein, allégé d'un poids insidieux. On aurait dit que le bonheur et la confiance en l'avenir lui étaient pleinement redonnés, après tous ces mois de morosité et d'angoisse diffuse. C'était une émotion si forte qu'il s'en trouva bouleversé, tout en s'y abandonnant avec délectation. Il attribua ce moment de grâce à la remontée de son optimisme naturel, ainsi qu'à la conjoncture particulièrement favorable.

Le péril anglais paraissait écarté et les dernières négociations avec les Iroquois donnaient grand espoir. Ce Tareha lui avait semblé fiable. Louis se croyait autorisé à rêver enfin d'une paix définitive, incluant toutes les tribus du Canada, après tant de chicaneries et de démarches infructueuses. Ce qui prouvait qu'il avait encore du flair et qu'il avait eu raison de se fier à son instinct. Il était sûr de voir bientôt débarquer des représentants des Cinq Nations, précédés de Téganissorens. Louis ne croyait pas leur avoir laissé d'autre choix. Découragés par le nouveau fiasco anglais en Martinique et par leur descente fructueuse chez les Agniers, les Iroquois pourraient être tentés de déposer les armes. Ils avaient essuyé tellement de revers et s'étaient tant décimés, depuis quelques années, que seule la paix pouvait leur permettre de refaire leurs forces.

Côté finances, les choses s'arrangeaient au mieux et son escarcelle serait à nouveau bien garnie, avec l'apport inattendu des six mille livres promises par le roi et l'arrivée prochaine de Tonty et de ses fourrures. Une manne providentielle qui lui permettrait enfin de reconstruire le fort Cataracoui. Et pour couronner le tout, les félicitations du ministre démontraient qu'il était encore bien vu à la cour.

Côté cœur, les choses n'allaient pas mal non plus. Non seulement chez Perrine, qui lui était tout acquise et en redemandait, mais aussi chez cette proche parente de madame de Bertou avec laquelle il s'était trouvé de réelles affinités. Il avait si bien manœuvré que lors de leur dernier tête-à-tête, elle l'avait laissé la serrer et explorer d'une main inquisitrice sa belle chute de rein. Par-dessus ses jupes, bien entendu, mais c'était tout de même un progrès... Il ne désespérait pas de trouver un jour avec elle l'heure du berger. Il prisait d'ailleurs les conquêtes difficiles, gagnées à force de persévérance. Quelques bribes du récit courtois de Gonthier de Soignies lui remontèrent à la bouche.

— *Je lui en aurais su bien meilleur gré si elle s'était refusée, et plus tard, ou à contrecœur, ait cédé ce que j'avais demandé. Peu ne vaut un château qu'on prend en un assaut, qu'il tienne, ou on le dédaigne...* Comme cela est bien dit !

Mais la mélodie lui échappait. Il l'avait pourtant entonnée à tue-tête et plus de mille fois avec La Rivière, les soirs d'aventures galantes. Il s'essaya à quelques notes et finit par retrouver une mesure ou deux, mais pas le refrain. Il abandonna l'exercice, tout en repensant à son vieil ami qui était allé se terrer bêtement dans un monastère.

« Le fou, se dit-il, attendri, il faudra pourtant que je trouve le temps de lui écrire. Je demanderai à Monseignat de m'y faire penser. »

Lorsqu'il tourna la tête du côté de la fenêtre donnant sur le jardin, il fut saisi de ravissement. Tout le ciel avait viré au rouge. C'était un rouge incarnat, soutenu et sans tache, la flambée pourpreuse d'un soleil déclinant qui, comme un chant du cygne, distribuait à profusion ses dernières splendeurs avant de s'éteindre pour de bon. Louis s'approcha de la haute fenêtre et se plongea dans la contemplation de cet étonnant crépuscule. Il s'imprégnait peu à peu de la beauté du moment. En pivotant vers la fenêtre opposée, il vit au contraire l'ombre du Cap-aux-Diamants projetée fort avant dans le fleuve et enveloppant la basse-ville, les rives et les eaux d'un écrin violacé. Par contraste, au loin, la pointe de Lévy et celle de l'île d'Orléans avaient pris feu à leur tour et incendiaient toute la ligne d'horizon. « De telles beautés ne signent-elles pas l'existence d'un Dieu ? » songea-t-il, en proie à un enthousiasme mystique. Alors qu'il était si peu porté de nature à ce genre d'émotion, il se sentit pénétré d'une calme et apaisante quiétude. Cette idée de Dieu à laquelle il adhérait épisodiquement lui avait toujours paru séduisante, mais elle résistait si mal à l'analyse qu'il arrivait difficilement à se convaincre de sa véracité. Mais en cet instant béni, en ce moment précis d'accalmie, il se voyait tenté de s'en remettre à quelque force immanente dont tout dépendrait en dernier recours. Comme le sens de la vie devenait alors simple, clair, rassurant...

Pris de nostalgie, Louis ouvrit un tiroir et en tira un lourd crucifix de bois de rose, incrusté d'argent. La pièce avait une valeur plus sentimentale que religieuse, mais il la gardait telle une précieuse relique. Elle lui avait été léguée par sa sœur, Henriette-Marie, sur son lit de mort. C'était sur ce Christ en croix qu'elle avait posé ses doigts diaphanes et tremblants avant d'expirer.

Louis se recueillit. Il cherchait à retrouver les traits de celle qui avait été pour lui une mère. Un front étroit, un teint mat, des cheveux bouclés et... ce regard qui irradiait la bonté et l'entendement de la vie. Mais plus Louis tentait de rattraper l'expression particulière d'Henriette-Marie et plus le souvenir lui échappait. Il avait beau s'acharner, au tendre visage qui lui revenait vaguement se substituait aussitôt celui de l'agonisante, au faciès resserré et décharné. Laisserait-il la mort prendre le pas sur la vie et sur la mémoire qu'il avait d'elle? Rageant contre cette impuissance de vieillard, il se mit à farfouiller dans ses tiroirs avec impatience dans l'espoir de retrouver le fusain qu'il avait d'elle. Il tourna et retourna tout ce qui lui tombait sous la main: il n'avait plus ce dessin. Qu'en avait-il fait? Il ne savait plus et les souvenirs se bousculaient dans sa tête. L'avait-il donné en cadeau à sa sœur cadette ou l'avait-il plutôt cédé à l'époux d'Henriette-Marie, Louis Habert de Montmort? À moins que ce croquis n'ait disparu avec le reste lors du naufrage du bateau transportant ses biens, vingt et un ans plus tôt? Il aurait pourtant mis sa main au feu que l'objet était encore en sa possession.

Il jura entre ses dents. Il maudissait sa mémoire déclinante et sa vieillesse. De plus, il se sentait fautif, comme s'il abandonnait négligemment Henriette-Marie, comme s'il la trahissait et la condamnait à s'effacer une nouvelle fois. La tristesse et la mélancolie se substituèrent peu à peu à cette sensation de joie qui l'avait submergé plus tôt. Il s'étonna de retomber si facilement dans ce sillon. À croire qu'il était mieux fait pour le côté sombre de la vie que pour son côté clair.

— Inéluctable atavisme, souffla-t-il à voix basse en se remémorant son propre père.

Il le revoyait sans difficulté, celui-là, le visage contrit, la face constamment crispée, le dos voûté comme s'il portait sur ses épaules le poids du monde. Toujours insatisfait de lui-même et des autres, reluquant sans cesse plus haut que sa condition, envieux d'autrui et méfiant de son semblable au point de lui prêter dès l'abord des intentions malfaisantes. Un pisse-vinaigre, un rabat-joie, un éteignoir, voilà ce qu'avait été ce père de malheur ! Comment s'étonner, dès lors, de sa propre propension à broyer du noir ?

Louis se gourmanda. Il exécrait cet héritage empoisonné et renvoya le souvenir de son géniteur aux oubliettes. Il avait des soucis concrets nécessitant une disposition d'esprit qu'il n'était pas question de gâcher avec de pareilles inepties. Il se remit donc au travail, tout en réalisant que sa douleur dans la fesse gauche avait complètement disparu. Il bénit le savoir-faire du récollet en savourant un instant cet opportun retour à la normale. Il s'agaça néanmoins du fait que le groupe de femmes iroquoises annoncé en début d'après-midi mettait un temps anormalement long à se présenter...

Suzanne Guantagrandi riait à belles dents et sa face cuivrée et parcheminée exprimait un vif plaisir. Son épaisse tignasse noire était emprisonnée dans un fourreau de cuir tressé qui lui retombait sur les reins. L'Iroquoise semblait prendre grand soin d'une crinière qu'aucun cheveu blanc ne déparait encore, malgré un âge avancé. Elle portait une longue tunique de peau bigarrée de broderies de perles sur laquelle pendaient des colliers de coquillages. Des bracelets d'os et de bois teint, fichés au-dessus du coude, complétaient la parure. C'était une femme petite et rondelette, au front large et au rire communicatif. Ses trois compagnes, issues du même clan, étaient aussi vives et affichaient des sourires aussi engageants.

Son parler, empreint de vivacité et de musicalité, charma tout de suite ses hôtes. L'interprète, debout entre Frontenac et son invitée, traduisait ses propos avec rapidité et sans aucune difficulté. Suzanne avait longuement attendu cet instant, confia-t-elle à Louis, et avait maintes fois imaginé le moment où ses yeux verraient enfin Onontio. Elle bénissait le Créateur de la vie de lui avoir enfin permis de rencontrer le « Grand Soleil Levant », comme elle qualifiait Louis, ce qui fut musique à son oreille. Elle l'assura d'ailleurs que dans ses songes, elle se voyait terminant sa vie auprès des « robes noires* » de Kaknawage, afin de pratiquer sa religion en toute quiétude. C'était désormais, semblait-il, son vœu le plus cher.

La cheffesse avait de l'assurance et des manières aisées, probablement imputables à sa haute naissance. Le père Millet avait appris à Frontenac que cette mère de clan était issue des Agoïanders, le lignage d'où sortaient tous les grands chefs. Elle jouissait d'une grande influence dans les conseils, et les guerriers comme les anciens devaient tenir compte de son opinion. Si elle avait épargné la torture et la mort au père Millet en lui faisant prendre l'identité d'un grand *sachem*, elle avait également sauvé la vie de plusieurs Français en les adoptant ou en les prenant à son service comme esclaves. Il était connu qu'elle les traitait humainement. C'était une chrétienne convaincue et fort zélée. Louis trouva donc utile de lui faire bon accueil et de la traiter sur le pied d'un grand chef, autant parce qu'elle avait sauvé des vies françaises que parce qu'elle pouvait appuyer ses démarches de paix.

Comme Louis savait à quel point les sauvages affectionnaient les marques de considération, il fit escorter ses visiteurs par les soldats de sa garde, cependant que l'on jouait du fifre et que l'on battait du tambour. Suzanne, ses compagnes et la poignée de Hurons de Lorette qui l'accompagnaient furent conduits dans le grand salon où était dressée une longue table chargée de mets prisés des Indiens : des viandes grillées, des poissons et des légumes. Pour le dessert, on avait conseillé à Louis de leur faire servir du melon d'eau et du sirop d'érable, autant de douceurs que le sauvage affectionnait. Louis avait fait ajouter à la dernière minute des tartes et quelques pots de confitures, au cas où cela trouverait bon accueil.

Avant de passer à table, il fallut se plier à la cérémonie du calumet et au traditionnel échange de présents. Suzanne tira quelques bouffées de la longue pipe sculptée ornée de griffes d'ours, un cadeau des Hurons de Lorette, et laissa aux hommes présents le soin de continuer le cérémonial. Louis reçut d'abord le fameux calumet, le présenta aux quatre points cardinaux, en aspira un bon coup puis le fit passer à la ronde. Il circula de bouche en bouche. Après quoi, il offrit à ses invités deux colliers de porcelaine blanche et prit la parole en s'adressant à la mère de clan :

— Ma joie est grande, en ce jour, Suzanne Guantagrandi, de vous recevoir à ma table. Je tiens à vous témoigner ma reconnaissance pour avoir épargné la vie de notre mission-naire, le père Pierre Millet, ainsi que celle de plusieurs de nos soldats et interprètes. Ces gestes témoignent d'une bonté et d'une sollicitude auxquelles nous sommes particu-lièrement sensibles. Votre conversion au christianisme et le zèle avec lequel vous pratiquez votre nouvelle religion nous tiendront lieu d'exemple. Veuillez considérer désormais ce pays comme le vôtre et vous y sentir chez vous, quoi qu'il arrive entre nos peuples. En gage d'amitié, je tiens à vous remettre personnellement quelques petits présents.

Frontenac fit apporter les différents objets qu'il avait sélectionnés et les lui remit : une paire de peignes de nacre savamment sculptés, un fin bracelet d'argent spiralé, des rubans et des dentelles pour sa parure et celle de ses com-pagnes, des rassades de porcelaine, ainsi qu'une série de médailles d'argent à l'effigie de la Vierge Marie. Pour faire bonne mesure, il ajouta avec beaucoup de solennité, et l'air de s'en séparer à regret, un lourd chapelet de verre orné d'une grosse croix d'or.

— Prenez également ce chapelet qui m'est particulièrement précieux. Il me vient de ma grand-mère maternelle, qui l'a elle-même reçu lors de sa première communion. Vous l'utiliserez pour vos dévotions quotidiennes.

Ce dernier cadeau parut toucher profondément Suzanne qui se leva, prit la main de Louis et la porta avec dévotion à ses lèvres.

Puis la vieille femme se tourna vers les siens et fit un signe de la tête. Des ballots de fourrures furent apportés et déposés aux pieds du gouverneur. La mère de clan devait connaître le point faible d'Onontio...

Elle se fit ensuite remettre une ceinture de *wampum* et se lança dans un discours symbolique où il était question d'un long voyage vers la paix entrepris dans un sentier parsemé d'embûches et d'ennemis prêts à fondre sur ceux qui prétendaient l'entreprendre. Sa nation, en particulier le clan du Loup, mentionna-t-elle, avait toutefois réussi à aplanir le chemin menant des Français jusqu'à elle, et souhaitait vivement une accalmie avec Onontio.

— Voici les lacs, les rivières, les montagnes et les vallées qu'il faut traverser pour se rendre jusqu'à nous, voici les portages et les chutes d'eau, dit-elle en désignant sur la ceinture de perles les différents triangles et carrés censés représenter ses paroles. Remarquez tout, afin que dans les nombreuses visites que nous nous rendrons les uns aux autres, personne ne s'égare. Les chemins seront désormais faciles et on ne craindra plus les embuscades, puisque nous serons autant d'amis.

Les palabres terminés, on put enfin se mettre à table. Les domestiques s'empressèrent d'apporter les plats. Comme les

Iroquoises ignoraient la fourchette et le couteau, elles se mirent à manger avec leurs mains, à même l'assiette commune. C'était leur façon de faire. De temps à autre, elles s'essuyaient les doigts sur leurs vêtements. Les mets durent leur plaire, parce que tout disparut comme par enchantement. Au dessert, le melon et le sirop d'érable étant bientôt épuisés, elles se rabattirent sur les pâtisseries. Suzanne Guantagrandi mordit résolument dans le morceau de tarte qu'on lui présentait, l'avala en un rien de temps puis en redemanda. Comme ses compagnes faisaient mine de vouloir l'imiter, Perrine et les autres domestiques se lancèrent à la rescousse. Les invitées engloutirent tartes et confitures avec gloutonnerie, en se léchant ostensiblement les doigts et en claquant de la langue pour marquer leur appréciation.

C'était tellement touchant de simplicité et de naturel que Louis s'en trouva enchanté. Ces femmes semblaient si inoffensives et si banalement humaines qu'elles éveillaient en lui une grande sympathie. Un sentiment difficilement conciliable avec la réputation sulfureuse qui s'attachait à leurs pas, dût-il pourtant reconnaître. N'avaient-elles pas été démonisées par les prisonniers et coureurs des bois qui les avaient approchées ? Ne les accusait-on pas de participer aux supplices avec cruauté et même d'inciter leurs enfants à collaborer à la mise à mort et à boire le sang des victimes ? Des accusations qui cadraient mal, ce jour-là, avec le sentiment de bienveillance que ces Iroquoises suscitaient autour d'elles.

Le repas suivit ainsi son cours festif un long moment, entremêlé de rires et de réparties joyeuses. Et ce fut certainement le banquet le plus simple, le plus gai et le moins protocolaire à se dérouler jamais sous les lustres ébréchés de la salle à manger du vieux château Saint-Louis.

27

Albany, automne 1693

Alors que la situation de la Nouvelle-France s'améliorait et que le comte de Frontenac croyait pouvoir s'autoriser à plus d'optimisme, des événements propres à durcir à nouveau les positions se tramaient intensément du côté anglais, au confluent des rivières Hudson et Mohawk. Dès que le major Pieter Schuyler avait eu vent des offres de paix faites par les Onneiouts au gouverneur du Canada, il avait convoqué Téganissorens et les délégués iroquois à Albany pour leur couper la route du Canada. Résolu à tout tenter pour faire échouer un début d'entente qui risquait de nuire aux intérêts des siens, il avait organisé d'urgence une rencontre de la Commission des affaires indiennes.

Cela se déroulait par un froid et brumeux matin de début octobre. Une épaisse chape de brouillard enveloppait la ville et empêchait d'y voir à plus d'une toise devant. La rivière Hudson, gonflée de l'apport de la rivière Mohawk, suivait son cours rectiligne en précipitant ses eaux sur près de trois cents milles au sud, vers la baie de New York et la mer.

La bâtisse dans laquelle évoluait Schuyler était située au centre d'Albany, dans la rue Court, et servait tout à la fois d'hôtel de ville, de tribunal et de prison. L'homme arpentait la pièce en brandissant une liasse de papiers contenant le résumé des débats du dernier conseil. Il se félicitait d'avoir pu mobiliser les représentants iroquois avant qu'ils ne mettent les pieds en Nouvelle-France. Les contacts qu'il avait déjà établis avec certains d'entre eux démontraient cependant que la situation était critique et qu'il aurait à se battre farouchement pour les empêcher de s'associer au coup fourré proposé par le comte de Frontenac.

Un bruit de pas le fit tressauter. On lui annonça que Téganissorens et ses délégués seraient bientôt là. Ils s'étaient présentés à Albany trois jours plus tôt et n'avaient cessé depuis lors de faire bombance aux frais de la municipalité. Les Français recevaient les sauvages avec une telle munificence que Schuyler pouvait difficilement en faire moins, sous peine de passer pour un tire-sou ou un pingre.

Il était inquiet, cependant, et avait tendance à minimiser ses chances de réussite.

« Que les Iroquois mettent à exécution leur menace de faire la paix avec le comte de Frontenac et nous sommes perdus, se disait-il. Les Canadiens tourneront aussitôt toutes leurs forces contre nous. Qui alors nous servira de rempart contre la barbarie ? Nous serons seuls face à une horde déchaînée dont on m'assure qu'elle se consolide chaque jour davantage. Le Canada a reçu des recrues, beaucoup de recrues, et une rumeur veut qu'on lui en envoie plus du double au printemps prochain. »

Le maire d'Albany aurait été en meilleure posture si les colonies voisines les avaient soutenus. Mais ses invitations répétées, ses ambassades, ses supplications désespérées auprès de leurs représentants n'avaient encore rien donné, malgré le décret du roi Guillaume les enjoignant de participer à l'effort nécessaire pour défendre les frontières du nord contre le Canada. Schuyler enrageait à l'idée de ne pas avoir réussi à rassembler les quotas d'armes, de munitions, de vivres et de soldats que le Massachusetts, la Virginie, le

Maryland, la Pennsylvanie et le Connecticut devaient lui fournir. C'était toujours la même histoire. À l'exception du Massachusetts, les autres colonies anglaises se sentaient peu concernées par le péril français et alléguaient leur dénuement et leur pauvreté pour ne rien concéder.

Les quelques lignes écrites récemment par le gouverneur de New York, à propos des Canadiens, lui remontèrent en mémoire : *Il semble honteux qu'une poignée de vermine se loge ainsi dans ce pays du Canada, quand le roi a tant de nobles colonies britanniques qui pourraient la jeter toute à la mer, mais nous ne sommes malheureusement pas unis et la pauvreté gagne chaque jour.*

« Poignée de vermine, sans doute, mais indiscutablement redoutable », pensa le maire d'Albany. Il était bien placé pour en témoigner. L'expédition vengeresse qu'il avait menée en territoire ennemi, quelques années plus tôt, l'avait fort édifié sur la dangerosité de cette soi-disant vermine. Il s'était avancé jusqu'au fort de Prairie-de-la-Madeleine, sur la rivière Richelieu, et avait réussi à tromper la vigilance de Frontenac et à faire de nombreuses victimes. Mais ce qui s'annonçait comme une victoire s'était terminé en déroute. Il avait été pris à revers par un corps important de troupes françaises et l'affrontement avait viré en furieux corps à corps, au point où les hommes s'étaient mis de la bourre dans le ventre et s'étaient brûlé les chemises en tirant à bout portant. Une bataille et un carnage qu'il n'était pas près d'oublier...

Mais Schuyler avait été autrement secoué en apprenant l'invasion du territoire agnier par les forces canadiennes, l'hiver précédent. Elles avaient réussi un véritable exploit : prendre par surprise un canton iroquois au cœur même de l'hiver et se replier avec pas moins de trois cents prisonniers ! Ces maudits Français avaient remporté le pari improbable de décimer l'une des plus féroces nations iroquoises. Mais de quelle étoffe étaient donc faits ces gens-là et sur quel terreau avaient-ils grandi, pour réussir une campagne que les Indiens eux-mêmes n'auraient jamais osé entreprendre ? Depuis lors, les Agniers étaient défaits, humiliés et complètement découragés. Quant aux quatre autres tribus iroquoises, des groupes influents en leur sein commençaient à se laisser sérieusement tenter par les sirènes de la paix. Les démarches de Tareha auprès des Français indiquaient à quel point les Iroquois paraissaient envoûtés par ce démon de Frontenac, ce vieillard perverti et corrompu qui leur promettait mer et monde s'ils renonçaient à la guerre et les comblait de présents et d'inutiles babioles !

« Quant à compter sur les forces de Boston et des environs, songea-t-il, amer, il n'en est plus question depuis l'humiliation de Phips devant Québec, et surtout, depuis leur dernier désastre en Martinique. » Les pauvres Bostonnais n'en finissaient plus de rembourser les dettes qui avaient résulté de ce deuxième échec, tout en essayant de remettre à flots les quelques bâtiments qui leur restaient. Une malheureuse expédition pendant laquelle ils avaient perdu des centaines de braves soldats. Voilà où ils en étaient. Et voilà aussi pourquoi Schuyler ne pouvait se payer le luxe de perdre la partie qui s'était engagée entre lui et les Iroquois.

Ses ruminations furent interrompues par des sonneries de trompette et de cor. Les ambassadeurs s'amenaient. Le maire s'installa à la grande table du conseil, suivi des autres Pères de la cité : le greffier, le shérif, les échevins et les officiers du fort. Des interprètes anglo-hollandais se joignirent à eux. Puis les délégués iroquois s'avancèrent à leur tour, précédés de Téganissorens, leur négociateur en chef.

C'était un homme bien découplé, à la taille haute et aux larges épaules. Il se tenait droit comme un chêne et se déplaçait avec la dignité d'un prince du sang. D'épaisses rayures de peinture bleue, étalées de la ligne des cheveux au menton, barraient un visage aux traits forts mais réguliers. L'homme en imposait et méritait amplement la réputation de redoutable négociateur qui le précédait. Les Anglais n'ignoraient pas que le comte de Frontenac l'estimait particulièrement et avait fermement exigé sa présence aux négociations de paix.

L'Onontagué, flanqué de ses deux interprètes, prit place à l'autre bout de la longue table. Certains de ses acolytes l'imitèrent et s'assirent à leur tour, cependant que d'autres restaient debout derrière, les bras croisés sur la poitrine. Schuyler, que les Iroquois appelaient Quider, brisa la glace en saluant ses interlocuteurs avec chaleur, tout en leur rappelant l'importance des discussions à mener et de la décision à prendre. Puis, d'une voix qu'il voulait posée, il se mit à lire la conclusion des dernières rencontres du comité des affaires indiennes. Après quoi, il se répandit en cuisants reproches.

— Vous avez manqué à vos engagements et agi avec perfidie et traîtrise en vous réunissant à Onontagué sans nous consulter. Vous pouvez être sûrs que Son Excellence, sir Benjamin Fletcher, gouverneur de New York, ne sera pas satisfait de vos excuses et de vos regrets dans une affaire aussi importante, surtout après l'engagement que vous aviez pris devant lui de ne rien faire sans sa présence et son consentement. Toute discussion de ce genre devait avoir lieu à Albany et devant nous. Au lieu de quoi vous avez agi seuls et pris la décision de négocier avec nos ennemis. N'aviez-vous pas pourtant accepté de cesser toute correspondance avec les Français et ne deviez-vous pas nous livrer le prêtre Millet, qui trahit toutes vos actions ?

Schuyler brandissait la liasse de papiers renfermant le détail des engagements pris par les Iroquois.

— Tout est consigné ici, mot pour mot! fit-il, en pointant le document d'un index accusateur.

Il adoucit ensuite le ton et leur tint un langage moins acerbe. Il dut aussi ralentir son débit, à la demande des interprètes. Après leur avoir remémoré le massacre de Fort Cataracoui par les Français, six ans plus tôt, les prisonniers de Denonville envoyés aux galères, insisté sur la perfidie et la duplicité des Français, il s'étendit longuement sur la protection inconditionnelle que les Anglais leur avaient toujours fournie. N'étaient-ils pas accourus pour défendre les Agniers quand les Canadiens avaient envahi leur territoire, l'hiver précédent? N'étaient-ils pas demeurés leurs plus fidèles alliés et leur rempart le plus sûr contre leur ennemi?

— À preuve, continua-t-il, la générosité exemplaire des habitants d'Albany qui se sont portés sans hésiter au secours des Agniers en s'engageant à les nourrir jusqu'à ce qu'ils puissent subvenir eux-mêmes à leurs besoins!

Il poursuivit, en s'adressant plus particulièrement à leurs représentants:

— Je m'étonne et j'ai honte de la consternation et de l'abattement qui se sont emparés de vous, Agniers. Je vous ai connus plus fiers et plus vindicatifs. La situation actuelle ne justifie pourtant pas un tel découragement.

Ce disant, il balaya d'un regard déterminé l'ensemble des *sachems*.

— Et cette propension que vous semblez avoir pour la paix avec notre ennemi me déçoit au plus haut point. J'ai eu vent, figurez-vous, et par différentes sources, des décisions malheureuses que vos chefs ont prises à Onontagué. Je ne vous reconnais plus. Ressaisissez-vous, mes frères, et si ces félons de Français souhaitent à tout prix la paix, qu'ils viennent en discuter à Albany. Je leur délivrerai un sauf-conduit et leur garantirai la sécurité. Il n'est pas question que nous vous autorisions à négocier cette paix contre nous! Je ne le permettrai pas et nos colonies sœurs, qui risquent d'interpréter ce geste comme une déclaration de guerre ouverte, ne l'autoriseront pas davantage! Je vous demande instamment de n'envoyer ni ambassades, ni messages, ni présents à Québec tant et aussi longtemps qu'un prochain grand conseil n'aura pas eu lieu ici même, avec Son Excellence, sir Benjamin Fletcher. Est-ce clair? Coupez tout lien avec ces fourbes de Français et revenez en discuter avec Cayenquirago, le gouverneur de New York. Nous vous y convoquerons au moment opportun.

Voyant que le maire d'Albany se taisait, Téganissorens se leva avec lenteur et prit à son tour la parole. Aucune émotion ne transparaissait dans son visage.

— Quand notre frère Cayenquirago nous a interdit de tenir un conseil général à Onontagué pour le tenir plutôt à Albany, commença-t-il d'une voix calme et vibrante, cela nous a grandement surpris. Mais nous n'avons rien dit, croyant à une erreur de sa part. Car nous nous sommes toujours réunis en conseil chaque fois qu'il nous plaisait de le faire, et ce, bien avant que vous autres, tailleurs de haches, n'abordiez nos rivages. Jamais aucun gouverneur précédent n'a osé tenter de nous en priver. Une pareille défense de tenir nos assemblées est malheureuse et peut créer entre nous de graves dissensions.

Téganissorens fit une pause et regarda à tour de rôle chacun des membres du conseil anglais. Lorsqu'il fut assuré que le message avait été bien traduit, il reprit:

— Quand vous autres, Blancs, êtes débarqués dans ce pays, nous vous avons reçus avec générosité et nous avons planté avec vous un arbre de paix, dont les branches et les racines s'étendent maintenant jusqu'en Virginie. Si nous voulons continuer à nous prélasser ensemble sous son ombre, revenons à cet arbre et restons unis. Il est vrai que Tareha, un délégué onneiout, a été envoyé en Canada avec des offres de paix qui n'ont pas encore abouti, et il est également vrai qu'après notre dernier conseil, nous avons pris la décision de déléguer à Québec deux représentants de chaque nation, encouragés par ce que nous connaissons du gouverneur du Canada. Le comte de Frontenac est un vieillard paisible et sage, dont la parole est fiable. Pourquoi devriez-vous être irrités des démarches de paix que nous voulons engager avec les Français ? Avons-nous exprimé de la colère à la suite des négociations que vous avez entreprises, sans notre accord, avec nos ennemis, les Outaouais et les Hurons ?

Schuyler se mordillait le bout d'un doigt. Réalisant le ridicule du geste, il s'interrompit et reprit un air sombre. Il se voyait forcé de reconnaître que Téganissorens avait raison. Lui-même s'était étonné de la décision de Fletcher de leur interdire de tenir conseil. Quand il lui avait fait part de ses craintes à ce sujet, le gouverneur les avait balayées d'un revers de la main. Les Iroquois n'avaient pas tenu compte de l'interdiction et s'étaient quand même réunis, en acheminant l'invitation trop tard à Schuyler pour qu'il puisse assister au conseil.

Mais Téganissorens continua :

— Je reconnais que nous autres, Onontagués, avons préparé le message de paix adressé au gouverneur Frontenac. Nous avons pris la décision non seulement de renverser la chaudière de guerre, mais de la briser à tout jamais. Et cela pour parer le dessein que les Français nourrissent d'envahir notre pays et le vôtre. De grands préparatifs de guerre sont en cours en Canada, où de nouvelles recrues sont arrivées récemment. Elles sont entraînées et bien armées, alors que nous manquons de tout. Nous n'avons plus ni armes ni munitions, et ni ta colonie ni tes voisines ne semblent capables de nous en fournir. Nous savons aussi que la grande expédition sur mer que vous avez lancée contre les Français, et en laquelle nous avions mis tant d'espoir, a encore misérablement échoué.

Schuyler échappa une grimace de contrariété. Bien que l'on eût tout fait du côté anglais pour éviter d'ébruiter la nouvelle de ce désastre, elle s'était tout de même répandue. Cela était de mauvais augure...

— Frère Quider, je te parle avec le cœur, continua l'orateur en adoptant un ton plus intimiste. La raison de ces démarches de paix réside dans la condition misérable à laquelle nous sommes réduits. La chair est fondue sur nos os, mais elle s'est placée sur ceux de tes voisins qui sont gras, prospères et bien portants. Nous sommes décimés, nos meilleurs guerriers sont tombés par dizaines et nous craignons pour notre survie. Pourquoi sommes-nous toujours seuls à porter le fardeau de la guerre ? Où sont tes frères du Massachusetts, du Connecticut, de la Pennsylvanie, du Maryland, de la Virginie ? Pourquoi ne sont-ils pas à vos côtés, aujourd'hui ? Ne font-ils pas partie de la même chaîne d'alliance et les Français ne sont-ils pas aussi leurs ennemis ?... Comme nous ne pouvons plus continuer seuls cette guerre, nous avons résolu de faire la paix. Tu veux, dis-tu, une trêve, et tu souhaites notre présence pour parlementer avec Cayenquirago ? Mais je n'ai pas autorité pour décider de cela. Je suis dans la main du grand conseil qui m'a délégué pour être à Québec. Quant au prêtre Millet, qui est pour nous Otasseté et dont tu nous parles sans cesse, il n'est pas si fourbe que tu le dis. Nous savons qu'il favorise sa nation d'origine et bien qu'il nous ait parfois déçus, il ne pourra jamais altérer la fidélité et l'attachement que nous avons toujours eus pour ton peuple. Enterre donc tout malentendu à son sujet et cesse d'accorder autant de crédit aux racontars de tes cupides porteurs de rhum.

Ce dernier trait piqua Schuyler au vif. La présence du père Millet chez les Onneiouts était une épine à son pied et il n'avait jamais cessé d'exiger son élimination, convaincu que c'était lui qui poussait les Iroquois à céder aux pressions de Frontenac.

Lorsque Téganissorens eut cessé de parler, un lourd silence retomba sur l'assemblée. Comme la rencontre n'était qu'exploratoire, il n'avait déposé aucun *wampum* et il n'était pas question d'entamer des discussions avant que les Anglais aient pu méditer cette entrée en matière. Il se leva donc, salua d'un bref coup de tête et quitta la pièce avec sa délégation. Les pourparlers étaient pour l'instant terminés, et Schuyler comprit que la suite était remise à plus tard. Au lendemain ou au surlendemain, selon la disponibilité des *sachems* qui, eux, avaient tout leur temps.

Figé sur sa chaise, le maire d'Albany demeura pantois. Il aurait souhaité crever l'abcès le jour même, arracher à ses alliés un engagement, un compromis, quelque chose qui aurait fait avancer le débat. Mais il avait manqué de tact. Ses reproches étaient malvenus et il s'en voulut d'avoir adopté le ton ferme et accablant préconisé par Fletcher. Les commissaires se trouvaient aussi interdits et avaient la mine longue. En détournant le regard vers la fenêtre, Schuyler vit que toute la ville était encore noyée dans la brume. Il pensa alors, résigné, qu'il ne rentrerait pas chez lui de sitôt. Puis il se tourna vers ses compères et leur annonça sur un ton laconique qu'il faudrait continuer à réfléchir pour trouver une solution qui satisfasse les deux parties.

— Quitte à poursuivre les discussions et à rencontrer un à un chacun des *sachems*... tant et aussi longtemps que nous n'aurons pas ramené ces égarés à la raison.

Albany était une petite ville fortifiée, entourée d'une palissade de bois au parcours en forme de cloche. La base courait le long de la rivière Hudson et son sommet abritait le nouveau fort, où était maintenue en permanence une petite garnison servant à protéger les habitants, en grande partie d'origine hollandaise, et à leur rappeler, s'ils venaient à l'oublier, qu'ils étaient désormais sujets britanniques. L'agglomération comptait environ cent cinquante bâtiments résidentiels et commerciaux, et abritait pas moins de sept cents personnes. On avait logé les délégués iroquois chez des commerçants et des traiteurs de fourrures, et installé Téganissorens et ses deux interprètes dans la maison familiale des Schuyler. La grande demeure, à vocation commerciale et résidentielle, occupait l'intersection des rues State et Pearl. Les trois hommes avaient refusé les chambres qu'on leur offrait, préférant plutôt camper à même le sol, dans le fond de la boutique située sous le logis.

C'était à cet endroit que fumaient tranquillement les *sachems*, cette nuit-là. Ils étaient assis en cercle sur leur natte posée sur la terre battue, les jambes ramenées sous les fesses. Une lumière vacillante surgie d'un âtre où mouraient quelques bûches éclairait des visages sombres et concentrés. Aux arômes du feu et à la fumée des pipes se mêlaient les exhalaisons des corps enduits de graisse et de peinture végétale. La nuit était jeune et les chefs avaient du temps devant eux. Dehors, la pluie tombait maintenant à verse et le ciel, sombre et bas, était chargé de nuages menaçants.

— Nous devons sortir de cette impasse, leur avait affirmé Téganissorens entre deux pipées, invitant ses frères à exprimer librement leurs sentiments.

Ils prirent la parole à tour de rôle et discutèrent longuement et avec fougue. Les arguments en faveur ou en défaveur d'une paix avec les Français furent à nouveau évoqués. Les avis divergents reflétaient le clivage qui régnait au sein du grand conseil. Certains proposaient d'accepter les conditions imposées par les Anglais, d'autres de refuser de négocier et de se retirer, d'autres encore de louvoyer au plus près pour éviter des dommages plus graves encore. Téganissorens était partisan de cette dernière approche.

— Il faut à tout prix, dit-il avec fougue quand son tour fut venu, éviter de se mettre dans le trouble. Faire la paix avec les Français et se retrouver le lendemain avec les colonies anglaises sur le dos ne nous avancerait guère. D'autre part, ne pas se rendre à Québec risquerait de nous attirer de graves représailles, et qui sait, une guerre impitoyable. En donnant aux Anglais comme aux Français l'impression que nous nous plions à leurs exigences, nous éviterons le pire. D'ailleurs, avons-nous le choix, coincés comme nous le sommes entre deux puissances qui exigent de notre part des actions si opposées ? Seuls nos frères, réunis en grand conseil, pourront véritablement trancher.

Quand le soleil réapparut, au petit matin, il éclaira brutalement une poignée d'hommes toujours plongés avec ferveur dans les méandres de leurs conjectures. Fourbus, la voix rauque d'avoir tant fumé et parlé, ils n'avaient pas encore arrêté de position commune. Ils s'accordaient néanmoins pour laisser traîner les choses. Il n'était guère dans l'habitude des sauvages de précipiter une décision pouvant s'avérer aussi lourde de conséquences. De surcroît, cela ferait monter les enchères et forcerait les Anglais à dévoiler leur jeu. Les Iroquois savaient à quel point ces derniers dépendaient d'eux pour leur survie. Téganissorens renvoya les chefs dans leurs quartiers en les enjoignant de lui faire part de toute tractation menée « sous terre » et s'engagea à les réunir à nouveau, sitôt que la situation le requerrait.

Dans les jours qui suivirent, Schuyler organisa différentes séances privées auxquelles Téganissorens et d'autres chefs furent convoqués à tour de rôle. Inlassablement, ceux-ci y répétèrent tout le détail des décisions prises à Onontagué, sans rien cacher de leur ferme intention de sceller une paix durable avec Frontenac.

Schuyler se battit comme un désespéré, en agitant tantôt la carotte, tantôt le bâton, pour forcer les Iroquois à revenir sur leur position. On leur fit de grandes promesses, entre autres celle de réunir bientôt tous les représentants des colonies membres de la chaîne d'alliance afin de former un front commun militaire et diplomatique. Une condition que les *sachems* jugeaient indispensable et qui, à elle seule, pouvait renverser la situation. Pour les intéresser davantage, on leur promit aussi un présent du roi plus considérable que tout ce qu'on leur avait alloué jusque-là. S'ils se présentaient à Albany au moment prescrit, on s'engageait à leur donner plus de cent fusils, mille livres de poudre, deux mille livres de plomb, mille pierres à feu, huit cent cinquante haches, douze douzaines de couteaux, en plus d'une grande quantité de vêtements et de provisions de toutes sortes.

Si, par contre, ils s'entêtaient à faire la paix avec les Français, leur assura-t-on, ils en paieraient le prix. Schuyler prit soin de bien agiter le spectre de la guerre.

Quand les délégués finirent enfin par s'entendre sur une position commune, ils voulurent la présenter aux Anglais.

Le conseil des affaires indiennes fut donc à nouveau convoqué.

L'assemblée s'ouvrit sous un clair ciel d'automne, lisse comme un miroir. Un soleil éclatant s'infiltrait par toutes les fenêtres de la salle du conseil et baignait la pièce d'une lumière aveuglante. En dépit de l'heure matinale, tout le monde était à son poste. Les Iroquois commençaient à trépigner d'impatience et n'avaient pas caché à Schuyler leur désir de rentrer chez eux. On avait beaucoup discuté de part et d'autre et il fallait en finir. Les membres du comité des affaires indiennes n'étaient pas fâchés non plus d'arriver au terme d'une série de rencontres qui les avaient tenus sur la brèche pendant dix jours.

— Frère Quider, tu as fermé le chemin du Canada et nous l'acceptons, déclara d'entrée de jeu Téganissorens.

Schuyler ébaucha un large sourire. Il était soulagé et se félicita de voir ses alliés revenus à de meilleurs sentiments.

— Après mûre réflexion, nous acceptons de n'avoir aucun contact avec les Français et de n'envoyer aucun député en Canada jusqu'à ce que tu nous convoques à nouveau ici même, avec Cayenquirago. Nous dirigerons vers toi tout ambassadeur français envoyé chez nous et toute lettre en provenance du Canada. J'ai cependant une requête à t'adresser.

— Parle sans crainte, mon frère. Si elle n'est contraire ni à la sécurité ni à l'honneur, elle sera acceptée, lui répliqua le maire d'Albany.

— Nous voulons que tu envoies un messager avec le nôtre aux Indiens christianisés du Canada pour leur dire que nous ne pourrons pas aller à Québec, puisque tu nous as convoqués au même moment à Albany. Nous voulons leur donner aussi l'assurance que nous retiendrons notre hache de guerre aussi longtemps qu'Onontio le fera. Si tu ne peux pas, nous voulons qu'on mette ce message par écrit et qu'on le leur envoie.

— Je verrai cela plus tard avec mes pairs. Continue, se borna à répondre Schuyler.

— Nous avons décidé, reprit l'Onontagué, d'envoyer trois ceintures de *wampum* aux christianisés. La première porte le message de notre absence, la seconde offre la liberté aux Français de venir négocier à Albany en toute sécurité, et la troisième leur donne quarante jours pour apporter une réponse.

Et Téganissorens étala devant lui les trois ceintures de porcelaine. Elles étaient tissées de façon traditionnelle avec des perles pourpres et blanches, savamment entremêlées.

Le major serra les mâchoires. Les Iroquois étaient rusés. Ils acceptaient la trêve tout en se ménageant une possibilité de compromis. Schuyler reconnaissait bien là leur proverbial sens politique. Mais lui aussi gagnait du temps. Il était persuadé que d'ici la rencontre avec Benjamin Fletcher, il saurait intéresser les colonies voisines à leur cause. Et il avait confiance dans le pouvoir de persuasion du gouverneur de l'État de New York, qui toujours avait su plier la réalité à sa volonté.

— Quant au père Millet, poursuivit l'émissaire iroquois, nous allons déposer des *wampums* devant les cabanes des principaux d'Onneiout pour leur demander de nous livrer les lettres qu'il reçoit du Canada et lui interdire de communiquer à nouveau avec son pays.

— Mais je veux ce maudit félon qui vous trahit sans cesse ! Qu'attendez-vous donc pour me le livrer ?

Le maire d'Albany s'était levé de sa chaise, dépassé par sa colère. Il ne supportait plus ces tergiversations chaque fois qu'il était question de ce damné curé.

Téganissorens laissa le temps aux interprètes de traduire la sortie de Schuyler, puis il se tourna vers ses acolytes. Des murmures étonnés couraient dans leurs rangs. Cette demande de livrer Millet refaisait constamment surface, mais c'était la première fois qu'on l'exprimait sur un mode aussi impérieux. Les Iroquois croyaient pourtant s'être fait comprendre à ce propos. Et la question était délicate, ce que Schuyler ne pouvait pas ignorer.

Profitant du moment de flottement, ce dernier glapit un ordre. Un officier apparut bientôt en tenant par la main un petit Indien fort joli qui paraissait intimidé. Il était vêtu d'une culotte de grosse toile enfilée sur une chemise propre et jetait autour de lui des regards effarouchés. Il ne devait pas avoir plus de quatre ou cinq ans.

— Comme je sais que vous avez besoin d'effectifs, j'ai pensé vous offrir en échange du père Millet ce petit homme, qui semble en excellente santé et fort vif d'esprit.

Le maire d'Albany leur présenta l'enfant en ébouriffant la chevelure noire et drue du garçonnet, qui ne disait mot et baissait la tête.

— C'est un prisonnier illinois. Il remplacera avantageusement le vieux jésuite et vous fera une meilleure relève.

Des chuchotements couraient de plus belle chez les chefs. Ils semblaient embarrassés. Téganissorens se retourna pour en consulter quelques-uns, puis il reprit bientôt :

— Frère Quider, nous sommes touchés et reconnaissants de la générosité et de la compréhension dont tu témoignes à notre égard. Cet enfant fera en effet une excellente relève, mais nous ne pouvons l'accepter pour le moment. Le père Millet a été adopté par les Onneiouts et il remplace

Otasseté, un grand guerrier. Il ne nous appartient pas de décider de le leur enlever. Je ne peux que déposer des *wampums* devant les cabanes des principaux Onneiouts pour leur faire part de ta requête. Et peut-être alors pourrons-nous, si ta demande est acceptée, te remettre le jésuite et prendre cet enfant en échange.

Cette fois, Schuyler n'insista pas et se retint d'exprimer la moindre contrariété. Il se promit cependant de revenir sur cette question quand Fletcher serait présent. Il fallait écarter à tout prix le jésuite, quitte à bousculer les coutumes de ses alliés.

Mais le négociateur enchaînait déjà, d'une voix où transparaissait une ferveur nouvelle :

— Mon frère, je te jure que si, lors de la prochaine rencontre, les grands capitaines de tes colonies sœurs sont présents, s'ils sont prêts à lever la hache de guerre et à joindre la chaîne d'alliance que les Français voudraient tant nous voir rompre, nous la tendrons à nouveau, nous la ferons briller de tous ses feux et ferons régner chez nos ennemis une terreur telle qu'ils maudiront le jour qui les a vus naître. Unis et solidaires comme les feuilles d'un même arbre, nous détruirons les Canadiens, cette race maudite, et l'éliminerons une fois pour toutes de la surface de la Terre !

Ce disant, l'Indien se leva et se mit à entonner un chant de guerre d'une voix puissante et gutturale. Les échos virils qui se répercutaient dans la pièce produisirent un tel effet d'entraînement que les autres délégués se pressèrent autour de Téganissorens et joignirent leur voix à la sienne. L'enthousiasme à son comble, ils se lancèrent dans une danse de guerre endiablée et trépidante, qui semblait témoigner d'une détermination à toute épreuve.

Schuyler était satisfait. La haine du Français était toujours présente et ne demandait qu'à être ravivée, ce qui constituait une excellente nouvelle pour les intérêts d'Albany. Il se félicitait de la tournure des événements. Certes, les Iroquois se rendraient quand même chez Frontenac, mais Schuyler doutait que ce dernier accepte les conditions qu'on voulait lui imposer. Les Iroquois avaient l'intention d'exiger une paix incluant les Anglais et négociée à Albany. Ils en faisaient une question de principe. Schuyler s'était bien gardé, cependant, de leur expliquer que ces choses-là se discutaient en haut lieu et qu'étant donné la guerre totale qui déchirait encore la France et l'Angleterre, Frontenac n'avait aucunement le pouvoir de prendre une telle décision.

En jetant un œil sur ses pairs, il put lire le soulagement sur leur visage. La partie paraissait gagnée et la menace de paix avec les Français écartée, du moins à court terme. Arrivés avec une détermination inquiétante, les Iroquois avaient fini par entendre raison. Après avoir remis à son tour des colliers, il ordonna la levée de l'assemblée. Puis on disposa de la requête de Téganissorens. Après des échanges houleux, les membres du conseil se résignèrent enfin à leur accorder au moins le droit d'envoyer un émissaire aux Iroquois catholiques. Cela leur parut un moindre mal et une concession de bon aloi.

Une fois les Iroquois rentrés dans leurs terres et la poussière retombée, il apparut à Schuyler qu'il avait écarté le gros du péril. Mais il avait encore bien des fers au feu. Il s'était engagé à débloquer les fonds nécessaires au versement du présent du roi, et surtout, à convaincre ses colonies voisines non seulement d'assister à la prochaine rencontre avec Fletcher, mais également de fournir des armes, des munitions et des hommes. Heureusement qu'il pourrait compter sur le gouverneur de New York, qu'il savait dévoué corps et âme au succès de leur cause commune.

Il relut la courte lettre qui lui était adressée.

Les sachems des Cinq Nations sont venus ici et j'ai lutté avec eux plus de dix jours, comme Son Excellence le constatera par les procès-verbaux ci-inclus. Nos Iroquois étaient frappés de terreur et fatigués de la guerre avec le Canada, et n'avaient plus confiance dans notre pouvoir de les protéger contre la puissance grandissante des Français. Mais j'ai réussi à gagner du temps jusqu'au jour où Votre Excellence viendra, et ils se sont tous engagés à être ici, même Téganissorens, sur la présence duquel le gouverneur du Canada comptait tant pour la suite de ses pourparlers de paix. Les Français seront forcés de constater que les Iroquois sont toujours aussi étroitement soumis à la loi d'Albany.

Mais j'appréhende que par l'habileté du jésuite qui est dans leur pays, ils soient persuadés de façon contraire. J'ai cependant une grande confiance en vos qualités de négociateur. Je n'ai eu d'autre choix, malheureusement, que de promettre à nos sachems beaucoup plus que ce que nous leur avons alloué les autres fois, ce qui n'a jamais été tellement considérable, après tout. Si nous perdons nos Indiens, qui sont notre bouclier le moins cher et le plus sûr contre les Français, notre situation deviendra critique.

J'attends incessamment vos directives, et je demeure votre tout dévoué, Pieter Schuyler.

Le major n'eut aucune difficulté à imaginer la tête que ferait le gouverneur du Canada quand il comprendrait que son rêve de paix lui échappait à nouveau. Cette seule idée lui causa un vif plaisir et il en fit ses délices pendant un long moment.

Il se dit que le vieux courtisan n'était pas encore au bout de ses peines. Son cauchemar ne faisait que commencer, se promit-il, et on allait bien voir lequel, du comte de Frontenac ou de lui, aurait finalement gain de cause. Il se jura de mettre farouchement tout en œuvre pour empêcher son vieil ennemi de réaliser la moindre alliance avec les Iroquois. Et quant à ces derniers, jusqu'à preuve du contraire et quoi qu'il arrive, il n'aurait d'autre choix que de leur garder résolument le couteau sur la gorge.

Glossaire

ABÉNAQUIS : Peuple algonquien qui occupait le territoire qui est devenu plus tard la Nouvelle-Angleterre. Il y avait les Abénaquis de l'Ouest et les Abénaquis de l'Est. On les désignait comme le « peuple du soleil levant ». Tout le long du XVIIe siècle, ils combattirent les colonies anglaises qui cherchaient à les assimiler et à leur enlever leurs terres, et s'allièrent aux Français.

AGNIERS : L'une des cinq tribus de la Confédération iroquoise. Elle habitait la vallée de la rivière Mohawk, tributaire principale du fleuve Hudson. Son territoire s'étendait au nord, vers le lac Champlain et le Saint-Laurent, au sud, jusqu'au cours oriental de la rivière Susquehanna, à l'est, jusqu'au territoire des Mohicans.

ALBANY : Petite ville de l'État de New York située à l'embouchure de la rivière Hudson et où se tenaient toutes les rencontres diplomatiques et commerciales avec les Iroquois. Elle seule avait le mandat de négocier avec les autochtones.

ANDASTES : Une tribu de la grande famille huronne-iroquoise qui habitait dans la haute vallée de la rivière Susquehanna, sur l'actuel territoire de la Pennsylvanie, du Maryland et du New Jersey. Tout le long du XVIIe siècle, elle fut en guerre avec l'une ou l'autre des Cinq Nations iroquoises.

BAIE VERTE : Mission jésuite aussi appelée « baie des Puants », sur la rive ouest du lac Michigan, et où vivait la tribu des

Sakis. Son nom viendrait du fait que les guerriers de la région portaient des jambières de peaux de mouffettes lorsqu'ils partaient en expédition.

BATTERIE : Lieu couvert d'un parapet où l'on plaçait des canons. À l'encontre du bastion, elle n'avait pas de configuration géométrique particulière, quoiqu'elle ait pu prendre la forme d'un bastion, comme la batterie royale de la basse-ville de Québec.

BRÛLOT : Petite embarcation remplie de matières combustibles et destinée à brûler les vaisseaux ennemis.

CHAÎNE D'ALLIANCE : Voir le contexte historique, à la page 9.

CINQ CANTONS OU CINQ NATIONS : La Confédération iroquoise, les Cinq Nations, les Cinq Cantons ou la Ligue iroquoise sont autant de termes qui renvoyaient à la même réalité. Il s'agit des cinq peuples iroquois : les Agniers, les Onneiouts, les Onontagués, les Goyogouins et les Tsonontouans, regroupés en confédération. Ils occupaient un territoire allant de la rivière Genesee à l'ouest, au fleuve Hudson à l'est, en passant par la région des lacs Finger. On estime que la population iroquoise au moment du contact avec les Européens oscillait entre 10 000 et 15 000 personnes.

CLIENTÉLISME : C'est une forme de sociabilité nobiliaire que de se grouper en réseaux d'amitiés : cousinage, camaraderie de collège et de combat, compagnonnages, affinités diverses, rencontres de voisinage, etc. Ces chaînes de solidarité mettaient en relation trois types de personnages : le patron, le client et le courtier. Cela permettait aux grandes familles de se rattacher aux sources du pouvoir et du profit. Ces réseaux horizontaux cherchaient à s'agréger à des réseaux verticaux, à trouver en d'autres termes l'appui d'un ou de plusieurs Grands.

COLBERT, JEAN-BAPTISTE (1619-1683) : Un des grands commis de Louis XIV. Il réussit à prendre la place de Nicolas Fouquet, alors surintendant des Finances, en dénonçant sa gestion financière. Remarquable gestionnaire, il développa le commerce et l'industrie par d'importantes interventions de l'État. Son nom est resté attaché à sa politique, le colbertisme.

CONDOTTIÈRE : Terme italien désignant au Moyen Âge un chef de soldats mercenaires.

COLONIES ANGLAISES : À l'époque de Frontenac, les treize colonies britanniques d'Amérique du Nord n'étaient que douze et étaient situées entre la Nouvelle-Écosse et la Floride, l'Atlantique et les Appalaches. Elles s'échelonnaient le long de la côte, du nord au sud, dans l'ordre suivant : Massachusetts, New Hampshire, New York, Rhode Island, Connecticut, New Jersey, Pennsylvanie, Delaware, Maryland, Virginie, Caroline du Nord, Caroline du Sud. La treizième colonie, la Georgie, ne fut intégrée qu'au XVIIIe siècle.

CONGÉS : Permis alloués par le gouverneur et l'intendant à des individus ou des communautés religieuses pour faire la traite des fourrures dans l'Ouest. Ils ont été implantés à partir de 1661. Les bénéficiaires les revendaient souvent à des commerçants ou s'associaient à eux. Leur nombre fut théoriquement limité à 25 par année, limitation qui a toujours été contournée. Un congé valait autour de 1000 livres.

CONSEIL SOUVERAIN : Organe administratif créé en 1663 par Louis XIV sur le modèle de ceux qui géraient les provinces de France et qu'on pourrait comparer aux parlements. À l'origine, il se composait de l'évêque, du gouverneur, de l'intendant et de cinq conseillers. Tribunal d'appel en matières civiles et criminelles où ressortissaient les causes provenant des cours de justice inférieures, ses jugements n'étaient révocables que par le conseil du roi. Il participait notamment à la réglementation du commerce et de l'ordre public, sans compter qu'il devait enregistrer les édits, ordonnances et commissions du roi pour les faire reconnaître dans la colonie.

COURIR L'ALLUMETTE : Pratique amérindienne qui consistait pour les hommes à se rendre de nuit dans la cabane de la femme convoitée pour lui présenter un brandon enflammé. Si elle soufflait dessus pour l'éteindre, c'est qu'elle l'acceptait auprès d'elle. Sinon, elle se cachait le visage ou lui tournait le dos, et le prétendant comprenait qu'il était éconduit et se retirait. Il semble que les femmes en faisaient autant.

DAMOISEAU : Jeune homme qui faisait le beau et l'empressé auprès des femmes (par plaisanterie). Aussi, anciennement, c'était le titre donné au jeune homme qui n'était pas encore chevalier.

DROIT DE CUISSAGE : Coutume conférée aux seigneurs du Moyen Âge de passer une jambe nue dans le lit de la mariée. On dit que ce droit a pu être racheté à prix d'argent, puis qu'il s'est changé en un impôt sur le mariage. Des écrivains et historiens des siècles suivants, tels Voltaire dans son *Essai sur les mœurs* ou Jules Michelet, ont accrédité la thèse que ce droit permettait à un seigneur d'avoir des relations sexuelles avec la femme d'un vassal ou d'un serf, la première nuit de ses noces.

FONTANGE OU COIFFURE À LA FONTANGES : Coiffure adoptée par mademoiselle de Fontanges alors qu'elle était la maîtresse de Louis XIV. Galopant avec le souverain lors d'une partie de chasse, mademoiselle de Fontanges se prit les cheveux dans une branche d'arbre. D'un geste rapide, elle rattacha sa chevelure en la relevant sur le sommet de sa tête. Le roi, ébloui par cette vision, lui demanda de ne pas en changer. Pour permettre toutes les extravagances de la cour, la coiffure était faite d'une monture en laiton supportant des ornements de toile séparés par des rubans et des boucles de cheveux postiches. Cette mode devait survivre plus de vingt ans après la mort de la jeune duchesse.

GOYOGOUINS : Une des Cinq Nations iroquoises du XVIIe siècle. Elle appartenait à la famille linguistique iroquoienne. Elle occupait le centre-ouest de l'actuel État de New York, de part et d'autre du lac Cayuga.

GUERRE DE HOLLANDE : Guerre qui se déroula de 1672 à 1678. Elle opposa la France et ses alliés (Angleterre, Münster, Liège, Bavière, Suède) à la Quadruple Alliance comprenant les Provinces Unies, le Saint-Empire, le Brandebourg et l'Espagne.

GUILLAUME III D'ORANGE ET JACQUES II : Le premier, un protestant, enleva le trône d'Angleterre au second, un catholique. Cela donna lieu à la guerre de la ligue d'Augsbourg, appelée aussi « guerre de Neuf Ans » (1688-1697). Elle opposa la France, sous la monarchie de Louis XIV, alliée au Danemark et à l'Empire ottoman, à une grande coalition, d'abord défensive. Celle-ci comptait principalement l'Angleterre, sous la monarchie constitutionnelle de Guillaume d'Orange, l'empereur d'Allemagne et plusieurs Électeurs, l'Espagne, les Provinces Unies, la Savoie et la Suède. Cette guerre était issue de l'opposition entre les

Bourbon et les Habsbourg, notamment pour le contrôle de l'Espagne.

HOLLANDAIS : Les Hollandais s'implantèrent en 1613-1614 à l'embouchure de l'Hudson et fondèrent la colonie de la Nouvelle-Hollande. Sa capitale, la Nouvelle-Amsterdam (aujourd'hui New York), fut établie en 1625 par Peter Minuit, dans l'île de Manhattan. Cette colonie passa sous domination anglaise en 1664.

HÔTE ORDINAIRE : Frontenac avait fait de La Hontan son hôte ordinaire, ce qui signifie que le jeune officier mangeait à sa table régulièrement et pouvait aussi dormir au château Saint-Louis quand il le voulait. Cette habitude chez les aristocrates d'accueillir des gens moins nantis était courante au XVIIᵉ siècle. Frontenac a lui-même été l'hôte ordinaire de monsieur de Bellefonds, à Versailles, avant son retour en Nouvelle-France.

INDIENS CHRISTIANISÉS OU DOMICILIÉS : Synonymes. Indiens de différentes provenances (Iroquois, Nipissingues, Abénaquis, Hurons, Algonquins, etc.) qui s'installèrent en Nouvelle-France, près des agglomérations de Québec, Trois-Rivières et Montréal. Ils le firent pour des motifs religieux, économiques ou stratégiques. Ils combattirent pour les Français.

MADRIGAL ET LAI : Le madrigal est une courte pièce de vers exprimant une pensée ingénieuse et galante. À la cour de Louis XIV, c'était un compliment galant. Le lai est, au Moyen Âge, un poème narratif ou lyrique.

MER VERMEILLE : On croyait fermement à l'époque qu'il existait une route maritime occidentale des Indes, un passage qui traversait l'Amérique du Nord vers une hypothétique mer de l'Ouest, qu'on qualifia de Mer Vermeille. Les

Européens poursuivirent inlassablement sa recherche pendant trois siècles.

MICHILLIMAKINAC : Poste de commerce fortifié fondé en 1681 par les Français sur la rive nord du détroit Makinac, entre les lacs Michigan et Huron. Il était situé dans un lieu stratégique pour créer des alliances avec les peuples amérindiens. C'était une composante essentielle du réseau de commerce français qui s'étendait de Montréal jusqu'à la région des Grands Lacs et du Nord-Ouest au-delà du lac Winnipeg. Il a servi de poste de ravitaillement et de premier point d'arrêt entre Montréal et les contrées de l'Ouest. Le fort servait aussi à protéger les intérêts français contre les ambitions coloniales des nations européennes.

MITASSES : Jambières de peau, de cuir ou de toile qui protégeaient du froid.

MOHICANS : Les Mohicans (dont le nom signifie « loup » dans les dialectes algonquiens) occupaient la partie supérieure de la rivière Hudson et du lac Champlain. Ils s'allièrent aux Hollandais et luttèrent longtemps contre les Agniers pour le contrôle des fourrures dans la région de la rivière Hudson.

MOUSQUETAIRE : Fantassin armé d'un mousquet. Le mousquet, inventé pour pallier le manque de puissance de l'arquebuse, était encore largement utilisé à l'époque de Frontenac.

NOBLESSE DE ROBE ET NOBLESSE D'ÉPÉE : En France, sous l'Ancien Régime, la noblesse de robe rassemblait tous les nobles qui occupaient des fonctions de gouvernement, principalement dans la justice et les finances. Ces personnes devaient avoir fait des études universitaires et donc revêtir la robe ou toge des diplômés de l'université. Ils furent aussi nommés « robins » ou « hommes de robe ». Cette expression s'oppose à la noblesse d'épée, ces nobles occupant les traditionnelles fonctions militaires de leur groupe social. On rattachait généralement la noblesse de robe à la noblesse récente (créée au XVIe siècle), et la noblesse d'épée à la noblesse d'extraction (très ancienne et sans trace d'anoblissement), mais ce rattachement est parfois abusif. Frontenac était un pur représentant de cette noblesse d'épée.

OFFICIER RÉFORMÉ : Militaire de quelque grade que ce soit dont la compagnie n'est pas complétée, faute d'un nombre suffisant d'hommes (une compagnie comptait cinquante hommes sous le régime français), et qui sert de surnuméraire.

ONNEIOUTS : L'une des Cinq Nations iroquoises. Le terme onneiout signifiait le « peuple de la pierre debout ». Comme les autres nations iroquoises, les Onneiouts cultivaient le maïs, le haricot, la courge. Cette tribu fut surnommée, avec les Goyogouins (autre tribu des Cinq Nations), « les jeunes frères ». Leur territoire s'étendait de l'actuel Utica, New York, jusqu'au lac Oneida.

ONONTIO : Terme signifiant « grande montagne » en algonquin. Il a été donné par les Amérindiens au premier gouverneur de la Nouvelle-France, Charles Huault de Montmagny, et a toujours été utilisé par la suite pour désigner ses successeurs. Une expression qui s'est particulièrement appliquée au comte de Frontenac, qui a occupé la fonction de gouverneur général pendant dix-huit ans et lors de deux administrations, de 1672 à 1682 et de 1689 à 1698, date de sa mort.

OUTAOUAIS : Peuple de langue algonquienne qui vivait au nord du territoire des Hurons, en amont des Grands Lacs, à l'époque de l'arrivée des Français. Selon une tradition des Outaouais, ils formaient jadis un seul peuple avec les Ojibwés et les Poteouatamis. Leur division semble s'être faite à Michillimakinac, point de rencontre des lacs Huron et Michigan. Les Outaouais vivaient près de Michillimakinac, tandis que les Poteouatamis étaient installés plus au sud en remontant le lac Michigan, et les Ojibwés à Sault-Sainte-Marie, au nord-ouest.

PAYS DU TENDRE : Représentation topographique et allégorique du pays de l'amour, où l'amant doit trouver le chemin du cœur de sa dame, entre maints périls et maintes épreuves. La carte du pays du Tendre, plus communément appelée « carte du Tendre », a été élaborée collectivement, en 1653-1654, par les habitués du salon de mademoiselle de Scudéry, avant que celle-ci ne l'intègre à son roman *Clélie, histoire romaine*.

PETITE GUERRE : La petite guerre a pris naissance dans la colonie laurentienne au cours de la seconde moitié du XVIIe siècle, comme conséquence directe des raids iroquois des années 1640 et 1650. La population peu nombreuse de la colonie française fut amenée par cette expérience terrifiante à adopter les tactiques et les pratiques barbares de son tenace ennemi. C'était une guerre de razzias, de guets-apens, d'attaques-surprises, d'escarmouches et de tirs d'embuscades meurtriers provenant du couvert de la forêt. Dépassée en nombre par la population des colonies anglaises depuis le milieu du XVIIe siècle, la Nouvelle-France n'aurait pu survivre autrement pendant aussi longtemps.

PURITAINS : Groupe d'une centaine d'Anglais, connu plus tard sous le nom de « Pères pèlerins », qui aborda au cap Cod en décembre 1620. C'étaient des religieux de stricte observance et de culte calviniste, qui pratiquaient une vie communautaire intense et avaient une discipline sociale et morale sans faille. Ils quittèrent l'Angleterre à cause de l'intransigeance religieuse des souverains Jacques 1er et Jacques II, champions déterminés de l'anglicanisme. Ces «dissidents» puritains désiraient vivre librement leur foi et fonder des communautés reposant sur la «loi de Dieu». Persuadés d'être ses élus, ils accaparèrent les nouvelles terres et firent une guerre féroce aux autochtones pour les en déposséder.

QUARTIERS DE NOBLESSE: Ascendance noble dont la filiation est attestée. On faisait la preuve d'un certain nombre de quartiers pour entrer dans les collèges ou ordres, qui exigeaient la noblesse paternelle et maternelle. Il y avait des fonctions au sein de l'Église qui demandaient jusqu'à seize et trente-deux quartiers.

REDOUTE: Anciennement, ouvrage de fortification isolé et détaché.

RÉDUIT: Petit ouvrage de fortification disposé à l'intérieur d'un autre et pouvant servir d'abri.

RELIEFS: Ce qu'on enlève d'une table servie, ce qu'il en reste.

ROBES NOIRES: C'est ainsi que les Indiens appelaient les jésuites missionnaires. En référence à leur longue soutane noire.

SACHEM: Terme emprunté à l'algonquin. Signifie «dirigeant suprême d'une tribu», généralement un ancien, qui faisait office de conseiller et de chef chez les peuplades indiennes du Canada et du nord des États-Unis. Synonymes: chef, grand chef, sagamo, grand sage, capitaine, grand capitaine.

SALMON FALLS : Petite ville frontière anglaise située près de Portsmouth, Massachusetts, et qui fut attaquée avec succès en 1690 par les hommes de Frontenac.

SCHENECTADY : Petite ville de l'État de New York située au confluent du fleuve Mohawk et de la rivière Hudson. Elle fut d'abord peuplée par les Néerlandais arrivés au début du XVIIe siècle. Les Agniers baptisèrent leur campement *Schau-naugh-ta-da*, ce qui signifie « près des pins ». Le mot fut adopté pour désigner les rives de la rivière Mohawk où la ville était construite.

SOUS TERRE : Expression utilisée par les Indiens pour rendre compte d'activités faites secrètement.

TAPABORD : Chapeau ou bonnet « à l'anglaise ». Il se portait aussi bien le jour que la nuit et ses bords se rabattaient afin de se protéger des vents et du froid.

TÊTES-DE-BOULE : Surnom donné par les Français aux Atikameks.

TOMAHAWK : Casse-tête utilisé par les autochtones contre leurs ennemis. C'était une arme faite d'un manche de bois ou de métal à l'extrémité duquel était fixée une petite lame de métal ou de pierre très aiguisée. Les autochtones ne se déplaçaient jamais sans elle.

TRIBUS DES GRANDS LACS : Cette expression fait référence à plusieurs tribus qui gravitaient autour des lacs Huron, Michigan et Supérieur, dont les Hurons (Wyandots), les Outaouais, les Poteouatamis, les Sauteux, les Missisaugés, les Sioux et les Ojibwés.

TRIBUS DE L'ILLINOIS ET DU MISSISSIPPI : Expression désignant plusieurs tribus qui gravitaient au sud-ouest des Grands Lacs, autour des fleuves Illinois et Mississippi. Ce sont, entre autres, les Illinois, les Miamis, les Mascoutens, les Kicapous, les Puants, les Assiniboines et les Mandanes.

TRUCHEMENT : Interprète.

TSONONTOUAN : La plus puissante et la plus populeuse des cinq tribus iroquoises. Leur nom signifiait « peuple de la grande colline ». Leur tribu jouissait d'une grande influence politique au sein de la Confédération. Ils occupaient la région la plus à l'ouest du territoire iroquois. Leur rôle symbolique était celui de « gardiens de la porte occidentale de la cabane longue » ou de « défenseurs des frontières occidentales du territoire iroquois ». Ce peuple d'agriculteurs vivait de la culture du maïs, du haricot et des courges, de la chasse, de la pêche et de la cueillette des plantes sauvages.

VERTUGADIN : Il s'agissait d'un bourrelet ou cercle porté sous la jupe pour la faire bouffer autour des hanches ; robe munie de ce bourrelet. On disait aussi un panier.

Notes de l'auteure

Chapitre 1

Il existe peu d'informations sur les années que Frontenac a passées en France, entre sa première et sa seconde administration, de 1682 à 1689. Le peu que nous en savons provient du livre d'Ernest Myrand, *Frontenac et ses amis*, qui s'est lui-même documenté auprès d'Henri Lorin, dans *Le comte de Frontenac*. L'historien William Eccles dans *Frontenac, the Courtier Governor*, en fait également état. L'homme était notoirement désargenté et criblé de dettes. Sa femme et ses amis l'ont souvent épaulé durant ces années. Les calomnies lancées contre le gouverneur par des courtisans malveillants sont tirées du même livre de Myrand, qui les attribue à Saint-Simon, dans ses *Mémoires*.

J'ai brodé librement sur la conversation qu'a eue Louis de Buade avec ses interlocuteurs lors de la fête donnée en son honneur. Elle va toutefois dans le sens de la politique de découverte et d'expansion territoriale qu'il a menée tout au long de sa première administration. Le projet de conquête de la Nouvelle-York, préparé et présenté par Hector de Callières au ministre et au roi, est exact, de même que le reste du chapitre.

Chapitre 2

Plusieurs événements rapportés dans ce chapitre sont décrits par des historiens tels que W. J. Eccles dans *Frontenac, the Courtier Governor*, Léo-Paul Desrosiers dans *Iroquoisie*, Le Roy Bacqueville de la Potherie dans *Histoire de l'Amérique septentrionale*, et par le père de Charlevoix dans *Histoire et description générale de la Nouvelle-France*. La *Correspondance de Frontenac* m'a également été utile. Par contre, j'ai inventé les détails de cette promenade du gouverneur dans Montréal et les contacts qu'il a pu établir avec la population, puisque l'histoire n'en fait pas mention.

Chaque fois que Frontenac migrait à Montréal pour la session d'été, j'ai indiqué qu'il s'installait au «château de Callières». Peut-être a-t-il habité ailleurs, mais je n'ai pas trouvé cette information.

La conversation entre Frontenac et le sieur de Valrennes à propos de la destruction du fort Cataracoui a bel et bien eu lieu, et les propos rapportés sont ceux des historiens.

Chapitre 3

Cette conversation qui aurait eu lieu entre Denonville, le gouverneur sortant, et Frontenac, est fictive. Un semblable échange de vues a sûrement eu lieu entre les deux hommes qui, nous le savons, ne s'aimaient pas particulièrement, mais l'histoire en fait seulement mention sans rapporter le contenu de la discussion. J'ai donc imaginé la scène, en utilisant des arguments qui opposaient les protagonistes. Pour bien étayer les idées de Denonville, j'ai consulté *Le marquis de Denonville, gouverneur de la Nouvelle-France, 1685-1689*, de Jean Leclerc, et *Un marquis du grand siècle, Jacques-René de Brisay de Denonville, 1637-1710*, de Thérèse Prince-Falmagne. Quant à Frontenac, il est persuadé que la destruction de Fort Cataracoui était une erreur fatale, que l'arraisonnement des prisonniers iroquois lors de l'invasion du pays tsonontouan par Denonville s'était faite par traîtrise et que leur envoi aux galères aurait mené au massacre de Lachine et aux suivants. Une erreur que dément clairement Jean Leclerc, dans l'ouvrage cité ci-dessus, de même que W. J. Eccles, dans *Frontenac, the Courtier Governor*.

Chapitre 4

Les informations historiques disséminées dans ce chapitre sont tirées de sources sûres. Les difficultés qu'a eues Frontenac à composer avec l'intendant Duchesneau, lors de son administration précédente, sont bien documentées. Frontenac se croyait en droit d'exercer seul le pouvoir et le rôle important dévolu à l'intendant lui était une épine au pied. Frontenac s'est réinstallé au château Saint-Louis avec l'intention d'y entretenir un petit Versailles, ce qu'il a fait. La rencontre avec Champigny est imaginaire, mais a certainement eu lieu. Il est facile d'inventer, à partir de ce que l'histoire nous dit des accrochages entre ces deux personnages, ce qui a pu les diviser dès l'abord. Champigny et Frontenac s'entendront d'ailleurs très mal tout le long des neuf années qui suivront, sans toutefois aller jusqu'à la rupture. D'ailleurs, les responsabilités de chacun étant mal définies, cela créait des ambiguïtés, des chevauchements et des conflits inévitables. Une situation voulue par le roi et dont il tirait profit, puisque l'intendant devait refréner le gouverneur et rapporter au ministre le moindre de ses faux pas. Frontenac, de son côté, ne s'est jamais retenu d'en faire autant contre Champigny. Ce conflit de juridiction a joué également dans les autres provinces de France.

La scène du conseil de guerre est également imaginaire, quoiqu'il ait bien fallu que Frontenac réunisse ses officiers pour lancer ses expéditions vengeresses contre les colonies anglaises. Pierre Le Moyne d'Iberville était bien au Canada à cette époque, de retour de son glorieux périple à la baie d'Hudson. Il est plausible qu'il ait été présent, puisqu'il a été de ceux qui ont commandé l'expédition contre Schenectady.

Quant à Perrine, la maîtresse de Frontenac, son existence est purement imaginaire. Nous savons toutefois qu'il était un homme à femmes. Si l'histoire ne nous rapporte pas ses infidélités conjugales au Canada (il était toujours marié devant l'Église, bien que séparé de fait d'Anne de la Grange-Trianon, son épouse légitime), cela ne nous empêche pas de les imaginer. Les détails sur la relation houleuse de Frontenac avec Anne de la Grange-Trianon sont fournis par Ernest Myrand, Henri Lorin et W. J. Eccles dans les œuvres déjà citées.

Chapitre 5

La conversation entre monseigneur de Saint-Vallier et Frontenac est inventée, mais les thèmes qui s'y retrouvent sont bien réels. Le manque de curés, l'insistance du roi à former des cures fixes et sa menace de supprimer les fonds à l'Église, la question de la dîme, le commerce des fourrures, l'eau-de-vie, le puritanisme du clergé, sa campagne contre la danse sont autant de problèmes qui pouvaient concerner le gouverneur et l'évêque, à cette époque-là, et qui sont bien documentés.

Les tractations menées par les membres du conseil souverain pour inviter Frontenac à venir siéger ont été décrites de long en large par l'historien Francis Parkman, dans *Count of Frontenac and New France under Louis XIV*, et reprises aussi par l'historien W. J. Eccles dans le livre déjà cité.

L'envoyé de Frontenac, Nez Coupé, a bel et bien rencontré les délégués iroquois à Onontagué en décembre de cette année-là. C'est Cadwallader Colden, dans *The History of the Five Nations of Canada*, qui fait mention de ce qui se serait discuté dans ce conseil, de même que Léo-Paul Desrosiers, dans le quatrième tome de *Iroquoisie*. Ce dernier suppose que le père Pierre Millet, jésuite, y aurait assisté en sa nouvelle qualité de *sachem*, adopté sous le nom d'Otasseté. Une supposition appuyée par la lecture de *Pierre Millet en Iroquoisie au XVIIᵉ siècle*, de Daniel St-Arnaud. Mais comme le verbatim n'a pas été rapporté, j'ai reconstruit son discours, en tenant compte du fait qu'il était certainement favorable aux offres de paix de Frontenac et qu'il parlait pour les Onneiouts, dont plusieurs étaient chrétiens et francophiles. Les tractations menées par les Indiens alliés des Français, en particulier les Outaouais, se sont produites telles que je les ai décrites.

Chapitre 6

Le retour des officiers Pierre Le Moyne d'Iberville et Le Ber Duchesne est avéré, de même que les informations sur la bataille de Schenectady. J'ai imaginé la rencontre des deux officiers avec Callières, en utilisant les données fournies par Léo-Paul Desrosiers dans *Iroquoisie*, tome IV. La lettre écrite par Callières à Frontenac est authentique, de même que les autres informations historiques de ce chapitre. La rencontre entre Nez Coupé et Callières se serait déroulée de cette façon, selon plusieurs sources.

Chapitre 7

Duchouquet est bien le serviteur de Frontenac. Par contre, Perrine et Mathurine sont des personnages inventés. Catherine Lamarque, cette cabaretière de Montréal devenue la Folleville, a vraiment existé et son procès a fait couler beaucoup d'encre. J'ai trouvé intéressant de mentionner l'existence de cette femme qui a mené une vie hors des sentiers battus, ce qui démontre qu'il y a eu des femmes marginales et rebelles, même à cette époque. Son histoire est rapportée par Robert-Lionel Séguin dans *La vie libertine en Nouvelle-France au dix-septième siècle*. Le médaillon qui aurait été découvert par Perrine est une copie imaginaire de la toile qui existe encore quelque part en France et qui représente Anne de la Grange-Trianon en costume de Minerve.

On pourrait s'étonner du type de relation qui existe ici entre Frontenac et Perrine, mais cela est plausible si l'on en croit ce qu'en dit Robert-Lionel Séguin, dans le livre déjà cité. Les aventures galantes sont nombreuses à cette époque, malgré l'intransigeance du clergé, et Frontenac avait la réputation d'adorer les femmes. Je ne vois pas pourquoi il s'en serait privé, d'autant que son épouse ne l'avait pas accompagné au Canada. Sa position de gouverneur devait d'ailleurs lui favoriser la chose, à la condition que tout se fasse secrètement pour éviter les foudres des curés.

Nez Coupé s'est bien présenté devant Frontenac à Québec pour lui rendre compte des résultats des négociations entreprises avec les Iroquois. Les tractations entre Colin, Oureouaré, Frontenac et Gagniégaton ont eu lieu et les documents en font mention.

Le chevalier d'O et sa délégation sont partis pour l'Iroquoisie. Le fils unique de Frontenac serait mort prématurément, prétendument lors de la bataille de l'Estrunvic, bien que certains historiens prétendent qu'il serait plutôt décédé des suites d'un duel. Comme rien n'est sûr, j'ai opté pour la première hypothèse.

Chapitre 8

Les événements de ce chapitre sont documentés par différentes sources. La lettre du père Carheil a été transcrite textuellement. La situation était grave et appelait une riposte musclée, ce que fit Frontenac en envoyant à Michillimakinac Nicolas Perrot et La Porte de Louvigny. Je n'ai fait qu'imaginer la scène que j'ai documentée avec, entre autres, *Mémoire sur les mœurs, coustumes et relligion des sauvages de l'Amérique septentionale*, de Nicolas Perrot.

J'ai également reconstitué une réunion d'état-major avec Nicolas Perrot et La Porte de Louvigny, que Frontenac nomme en remplacement de La Durantaye, pour des raisons que j'explique au chapitre 9. L'expédition envoyée à Michillimakinac s'est bien rendue, et les choses se seraient passées telles que je les ai rapportées. Cela est bien documenté, en particulier par le père Charlevoix, Bacqueville de la Potherie et Léo-Paul Desrosiers.

Le capitaine Davis a été ramené en captivité et gardé au château Saint-Louis après la chute de Casco Bay. Frontenac avait l'habitude de recevoir ainsi ses prisonniers anglais et de les inviter à sa table. J'ai imaginé la conversation entre Davis et Frontenac à partir des informations trouvées chez Francis Parkman, dans *Count Frontenac and New France under Louis XIV*. Les données concernant l'état des colonies anglaises sont fournies par différentes sources. La colère de Frontenac contre ses officiers pour leur non-respect de la parole donnée n'est mentionnée que par Parkman. Il me semble que cela aide à comprendre la mentalité de la vieille noblesse d'épée à laquelle Frontenac appartenait.

Chapitre 9

De façon générale, j'ai suivi, dans ce chapitre comme dans les autres, la chronologie et les informations fournies par Léo-Paul Desrosiers dans *Iroquoisie*. Pour le reste, j'ai imaginé une situation qui mettait en scène Frontenac et son secrétaire, Charles de Monseignat, ainsi que François Provost, major de Québec. La *Correspondance de Frontenac* m'a aussi servi ici. Cela me permettait de passer des informations pertinentes. J'ai aussi imaginé la rencontre qu'a dû avoir Frontenac avec Pierre Le Moyne d'Iberville lorsqu'il lui a remis le brevet du roi lui commandant d'aller guerroyer du côté de la baie d'Hudson. La lettre du roi lui accordant cette commission est citée textuellement. Les racontars sur Iberville sont bien documentés et un procès a eu lieu, à l'issue duquel il s'est retrouvé coupable de rapt et de séduction.

Il y eut bien une rencontre entre Frontenac et Tonty, vers cette époque, mais l'histoire ne rapporte pas le contenu de la conversation qui en a résulté. Les informations que j'y glisse sont cependant documentées. Cet Italien était commandant du fort Saint-Louis des Illinois et veillait, comme Nicolas Perrot, à garder les Indiens de cette région dans le giron des Français. Comme La Salle avant lui, Tonty est redevable de son poste à Frontenac, et surtout du monopole de la traite que ce dernier prétend que le roi lui a octroyé. Aussi partage-t-il avec Frontenac une partie des fourrures qu'il tire de ses opérations commerciales.

La façon dont les Iroquois ont reçu la délégation du chevalier d'O est rapportée par plusieurs historiens. J'ai cependant tenté de décrire la scène en me basant sur les nombreuses descriptions de torture contenues dans les quatre tomes de *Iroquoisie*, de Léo-Paul Desrosiers. Descriptions que l'on retrouve aussi dans *Enfants du néant et mangeurs d'âmes*, de Roland Viau, et dans *Mœurs des sauvages américains*, tome II, de Joseph-François Lafitau. Il est intéressant de noter que ces mises à mort étaient ritualisées et obéissaient à des croyances profondes chez les Amérindiens. Il est avéré que le chevalier d'O fut renvoyé aux Anglais par les Iroquois qui craignaient, en le mettant à mort, de s'aliéner le comte de Frontenac.

Chapitre 10

Les différentes sources sont unanimes (Charlevoix, Eccles, Desrosiers, Parkman, etc.) à rapporter cette expédition envoyée par Frontenac à Michillimakinac. Nicolas Perrot y joua le rôle qu'on attendait de lui. Il rapporta fidèlement les paroles de Frontenac et fit l'impossible pour détourner les Hurons et les Outaouais de pactiser avec l'Iroquois. La mise en scène est partiellement imaginaire, mais elle ressemble à ce que Perrot lui-même décrit dans ses mémoires. C'est La Potherie qui rapporte que le prisonnier aurait été mis à mort sous l'instigation des Jésuites, une thèse reprise par Parkman.

Chapitre 11

Cette scène de bal au château Saint-Louis est inventée. Nous savons toutefois que Frontenac y tenait une petite cour, un Versailles en miniature, et que les fêtes s'y succédaient. L'histoire d'amour entre le baron de La Hontan et Geneviève Damour, fille d'un membre du conseil souverain, est véridique. C'est Robert-Lionel Séguin qui rapporte l'idylle dans le tome premier de *La vie libertine en Nouvelle-France au dix-septième siècle*. Les mœurs de l'époque étaient strictes sur les fréquentations avant le mariage. Même si les parents avaient leur mot à dire dans le choix du partenaire, il arrivait parfois que les jeunes gens se choisissent par amour.

La conversation entre La Hontan, Frontenac et les autres officiers dans le jardin du gouverneur est imaginaire aussi. Les paroles que je mets dans la bouche de La Hontan sont tirées du livre que ce dernier publiera quelques années plus tard, en Europe, et intitulé *Mémoires du baron de La Hontan*. Il est amusant de comparer les façons différentes de concevoir l'amour et les fréquentations chez les Français et les Indiens. Dans ses *Mémoires* et ses *Dialogues*, La Hontan s'est inspiré de ses expériences de vie au sein des tribus autochtones du Canada. Il semblerait d'ailleurs que Frontenac, qui avait une grande culture, ait corrigé et amélioré ces textes.

La scène où Frontenac se remémore son passé, à partir d'un portrait miniature de sa femme, est imaginaire. Je me suis inspirée de la description d'une toile qui a été faite d'Anne de la Grange-Trianon, en costume de Minerve, dans *Frontenac et ses amis*, d'Ernest Myrand. L'épisode de la participation d'Anne de la Grange à la Fronde, comme « aide de camp » de la Grande Mademoiselle, cousine germaine de Louis XIV, est réel et bien documenté. Les « portraits » faits par la Grande Mademoiselle sont également véridiques. J'ai utilisé *Les précieuses ou comment l'esprit vint aux femmes*, de Roger Duchêne, ainsi que *L'âge de la conversation*, de Benedetta Craveri, pour documenter cette question.

Chapitre 12

Ce chapitre relate le déplacement du gouvernement, de Québec à Montréal, qui avait lieu chaque année au début de l'été. Il pouvait toutefois être avancé ou repoussé, selon la conjoncture. Le couplet où Frontenac se lamente sur le manque de bons bateaux est un classique. Il revient sans cesse. J'ai toutefois emprunté celui-ci à la correspondance de sa première administration (1672-1682), parce que cela était encore d'actualité. Ce que Frontenac donne en dictée à son secrétaire est tiré de la *Correspondance de Frontenac* pour l'année en cours. Les descriptions de paysages sont empruntées au naturaliste suédois Peer Kalm, dans *Voyage de Peer Kalm au Canada en 1749*. Bien que le périple de l'homme de science ne se soit réalisé qu'une soixantaine d'années plus tard, le paysage physique a des chances de n'avoir pas trop changé. Il semble que Frontenac avait pris l'habitude, pour plus de confort, de voyager en canot, assis dans un fauteuil fixé aux varangues.

Chapitre 13

Ce qui est raconté dans ce chapitre est documenté par différents historiens : l'arrivée des canots indiens chargés de fourrures, le rituel des palabres, l'ouverture de la traite, les négociations qui s'ensuivaient, les déclarations des différents orateurs, l'appel à l'intensification de la guerre contre les Iroquois, la danse du *tomahawk* de Frontenac, son engagement à inclure les alliés dans tout traité avec les Iroquois, le rapport du chevalier de Clermont, la bataille ratée de la Prairie-de-la-Madeleine et le succès des troupes de Schuyler, etc. Pour les petits détails techniques (décor, échanges de cadeaux, mets servis, danses), j'ai utilisé différentes informations glanées un peu partout.

Le passage où Frontenac s'épanche auprès de madame de Champigny est inventé. Il m'a semblé intéressant d'imaginer le dépit du guerrier devant un échec patent. Schuyler a causé bien des dégâts avant d'être pris en chasse : il y a eu des morts, du bétail abattu et des fermes incendiées. Frontenac ne parlera d'ailleurs jamais de cette bavure au ministre. La promenade au jardin en bonne compagnie me paraissait propice à illustrer les doutes de l'homme qui avance en âge, sa solitude, le côté poétique de ce lettré qui a beaucoup fréquenté les grands salons parisiens, en particulier celui de la rue des Tournelles, et dont la culture est typique des aristocrates du XVIIᵉ siècle.

Les négociations pour accélérer le mariage du baron de La Hontan avec Geneviève Damour ont bien eu lieu. Robert-Lionel Séguin rapporte quelques détails sur ces tractations dans le volume II de *La vie libertine en Nouvelle-France au dix-septième siècle*. J'ai simplement rajouté un peu de chair sur le squelette.

La rencontre d'Oureouaré avec Frontenac est réelle et documentée par différentes sources.

Chapitre 14

Les deux lettres reçues par Frontenac ont bien été envoyées par le major Provost, et la situation de Québec s'est trouvée assez précaire pour que Frontenac s'y précipite « à bride avalée », comme il est dit. Phips se dirigeait vers Québec avec son armada. L'histoire nous dit que Frontenac partit pour Québec à bord d'une barque percée qui faillit les faire couler. J'ai donc imaginé la scène en l'exagérant et en y associant Champigny, qui n'avait pas la réputation d'avoir un grand sens de l'humour. Frontenac, au contraire, avait un côté joyeux luron.

Chapitre 15

Pour ce chapitre, j'ai utilisé surtout le livre d'Ernest Myrand, *Sir William Phips devant Québec, histoire d'un siège*. Dans ce livre, Myrand fait l'étude comparée de 19 relations des différents protagonistes, témoins et historiens concernés de près ou de loin par cet événement : Frontenac, Monseignat, William Phips, John Walley, Bacqueville de la Potherie, La Hontan, Champigny, Thomas Savage, etc. Toutes les étapes de ce siège sont décrites selon ces différents récits : la fameuse tirade de Frontenac à l'émissaire de Phips, le nombre de bateaux et l'alignement de la flotte de Phips, l'attaque, la riposte des Français et des Anglais, l'épisode du drapeau tombé à la mer, la réaction de Phips et l'échec du projet d'attaque conjointe de Montréal et de Québec, etc.

Pour les trois chapitres portant sur l'attaque de Phips, j'ai aussi utilisé *Québec ville fortifiée du XVIIᵉ au XIXᵉ siècle*, des auteurs André Charbonneau, Yvon Desloges et Marc Lafrance.

Chapitre 16

J'ai imaginé le rapport de Vaudreuil à Frontenac pour faire passer certaines informations tirées des sources déjà citées et propices à faire avancer l'action. Il semble que la bataille ait été chaude dès le début et que les puritains se soient montrés étonnés et décontenancés par les techniques de guerre utilisées par les Français : la guerre de commandos, de raids, de coups de main, avec l'aide des autochtones. Lionel Groulx écrivait d'ailleurs dans *Histoire du Canada français*, tome I, en réponse aux critiques acerbes des Anglais sur ces techniques de guerre : *La faiblesse de la Nouvelle-France, l'étendue du champ de bataille, la disette d'hommes font que l'on se bat comme l'on peut et qu'à la guerre on substitue la guérilla, façon de se battre propre d'ailleurs aux sauvages et aux Canadiens.* Frontenac préféra envoyer ses «escarmoucheurs» affronter l'ennemi plutôt que d'utiliser ses troupes de façon traditionnelle, ce qui lui fut favorable. Et il demeura sur la défensive, ce qui était typique des guerres de siège de cette époque.

J'ai également imaginé le compte-rendu de monseigneur de Saint-Vallier, qui tenait fort bien ses propres «troupes», pour faire voir ce qui se passait du côté des communautés religieuses. Les informations rapportées sont tirées des relations des différentes communautés et relatées dans le livre déjà cité d'Ernest Myrand (relations de mère Juchereau, de mère Anne Bourdon et de monseigneur de Laval).

Chapitre 17

Dans ce chapitre, je décris l'action tantôt du côté anglais, tantôt du côté français, pour mettre en scène l'information fournie par Ernest Myrand. Par exemple, comme je sais que Phips n'a pas respecté le plan prévu et n'a pas couvert les troupes du lieutenant général John Walley qui tentaient de s'approcher de la ville, je place le militaire dans la situation et je la laisse aboutir, en tenant compte de ce qu'en dit l'historien. Comme Jacques de Sainte-Hélène a été grièvement blessé, je le place au cœur d'une bataille où il reçoit le coup mortel, et ainsi de suite.

J'ai créé de toutes pièces la scène où Phips se rend compte qu'il est en train de perdre la bataille, que ses hommes sont atteints de la petite vérole et des fièvres, et qu'en plus ils ont oublié des canons et des munitions sur les rivages de la Canardière. Des faits avérés, cependant. Pour les données plus techniques sur la navigation dans les parages de Québec, j'ai utilisé *L'Atlas historique du Québec, Québec ville et capitale*. J'ai inventé la conversation entre le jeune Hertel et Frontenac, mais les détails que donne le milicien sur l'état des vaisseaux de Phips sont vrais.

La conversation entre La Vallières et mère de Saint-Ignace à propos de la petite Sarah Guerish est fictive, bien que les informations portant sur la fillette soient rapportées par Ernest Myrand dans le livre déjà cité. La dernière partie portant sur la visite de Frontenac à l'Hôtel-Dieu est fictive, mais il est vraisemblable que le gouverneur général s'y soit rendu, avec ses officiers. Les détails de l'évolution de la maladie de Jacques de Sainte-Hélène ne sont pas connus, non plus que son agonie, je les ai donc déduits en tenant compte de sa blessure et de l'état de la médecine à cette époque. La documentation provient de *Se soigner au Canada aux XVIIe et XVIIIe siècles*, de Renald Lessard. Il semblerait que Sainte-Hélène ne soit décédé à l'Hôtel-Dieu qu'à la fin de décembre 1690, mais je l'ai fait mourir un peu plus tôt, pour les besoins du récit. J'ai mis sa mère à son chevet, bien que dans la réalité, elle soit décédée quelques mois avant son fils. Cela m'offrait l'occasion de parler des affres que vivaient les familles des combattants.

Chapitre 18

Dans ce chapitre, la documentation provient de différentes sources, comme toujours : Myrand, Charlevoix, Eccles, Parkman, Desrosiers, Frontenac, La Potherie, etc. J'ai mis l'information en scène. La cérémonie d'Action de grâces a bel et bien eu lieu. Le passage où La Hontan annonce à Louis qu'il a rompu ses engagements avec mademoiselle Damour est inventé, bien que le baron se soit vraiment désisté. C'est du moins ce que nous dit Robert-Lionel

Séguin dans *La vie libertine en Nouvelle-France au dix-septième siècle*. Après le départ des vaisseaux vers la France, dont Louis espérait beaucoup, les historiens nous apprennent qu'un grand chef abénaquis est arrivé à Québec pour parler avec Frontenac. Comme on ne mentionne pas son nom, j'ai supposé qu'il s'agissait du grand chef Madokawando, ce qui est plausible. Cela me permettait de parler du traitement cruel que les Anglais des douze colonies ont fait subir aux différentes tribus indiennes de l'Acadie.

Le chagrin de Geneviève Damour a dû être cuisant, puisque Robert-Lionel Séguin nous raconte, dans le livre déjà cité, qu'elle ne se maria que quelque onze ans plus tard : *L'héroïne de cette aventure ne semble guère priser le comportement d'un aussi volage amant (La Hontan). Assagie, elle ne prendra mari que quelque onze ans plus tard. Ce sera à Montréal, le 14 janvier 1703, lorsqu'elle épouse Jean-Baptiste Celoron, sieur de Blainville, lieutenant d'un détachement de la Marine. Fils d'Antoine Céloron, conseiller du roi, et de Marie Rémy de Saint-Sauveur, de Paris, Jean-Baptiste a d'abord marié Hélène Picoté de Belestre. Geneviève ne devait pas goûter longtemps aux joies du mariage. Deux mois plus tard, elle meurt à Montréal où elle est inhumée le 24 mars (1703), l'année même où La Hontan publie des* Mémoires *dans lesquels il rappelle le souvenir de la belle qui l'a jadis charmé.*

Les informations fournies par le père Trouvé sont véridiques, j'ai imaginé la conversation qui lui a permis de les communiquer à Frontenac. Quant à l'affichette sur la mise à prix des scalps français, j'ai supposé que Trouvé en a eu vent. C'est Ernest Myrand qui nous parle de l'existence d'un tel placard dans *Sir William Phips devant Québec*.

Chapitre 19

Ce chapitre contient une foule d'informations glanées ici et là. Le personnage de madame de Champigny n'est pas très connu. Je lui ai donné une couleur xviie siècle et j'ai imaginé les inquiétudes d'une femme issue d'un milieu privilégié, très croyante et imprégnée des idées de la Réforme. Nous savons qu'elle a eu de nombreuses grossesses et n'a gardé que trois fils. Pourquoi n'aurait-elle pas perdu deux filles ? Cela permettait d'illustrer une réalité de l'époque : les enfants naissaient nombreux, mais beaucoup mouraient en bas âge. Pour me documenter, j'ai consulté le livre de Roger Duchêne, *Être femme au temps de Louis XIV*, ainsi que celui de Jean-Claude Dubé, *Les intendants de la Nouvelle-France*.

Les points de discorde entre Champigny et Frontenac sont bien connus des historiens. Je n'ai fait qu'amener l'intendant à se les remémorer. La lettre qu'il écrit au ministre, trempée dans l'acide, est rapportée par les historiens. Le fait de dépeindre Champigny berçant son enfant le rend plus sympathique et plus humain.

Chapitre 20

La correspondance entre Frontenac et son épouse ayant malheureusement disparu, j'ai composé cette lettre de toutes pièces, en m'inspirant du style des écrits de cette époque, dont ceux de madame de Maintenon dans *Correspondance de madame de Maintenon et de la princesse des Ursins, 1709 : une année terrible* ; de la *Correspondance* de Frontenac ; et de façon générale, des autres textes du xviie siècle.

J'ai utilisé le traité d'histoire de Jean-Christian Petitfils intitulé *Louis XIV*, afin de me documenter sur la politique intérieure et extérieure française, comme aussi les *Mémoires de Saint-Simon* et *La Cour de Louis XIV*, du duc du même nom, et *Le siècle de Louis XIV*, de Voltaire. Pour la dernière partie de la lettre, c'est Ernest Myrand qui est la meilleure source, dans *Frontenac et ses amis*.

Chapitre 21

J'ai brodé librement sur cette rencontre entre Frontenac et le chevalier d'O. L'histoire nous dit seulement que ce dernier est revenu en Nouvelle-France et a appris au gouverneur les grands préparatifs qui se tramaient du côté des colonies du Sud. J'ai imaginé qu'il s'était évadé de prison, ce qui était plausible.

La fête de bienvenue offerte par le gouverneur en son honneur est fictive. Les conversations sont émaillées de nouvelles qui ont dû circuler dans la colonie cet été-là. L'histoire de Marguerite Rattier est vraie et je l'ai trouvée dans *La vie libertine en Nouvelle-France au dix-septième siècle*, de Robert-Lionel Séguin. La mésaventure de Madeleine de Verchères est aussi bien connue des historiens. La version qu'en donne La Hontan est cependant grossie et exagérée. Dans la réalité, l'héroïne aurait tenu les Iroquois en respect durant quelques heures seulement. Tout le reste n'est qu'affabulation. Ce qui explique le scepticisme des officiers devant la relation que leur en fait le baron de La Hontan. La version à retenir est celle de l'historien Marcel Trudel dans *Mythes et réalités dans l'histoire du Québec*.

L'épisode des « sorcières de Salem » est tout à fait véridique et abondamment documenté par les historiens. Ce que raconte d'O sur les puritaines qui ont échappé aux Abénaquis en leur tranchant la tête est rigoureusement exact, sauf que l'événement se serait déroulé en 1697 et non en 1692. Je me suis autorisé cet anachronisme parce qu'il cadrait bien avec le thème du courage au féminin.

Chapitre 22

Ce dialogue entre Kondiaronk et La Hontan, qui se serait déroulé lors d'une rencontre entre Français, Hurons et Outaouais, est fictif. On sait que Frontenac fit une fête pour régaler ses alliés qui lui rapportaient une centaine de chevelures prises sur les Iroquois, et les inciter à continuer à les harceler. On n'en a cependant pas le détail. J'ai reconstitué l'événement.

Les paroles que je mets dans la bouche des deux protagonistes sont tirées du livre que La Hontan publiera en Europe en 1703, intitulé *Dialogues avec un Sauvage*. La Hontan a prétendu qu'Adario, son personnage autochtone, n'était nul autre que Kondiaronk. Il assurait que ce texte lui aurait été inspiré par ses fréquents séjours parmi les tribus indiennes du Canada, de même que par ses nombreuses conversations avec le vieux chef huron. L'historien Charlevoix écrit d'ailleurs à ce propos, dans *Histoire de la Nouvelle-France* : *Il (Kondiaronk) ne brillait pas moins dans les conversations particulières et on prenait souvent plaisir à l'agacer pour entendre ses réparties, qui étaient toujours vives, pleines de sel et ordinairement sans répliques. Il était en cela le seul homme du Canada qui pût tenir tête au comte de Frontenac, lequel l'invitait souvent à sa table pour procurer cette satisfaction à ses officiers. [...] C'était le sentiment général que jamais Sauvage n'eut plus de mérite, un plus beau génie, plus de valeur, plus de prudence et plus de discernement.*

La fermeture par Frontenac de cette maison où les Sulpiciens faisaient enfermer et fesser les coquettes et les femmes de petite vie est documentée dans *La vie libertine en Nouvelle-France au dix-septième siècle*, de Robert-Lionel Séguin. Cet auteur nomme l'établissement Le Jéricho. J'ai tout simplement mis un peu de chair sur le squelette.

J'ai documenté la troisième partie de ce chapitre à l'aide du livre de Jean-Pierre Sawaya, *La Fédération des sept feux de la vallée du Saint-Laurent, xviie-xixe siècle. Iroquoisie*, de Léo-Paul Desrosiers, de même que *Histoire et description générale de la Nouvelle-France*, de Charlevoix, ont aussi servi à développer l'argumentation. Oureouaré a joué le rôle que je lui attribue.

Chapitre 23

La situation mise en scène ici est imaginaire. Les idées de Callières et de Frontenac sur la façon de mener la guerre en Nouvelle-France divergeaient, et on peut penser que cela a pu mener à de semblables confrontations. Les historiens nous disent que les négociations de paix de Frontenac auprès des Iroquois ont été l'objet de bien des attaques. On en trouve des vestiges dans des dépêches et différents textes historiques. Les arguments évoqués ici sont ceux qu'auraient pu avancer les protagonistes. Nous savons que Callières a écrit au ministre, en 1694, à propos des ambassades de paix de Frontenac auprès des Iroquois : *Ils n'ont eu pour but que de nous amuser à de fausses négociations, par le conseil des Anglais, pour pouvoir faire une bonne chasse afin de se mettre en état de nous mieux recommencer la guerre et de leur porter beaucoup de castors, tâchant en même temps de s'attirer le commerce de nos Sauvages, pour une paix séparée de nous, entre les Iroquois et nos alliés.*

Les informations sur la place Royale sont tirées de *Place Royale. Quatre siècles d'histoire*, de Renée Côté, et celles concernant le jeune secrétaire de Frontenac, Charles de Monseignat, du *Dictionnaire biographique du Canada*. On retrouve le détail du plan de Boisberthelot de Beaucours dans *Québec ville fortifiée du xviie au xixe siècle*, d'André

Charbonneau, Yvon Leloges et Marc Lafrance. J'ai imaginé l'histoire du plafond qui s'effondre sur Louis et Perrine, occupés à s'aimer. L'état de délabrement avancé du vieux château était notoire et Louis se plaignait abondamment de sa peur de périr écrasé sous les gravats. La plaque de cuivre commémorant la victoire de Frontenac sur Phips a bien été insérée dans la muraille. On l'a retrouvée intacte quelques siècles plus tard, lors de fouilles archéologiques. Madame de Bertou et sa nièce sont des personnages fictifs.

La sortie de Frontenac contre Pierre Le Moyne d'Iberville est plausible, quand on sait qu'il n'aimait pas l'aventurier, alors que Champigny le protégeait, appuyé en cela par Denonville. Dans la correspondance de Frontenac, on retrouve diverses allusions négatives sur Iberville. Les informations sur ses tentatives répétées de reprendre aux Anglais Fort Bourbon sont tirées de *Iberville le Conquérant*, de Guy Frégault.

Pour ce qui est de la reconstruction de Fort Cataracoui, une lettre au ministre rédigée par l'intendant et le gouverneur expose bien les arguments pour et contre sa reconstruction. Quant aux colères de Frontenac, elles ont été souvent rapportées par ses contemporains. Le gouverneur général avait la réputation d'être particulièrement bouillant et colérique, de sortir facilement de ses gonds, comme cela semblait à la mode chez les aristocrates du xviie siècle.

Le passage où il semble se repentir et s'apitoyer sur lui-même est fictif. Sa relation avec son père n'est pas connue, j'ai brodé. Nous savons par contre qu'Henriette-Marie, sa sœur aînée, a joué auprès de Frontenac le rôle de mère. La lettre qu'il dicte à son secrétaire est tirée de sa correspondance. Celle de Champigny est tirée de la correspondance de l'intendant.

Chapitre 24

L'inauguration de l'Hôpital général de Québec s'est faite à peu près de la façon qui est rapportée ici. C'est Guy-Marie Oury, dans *Monseigneur de Saint-Vallier et ses pauvres, 1653-1727*, qui en fait le détail. Les informations sur les nombreuses tractations qu'a dû mener Saint-Vallier pour monter son hospice sont tirées du même volume. J'ai imaginé et mis en scène les interactions entre les personnages et leurs conversations.

L'échange entre les deux religieuses, sœur Sainte-Ursule et mère Bourdon, est fictif, même si ces deux femmes étaient bien déléguées à l'inauguration par leur communauté. Leurs inquiétudes sont cependant fondées : Saint-Vallier prétend bien réformer la constitution des filles de la congrégation et leur imposer la clôture, de même qu'il a forcé les Hospitalières à accepter de s'occuper des mendiants et des pauvres. L'évêque est un personnage impérieux et dominateur. La tirade de mère Bourdon sur la façon de négocier avec lui est toutefois tirée d'une lettre de l'abbé Tronson, supérieur des Sulpiciens à Paris. Je l'ai utilisée parce que cela éclairait la personnalité du prélat.

Les échanges entre Frontenac et les Récollets s'appuient sur des informations tirées du livre déjà cité, de même que de la thèse de Guy Rocher, *The Relations Between Church and State in New France during the Seventeenth Century ; a Sociological Interpretation*. Cette étude explique les problèmes qui ont surgi entre les Récollets et Saint-Vallier. J'ai également utilisé *Les édifices conventuels du Vieux-Montréal*, de Robert Lahaise, pour les détails concernant l'implantation de la maison montréalaise des Récollets.

Chapitre 25

Ce huis clos entre Frontenac, Callières et Champigny est fictif. On peut cependant imaginer la tension qui a dû habiter ces militaires devant le manque de nouvelles de l'expédition de Manthet chez les Agniers. Cette incursion est documentée dans le détail dans le quatrième tome de *Iroquoisie*, de Léo-Paul Desrosiers. Il s'agit pour les Français d'une grande victoire militaire. J'ai imaginé aussi l'arrivée du messager Bizaillon. Les informations qu'il rapporte sont exactes.

L'échange plus décontracté entre Callières et Frontenac, au coin du feu, est aussi fictif. Mais les thèmes sont bien documentés. Les pressions de Callières pour convaincre Frontenac à s'engager à mener rapidement une seconde expédition contre les Onontagués sont rapportées par les historiens. Les informations sur les velléités de Frontenac de jouer *Tartuffe* sont réelles, celles touchant l'affaire du prie-Dieu également.

Les informations sur Fouquet et celles sur le siège de Steinkerkes et la guerre en Europe sont tirées de *Fouquet*, de Jean-Christophe Petitfils, et du tome I du livre de Voltaire, *Le siècle de Louis XIV.*

Chapitre 26

La débâcle décrite ici ne se produit pas tous les ans, mais j'ai trouvé intéressant d'en faire mention. Je me suis documentée auprès de Jean Provencher, dans *Les quatre saisons dans la vallée du Saint-Laurent*, pour décrire ce phénomène naturel. Il semble avoir eu l'ampleur que je lui prête ici. La population de Québec profitait de l'événement pour fêter et s'égayer, après un long hiver.

La situation politique et militaire de la colonie pendant cet été-là est bien documentée. Les lettres que le ministre Pontchartrain envoie à Frontenac sont tirées de la *Correspondance de Frontenac, de mars 1677 à avril 1695,* du Rapport de l'Archiviste de la Province de Québec.

L'épisode entre Tareha et Frontenac est bien documenté. C'est encore Desrosiers, dans *Iroquoisie,* qui en parle le mieux. J'ai fait assister le père Bruyas à cette rencontre, ce qui est plausible, mais aussi le père de Lamberville, ce qui n'est pas certain. Peut-être était-il déjà reparti pour la France ? De toute façon, les idées des Jésuites sur ce sujet sont connues. Ils ne souhaitaient pas forcément la guerre avec les Onneiouts et les Tsonontouans, les tribus iroquoises supérieures, mais consentaient à y recourir en dernier ressort. Ils tenaient à ce que les négociations de paix incluent toujours les tribus alliées. Ces missionnaires ont d'ailleurs souvent joué le rôle de conseillers des gouverneurs, par leur grande connaissance des mœurs et habitudes des autochtones.

La lettre de Fénelon au roi est bien réelle. J'ai cependant imaginé que madame de Frontenac l'envoyait à son mari, parce que cela constituait un événement exceptionnel et qu'elle le tenait toujours informé de ce qui se tramait à la cour. L'utilisation d'un code est avérée, Frontenac y recourait régulièrement. Le contenu de cette lettre l'aurait exigé, pour protéger l'identité des hauts personnages dont il est question ici. Comme la correspondance entre les deux protagonistes a disparu, j'ai inventé cette lettre. J'ai emprunté le détail de la lettre de Fénelon à J.-C. Petitfils, dans *Louis XIV.*

Le repas offert à Suzanne Guantagrandi et à ses compagnes n'est pas raconté par les historiens. Je l'ai mis en scène. Desrosiers écrit seulement, dans *Iroquoisie* : *La grande protectrice du père Millet, la vieille Suzanne, est aussi venue voir*

Frontenac, le grand chef dont on parle tant depuis longtemps. Le gouverneur lui donne aussi des présents et il a pour elle les plus grands égards. En fait, cette femme aurait plutôt accompagné Tareha, le délégué onneiout venu présenter des offres de paix à Frontenac. J'ai trouvé plus intéressant de lui réserver une rencontre à part, pour attirer l'attention du lecteur sur le statut particulier des femmes iroquoises. J'ai consulté pour cela les deux livres de Roland Viau, *Femmes de personne* et *Enfants du néant et mangeurs d'âmes*.

Chapitre 27

Ce chapitre rend bien compte des négociations entreprises par les Anglais et les Hollandais d'Albany pour forcer les Iroquois à revenir sur leur décision de faire la paix avec Frontenac. L'information a été tirée du livre de Caldwallader Colden, *A History of the Five Nations of Canada*, ainsi que des livres déjà cités de Desrosiers et Charlevoix. Les différentes rencontres de la Commission des affaires indiennes ne sont pas toutes décrites par Colden : certaines manquent ou sont mal répertoriées. Mais les thèmes de ces années-là se répètent et les réunions se ressemblent toutes. La rencontre que je décris ici ne s'est produite en réalité qu'en février 1694, mais je l'ai fait se dérouler quelques mois plus tôt pour terminer le tome premier sur cet événement. Il me semblait que cela constituait une chute particulièrement éclairante et pertinente.

Nous voyons que Frontenac avait cependant eu raison de continuer à offrir la paix, puisque les Iroquois, épuisés par les coups répétés des Français, sont venus à deux doigts de l'accepter. Les Anglais ont eu besoin de tout leur pouvoir de persuasion pour les empêcher de céder à la pression de Frontenac.

Quant à l'information sur l'Albany coloniale, je l'ai tirée d'un site Internet de l'État de New York intitulé *Colonial Albany Social History Project*. La lettre de Schuyler à Fletcher est également tirée de Colden.

Remerciements

J'ai une dette particulière à l'égard de mon compagnon de vie Marc Harvey, qui m'a soutenue, conseillée, lue et corrigée avec doigté et persévérance. Ses critiques pertinentes et lucides, ainsi que ses connaissances de toutes sortes, m'ont beaucoup aidée à rendre ce récit plausible, vérace et humain.

Je dois aussi un grand merci aux personnes suivantes, qui m'ont relue en cours ou en fin de travail : Guilda Kattan, Richard Quézel, Mylène Bernard, Micheline Choquet, Pierre Blanchard, Louise Bail et Pierre Bail.

J'ai une admiration sans borne pour les différents historiens qui ont traité de cette période de l'histoire de la colonie et que j'ai allègrement pillés. Sans leur précieux et patient travail, jamais ce roman historique n'aurait pu voir le jour.

Enfin, ma reconnaissance va à l'équipe d'édition de Hurtubise HMH, et en particulier aux éditeurs Marie-Ève Lefebvre et Pierre-Yves Villeneuve, pour leur regard critique acéré et leurs judicieux conseils. Ils m'ont aidée à polir et à peaufiner mon travail. D'ailleurs, que sommes-nous sans les autres ?

PROTÉGEONS
NOS FORÊTS

ACHEVÉ D'IMPRIMER EN OCTOBRE 2008
SUR LES PRESSES DE TRANSCONTINENTAL-GAGNÉ
À LOUISEVILLE, QUÉBEC